Ernst R. Sandvoss

Die letzte Chance der Geschichte

Ernst R. Sandvoss

Die letzte Chance der Geschichte

Deutschland zwischen
Freiheit und Größenwahn

ECON Verlag
Düsseldorf · Wien · New York · Moskau

Die Deutsche Bibliothek – CIP-Einheitsaufnahme

Sandvoss, Ernst R.:
Die letzte Chance der Geschichte : Deutschland zwischen
Freiheit und Größenwahn / Ernst R. Sandvoss. – Düsseldorf;
Wien; New York; Moskau: ECON Verl., 1992
ISBN 3-430-17901-7

Redaktion: Ulrike Preußiger-Meiser
Gesetzt aus der: Garamond von Linotype
Satz: ICS Communikations-Service GmbH, Bergisch Gladbach
Druck und Bindearbeiten: Franz Spiegel Buch GmbH, Ulm
Printed in Germany
ISBN 3-430-17901-7

Dem Andenken Werner Blumenbergs und zahlloser anderer junger Menschen aus aller Welt, die in zwei Weltkriegen dem Größenwahn paranoider Machthaber zum Opfer fielen.

Inhalt

1 Einleitung

Wie wird es mit Gesamtdeutschland im dritten Jahrtausend, dem zweiten Jahrtausend seiner Geschichte, weitergehen? Wird es endlich den Weg der Freiheit beschreiten und die letzte Chance nutzen, die ihm die Geschichte großmütig schenkte, oder wird es wieder den verlockenden Parolen größenwahnsinniger Autokraten und Machteliten erliegen?

Wer diese Frage beantworten will, darf einen kleinen Ausflug in die deutsche Geschichte nicht scheuen, nicht um sich in ihren labyrinthischen Wandelgängen zu verlieren, sondern um die Grundkräfte zu erkennen, die die Räder der deutschen Geschichte antreiben. Dabei wird er staunen, wie in diesem System der Kräfte eins ins andere greift und alles miteinander in Wechselwirkung steht.

Beginnen wir mit der Gegenwart!

Wer die gegenwärtige Situation Deutschlands und ihre Entwicklungsmöglichkeiten verstehen will, muß sich mit dem Werdegang der beiden deutschen Teilstaaten befassen. Wer ihre Entstehung begreifen will, muß nach den Gründen für Aufstieg und Untergang des Dritten Reiches fragen. Das Dritte Reich (1933–1945), das im Zweiten Weltkrieg unterging, weist auf das Zweite Deutsche Reich zurück, das 1871 entstand und 1918, am Ende des Ersten Weltkriegs, zusammenbrach. Ein Zeitraum von 65 Jahren trennt die Gründung des Zweiten von der Auflösung des Ersten Reiches, des alten Heiligen Römischen Reiches Deutscher Nation, das 900 Jahre bestand, seinen Namen aber erst einige hundert Jahre nach seiner Entstehung erhielt.

Warum löste sich das Erste Reich auf, warum brach das Zweite Reich zusammen, und warum ging das Dritte Reich unter? Wie sah die Welt aus, in der das Erste Reich entstand?

In diese Welt wird die vorliegende Arbeit den Leser zunächst einführen. Die Vorgeschichte Deutschlands umfaßt eine Zeit, die länger dauerte als die gesamte deutsche Geschichte. In dieser riesigen Epoche der Völkerwanderungen und Reichsgründungen experimentierten Natur und Geschichte gleichsam mit dem Rohmaterial, aus dem sich dann Europa, seine Kultur, seine Staatenwelt und seine globale Dynamik entwickelten.

Wer die deutsche Geschichte enträtseln will, darf also ihre europäische Vorgeschichte nicht außer acht lassen, wie denn auch die deutsche Geschichte des dritten Jahrtausends – falls es eine solche gibt – wieder eine europäische sein wird.

Die Welt, in der das Heilige Römische Reich Deutscher Nation entstand, wurde vor allem von drei Kräften bestimmt: der römischen Zivilisation, der Weltreligion des Christentums und von Völkerschaften, die unter der Sammelbezeichnung Germanen zusammengefaßt wurden. Ein fundamentaler Fehler, dem auch namhafte Historiker zum Opfer fielen, war die Verabsolutierung einer dieser drei Faktoren. Ein weiterer Fehler, in erster Linie nationalistischer Autoren, war die Gleichsetzung von Germanen und Deutschen. Arminius, der Anführer der Cherusker, lebte tausend Jahre vor den Anfängen des Deutschen Reiches, seine Herrschaft dauerte, wie die Hitlers, nur zwölf Jahre, und der Stamm, dem er angehörte, verschwand bereits nach wenigen Jahrzehnten aus dem Horizont der Geschichte. Die Verknüpfung Armins und seines Stammes – über die Siegfried-Gestalt – mit der deutschen Geschichte gehört eher in den Bereich der Legendenbildung als in den der Geschichtsschreibung. Ein anderer weitverbreiteter Irrtum ist der Glaube, die Germanen oder das Christentum oder beide zusammen hätten das Römische Reich in die Knie gezwungen. Das Christentum war an der Zerstörung der römischen Zivilisation nicht interessiert, und die germanischen Reichsgründungen auf römischem Boden haben meistens nur wenige Jahrzehnte überlebt. Das Oströmische Reich hat die Zeit der Germanen fast um ein halbes Jahrtausend überdauert.

Da die literarischen Quellen zur Vorgeschichte Deutschlands im allgemeinen weniger bekannt und schwerer zugänglich sind, die gesamte Epoche zu oft vernachlässigt wird und ihre Hauptereignisse und Entwicklungen meist fälschlicherweise als bekannt vorausgesetzt werden, findet der Leser im ersten Kapitel dieser Studie die wichtigsten einschlägigen Texte zusammengestellt, so daß er sich an den Quellen selbst informieren und zu einem eigenen Urteil gelangen kann. Erst wenn man die mannigfaltigen Beziehungen, Wechselwirkungen und Zusammenhänge dieser überdimensionalen, oft zu Unrecht vernachlässigten Epoche der europäischen Geschichte einigermaßen überschaut, kann man sich mit Aussicht auf Erfolg der Interpretation der deutschen Geschichte zuwenden.

Einem weitverbreiteten Vorurteil zufolge standen sich Germanen und Römer durchweg als Todfeinde gegenüber. Das ist einfach nicht wahr. Es gab auf beiden Seiten eine ganze Skala von Charakteristiken, von denen hier nur die drei wichtigsten genannt seien: Freundschaft, Arrangement und auch Feindschaft. Für alle diese Verhaltensmuster gibt es Beispiele. Die Musterbeispiele sind Segestes, Marbod und – Arminius. In der Verschmelzung germanischer, römischer und christlicher Kulturelemente werden drei Grundhaltungen des Lebens erkennbar, zusammengefaßt: Leben heißt kämpfen; Leben heißt arbeiten; Leben heißt lieben. Jede dieser Einstellungen hat wesentlich zur Gestaltung europäischen Menschentums beigetragen, keine fehlt in der Physiognomie Europas und Deutschlands.

Gegen Ende des ersten Kapitels, das diesen Zusammenhängen gewidmet ist, kristallisieren sich, nach sorgfältiger Trennung historischer, psychologischer und soziologischer Kriterien, die Grundlagen für eine dynamische Betrachtung der deutschen Geschichte heraus, die im Zeichen des Partikularismus beginnt.

Besteht die eine Aufgabe philosophisch-wissenschaftlicher Arbeitsweise in der vorwiegend negativen Tätigkeit, Vorurteile zu beseitigen, läßt sich die andere positive Aufgabe als Entwicklung tragfähiger Denkansätze und Modelle sowie weiterführender Methoden bestimmen. Leistet die Kritik Abräumarbeit, leistet kreatives Denken Aufbauarbeit, und dies führt letztlich zu Ergebnissen, Resultaten. Auf den Säulen des kritischen und des kreativen Denkens ruht das Gebäude der Wissenschaft, auf ihrer Tragfähigkeit beruht der wissenschaftliche Fortschritt. Verbessert die Kritik den Informationsstand, hebt das kreative Denken das Interpretationsniveau und erweitert damit den Horizont des Bewußtseins.

Mit der Überwindung chauvinistisch-nationalistisch-narzißtischer Voreingenommenheit und der Demaskierung von Begriffschimären möchte diese Studie desillusionierende Abräumarbeit leisten, mit der Herausarbeitung wertvoller ethischer Eigenschaften und psychischer Verhaltensweisen erzieherische Aufbauarbeit. Am Schluß der Arbeit werden positive wie negative Verhaltensweisen im ABC des guten und des bösen Deutschen in pädagogisch einprägsamer Weise zusammengefaßt (vgl. Anhang III).

Zunächst ein paar Beispiele der Begriffskritik!

Grundsätzlich sollte man zwischen der Geschichte des deutschen Volkes und der seiner Machteliten unterscheiden, die das Volk höchstens als Instrument ihrer Machtpolitik benutzten und es meistens bevormundeten, beherrschten und unterdrückten. Von Ariovist und Armin bis Hitler und Honecker hat sich daran kaum etwas geändert. Strenggenommen gibt es überhaupt noch keine Geschichte des Volkes, denn Entscheidungsträger und damit Macher der Geschichte waren die Machteliten: Adlige, Fürsten, Könige, Kaiser, Diktatoren und ihre Gehilfen. Sie sind die Verursacher deutscher Verhältnisse, Zustände und Geschicke, sie tragen die Hauptverantwortung für das, was aus Deutschland wurde. Jede Verallgemeinerung im Sinne von »der Deutsche« oder »die Deutschen« führt in die Irre, nicht nur wegen der Vielfalt deutscher Eigenart, sondern auch und noch mehr wegen der Spaltung der Gesellschaft, weniger in Reiche und Arme als in Herrscher und Beherrschte, wobei die Trennung oft dadurch erschwert wird, daß die Herrscher sich und ihre Interessen hinter den Beherrschten und ihren Interessen versteckten.

Die deutsche Geschichte ist daher von Anfang an, mehr als die Geschichte anderer Völker, die Geschichte von Machthabern, Machteliten, Machtstrebern, Machtbesessenen und Größenwahnsinnigen.

Während die deutsche Geschichte auf kulturellem Gebiet Leistungen von Weltrang aufzuweisen hat, führte sie auf politischem Gebiet dank ebenso rückständiger wie herrschsüchtiger Machteliten von einer Katastrophe in die andere. Habsucht, Herrschsucht und Ruhmsucht prägen die politische Geschichte Deutschlands in ungewöhnlichem Maß. Natürlich gilt auch hier: »Qualis rex, talis grex«, »Wie der Herr, so's Gescherr«, was die Unterscheidung schichtenspezifischer Verhaltensweisen nicht gerade erleichtert.

Durch die gesamte politische Geschichte Deutschlands ziehen sich Begriffe wie Reich, Kaiser, Mission, Macht und Größe.

Was ist eigentlich das »Reich«?

Ein indogermanisch-germanisches Wort, eine den Römern entlehnte Idee *(imperium)* wird zu einer pseudoreligiösen Fiktion (Heiliges Römisches Reich), verbunden mit dem Nationalgefühl zu einer fixen Idee (Deutscher Nation), einem Anachronismus, Atavismus und Tabu, dann, als Chiffre für Weltherrschaft, zu einer Wahnvorstellung und schließlich als Inbegriff eines totalitären Staates zum Reich des Bösen, der Barbarei, des Völkermords, der Kriegs- und Menschheitsverbrechen. Die Verlogenheit des Systems kommt sogar in der Symbolik zum Ausdruck: ein Kreuz auf dem Rumpf der Vernichtungsmaschinen der Reichsluftwaffe, ein Hakenkreuz – zugleich ein Symbol der Überbietung (des Kreuzes) und, unbewußt, ein Symbol der Regression in die Urzeit – auf dem Leitwerk.

Eng mit dem Reichswahn ist der Kaiserwahn verbunden. Ein den Römern gestohlener Name, der Name C. Julius Caesars, wird zum Titel von vermeintlichen Weltenherrschern umgemünzt und zu einem tausendjährigen Etikettenschwindel mißbraucht, der dem Ehrgeiz von Barbarenherrschern schmeichelt. In Deutschland wird auch heute noch der Größte, wenn auch nur bei der Fußballweltmeisterschaft, als Kaiser apostrophiert. Währenddessen erscheint der Name des tatsächlich besten Feldherrn aller Zeiten – was von dem ethischen Niveau seiner Nachahmer zeugt – in der eigenen Sprache als Hundename.

Die dritte Wahnvorstellung, die in der deutschen Geschichte sogar bis nach der Wiedervereinigung eine führende Rolle spielt, ist die »Mission«. Aus der christlichen Mission, einem echten religiösen Anliegen mit authentischen Zeugen (Märtyrern), wurde ein pseudoreligiöses Sendungsbewußtsein im Dienst extrem unchristlicher Machtpolitik. Drei gestohlene Begriffe, Ideen oder Namen, drei angemaßte Titel, drei zu Wahnvorstellungen umgemünzte realitätsträchtige Bezeichnungen: das ist der Kernbestand nationalistisch degenerierter und ideologisch imprägnierter Historiographie und Publizistik bis auf den heutigen Tag!

Der vierte einzig originelle Bestandteil, der in dieses Chimären-Kabinett gehört, ist ein fast schon grotesk anmutender Größenwahn, der als Cäsarenwahn Friedrichs des Großen, Wilhelms II. und Hitlers in die politische Geschichte Deutschlands einging.

Hat man sich diese Zusammenhänge einmal klargemacht, lösen sich mehr als 80 Prozent verherrlichender Deutschlandliteratur in Nebel auf. Der Rest verflüchtigt sich nach der Analyse einiger weiterer Schlüsselbegriffe wie Macht, Größe, Rasse und Nation, die weder Ideen noch Ideale, noch Werte sind, sondern Scheinwerte, Idole oder Ideologeme.

Was ist Macht?

Das Vermögen, anderen gewaltsam oder erpresserisch seinen Willen aufzuzwingen, erweist sich bei näherem Hinsehen als ein Scheinwert. Macht ist ein Perversionsprodukt der Liebe, also ein Nebenprodukt des Hasses, sie besteht aus anderen Menschen geraubter Freiheit und der Manipulation ihres Bewußtseins. In gewisser Weise ist Macht der Schlüsselbegriff nicht zur deutschen Psyche, sondern zum psychischen Zustand der deutschen politischen Eliten, deren Überlegenheit auf Monopolisierung der Gewalt, Verabsolutierung eigener Standpunkte und Maßstäbe sowie auf ihrer Anfälligkeit für Größenwahn beruht.

Größe, ein weiteres Zauberwort deutscher Ideologie, bezieht sich zunächst, von der Körpergröße abgesehen, auf die Zahl der Menschen und die Ausdehnung der Gebiete, über die die Machthaber herrschen. Die primitive Logik aller Machthaber, Machteliten und Machtstreber läßt sich auf die Formel bringen: Immer mehr, immer größer, immer stärker. Gewalt und Stärke begründen Macht, Macht begründet Herrschaft, und Herrschaft bedeutet Größe, Macht: der *circulus vitiosus* unersättlicher Habgier, außer Kontrolle geratenen Wachstums und damit nicht der Natur, sondern der Widernatur, der Perversion, der Krankheit, der *décadence* und der Selbstzerstörung.

Über die Begriffe Rasse und Nation braucht man sich nicht weiter den Kopf zu zerbrechen, denn der Rassismus scheint hierzulande weitgehend abgedrängt zu sein, und der Nationalstaat liegt im Sterben – trotz der Einigung.

Nach dieser begrifflichen Vorklärung lichtet sich das Gestrüpp traditioneller Deutschlandliteratur, und man kann mit der Aufbauarbeit beginnen.

Ein nützliches Buch muß informativ auch im elementaren Sinn sein, das heißt, es muß dem Leser ein gewisses Maß an Basisinformationen vermitteln. Das gilt auch hier. Wer dieses Buch liest, soll über die wesentlichsten Ereignisse und Entwicklungen der deutschen Geschichte informiert werden oder zumindest erfahren, wo er weitere Informationen finden kann. Darüber hinaus sollte jedes Buch ein gewisses Maß an Genuß bereiten, was der Verfasser in diesem Fall durch einen aufgelockerten, manchmal vielleicht sogar spannenden Erzählstil zu erreichen suchte. Schließlich darf die interpretative Dimension nicht zu kurz kommen. Hier wird die Phantasie des Autors herausgefordert, seine Erfahrung, die sich im Aspektreichtum und in der Belesenheit niederschlägt, sowie seine Fähigkeit, Wissenswertes manchmal auch pointiert, provokativ und publizistisch darzubieten, um den Leser zum Widerspruch oder zumindest zur eigenen Urteilsbildung herauszufordern. Ein ungefähres Gleichgewicht zwischen Information und Interpretation herzustellen, war ein Hauptziel dieser Studie, die sich somit als ein Stück angewandter Geschichtsphilosophie verstehen läßt.

Mit dem Abschnitt »Von der Schutzmacht zur Vormacht« (drittes Kapitel) beginnt der Hauptteil der Arbeit. Er führt den Leser von den Anfängen der deutschen Geschichte bis zum Ausgang des Mittelalters, umfaßt also einen Zeitraum von zirka sechshundert Jahren, mithin den längeren Zeitraum der deutschen Geschichte. In einem ersten Zyklus kommen Glanz und Verfall kaiserlicher Herrschaft zur Sprache, die Ursachen für diese Entwicklung, ihre Hauptfaktoren und ihre Ergebnisse. Grundprobleme der deutschen Geschichte werden erkennbar: Freiheit oder Größenwahn? Meistern oder Scheitern? Wie hat Deutschland in der ersten Phase seiner Entwicklung auf die großen Herausforderungen der Geschichte reagiert? Hat es seine Chance genutzt? Positive und negative Verhaltensmuster beginnen sich abzuzeichnen: Glaubensstärke, schonungsloser Einsatz bis zur Selbstaufgabe, Hingabe, Opferbereitschaft, Inbrunst und Innigkeit des Gefühls, unendliches Streben, himmelstürmende Kraft, aber auch Selbstüberschätzung, Selbsttäuschung, Selbstüberforderung, Überreaktion, Überkompensation, Überspannung und Übertreibung, Machtbesessenheit, Maßlosigkeit und Selbstzerstörung. In einer grandiosen Vision faßt das Nibelungenlied, das am Ende des zweiten Kapitels etwas unkonventionell interpretiert wird, die Erfahrungen der germanischen Völkerwanderungszeit und die aufkeimenden Kräfte abendländisch-christlicher Kultur und Zivilisation zusammen.

Die Bilanz des ersten großen Abschnitts der deutschen Geschichte kann sich sehen lassen. Nicht über alle Kritik erhaben, erscheint sie doch insgesamt positiv. Das Erste Deutsche Reich hat zwar den Anschluß an das Römische Reich nicht herstellen können, aber als kultur- und zivilisationsfördernde Schutzmacht die Entwicklung des Römischen Reiches und des Frankenreiches erfolgreich fortgesetzt. Der Versuch, eine europäische Vormachtstellung zu erringen, scheiterte jedoch.

Mit dem Beginn der Neuzeit – dem Zeitalter der Entdeckungen, der Renaissance und des Humanismus – begann auch für Deutschland ein neues Zeitalter. Es begann mit der Reformation, einem berechtigten Anliegen angesichts der Reformunfähigkeit, Reformunwilligkeit und des Versagens der Römischen Kirche. Während die Reformation vor allem in England und Skandinavien, aber auch in Holland und in der Schweiz sowie schließlich in der Neuen Welt großartige Früchte trug, stürzte sie Deutschland in eine Reihe schwerer innerer Konflikte, von denen der Dreißigjährige Krieg der schwerste und folgenreichste gewesen sein dürfte. Im Gegensatz zum übrigen (protestantischen) Europa, wo die Freiheit unaufhaltsam voranschritt, behielten in Deutschland der Feudalismus, das Mittelalter und die Fürsten die Oberhand. Luther hatte zwar die Freiheit verkündet, aber dann Angst vor seinem Mut bekommen und, mit seinem radikalen Schwenk zu den absolutistisch-repressiv gesinnten Fürsten, den Rückwärtsgang eingelegt, der Deutschland, relativ zu den fortschrittlich-protestantischen Nationen, immer tiefer in die Isolation trieb, die Weichen für einen restaurativ-reaktionär-regressiven Kurs stellte und schließlich von einer Katastrophe in die andere führte. Für die Fürsten und ihre Lakaien war Luther ein Geschenk des Himmels, für das Volk, für Freiheit, Demokratie und Menschenrechte alles andere als das. Um den Fürsten nicht ungerecht zu werden: Selbst unter ihnen gab es einsichtige, die sogar eine Demokratisierung erwogen. Unmittelbar vor seinem Tod (April 1525) zeigte sich Kurfürst Friedrich der Weise, Luthers Schutzherr, durchaus den Ideen des Bauernführers Thomas Müntzer gegenüber aufgeschlossen: »Will es Gott so haben, so wird es also hinausgehen, daß der gemeine Mann regieren soll.«[1] Luther, für den es mit seiner Wortgewalt ein leichtes gewesen wäre, die Sache der Freiheit tatkräftig zu unterstützen, entschied sich aus Angst vor der Freiheit für den Rückschritt. Auf die Frage, was Gott vor der Schöpfung getan habe, fiel ihm nichts Besseres ein als: »Er saß in einem Birkenwäldchen und schnitt Ruten für Leute, die unnütze Fragen stellen.« Während im freiheitlich-westlichen Europa Fragen, Zweifel und Kritik in ein neues Zeitalter der Menschheit, die Neuzeit, führten, schloß sich in Deutschland das Tor vor dem Drang nach Wahrheit, Freiheit und Erkenntnis. Was immer die Deutschen auf dem europäischen Weg in die Freiheit widerstrebend verwirklichten, blieb, dank der Rückständigkeit ihrer kirchlichen und weltlichen Herren, weit hinter den Standards des Westens zurück.

So verlief die zweite große Epoche der deutschen Geschichte, die in der Gründung des Zweiten Deutschen Reiches gipfelte, nicht mehr ganz so glorreich wie die erste. Im Sog preußisch-militärischer Traditionen geriet Deutschland, inzwischen auf nichtmilitärischem Gebiet zum Inbegriff von Reaktion, Rückständigkeit und Regression geworden, schließlich von Nationalismus, Weltmachtstreben und Größenwahn verblendet, immer mehr in Gegensatz zur freien, westlichen Welt, die auf evolutionärem (England) oder auf revolutionärem (Frankreich) Weg Demokratie und Menschenrechte verwirklichte, während die Freiheit in Deutschland ein Wunsch, eine Hoffnung und ein durch Sublimierung (Deutsche Klassik) kompensierter Traum blieb.

Indessen hatten die Habsburger, mehr durch Heirat als durch Kriege, fast den Aufstieg zur Weltmacht geschafft. Diese Möglichkeit verspielten die deutschen Machthaber jedoch selbst durch ihren Überlegenheitsdrang – im Streit zwischen Preußen und Österreich. Am Ende (nach dem Ersten Weltkrieg) waren weder Österreich noch Deutschland eine Weltmacht, sondern sie hatten sogar ihre Großmachtstellung verloren.

Die zweite Chance, welche die Geschichte Deutschland bot, im Gleichgewicht der Kräfte das Schicksal Europas mitzubestimmen, hat Deutschland nur teilweise genutzt: als habsburgischer Vielvölkerstaat, als Schutzmacht gegenüber den Türken, insgesamt als erfolgreiche Kulturnation. Zwietracht im Inneren, Feindschaft gegen Freiheit, Demokratie und Menschenrechte, Militarismus und Weltherrschaftsgelüste brachten Deutschland um die Früchte seines redlichen Strebens. Die Bilanz fällt daher nicht mehr eindeutig positiv aus. In der zweiten großen Epoche der deutschen Geschichte halten sich positive und negative Entwicklungen etwa die Waage.

Eindeutig negativ fällt dagegen die Bilanz des dritten, relativ kurzen Abschnitts der deutschen Geschichte aus, der in der Gründung des Dritten Reiches gipfelte. Unter Hitler hat Deutschland die Chance, in und mit Europa als gleichberechtigter und gleichwertiger Partner zu überleben, verspielt. Die negativen Kräfte der Vergangenheit: Hegemoniestreben, Imperialismus und Größenwahn, Pangermanismus, Teutonismus, Nationalismus und Rassismus gewannen die Oberhand und entfesselten eine Dämonie des Bösen, wie sie die deutsche Geschichte nie zuvor gekannt hat.

Ob sich Deutschland – nunmehr als Ganzes – von diesem Tiefstand seiner Geschichte erholt, ob es eine letzte Chance der Geschichte nutzt und ob es statt der Hybris die Freiheit wählt, kann nur die Zukunft zeigen.

Im letzten Kapitel werden Zusammenhänge aufgezeigt, die die Entwicklungsmöglichkeiten Deutschlands an der Schwelle zum dritten Jahrtausend andeuten. Der tiefe Fall Hitlerdeutschlands, der Rückfall in die Prähistorie, hat zugleich auch die Möglichkeit eröffnet, vor den überwiegend negativen Entwicklungen wieder einzusetzen, so daß es nunmehr, die Zyklen der Hybris überspringend, in einen neuen Zyklus seiner Geschichte eintreten kann, der Otto dem Großen näher kommt als Hitler. Dazu ist jedoch eine echte Bewältigung der Vergangenheit nötig, eine konsequente Abkehr vom Machtstreben und nicht zuletzt eine neue Ethik, aber nicht eine Ethik der Zwangsvorstellungen, sondern eine Ethik der Selbstbefreiung.

Was taugt schließlich eine immer mehr zum Selbstzweck degenerierende Geschichtsschreibung, die die Frage nach »gut« oder »böse« entweder gar nicht erst stellt oder sie in voluminösen Einzeldarstellungen mit der klassischen »Jein«-Formel des Eskapismus beantwortet? Selbst wenn alle Ergebnisse, zu denen der Autor dieser Studie nach vielen Zweifeln und nach jahrzehntelanger mühevoller Kleinarbeit gelangt ist, falsch wären, wäre das seiner Meinung nach nicht so schlimm wie die erfolgreiche Verdrängung der diesen Antworten zugrundeliegenden Fragen.

Wer sich auf den Perfektionismus deutscher Geschichtsschreibung zurückzieht, muß sich die Frage stellen lassen, warum das Land mit der besten Geschichtsschreibung die schlechteste Bilanz außenpolitischer Praxis aufzuweisen hat, und zwar gerade in der Zeit, als die Bäume deutscher Historiographie in den Himmel zu wachsen schienen. Hier wäre an den tabuisierten »Altmeister« Leopold von Ranke zu erinnern, dessen theoretische Voraussetzungen vorn und hinten nicht stimmen: »Bloß zeigen, wie es eigentlich gewesen ist« ist in doppeltem Sinn unmöglich, einmal da der Historiker gar nicht zeigen kann, wie es eigentlich war, sondern höchstens, wie es annähernd war. Dahinter steckt Hegels hybride Metaphysik von der Vernünftigkeit der Wirklichkeit *et vice versa.* Das Ranke-Axiom hat aber noch eine andere Schwachstelle: die objektivistische Indifferenz gegenüber »gut« und »böse«, die jedoch nur eine scheinbare ist, denn in Wirklichkeit war Ranke nicht frei von Ideologie, sondern nur blind ihr gegenüber. Mit seiner Scheinobjektivität hat Ranke indirekt eher der Ideologisierung genützt als der Objektivität, das Verantwortungsprinzip des Historikers unterminiert und damit die Historiographie zu einem wirksamen Instrument der jeweiligen Machthaber degradiert. Danach erweist sich gerade die »wissenschaftlichste« Methode dieser Art von Geschichtsschreibung als mitverantwortlich für die katastrophale Bilanz deutscher Politik zwischen 1830 und 1945. Die notorische Unfähigkeit auch deutscher Historiker, zwischen Angriffsheeren und solchen, die der Abwehr von Angriffen dienen, zu unterscheiden, beruht nicht zuletzt auf der Erosion ethischer Maßstäbe durch den Historismus, der mit seiner Pseudosachlichkeit und seinem Spezialistentum nach 1945 eine echte Bewältigung der deutschen Vergangenheit eher erschwerte als förderte. Soll die Geschichtsschreibung nicht wieder im Sumpf von Historismus, Konformismus, Narzißmus, Nationalismus, Chauvinismus und von Ideologien verkommen, muß sie sich zum Geist der freien Meinungsäußerung bekennen, zum Geist des Nonkonformismus, der Aufklärung, der Kritik und nicht zuletzt der Mitverantwortung für die Zukunft – besser 99 Prozent zuviel Kritik als 1 Prozent zuwenig.

Anstelle der faulen Ausreden Schicksal, Tragik und Vorsehung müssen unbequemere Fragen nach der Schuld an Katastrophen, nach den Fehlern der Vergangenheit und den dafür Verantwortlichen gestellt werden. Die Geschichtsschreibung darf sich nicht länger hinter der scheinwissenschaftlichen Maxime »wie es war« verstecken, sondern muß sich zur Maxime: »Wer war verantwortlich?« durchringen. Es hat den Historiker nicht primär zu interessieren, welche Schlachten wo und von welchen Feldherren gewonnen oder verloren wurden, womit die Geschichtsbücher – neben den Stammbäumen der Dynastien – zur Zeit des Historismus angefüllt waren, vielmehr wer die Kriege anzettelte, sie auslöste und heraufbeschwor. Vielleicht stellt sich dann heraus, daß die Kriegsverbrecher von gestern die Verschleierer der Kriegsschuld von heute und die Vorbereiter der Kriege von morgen sind, was eine erstaunliche Kontinuität der Verursacher ergäbe. Dazu beizutragen, daß die gleichen Leute nicht immer wieder die gleichen Verbrechen auf die gleiche Weise inszenieren können: das sollte eine der Hauptaufgaben historischer Aufklärungsarbeit sein. Aus dem Geist so verstandener Mitverantwortung für die Zukunft der Menschheit, nicht aus dem Bedürfnis der Beschwichtigung von Gewissensbissen oder Verdrängung von Selbstkritik, entstand auch diese Studie.

Zu guter Letzt ein paar Bemerkungen an die Adresse derer, die es angeht! Einige Politiker hierzulande scheinen neuerdings zu glauben, in Sachen Demokratie andere belehren und sich womöglich noch als Zuchtmeister demokratischen Verhaltens fühlen zu können, ohne zu merken, daß sie auf Betrachter, die die Geschichte kennen und nicht verdrängen, dabei ziemlich komisch wirken.

Die Desorientierung deutscher Kirchenfürsten angesichts des Golfkrieges, etwa im Vergleich zu den Repräsentanten der anglikanischen Kirche, die in dieser Frage eine ebenso klare Meinung wie eine beispielhafte ethische Haltung an den Tag legten, trägt mehr apokalyptische als komische Züge. Die Einsicht, daß man hier mit den eigenen Ansichten verkehrt liegen könnte und die anderen recht haben könnten, war bei den deutschen Partei- und Kirchengrößen nur selten anzutreffen.

Dabei wäre es beispielsweise sehr nützlich, sich im Hinblick auf die wiederhergestellte deutsche Einheit stets vor Augen zu führen, daß Deutschland sein Überleben, seine Erhaltung und seine Einheit vor allem dem Großmut der Amerikaner und der Großzügigkeit der Russen so gewiß zu verdanken hat, wie es die beiden politischen Katastrophen dieses Jahrhunderts und die nächste, falls sie eintreten sollte, dem eigenen Größenwahn zuzuschreiben hat. Insbesondere gegenüber antiamerikanischen Tendenzen sei daran erinnert, daß es, wenn die Alliierten mit Deutschland so verfahren wären, wie Hitlerdeutschland im Falle seines Sieges mit seinen Gegnern umzugehen vorhatte, nach 1945 es weder in der Theorie noch in der Praxis eine deutsche Frage gegeben hätte.

2 Die Vielfalt Europas

Europa stand von Anfang an nicht nur im Zeichen räumlicher, sondern auch zeitlicher Vielfalt. Während weite Regionen nördlich der Alpen noch im Morgengrauen der Geschichte lagen, sahen Rom und Griechenland schon der Dämmerung entgegen. Sie selbst waren die Erben früherer afrikanischer und orientalischer Kulturen, die ihren Zenit längst überschritten hatten, als Hellas und später Rom von den ersten Strahlen kultureller Morgenröte geweckt wurden.

Für Europa ist also ein extremes raumzeitliches Kulturgefälle vorauszusetzen, das, in Verbindung mit der geographisch-ethnischen Mannigfaltigkeit, ein natürliches, kulturelles und geschichtliches Spannungsvolumen von einmaliger Größe und Multidimensionalität erzeugte. Die deutsche Geschichte wirkt auf dem Hintergrund einer tausendjährigen germanischen, einer tausendjährigen griechisch-römischen und einer mehrtausendjährigen afrikanisch-asiatisch-europäischen Geschichte ziemlich provinziell und episodisch. Vieltausendjährige europäische Vielfalt gegen tausendjährige deutsche Einfalt?

Griechenland schenkte Europa die Olympischen Spiele, die Demokratie und die Akademie als Inbegriffe körperlicher, seelischer und geistiger Freiheit, Rom schenkte ihm den republikanischen Geist, die religiöse Toleranz sowie die Menschenrechte und vereinigte all dies mit den griechischen Errungenschaften zur großen Synthese römischer Kultur und Zivilisation. Hinzu kam das Christentum, das sich erst im Römischen Reich zu einer Weltreligion entwickeln konnte, allerdings auf Kosten der religiösen Toleranz. Als Botschaft der Liebe überlebte das Christentum das Römische Reich, als verabsolutierte Dogmensammlung, als Ideologie starb es mit ihm.

Zwischen Kelten und Slawen reiften inzwischen die unter dem

Sammelnamen Germanen zusammengefaßten Völkerschaften zu zivilisationsfähigen, wenn auch nur teilweise zivilisationswilligen Stämmen heran. Bei der Berührung mit der römischen Kultur von einer Art Zivilisationsschock erschüttert, der sich gleichsam wellenförmig ausbreitete und bis zur Gegenwart eine Reihe von Nachbeben hervorrief, schwankten sie zwischen Eroberung, Unterwerfung und Anpassung, verliehen dem ohnehin vielschichtigen Spannungsgefüge der Kräfte eine ungeahnte Dynamik und vergrößerten damit die Vielfalt um einen weiteren wesentlichen Faktor.

Germanen, Römer, Christen

Germanentum, Römertum und Christentum sind hochgradig synthetische, komplexe, vielgestaltige Begriffe, von denen jeder eine fast unübersehbare Vielzahl von natürlichen, kulturellen und geschichtlichen Elementen enthält. Nur Voreingenommenheit wird den Germanen bodenständige Kultur absprechen, wenn sie auch weder quantitativ noch qualitativ den Vergleich mit der griechisch-römischen Kultur aushält. Tatsächlich verhält sich Germanentum zum Römertum wie Natur zu Kultur und Zivilisation. Die Germanen brachten vor allem Natürlichkeit, Einfachheit, Schlichtheit mit und bereicherten die Verhaltensmuster europäischen Menschentums durch Einsatzbereitschaft, Mut, Hingabe und Gefühlsstärke, die Römer besaßen das Know-how, Technik, Strategie, Kommunikation, aber auch Charakter, Standfestigkeit und Tapferkeit, die Christen trugen das jüdische Erbe mit hinein, den Sinn für die geschichtliche Dimension, Selbsterhaltung, Ehrfurcht vor dem Leben, Öffnung nach innen und außen, Gleichheit aller Menschen vor Gott und Brüderlichkeit untereinander.

In den ersten tausend Jahren unserer Zeitrechnung glich die damalige Welt einem riesigen Labor, einem sich immer weiter ausdehnenden Experimentierfeld, auf dem die große Laborantin, Spielerin und Meisterin Evolution die Kombinationsmöglichkeiten von Verhaltensmustern durchexperimentierte, um die besten auszulesen, zu verfeinern und zu festigen.

Hier können natürlich nur die Hauptkomponenten, die wichtigsten Faktoren, Kräfte, Strömungen und Muster dieser Epoche berücksichtigt werden, wie sie sich als Ergebnisse zahlloser Einzelprozesse nach vielen Versuchen, Fehlschlägen und Mißgriffen herauskristallisiert haben.

Daß germanische, römische und christliche Komponenten zur Gestaltung Europas, also auch Deutschlands, beigetragen haben, darüber besteht weitgehend Übereinstimmung, weniger dagegen über Anteil, Art und Gewicht der Beiträge insgesamt und im einzelnen. Schon die Quellenlage (vgl. hierzu Anhang I) ist alles andere als einheitlich. Während wir über Antike und Christentum relativ gut informiert sind, hapert es bei den Germanen. Abgesehen von den Bodenfunden, die aber auch nicht besonders ergiebig sind, sind wir hier auf Zeugnisse griechischer, römischer und christlicher Autoren angewiesen, die jedoch weder in sich selbst widerspruchsfrei sind noch in der Beurteilung der Ereignisse durchweg übereinstimmen.

Leben heißt kämpfen

Eine gewisse Übereinstimmung glaubte man bei antiken Autoren in der Beurteilung der Barbaren aus dem Norden als besonders kriegerisch, im Gegensatz zu den friedliebenden zivilisierten Völkern der eigenen Hemisphäre, feststellen zu können. Das war natürlich Wasser auf die Mühlen der chauvinistisch, nationalistisch oder sogar rassistisch orientierten Historiker der jüngeren Vergangenheit sowie ihres voreingenommenen, aggressiv-martialischen Publikums. Indem sie kriegerisch mit gut und höherwertig, friedfertig mit schlecht und minderwertig, ferner Germanen und Deutsche gleichsetzten, trugen sie zur Mythenbildung vom »Herrenmenschen«, der »Herrenrasse«, der »Arier«, bei, verleiteten ihre Zeitgenossen zu Weltherrschaftsträumen und spornten sie zu Eroberungskriegen an, wobei die Klangskala der Kriegsverherrlichung von kaum hörbaren Untertönen bis zu schmetternden Siegesfanfaren reichte. Der moderne, kritische oder gar skeptische Historiker wird die pauschale These von der kriegerischen Natur eines Volkes aus mehreren Gründen anzweifeln. Schon die allgemeine Überlegung, daß ein Volk, das häufig Kriege führt, auch wenn es noch so viele Siege erringt, kaum eine Chance zum Überleben hat, wird ihn zur Vorsicht mahnen. Die Geschichte gerade der germanischen Völker ist voller Beispiele von sehr kriegerischen Stämmen, die nach kurzer Zeit untergingen. Nur ruhmreiche Namen oder spärliche Völkerreste – eine leichte Beute für die Nachbarn – blieben übrig.

Schon einige Darlegungen bei Caesar und Tacitus lassen erkennen, daß nicht nur Völkerschaften und Völkerschichten unterschiedlich aggressiv und kriegerisch eingestellt waren, sondern auch innerhalb eines Stammes durchaus gegensätzliche Ansichten und Verhaltensweisen möglich waren. Außerdem änderte sich die Einstellung zum Krieg bei Völkern und sogar bei einzelnen im Lauf der Zeit nicht selten. Die Friesen erscheinen beispielsweise, in der römischen Überlieferung von einer seitens der Römer zugegebenermaßen[2] selbstverschuldeten Ausnahme abgesehen, als ein ruhiges, friedliebendes Volk, ebenso ihre Nachbarn, die Chauken. Ariovist führte, außer zahlreichen anderen kriegerischen Stämmen, seine Sueben wildentschlossen gegen Caesar. Die suebischen Könige Sido und Italicus waren dagegen gute, bewährte und zuverlässige Freunde der Römer.[3] Aus dem Römerfreund Arminius wurde jedoch ein erbitterter Gegner der Römer.

Wie aus der »Germania« des Tacitus zu ersehen ist, gab es bei den Germanen auch soziologisch bedingte Unterschiede in kriegerischer Hinsicht: »Wenn die Anführer und ihr Gefolge nicht in den Krieg ziehen, verbringen sie ihre Zeit weniger mit der Jagd als in Muße, dem Essen und Schlafen hingegeben. Die tapfersten *(fortissimus quisque ac bellicosissimus)* tun nichts und überlassen die Sorge für Haus und Heim sowie die Bestellung der Felder den Frauen, Alten und Schwachen in der Familie. Sie selbst leben stumpf vor sich hin *(hebent)*, in einem seltsamen Widerspruch ihrer Natur, sofern dieselben Menschen so sehr ein träges Dasein *(inertiam)* lieben und die Ruhe hassen.«

Die Verhaltensmuster der Kriegerkasten in verschiedenen Kulturkreisen ähneln einander. In Homers »Ilias« werden nur die Könige, Stammesfürsten und Heerführer namentlich genannt. Das Volk zählt nicht, mit einer Ausnahme, aber auch da nur, um von Odysseus verprügelt zu werden, weil Thersites die Menge von der Sinnlosigkeit des Kriegführens zu überzeugen sucht und die Habsucht der Anführer anprangert, also das Volk »verhetzt«. In Platons »Staat« werden die Volksschichten der Bauern, Handwerker und Kaufleute, die für die Krieger arbeiten müssen, kaum erwähnt. Immerhin ordnet Platon der Kriegerkaste noch eine Führungsschicht der Vernunft, die Philosophen, über, was ihm in der Neuzeit seitens der Militaristen oft genug Hohn und Spott eintrug.

Daß die Germanen nicht pauschal als von Natur aus kriegerisch anzusehen sind, dürfte klargeworden sein, zumal die Bezeichnung Germanen ein Sammelbegriff ist, der von einem Stamm, über dessen Herkunft und Verbleib nichts Genaues bekannt ist, auf immer weitere Stämme ausgedehnt wurde und so schließlich die meisten Völkerschaften umfaßte, die zwischen den Kelten (Galliern) im Westen und den Skythen, Slawen oder Illyrern im Osten und den Alpenvölkern im Süden unter anderen weite Teile des früheren und heutigen Deutschland bewohnten.

Sprachgeschichtlich wird zwischen Ostgermanen (Goten), Nordgermanen (Dänen, Skandinavier), Nordseegermanen (Angelsachsen, Friesen), Rhein-Weser-Germanen (Franken, Thüringer), Elbgermanen (Alamannen, Bayern) unterschieden. Daß die Germanen keine Nomaden oder Halbnomaden waren, kann als erwiesen gelten, aber sie waren auch nicht völlig seßhaft, wie ihre Felderwirtschaft und ihre unstete Lebensweise erkennen lassen, wie auch Bodenfunde aus dieser Zeit bezeugen. Am ehesten kann man sie als nomadisierende, aber zeitweise seßhafte Völkerschaften bezeichnen. Als natürliche Grenzen Germaniens betrachteten die Römer die Rhein-Donau-Linie.

Wie die Germanen aus einem friedlichen Bauernvolk zu einem aggressiven, kriegerischen Volk von Eroberern wurden, dazu gibt es mehrere Erklärungsmodelle, von denen hier vor allem drei zu erwähnen sind: die ethnologische Überschichtungstheorie, eine pluralistische Theorie, die mehrere Faktoren, vor allem aber Kriegs- und Abenteuerlust[4] anführt, sowie eine soziologisch-psychologische Theorie, die die Kriegsliebe auf eine »kleine Anzahl beutegieriger Krieger« beschränkt.

Die Überschichtungstheorie versteht die Germanen als Produkt einer Überlagerung bäuerlicher Urbevölkerung durch eine indogermanische Herrenschicht[5]: »Patriarchalische und feudale Züge sind unverkennbar.«

Die besonders von den Nazis propagandistisch ausgeschlachtete Behauptung des Tacitus von der reinen Sexualmoral der Germanen erledigt sich von selbst durch die auch von Tacitus nicht geleugnete Doppelmoral der Herrenschicht: Hier war Vielweiberei erlaubt. Ebenso fragwürdig wird die moralische Schönfärberei im Hinblick auf die Menschenopfer (Kriegsgefangene) der Germanen und ihre

Spielleidenschaft, der sie Hab und Gut, Weib und Kinder sowie nicht selten ihre persönliche Freiheit opferten.

Dagegen: Nicht Bevölkerungsdruck trieb die Eroberer zu ihren Raubzügen, sondern eine hab- und machtgierige Kriegerelite.[6]

Berücksichtigt man einige weitere Gesichtspunkte, so die durch Bodenfunde bestätigte Tatsache der Entwicklung eines relativ einheitlichen germanischen Kulturkreises seit der Bronzezeit (1500–1000 v. Chr.), die bereits von Caesar erwähnte frühere Zeit, in der die Gallier die Germanen an Kriegstüchtigkeit übertrafen, sowie die Neigung der Römer, die »Tugenden« anderer Völker an eigenen Wertmaßstäben zu messen, erscheint die Kriegsliebe als hervorragendes Merkmal der Germanen weiter relativiert. In der hohen Bewertung kriegerischer Tapferkeit stimmen beispielsweise die Römer mit den Germanen überein, nur daß bei den Römern das Schwert nie den Pflug in dem Maße wie bei den Germanen verdrängte. Infolge eines unaufhörlichen Kampfes um das nackte Überleben, zunächst in Italien, beispielsweise gegen die Samniten, später im Mittelmeerraum, etwa gegen die Karthager, verselbständigte sich der militärische Komplex bei den Römern und zwang sie schließlich in eine Weltherrscherrolle, die ihnen ursprünglich fernlag. Anders die Germanen. Indem sie einem Volk auf der Höhe seiner weltbeherrschenden Stellung gegenübertraten, sahen sie sich von vornherein zu dem fast aussichtslosen Unternehmen herausgefordert, ihre zersplitterten Kräfte mit der geballten, organisierten und disziplinierten Kraft einer Weltmacht zu messen.

Die Germanen, von Haus aus und nach dem Übergang zur Seßhaftigkeit nicht anders als die Römer und andere Völker ein friedliches Bauernvolk mit stark individualistischen Neigungen und gediegenen Ansätzen zu demokratischer Lebensführung (Volksversammlung aller Freien, geringe Besitzunterschiede), vermochten sich dem Gewaltmonopol einer zunehmend vom Streben nach Besitz, Herrschaft und Ruhm besessenen Herrenschicht nicht zu entziehen – die weniger als ein Produkt der Natur oder als ein Relikt aus einer zweifelhaften indogermanischen Urzeit erscheint denn als Ergebnis von Kontakten mit einer materiell wie geistig überlegenen Zivilisation –, nachdem die Fehden mit Nachbarstämmen unergiebig geworden waren. Die von den Führenden zu verwegenen Kriegern erzogenen jungen Leute sahen sich vor die Wahl gestellt, das Römische Weltreich zu erobern, zu vernichten oder, in Ermangelung einer lebenswerten Alternative, selbst unterzugehen.

Gottfried Wilhelm Leibniz hat gegen Ende des ersten Buches seiner »Nouveaux Essais sur l'entendement humain« (1703–05) seine Hoffnung auf einen Wandel der Gelehrsamkeit zur Wissenschaft auf die historisch wie philosophisch aufschlußreiche Formel gebracht: »Ich wünsche, daß man eher den Römern gliche, die schöne öffentliche Gebäude errichteten, als jenem Vandalenkönig, dem seine Mutter empfahl, er solle diese großen Bauwerke zerstören, weil er auf den Ruhm nicht hoffen könne, es ihnen gleichzutun.«

Man dürfte kaum fehlgehen, wenn man bei einigen germanischen Stämmen so etwas wie einen Zivilisationsschock voraussetzt, den die Begegnung mit einer weit überlegenen Kultur auslöste. Vereitelte Ruhmsucht erzeugte dann Aggressionen als Überkompensation eigener Minderwertigkeitskomplexe.

Nicht zuletzt war die Frage: »Friedfertig oder kriegerisch?« auch ein Altersproblem. Der Vergleich mit alten, lebenserfahrenen Indianerhäuptlingen drängt sich auf, die den jungen, ruhmbegierigen Heißspornen ihrer Stämme statt zum Krieg zur Kooperation mit den Weißen rieten, allerdings meistens vergeblich, wie das Beispiel jenes alten ehrwürdigen Germanenhäuptlings zeigt, von dem Velleius Paterculus berichtet. Von einem Nachen aus, in der Mitte eines Stromes, an dessen Ufern die feindlichen Heere Stellung bezogen hatten, suchte er seine Landsleute beschwörend zum Frieden mit Kaiser Tiberius zu bewegen: »Wahrlich, unsere Jugend ist von Sinnen! Während sie eure Gottheit, wenn ihr fern seid, verehrt, fürchtet sie viel mehr eure Waffen, wenn ihr gegenwärtig seid, als daß sie sich unter euren Schutz begäbe. Aber ich habe, dank deiner gütigen Erlaubnis, o Caesar, heute die Götter gesehen, von denen ich vorher nur hörte, und ich habe keinen glücklicheren Tag meines Lebens gewünscht oder erlebt.«[7]

Man braucht nicht sehr viel Phantasie, um sich auszumalen, wie die Geschichte Europas verlaufen wäre, wenn der Geist der Besonnenheit und der Friedensliebe, den es auch in Germanien gab, gesiegt hätte. Der Gang der Ereignisse zeigt jedoch, daß die auf Konfrontation gerichteten Kräfte die kooperativen zum Schaden beider Seiten zunächst verdrängten. Die Römer haben Germanien nicht zur Provinz machen und damit in die *pax Romana* einbeziehen können. Die Germanenreiche auf römischem Boden konnten sich nicht lange halten und waren weit davon entfernt, eine alternative Lebensform, Religion oder Kultur im Mittelmeerraum durchzusetzen. Die Germanen gaben ziemlich schnell ihre eigene Religion auf und wurden Christen. Die kulturellen und zivilisatorischen Errungenschaften der hellenistisch-römischen Welt übernahmen sie meistens ohne ernsthafte Bedenken. Insgesamt haben sie die antike Welt auch ihrerseits bereichert, mindestens indem sie einer genußsüchtigen, abgelebten und morbiden Gesellschaft wieder vor Augen führten, daß Leben auch kämpfen heißt.

Leben heißt arbeiten

Im Gegensatz zu den Germanen, für die der Kampf zur Grunderfahrung des Daseins wurde, waren die Römer ihrem Ursprung, der im Bauerntum lag, mehr verbunden. Rom blieb auch als Weltmacht letztlich das alte bäuerliche Rom, dessen Grundprinzip der Verfasser des römischen Nationalepos (»Aenaeis«), der zugleich ein Bauerndichter gewesen ist und in seinen vier Büchern »Georgica« die Tätigkeit der Landwirte besungen hat, auf die Formel brachte: »Unablässige Arbeit besiegt alles« *(Labor omnia vincit improbus).*

»Im Inneren ... hatte die Epoche des rein bäuerlichen Rom ... als höchstes Lebensgesetz seines staatlichen Daseins dasjenige geschaffen, was die Lateiner die Sitte der Väter nannten. Sie wurde durch die Fülle der ›Beispiele und Vorbilder‹ *(exempla)* richtunggebend für das neue Rom, das nun zur Mittelmeermacht emporstrebte, und schuf hier für immer eine Traditionsgebundenheit sondergleichen, wie sie in der modernen Welt nur England aufzuweisen hat. Roms Größe lag seitdem in der Anerkennung des gewaltigen ungeschriebenen Gesetzes, das das vorbildliche Handeln der Altvorderen ihm auferlegt hatte.«[8]

Durch Besonnenheit, Beharrlichkeit und Verläßlichkeit, Tugenden eines Bauernvolkes, wurde Rom zur Weltmacht, an deren Widerstandskraft das Feldherrngenie Hannibal scheiterte und die die Hammerschläge germanischer Eroberer letztlich nicht brechen konnten. Die Hauptursachen für den Zusammenbruch Westroms waren innerer, nicht äußerer Natur.

Gegen Ende des 2. Jahrhunderts v. Chr. (113–101) brachen erstmals große Scharen von Kimbern und Teutonen nach Oberitalien ein und verheerten das Land. In seiner Biographie des Marius[9] berichtet als Hauptzeuge der Ereignisse der griechische Philosoph, Politiker und Schriftsteller Plutarch von Chaironeia: »Unwiderstehlich an Mut und Kühnheit und ... gleich der ungestümen Gewalt des Feuers zogen sie heran: Niemand vermochte ihrem Ansturm Widerstand zu leisten, sondern alle, auf die sie losgingen, fielen ihnen zur Beute ... Als diese alle, die ihnen in den Weg traten, besiegt und viele Schätze erbeutet hatten, beschlossen sie, sich nirgends auf der Welt niederzulassen, bevor sie Rom zerstört und Italien verheert hätten.«

Allein die Eroberer hatten ihre Rechnung ohne den römischen Consul C. Marius gemacht, der die Eindringlinge stellte und die Teutonen bei Aquae Sextiae (Aix-en-Provence) 102 v. Chr., die Kimbern bei Vercellae (Vercelli) 101 v. Chr. vernichtend schlug. Ihr König Teutobad, ein baumlanger Krieger, der über sechs Pferde zu springen vermochte, ließ sein geschlagenes Heer im Stich und versuchte zu fliehen, wurde aber von den Römern gefangen und im Triumph zur Schau gestellt.[10]

Zum zweiten Mal trafen Germanen und Römer zusammen, als Ariovist, der Heerkönig der Sueben und anderer germanischer Stämme, Gallien zu erobern versuchte. Nach Anfangserfolgen scheiterte auch dieses Unternehmen am entschlossenen Widerstand C. Julius Caesars. Von dieser Begegnung wird noch ausführlicher zu reden sein. Im Gegensatz zu Teutobad gelang Ariovist jedoch nach verlorener Schlacht (55 v. Chr.) die Flucht (über den Rhein).

Nach Caesar gingen die Römer zum Gegenangriff über. M. Agrippa, ein Feldherr des Kaisers Augustus, siedelte als Statthalter von Gallia transalpina 38 v. Chr. das Volk der Ubier als Grenzwächter am Niederrhein, in Colonia Agrippina (Köln), an. Im Süden rückten die Römer bis zur Donau vor und bauten schließlich um 40 n. Chr. im Land der keltischen Vindeliker (heute Bayern) ein früheres Kastell zu einer beherrschenden Festung aus, die den Namen Augusta Vindelicorum (Augsburg) erhielt. Zuvor entstand auf dem

Gebiet der Rauriker 44 v. Chr. eine weitere Grenzfestung, Augusta Rauricorum (Basel), und gleichzeitig im Lande der Treveri eine blühende Kolonie, Augusta Treverorum (Trier). In den Jahren 11 v. Chr. bis 5 n. Chr. dehnten die Adoptivsöhne des Augustus, Drusus, und nach dessen Tod (9 v. Chr.), Tiberius, die römische Herrschaft vom Rhein bis zur Elbe aus. Dann, 9 n. Chr., brachte der in Rom ausgebildete, mit Bürgerrecht und Ritterwürde ausgezeichnete Arminius an der Spitze aufständischer Cherusker den Römern unter dem Statthalter Publius Quinctilius Varus (wahrscheinlich) im Teutoburger Wald eine empfindliche Niederlage bei – darüber mehr im Folgenden!

Germanicus, der Sohn des Drusus, wetzte zwar in harten, doch erfolgreichen Kämpfen (15–17 n. Chr.) die Scharte des Varus wieder aus, entsetzte den von Arminius belagerten Segestes, bestattete die Gebeine der in der Varus-Schlacht gefallenen Römer und eroberte einen weiteren Legionsadler zurück, wurde aber von Kaiser Tiberius nach Rom beordert, um an einem seinerzeit wichtigeren Kriegsschauplatz, im Orient, Krieg zu führen.

Nach Einbeziehung des Dekumatenlandes (Agri Decumates, Oberrheinische Tiefebene bis zum Main, Schwarzwald) in die Provinz Obergermanien konnte Rom die Grenzlinie, den Limes, von Rheinbrohl über Butzbach, Groß-Krotzenburg, Miltenberg, Lorch, Gunzenhausen, Kehlheim im 1. und 2. Jahrhundert. n. Chr. behaupten. Drusus unterwarf in Germanien die Usipiter, Tenkterer, Chatten, Sugambrer (Yssel, Sieg, Fulda, Wupper), Markomannen (Moldau), Cherusker (Weser, Leine) und Sueben (Schwarzwald, Main, Elbe). Über die Germanenfeldzüge des Drusus berichtet Orosius, der hier Livius folgt: »Die Tapferkeit und Wildheit dieser Stämme kann man daraus ersehen, daß auch ihre Frauen, wenn sie einmal durch Überraschung der Römer in ihrer Wagenburg eingeschlossen wurden und ihnen die Geschosse ausgingen oder Gegenstände, die man in der Wut als Geschosse gebrauchen kann, ihre kleinen Kinder [mit dem Kopf] gegen den Boden schmetterten und dann den Feinden ins Gesicht schleuderten.«[11]

Im »Monumentum Ancyranum«, dem Leistungsbericht des Augustus, heißt es über diese und andere Feldzüge in gewohnter Kürze: »Die gallischen und spanischen Provinzen und ebenso Germanien habe ich befriedet, ein Gebiet, welches durch den Ozean von Gades bis zur Mündung der Elbe umschlossen wird. Die Alpen ließ ich von der Gegend nahe der Adria bis zum Tyrrhenischen Meer besetzen, wobei keiner Völkerschaft der Krieg unrechtmäßig erklärt wurde.«[12]

Bedeutete der Sieg der Popularen (Marius, Caesar) über die Optimaten (Senat, Patrizier) eine Epoche inneren und äußeren Aufstiegs, der unter Augustus seinen Höhepunkt erreichte, setzte sich mit dem Erbkaisertum des 1. Jahrhunderts n. Chr. eine negative Tendenz durch. Das Clandenken gewann die Oberhand über das Leistungsdenken. Rom erlag für einige Jahrzehnte dem dynastisch-despotischen Geist: Gaius Iulius Caesar Germanicus (Caligula, 37–41), Claudius I. (41–44), Nero (54–68).

Die von Augustus und seinen unmittelbaren Nachfolgern mühsam errungene, auf Gerechtigkeit und Ausgleich ausgerichtete Friedensordnung geriet ins Wanken. Kein Wunder, daß auch die Germanen die innere Schwäche und den einsetzenden politischen Niedergang Roms für ihre Zwecke zu nutzen suchten. Dabei lag die Schuld für neues Blutvergießen durchaus nicht nur bei ihnen. Habgierige römische Statthalter, Streit im Herrscherhaus und korrupte Feldherren trugen ihr Teil zum beginnenden Zerfall des Römischen Reiches bei.

Am gefährlichsten für Rom wurde der Bataveraufstand (69–70) unter Civilis. Germanen und Gallier verbanden sich gegen Rom, und schon drohte die von Caesar, Augustus (27 v.–14 n. Chr.) und Tiberius (14–37 n. Chr.) behauptete Nordfront des Reiches zusammenzubrechen.

Tacitus berichtet in seinen »Historien« ausführlich über das Geschehen.

Als im Vierkaiserjahr (68/69) der knausrige Greis Galba einer Verschwörung zum Opfer fiel, als Otho – dem Haupt der Verschwörer – die Usurpation des Thrones mißlang und er daraufhin Selbstmord beging und als der dritte Kandidat für das höchste Amt vom aufgebrachten Pöbel so schwer verwundet wurde, daß er an den Folgen seiner Verletzungen starb, außerdem noch der Iupitertempel auf dem Capitol lichterloh brannte, da ließ der von Ehrgeiz und Rachegefühlen beherrschte Iulius Civilis aus fürstlichem Geschlecht, seit 25 Jahren römischer Kohortenführer, die Maske des Parteigängers für Vespasian (69–79) fallen und stellte sich an die Spitze der aufständischen, im Gebiet der Rheinmündung beheimateten Bataver, eines römischen Klientelvolkes, das durch seine Schwimmer und Reiter berühmt war und denen sich weitere rechts- und linksrheinische Stämme angeschlossen hatten.

»Civilis ließ nun die Maske fallen und führte den Kampf mit Rom mit rückhaltloser Leidenschaft ... Aber nichts hatte so ihren Glauben bestärkt, daß das Ende des Reiches bevorstände, wie der Brand des Capitols. Von Galliern sei einst Rom erobert worden [387/86 v. Chr., Schlacht an der Allia]; da aber der Sitz des Iupiter unversehrt geblieben sei, hätte das Reich fortgedauert: Jetzt dagegen – so weissagten in törichtem Aberglauben die Druiden – sei durch das verhängnisvolle Feuer ein Zeichen des himmlischen Zornes gegeben, und der Besitz der Welt werde den Völkern jenseits der Alpen prophezeit.«[13]

Tatsächlich standen die Aussichten für Rom denkbar schlecht: unfähige Kaiser, zerstrittene Führung, meuternde Truppen, Desinteresse weiter Bevölkerungskreise für Kriege in fernen Ländern,[14] Orientalismus, zunehmende Pöbelherrschaft in der Hauptstadt.

In dieser Stunde höchster Gefahr fand sich, wie sooft in der römischen Geschichte, wieder ein beherzter Retter des Vaterlandes: Petilius Cerialis nahm entschlossen den Kampf gegen Civilis auf und besiegte ihn in mehreren Schlachten. Als dieser sah, daß seine Sache verloren war, ergab er sich den Römern und zog einem ehrenvollen Tod an der Spitze der von ihm verführten und geopferten Rebellen ein schmachvolles Überleben vor.

In der Charakteristik der Typen, die im Bataveraufstand eine Rolle spielen, lieferte Tacitus Meisterstücke feinsinniger psychologischer Darstellung, von denen hier ein paar Kostproben in Kurzform folgen mögen: »Civilis spielte zunächst ein Doppelspiel und nutzte seine Stellung als römischer Kohortenführer aus, um angeblich bedrängten römischen Truppen zu Hilfe zu kommen, während er sich in Wirklichkeit mit den Gegnern der Römer verbündete. Die römischen Truppen, von dem Verrat überrascht und erschüttert, wurden niedergemacht. Nach diesem ›Erfolg‹ wurde Civilis in Gallien und Germanien als ›Freiheitsheld‹ gefeiert. Unter Berufung auf den Sieg des Arminius lockte er die Gallier mit geschickter Rhetorik auf seine Seite: Vom Sieg gibt man keine Rechenschaft; die Götter sind dem hold, der den größeren Mut hat; die Germanen sind unsere Blutsbrüder. Mit Civilis ging Classicus, ein Häuptling der Treverer. Classicus hatte durch seine vornehme Abkunft und seinen Reichtum eine hervorragende Stellung, sein Geschlecht war königlichen Stammes und seine Ahnen in Krieg und Frieden berühmt. Er selbst rühmte sich mehr der Römerfeinde als der Römerfreunde unter seinen Vorfahren. Mit ihm traten Iulius Tutor und Iulius Sabinus in Verbindung, jener ein Treverer, dieser ein Lingoner. Tutor war von Vitellius mit dem Schutz des Rheinufers beauftragt, den Sabinus berauschte außer seinem angeborenen Dünkel der Ruhm seiner vermeintlichen Abstammung!«[15]

Währenddessen griff der Streit der Kaiser auf die römischen Heerführer und Mannschaften über: Diese neigten zu Vitellius, die Offiziere zu Vespasian. Der unfähige römische Heerführer Hordeonius Flaccus wurde von meuternden Truppen ermordet, und Vocula, von ihnen zum Heerführer auf den Schild gehoben, ereilte bald das gleiche Schicksal von der Hand eines Deserteurs. Köln und Bonn gingen verloren, die Germanen bestürmten Mainz, und Trier leistete verzweifelten Widerstand. Das Ende der römischen Herrschaft schien nahe. Nicht selten zwangen die einfachen Soldaten, zwischen Scham und Furcht hin- und hergerissen, ihre mit den Lockangeboten der Gegner liebäugelnden Vorgesetzten, den Kampf wieder aufzunehmen, und retteten so die römische Ehre oder den römischen Namen oder was davon noch übrig war.

Indessen blieben die Verschwörer nicht müßig. Sie schickten Agitatoren, die zum Kriege hetzten, durch die Provinzen, aber nachdem der römische Feldherr Cerialis auf dem Schlachtfeld eine Wende herbeigeführt hatte, schlug auch bei den Aufständischen die Stimmung um, und die den Verrat zum Mittel ihrer Politik erhoben hatten, wurden Opfer des Verrats: »Wenn man sich seine Herren wählen könnte, so sei es ehrenvoller, die Herrschaft von römischen Kaisern als von germanischen Frauen [gemeint ist die germanische Wahrsagerin Veleda, die nach dem Aufstand als Beute nach Rom gebracht wurde] zu ertragen. So redete das Volk; die Sprache der Vornehmen aber klang noch weit drohender: Durch den Wahnsinn des Civilis seien sie in den Krieg gestürzt worden ... Dieser Umschwung der Stimmung entging Civilis nicht. Er beschloß daher, der Entwicklung der Dinge zuvorzukommen. Außer dem Überdruß im Ungemach bewog ihn hierzu auch die Hoffnung auf Erhaltung seines Lebens, die gewöhnlich einen stolzen Sinn bricht.«[16]

Noch einmal hatte die alte römische Tugend, nicht zuletzt des einfachen Mannes, über Feigheit, Verrat und Habsucht gesiegt, aber wie lange würde sie noch vorhalten, wenn der innere Zerfall weiter so voranging? Indessen waren die Götter den Römern noch einmal gewogen. Der Epoche des Niedergangs im 1. Jahrhundert n. Chr. folgte im 2. Jahrhundert n. Chr. eine Epoche des Wiederaufstiegs, in der das Römische Reich unter starker und weiser Führung seine größte Ausdehnung erreichte, die Rhein-Donau-Grenze behauptete und ein Maß an innerer Sicherheit erreicht wurde, das in der Weltgeschichte einmalig blieb.

»Die Hauptfolge des Civilis-Aufstandes war eine völlige Neuregelung der römischen Verteidigung auf heutigem deutschem Volksboden.«[17]

Kaiser Domitian (81–96) führte mit Erfolg gegen die Chatten (Hessen) Krieg, schob die Grenze weit nach Germanien hinein vor (Lahn, Main, Neckar). Unter der Regierung Kaiser Traians (98–117) verfaßte Tacitus seine »Germania«. Eutropius, ein römischer Geschichtsschreiber um die Mitte des 4. Jahrhunderts, berichtet über Traian, der Dakien (Rumänien) zur römischen Provinz machte (107), nur kurz: »Das Gebiet des Römischen Reiches, das nach Augustus mehr verteidigt als ruhmvoll vergrößert war, erweiterte er mächtig.«[18]

Sein Feldherr Spurinna unterwarf das »kriegswütige Volk« der Brukterer durch die bloße Demonstration der römischen Macht, wozu Plinius in einem Brief bemerkt: »Die schönste Art des Sieges.«

Kaiser Hadrian (117–138), dessen Wahlheimat Athen war, suchte, mehr Philosoph als Herrscher, die Germanen durch eine konsequente, defensive und einsichtige Friedenspolitik in Schranken zu halten, was ihm auch gelang, ähnlich Kaiser Antoninus Pius (138–161).

Eine ernste Herausforderung für das Reich wurden dagegen die Stämme der ostgermanischen Markomannen (Böhmen) und Quaden (Mähren), die im Verlauf der ersten germanischen Völkerwanderung (150–295) im Jahre 167 die Donau überschritten und bis nach Friaul vordrangen. In schweren Kämpfen gelang es dem Philosophenkaiser Marc Aurel (161–180) nicht nur, den Gegner zurückzuwerfen, sondern bis in die Heimatländer der Invasoren vorzurücken. Sein Tod in Wien verhinderte die Einbeziehung der gewonnenen Gebiete ins Römische Reich, die unter dem unfähigen Regiment seines Sohnes Commodus (180–192) wieder verlorengingen.

In Kaiser Marc Aurel trat den Germanen ein ebenso entschlossener wie versöhnlicher Gegner gegenüber, von ähnlichem Format wie Caesar. Als die Staatskasse erschöpft war, schonte er den eigenen Besitz nicht und versteigerte auf dem Forum des Traian die »Kleinodien des kaiserlichen Hauses und ließ Pokale aus Gold, Kristall und Flußspat verkaufen, ferner Geschirr des kaiserlichen Haushalts, auch ein Kleid seiner Gemahlin, das aus Seide und golddurchwirkt war, sogar Edelsteine, die er in Menge in dem Pretiosenkabinett des Hadrian gefunden hatte.«[19]

Wider den Rat seiner Freunde, den Krieg gegen die Markomannen aufzugeben und von der vordersten Front nach Rom zurückzukehren, setzte er den Kampf, ungeachtet aller Schwierigkeiten, fort. Dabei ließ er auch germanische Verbände kämpfen, die gegen Bezahlung gegen Germanen vorgingen. Nach dem Sieg verfolgte er ebenso beharrlich und erfolgreich eine Friedenspolitik, indem er in großem Stil germanische Völkerschaften zur Sicherung der Grenzen im Reich ansiedelte.

»Gegen die Germanen wurde unter seiner Regierung glücklich gekämpft. Er selbst führte nur einen Krieg, den markomannischen, aber dieser war so schwer wie keiner in der Geschichte, so daß man ihn mit dem Punischen vergleicht. Denn er wurde um so schwerer, weil sämtliche römischen Heere zugrunde gegangen waren. Es wütete nämlich unter seiner Regierung die ›Pest‹ so furchtbar, daß nach dem Siege über die Parther (166 n. Chr.) in Rom, in Italien und in den Provinzen der größte Teil der Menschen und fast alle Truppen an der Krankheit starben.

Unter ungeheurer Mühsal und Selbstbeherrschung beendete er, nachdem er bei Carnuntum drei Jahre ununterbrochen ausgeharrt hatte, den Krieg gegen die Markomannen, den diese im Bunde mit den Quaden, Vandalen, Sarmaten, Sueben und all den Barbaren geführt hatten.«[20]

Über die Kriegführung Marc Aurels berichtet Dio: Nach einem hart erkämpften Sieg verweigerte der Kaiser seinen Truppen die geforderten Geldgeschenke mit der Begründung, daß dieses Geld nur von ihren Eltern und Verwandten wieder eingetrieben werden müsse, also um Steuern zu sparen. Wie Caesar im allgemeinen milde, ging Marc Aurel jedoch – wie jener – gegen Vertrags- und Wortbruch streng vor. So setzte er, der »doch sonst wirklich gegen seine ärgsten Feinde menschenfreundlich verfuhr«, auf Ariogaisos, den König der wortbrüchigen Quaden, der mit Gefangenen, die als Geiseln zurückgehalten wurden, eine erpresserische Politik zu treiben versuchte, ein Kopfgeld aus. Dennoch hat Marc Aurel den König, der später in römische Gefangenschaft geriet, als Gefangenen behandelt und nicht töten lassen.

Im 3. Jahrhundert ging es mit Rom rapide bergab. Zu den inneren Problemen des Zerfalls kam nach außen ein Zweifrontenkrieg gegen die Perser und Germanen, der die letzten Kraftreserven des Reiches verschlang.

Schon der Zusammenschluß der Westgermanen (Alamannen, Franken, Sachsen) um 210 verhieß nichts Gutes. Nach dem Tod des Commodus wurde das Römische Reich zusätzlich durch innere Machtkämpfe (Fünfkaiserjahr, 193) schwer erschüttert. Zunächst gelang es noch Kaiser Caracalla (212–217), der fast allen Reichsangehörigen das römische Bürgerrecht verlieh (Constitutio Antoniniana, 212), die Alamannen am Rhein zu besiegen (213). Als sie zwanzig Jahre später erneut in römisches Gebiet (Dekumatenland) einfielen, wurden sie von Kaiser Maximinus Thrax erneut geschlagen (235). Schon drei Jahre später setzten die Goten erstmals über die Donau. Zur Zeit der Jahrtausendfeier Roms (248) erfolgte dann der Großangriff der Goten auf die römischen Provinzen des Balkans. Kaiser Decius (249–251), der sich ihnen mutig entgegenstellte, fiel in der Schlacht bei Abrittus (Razgrad im nordöstlichen Bulgarien). Die Goten drangen plündernd, mordend und brandschatzend bis nach Griechenland (Athen, Sparta) und Kleinasien vor, während Rom in einen schweren Krieg mit den Persern verwickelt war, die 260 Kaiser Valerian gefangennahmen. Sein Sohn Gallienus (260–268) besiegte zwar die Alamannen bei Mailand (258/59), wurde aber ermordet, noch bevor er sich gegen die Goten wenden konnte. Als diese zur Zeit des Kaisers Claudius Athen erobert und alle Bücher, deren sie habhaft werden konnten, zusammengetragen hatten, um sie zu verbrennen, siegte die Intelligenz eines Atheners über die rohe Gewalt der Barbaren. Er brachte sie von ihrem Vorhaben ab, indem er ihnen erklärte: »Mit diesen Dingen vertrödeln die Römer ihre Zeit und vernachlässigen den Krieg.«[21]

Erst Kaiser Claudius II. (268–270), der die Goten bei Naissos (Nisch, 269) völlig besiegte und dafür den Namen Gothicus erhielt, führte hier eine Wende herbei. Fortan herrschte längere Zeit Ruhe, aber die Römer gaben die Provinz Dakien (Rumänien) auf, in der sich Westgoten ansiedelten. Im Jahre zuvor (268) waren auch die Alamannen am Gardasee geschlagen. Wieder einmal hatte sich die Entschlossenheit einzelner ausgezahlt, wenn auch um einen sehr hohen Preis, besiegelten doch einige Kaiser diese Erfolge mit ihrem Leben. Kaiser Aurelian (270–275) kämpfte an der mittleren Donau gegen die Juthungen, einen Teilstamm der Sueben, besiegte die Vandalen in Pannonien (westliches Ungarn) und schließlich auch die Alamannen, die, mit anderen Stämmen im Bunde, wieder in Italien eingefallen waren und das Land verwüstet hatten. In klarer Erkenntnis der ständigen Bedrohung ließ er Rom und andere italienische Städte neu befestigen.

Dexippos hat die in vieler Hinsicht aufschlußreiche Haltung Aurelians bei den Friedensverhandlungen mit den besiegten Juthungen festgehalten: »In eurer Rede paßt das Friedensangebot und die Kriegsdrohung nicht gut zusammen. Und wenn ihr ehrlich Frieden wollt, warum fordert ihr dann noch Geld dafür? – Euer Pochen auf eure Kraft kann uns nicht einschüchtern. Ihr pflegt rasch und ungestüm vorzugehen; daher folgt auch die Reue auf dem Fuß. Wir dagegen folgen in allen Dingen der Vernunft als unserem Führer, durch den auch ein kleines Heer eine große Übermacht besiegt ... Euch trieben nur Begierden und Hoffnungen, durch die sich eine unbesonnene Masse fortreißen läßt: so verfielet ihr auf Feldzug und Krieg.«[22]

Die Gesandten der Juthungen kehrten darauf erschrocken und kleinlaut zu den Ihrigen zurück. Auf dem Weg zu einem Feldzug gegen die Perser fiel Aurelian einem Komplott zum Opfer und wurde ermordet. Nach einem kurzen Zwischenspiel des Kaisers Tacitus (275/76) folgte Aurelian Kaiser Probus (276–282), der die Ansiedlungspolitik germanischer Kleinbauern auf römischem Reichsboden fortsetzte und durch eine konsequente Friedenspolitik die Germanen mit dem Römerreich verband. In Gallien entriß er den Eindringlingen sechzig angesehene Städte samt der angehäuften Kriegsbeute. Neun germanische Könige, vielleicht des Kriegführens müde, baten Probus um Frieden und achteten sorgfältig auf die Durchführung und Einhaltung der Friedensvereinbarungen. Probus konnte daher an den Senat schreiben: »Unterworfen ist ganz Germanien, soweit es sich in die Breite erstreckt ... und ganz Gallien befreit.«[23]

Als Bonosus, ein Flottenkommandant, in Köln 281 rebellierte und, zusammen mit dem Häuptling Proculus, der im römischen Heer gedient hatte und die Kaiserwürde usurpieren wollte, die Germanen wieder zum Krieg aufhetzte, lieferten die Franken ihn an Probus aus, der ihn hinrichten ließ.

»Sämtliche Germanen wollten, als sie von Proculus zu Hilfe gerufen waren, lieber dem Probus untertan sein als im Bunde mit Proculus und Bonosus herrschen.«[24]

Die beispielhafte Friedenspolitik des Probus begann also erste Früchte zu tragen. Um so heftiger schlugen auf beiden Seiten die Wogen der Leidenschaft in die Höhe, als unter den Kaisern Diokletian (284–305) und Konstantin I. (306–337) die Kämpfe wieder aufflammten. Nur durch umfassende Reformen, vor allem des Heeres und der Steuern, aber auch der Staatsform – vom Prinzipat zur Tetrarchie – gelang es Diokletian, die Sicherheit im Reich wiederherzustellen und die Reichsgrenzen zu behaupten. In zwei erfolgreichen Feldzügen gegen die Alamannen (287/88 und 292) dehnte Diokletian die römische Einflußsphäre sogar über den Rhein nach Osten und an der oberen Donau nach Norden aus. Alamannische Fürsten erkannten die Oberhoheit Roms an, zahlten Tribut und stellten Truppen. Die Donau- und die Rheingrenze überließ er dann seinen Mitregenten (Caesares) Galerius und Konstantius zum Schutz. Das Oberkommando über die Legionen war auf die Garnisonen Trier, Mailand und Sirmium (Mitrowitza an der Save) verteilt. Die Neuorganisation bewährte sich bald. Im Osten besiegte Galerius die wieder angreifenden Perser (297), deren Lager, Kriegsschatz und Harem des Königs erbeutet wurden, im Westen schlug Konstantius die aufsässigen Alamannen (298) und machte der Herrschaft des keltischen Kerausius ein Ende, der mit einer eigens aufgestellten Flotte auf eigene Faust nach Britannien übergesetzt war und sich dort zum Gegenkaiser hatte ausrufen lassen.

Gegen Ende des 3. Jahrhunderts war es den Römern dank ihrer ebenso umsichtigen wie entschlossenen Führung noch einmal gelungen, die von Osten, Norden und Westen drohenden Gefahren abzuwenden, und das gelang ihnen auch noch im folgenden, dem 4. Jahrhundert.

Konstantin zog von Trier aus (328) gegen die Alamannen und ihre Verbündeten zu Felde, die jede Gelegenheit zu Beutezügen in die Provinzen nutzten. Der griechische Historiker Eusebios (um 300) – nicht zu verwechseln mit dem Kirchenhistoriker – schrieb in seiner Geschichte der römischen Kaiser über Konstantin: »Wie er nun Kaiser geworden war ... unterwarf er all die Barbarenstämme am Rhein und am westlichen Ozean, die es wagten, sich zu erheben, und machte sie aus wilden zu zahmen Geschöpfen; andere dagegen, die er als unfähig zu einem gesitteten Leben erkannte, jagte er wie gewisse Raubtiere auf und scheuchte sie aus ihrer Heimat.«

Ioannes Antiochenus, ein griechischer Historiker des 5./6. Jahrhunderts, bemerkt in seiner Chronik zu Konstantin: »Die Truppen waren dem Konstantin sehr ergeben, vor allem wegen seines Kriegsglückes. Denn er vernichtete die Franken und Alamannen, die mächtigsten germanischen Stämme, mit ihrem gesamten Heerbann, nahm ihre Anführer gefangen und ließ sie bei der Siegesfeier mit wilden Tieren kämpfen.«

Ob diese Behandlung klug war, ist eine andere Frage. Jedenfalls schürte sie in den Besiegten einen unbändigen Haß gegen die Römer. Konstantius II. (350–361) verfuhr in seinem Krieg gegen die Alamannenkönige Gundomad und Vadomar klüger, indem er, wie einst Caesar, den Friedfertigen einen ehrenhaften Frieden, den kriegerisch Gesinnten eine harte Behandlung in Aussicht stellte. Sein Appell hatte Erfolg. Mit den Alamannen wurde feierlich ein Friede geschlossen, der zwar nicht ewig hielt, aber den Völkern wenigstens eine Atempause bei ihrem sinnlosen Blutvergießens verschaffte.

Als im Westen Magnentius als Gegenkaiser erhoben wurde (350–353), fielen die Alamannen vom Elsaß aus in die gallischen Provinzen ein, und die Franken überschritten den Niederrhein. Ihnen trat der spätere Kaiser Julian (361–363) entgegen und schlug die Alamannen bei Straßburg (357).

Daß bei den Germanen auch nicht immer Eintracht und Harmonie zwischen Stammesführer und Volk bestand, zeigt ein Abschnitt aus dem Bericht Ammians über die Schlacht bei Straßburg: »Da vernahm man plötzlich das empörte Murren der alamannischen Fußkämpfer, die einmütig schrieen, die Fürsten sollten von den Pferden steigen und mit ihnen zusammenbleiben, damit sie nicht, falls ein Unglück eintreten sollte, das arme Volk im Stich ließen und sich selbst mühelos aus dem Staube machten.«[25]

Wie bei den Römern während des Bataveraufstandes die Truppen stellenweise die Feldherren an Loyalität zu ihrem Vaterland übertrafen, bewies auch bei den Germanen die Gefolgschaft oft mehr Treue zum Führenden als umgekehrt. Knodomar hatte jedenfalls vorgesorgt und einen Nachen bereithalten lassen, der ihn notfalls über den Rhein bringen konnte, um sich dann in sein Versteck zurückzuziehen, aber, im Gegensatz zu Ariovist, gelang ihm das nicht. Der stolze König wurde gefangen und machte dabei einen jämmerlichen Eindruck: »Als der König die Posten sah, ergab er sich in seiner Todesangst aus freien Stücken selber: Er kam allein aus seinem Versteck heraus, und seine Begleiter, 200 an der Zahl, und drei seiner Blutsfreunde, die es für eine Schande hielten, ihren König zu überleben oder nicht für ihren König zu sterben, falls es das Schicksal wollte, ergaben sich als Gefangene. Und wie die Barbaren infolge ihres angeborenen Charakters im Unglück verzagt, im Glück dagegen ganz anders sind, so wurde er, wie er jetzt einem fremden Willen unterworfen war, totenbleich weggeführt, während ihm das Bewußtsein seiner Frevel den Mund schloß. Wie Tag und Nacht war er von jenem Knodomar verschieden, der nach rohen und greulichen Schreckenstaten unter mancherlei fürchterlichen Drohungen seinen Spott mit den niedergebrannten gallischen Städten getrieben hatte.«[26]

Nach seinem Sieg über die Alamannen marschierte Julian gegen die Franken, besiegte sie zwar, schonte sie aber, insofern er ihren salischen Stamm in Nordbrabant ansiedelte (358). Nach Julians Tod beim Feldzug gegen die Perser (363) griffen die Alamannen erneut die Provinzen an, wurden aber nach langen Kämpfen mit Kaiser Valentinian I. (364–375) und seinem Sohn Gratian (378–383) von letzteren bei Horburg (Argentaria) im Elsaß geschlagen.

»So ist die Grenze im Westen, wenn auch nicht ohne Mühe, während des ganzen Jahrhunderts im wesentlichen behauptet worden.«[27]

Inzwischen hatte, ausgelöst durch den Ansturm der Hunnen nach Westen (375), die zweite (große) germanische Völkerwanderung begonnen, die bis 568 dauern sollte. Der Schwerpunkt des Geschehens verlagerte sich vom West- auf das Ostreich, was zur zeitweisen Besetzung des Westreichs durch germanische Völkerstämme und zur Einnahme Roms durch Alarich (410) führte.

Die Schlüsselereignisse des 4., 5. und 6. Jahrhunderts lassen sich, soweit sie nicht direkt die Beziehung von Römern und Germanen im Hinblick auf die folgende deutsche Geschichte betreffen, kurz wie folgt zusammenfassen: Schon ein Jahr nach dem Vorstoß der Hunnen drangen Westgoten unter Frithigern über die Donau vor. Sie hatten von 341–348 das arianische Christentum angenommen. Ihr Bischof Wulfila übersetzte die Bibel ins Gotische. Ihnen folgten Ostgoten, vereinten sich mit den Westgoten und rückten plündernd bis nach Thrakien vor. Kaiser Valens (364–378), der sich ihnen, ohne Verstärkung abzuwarten, entgegengestellt hatte, wurde bei Adrianopel vernichtend geschlagen (378) und kehrte nicht aus der Schlacht zurück. Man hat diese Niederlage der Römer mit der bei Cannae (216 v. Chr.) verglichen. Gemeinsam ist beiden, daß die Römer nicht aufgaben. Die plündernden Goten wurden vertrieben, 382 wurde ein Friede geschlossen, und Kaiser Theodosius I. (379–395) gelang es sogar, die Goten zwischen Donau und Balkan anzusiedeln und sie gegen Bezahlung zum Kriegsdienst heranzuziehen. Mit ihrer Hilfe brach Theodosius nicht nur den Widerstand des von den Franken Arbogastes zum Gegenkaiser erhobenen Flavius Eugenius (Schlacht am Frigidus, einem Nebenfluß des Isonzo, 393), sondern vollendete den Sieg des athanasisch-katholischen Christentums. Die Arianer stellten sich den Sohn Gottes als wesensähnlich *(homoiousios)* mit dem Vater vor, die Katholiken als wesenseins *(homousios)*.

Gleich zu Beginn des 5. Jahrhunderts eroberten die Westgoten unter ihrem Führenden Alarich, nachdem sie den Balkan und Italien verwüstet hatten, die Hauptstadt des Reiches (410), deren Boden seit zirka 800 Jahren keine feindliche Streitmacht mehr betreten hatte.

Begreiflicherweise erregte dieses Ereignis in der damaligen Welt ungeheures Aufsehen und fand unter anderem im »Gottesstaat« des Augustinus (354–430) seinen Widerhall.

Fast zur gleichen Zeit ergossen sich endlose Scharen von Ostgoten: Vandalen, Heruler, Alanen und Burgunder, denen sich Sueben anschlossen, über den Rhein (406) und drangen bis nach Spanien vor (409). Am Niederrhein dehnten die Burgunder ihre Herrschaft aus (Nibelungen), die salischen Franken in Flandern und die ripuarischen Franken am linken Rheinufer von Andernach bis Köln. Zwar gelang es dem Oberfeldherrn Stilicho, Sohn einer Römerin und eines Vandalen, die Westgoten bei Pollenza (bei Asti, 402) und Verona (404) zurückzuwerfen und ostgotische Scharen unter Radagais bei Fiesole (406) zu vernichten, aber er fiel dem Intrigenspiel der Herrscher von Ost- und Westrom zum Opfer und wurde, von Kaiser Arkadius (Ostrom, 395–408) geächtet, auf Betreiben des Kaisers Honorius (Westrom, 395–423) hingerichtet. Damit hatten die unfähigen Söhne des Theodosius eine der letzten tragenden Säulen des Römischen Reiches beseitigt.

Eine andere tragende Säule des Reiches war Flavius Aëtius (390–454), »der letzte Römer«. In seiner Jugend war er selbst Geisel bei Alarich und Attila gewesen. Letzteren zwang er in der äußerst blutigen Schlacht auf den Katalaunischen Feldern (451) zum Rückzug – die letzte Großtat Roms für das sich umgestaltende Europa. Ein weiteres Verdienst des Aëtius war die Aufrechterhaltung der römischen Herrschaft in Gallien gegen andringende Scharen der Germanen und Hunnen. Zum Schutz siedelte er am linken Rheinufer (Jülich) die Burgunder an, deren Reich jedoch bald zusammenbrach (Nibelungen). Die Reste des Volkes ließen sich 445 in Savoyen nieder. Diesen letzten Retter Roms tötete Kaiser Valentinian III. (424–455) aufgrund von Verleumdungen seitens seiner Höflinge eigenhändig bei einer Audienz. Nur sechs Monate nach diesem Verbrechen wurde der Kaiser jedoch selbst in Rom ermordet.

Daß die Germanen sich mit solchen Vertretern einer höheren Zivilisation nicht anfreunden konnten, erscheint verständlich, verständlich aber auch, daß ihre Grausamkeit dort an Grenzen stieß, wo ihr noch grausamere Feinde – die Hunnen – begegneten. Nachdem sie, auf der Flucht vor den Hunnen, tatsächlich unter Alarich das dekadente Rom erobert hatten, setzte bei den »Barbaren« eine Art Lernprozeß ein: Sie merkten, daß die Römer, verglichen mit den Hunnen, immer noch das kleinere Übel waren, und ähnlich dachten wohl auch die Römer über die Germanen. Zwischen Feinden bahnte sich angesichts einer für beide tödlichen Gefahr so etwas wie eine Allianz des geringeren Übels an. Hatte Alarich die Länder, durch die er zog, verwüstet und Rom geplündert, vermählte sich sein Halbbruder Athaulf mit Galla Placidia, der Schwester des Kaisers Honorius, und erklärte, »er habe zunächst danach gestrebt, den Römernamen auszutilgen, zur *Gotia* zu machen, was einst *Romania* gewesen sei, um sich selbst an die Stelle des Caesar Augustus zu setzen; er habe aber eingesehen, daß die Goten in ihrer zügellosen Barbarei nicht den Gesetzen gehorchen könnten, ohne die der Staat nicht der Staat sei; deshalb setze er nun die Goten für das Römerreich ein, um bei der Nachwelt als »Urheber der römischen Wiederherstellung« *(romanae restitutionis auctor)* zu gelten[28].

Hier ist das politische Vermächtnis der germanischen Völkerwanderungszeit für die deutsche Geschichte auf die knappste Formel gebracht: Caesarenwahn, Unbeherrschtheit, Unfähigkeit, Gesetzen zu gehorchen, Barbarei und Irrationalismus auf der einen, Öffnung für eine als überlegen erkannte und anerkannte Staatsordnung, für Zivilisation und rationale Lebensgestaltung auf der anderen Seite. Athaulfs Weg führte von der Destruktion zur Kooperation, vom Eigensinn zum Gemeinsinn, von der Konfrontation und Eroberung zur Integration und Partizipation, von der Verachtung der Kultur zur Achtung vor derselben. Diese beiden Möglichkeiten, sich zu verhalten, können als Maßstäbe zur Beurteilung der Grundentscheidungen in der deutschen Geschichte gelten. Zwischen ihnen schwankte die deutsche Geschichte von ihren Anfängen bis zur Gegenwart fast ein Jahrtausend, und eine endgültige Entscheidung nach der einen oder anderen Seite ist bis heute nicht abzusehen.

Zwischen Walja, dem Nachfolger Athaulfs, und Rom wurde ein Vertrag geschlossen (418), der die Goten als Verbündete des Reiches und das westgotische Königreich südöstlich der Loire als Vasallenstaat Roms anerkannte. Im Codex Euricianus (zirka 470–475) fand die römisch-germanische Synthese auch ihren juristischen Ausdruck.

Das Schicksal der anderen germanischen Reichsgründungen auf

römischem Boden richtete sich nach dem Grad der Bereitschaft zur Übernahme von Recht und Gesetz, Kultur und Zivilisation, Achtung vor der Menschenwürde und dem Rang der Vernunft. Extrem barbarisch verhielten sich die Vandalen, wenn auch die Verbindung von Vandalismus mit ihrem Namen nicht unbedingt gerechtfertigt erscheint. Gegen sie und die Alanen kämpften Westgoten und Sueben in Spanien. Geiserich, der König der Vandalen, war nicht von vornehmer Herkunft und hinkte infolge einer Verwundung. Er wird als grausam, hinterlistig und verschlagen geschildert. Dem Druck der zivilisierten Germanen ausweichend, führte er seine Horden nach Afrika hinüber. Er bekämpfte Römer und Christen aus Prinzip und mit System. Bei der Belagerung durch die Vandalen starb Augustinus (430), der Bischof von Hippo (Bona). 455 erschien Geiserich mit seiner Flotte vor Rom, plünderte die wehrlose Stadt vierzehn Tage lang und raubte, was ihm an Kunstschätzen in die Hände fiel. Sie gingen allerdings bei einem Schiffbruch verloren. Mit Hilfe der in Karthago erbeuteten römischen Kriegsflotte konnten die Vandalen Italien von der Getreidezufuhr aus Afrika abschneiden und Raubzüge bis ins östliche Mittelmeer unternehmen, allerdings nur so lange, bis ein tatkräftiger oströmischer Kaiser, nämlich Justinian (527–565), ihnen das Handwerk legte. Mit nur 15 000 Mann vernichtete der kaiserliche Feldherr Belisar das Vandalenreich in nur einem halben Jahr. Gelimer, der Nachfolger Geiserichs, flüchtete, wurde aber gefangen und im Triumphzug durch Konstantinopel geführt. Afrika war wieder römische Provinz und das Mittelmeer wieder unter römischer Kontrolle. Das Vandalenreich in Nordafrika war nicht einmal hundert Jahre alt geworden. Nach der Vernichtung dieses Reichs wandte sich Justinian der Rückeroberung Italiens zu, wo unter König Theoderich 493 ein Reich der Ostgoten entstanden war, dessen Lebensdauer noch kürzer war als das der Vandalen. Da die Geschichte dieses Krieges aus dem Roman »Ein Kampf um Rom« von Felix Dahn hinreichend bekannt sein dürfte, braucht hier nicht eigens darauf eingegangen zu werden. Nach dem Tod ihres letzten Königs am Sant'Angelo (Mons Lacteus) bei Neapel ergaben sich die Reste des gotischen Heeres und verließen Italien.

Justinian begnügte sich nicht mit der Rückgewinnung Afrikas und Italiens. Er wollte auch Spanien aus der Hand der Westgoten zurückerobern, was ihm aber nur teilweise (Südostküste, 551) gelang. Das Reich konnte sich nach dem Übertritt Rekhards I. (586–601) zur katholischen Kirche, der Einführung der Wahlmonarchie (633) und eines für Goten und Römer gemeinsamen Gesetzbuches (Lex Visigothorum, 654) noch bis zum Sieg der Araber (711) behaupten.

Mit dem Einbruch der Langobarden in Italien schließt man im allgemeinen die Epoche der zweiten (großen) germanischen Völkerwanderung ab, die mit dem Ansturm der Hunnen (375) beginnt.

Nachdem die Langobarden zunächst das durch die Gotenkriege verarmte und verwüstete Land noch weiter ausgeplündert hatten, wobei sie auch die christlichen Gemeinden nicht verschonten, der oströmische Kaiser aber mehr als genug mit der Abwehr der Araber zu tun hatte, gerieten die Langobarden, obwohl sie seit dem Jahre 600 zum Katholizismus übergetreten waren, mit den Franken in Konflikt, die schließlich der durch Thronwirren und den typisch germanischen, später deutschen Streit zwischen König und Adel ohnehin geschwächten Herrschaft ein Ende bereiteten (774).

Während sich das Oströmische Reich bis zur Eroberung Konstantinopels durch die Türken (1453) halten konnte, schwanken die Ansätze für den Untergang Westroms zwischen 305 und 774 n. Chr.[29] Auf dem Hintergrund eines Römischen Reiches von 1228 oder sogar 2205 Jahren erscheinen die germanischen Reichsgründungen auf römischem Boden reichlich episodisch. Im Endeffekt haben die Germanen die Völker des Römischen Reiches weder zum Glauben an Odin bekehren noch das Gotische zur Reichssprache erheben können, vielmehr haben sie auf dem Boden des Römischen Reiches das Christentum angenommen, und die antiken Sprachen, antike Kunst, Kultur und Zivilisation haben auch die germanischen Teile des entstehenden Europa entscheidend geprägt. Eine germanische Kulturalternative zur griechischen Philosophie, zum römischen Recht und zur christlichen Religion hat es derzeit nicht gegeben. Die germanische Lebensform des Kampfes konnte die römische Lebensform der Arbeit, der Krieger nicht den Bauern überwinden oder verdrängen.

Leben heißt lieben

Die dritte Kraft, die neben der germanischen und der antiken Komponente die deutsche Geschichte wesentlich mitgeprägt hat, ist das Christentum, das die Germanen auf dem Boden des Römischen Reiches kennenlernten. In seinem berühmten sechsbändigen Werk »Geschichte des Verfalls und Untergangs des Römischen Reiches« (1776–88) vertritt der englische Historiker Edward Gibbon (1737–94) die These von der Schuld des Christentums am Untergang Roms.

»Nach Ansicht Gibbons wäre das Christentum als Hauptursache von Roms Untergang zu betrachten. Seinem und seiner Schüler Gedankengang zufolge hatte diese Religion den alten Glauben zerstört, der dem römischen Charakter seine Festigkeit und dem römischen Staat die innere Beständigkeit gab. Die christliche Religion hatte der klassischen Kultur den Krieg erklärt: der Naturwissenschaft, der Philosophie, der Literatur, der Kunst. Sie hatte in den realistischen Stoizismus des römischen Lebens einen schwächenden orientalischen Mystizismus hineingetragen; sie hatte das Denken der Menschen von den Aufgaben dieser Welt abgezogen und einer entnervenden Vorbereitung auf eine kosmische Katastrophe zugewandt und hatte die Menschen verlockt, durch Askese und Gebet die persönliche Erlösung zu suchen und nicht mehr durch Hingabe an den Staat die gemeinschaftliche Errettung zu erstreben. Sie hatte dem Staat die Einheitlichkeit geraubt, während Soldatenkaiser kämpften, sie zu bewahren; sie hatte ihre Anhänger bewogen, den Ämtern und dem Kriegsdienst fernzubleiben; sie hatte eine Ethik der Widerstandslosigkeit und der Friedfertigkeit gepredigt, während das Reich, wollte es am Leben bleiben, Kampfbereitschaft brauchte. Christi Sieg war nach dieser Auffassung Roms Tod.«[30]

Wenn diese These in der vorliegenden Form auch nicht zu halten ist, so ist sie doch nicht völlig falsch und kann daher als Ausgangspunkt für weitere Überlegungen dienen. Weder die Germanen noch das Christentum scheinen aus heutiger Sicht ausschlaggebend für den Zusammenbruch des Weströmischen Reiches – um dieses geht es hier in erster Linie – gewesen zu sein, vielmehr eine Reihe innerer Faktoren: religiöser Synkretismus und Aberglaube, moralischer Verfall und Zwietracht der Herrscher, Korruption der Führungsschicht,

Überforderung infolge eines übermäßigen Wachstums, dem die Verwaltung weder technisch noch methodisch gewachsen war, Militarismus, verkehrte Steuerpolitik, Großgrundbesitz, Ausbluten der staatstragenden Schicht, Überfremdung durch gewinnsüchtige und skrupellose, an der Erhaltung des Staates nicht interessierte Naturen und viele andere wirtschaftliche, gesellschaftliche und geistige Gründe.

Uns interessiert aber nicht in erster Linie die Frage nach den Ursachen für den Untergang des Römischen Reiches, sondern die Rolle des Christentums im Hinblick auf die deutsche Geschichte. Es ist also nach den Wechselwirkungen zu fragen, die zwischen dem Christentum und dem Römerreich, dem Römerreich und den Germanen sowie den Germanen und dem Christentum stattgefunden haben.

Im Römischen Reich ist das Christentum in relativ kurzer Zeit von einer verfolgten Sekte zur Staatsreligion aufgestiegen, hat die römische Religion und alle anderen Religionen verdrängt, die Philosophie in ihren Dienst gestellt und den Kampf mit dem Gottkaisertum aufgenommen. Die christliche Religion stand dem römischen Staat als solchem und der Zivilisation der Römer insgesamt nicht prinzipiell oder überwiegend feindlich gegenüber, denn sie konnte und wollte nicht – sowenig wie die Germanen – eine Alternative zum Römischen Weltreich und seiner Zivilisation bieten.

Das Christentum konnte nur durch die Trennung von der jüdischen Volksreligion zu einer Weltreligion werden. Die römische Volksreligion war, wie die germanische, überholt und daher ohne Zukunft, denn auf das Zeitalter der Volksreligionen folgte das Zeitalter der Weltreligionen, auf dieses wiederum das Zeitalter der wissenschaftlichen Weltbilder. Diese Entwicklungsrichtung ist unumkehrbar. Die Rückkehr Ludendorffs zum Wotanglauben war ebenso ein Anachronismus wie der Versuch römischer Patrizier, nach dem Sieg des Christentums (391) die »heidnischen« Kulte wiederzubeleben.

Als Weltreligion konvergierte die Entwicklung des Christentums mit den römischen Ambitionen auf Weltherrschaft. Daher fanden und verbündeten sich beide Kräfte. Daß Rom sein Ziel nicht erreichte, lag nicht primär am Christentum, sondern an Rom selbst. Wer aufmerksam Augustinus' »Gottesstaat« und andere christliche Autoren jener Zeit liest, wird darin nur selten eine pauschale Ablehnung des römischen Staates und römischer Zivilisation finden. Römische Staatsmänner, sofern sie das Christentum nicht verkannten, schätzten an ihm den Mut, das Streben nach Einheitlichkeit und die gemeinschaftsfördernden Tendenzen, die Christen lernten von den Römern die Organisation, nutzten die Verkehrswege und die Verkehrssicherheit im Römischen Reich für ihre Missionszwecke aus und übernahmen viele Wertvorstellungen der römischen, vor allem der stoischen Ethik (Epiktet).

Sowenig sich dagegen die Grunderfahrung der christlichen Religion mit dem kämpferischen Ethos der Germanen deckte, sowenig deckte es sich mit dem römischen Ethos der Arbeit. Das Christentum stellte dem germanischen Gegeneinander und dem römischen Nebeneinander das in der Nächstenliebe wurzelnde Miteinander entgegen.

Kampf und Arbeit erscheinen nur aus einer umfassenderen Grunderfahrung als sinnvoll, die das Leben primär als Liebe versteht. Mit der Maximalforderung der Feindesliebe übertraf das Christentum die antike Ethik bei weitem, von der germanischen Weltanschauung ganz zu schweigen. Die Weltreligion des Christentums konnte sich deswegen in Rom wie bei den Germanen durchsetzen, weil sie ihnen eine neue Dimension eröffnete. Neben die Dimension der Natur und die der Kultur trat die der Geschichte. Erst dadurch wurde die Weltperspektive des entstehenden Europa vervollständigt, gleichsam dreidimensional. Die Natur stellt die Energie, die nicht vergeudet, sondern kreativ eingesetzt, zur Kultur führt. Die Kultur erhält ihren Sinn und ihre Maßstäbe erst durch die Geschichte. Das Christentum aber war seinerzeit die einzige Religion, die eine umfassende geschichtliche Sinnperspektive vermitteln konnte: Gott als Schöpfer ist Anfang der Welt und Ziel der Geschichte. Der Mensch in der Welt ist frei und kann sich in der Zuwendung zu Gott in der Welt bewähren oder, durch Abwendung von ihm, versagen.

Die Germanen waren, wie die anfangs vorgelegten Texte erkennen lassen, des ihnen zur zweiten Natur gewordenen Kriegerdaseins müde, zu dem sie eine ebenso habgierige wie herrsch- und ruhmsüchtige Führungsschicht erzogen hatte. Sie sehnten sich wieder nach Ruhe und sinnvoller, geregelter und fruchtbarer Tätigkeit. Im Römischen Reich, in der Kultur der Arbeit und in der Kultur des Geistes, sahen sie die Möglichkeit einer friedlichen Lebensgestaltung und suchten sie zunächst gewaltsam, dann auf dem Wege des Rechts zu gewinnen. Das seßhafte Bauerntum übte auf die Germanen allmählich eine größere Anziehungskraft aus als das nomadisierende Leben einer unsteten, umgetriebenen und unersättlich beutegierigen Kriegerkaste. Im Christentum und dem Heldentod seines Erlösers fanden die Germanen das reine Ethos verwirklicht, das sie bei den dekadenten Römern wie in ihrer eigenen von Zwietracht, Hader, Mord und Totschlag erfüllten Welt vermißten, zu dem sie daher sehnsüchtig und andächtig wie zu einem fernen Ziel aufschauen konnten. Demnach konnte sich der Siegeszug des Christentums im Römischen Reich fortsetzen und auf dem Wege der Mission die gesamte damalige und spätere Welt erfassen, was sicher ohne die organisatorischen und zivilisatorischen Grundlagen des Römischen Reiches und ohne den germanischen Entdeckungsdrang und die germanische Erneuerungskraft nicht möglich gewesen wäre. Erst im Bündnis mit dem Römischen Weltreich und gestärkt vom germanischen Willen zur Weltbewältigung wurde das Christentum wahrhaft zur Weltreligion.

Wie bei den Germanen und Römern gab es auch im Christentum positive und negative Entwicklungen. Verband das Streben nach mehr individueller und persönlicher Freiheit zunächst Germanen und Christen, verloren die Vorfahren der Deutschen diesen Vorzug durch die Herausbildung einer Herrenschicht, die sich immer mehr Besitz, Macht und Freiheit auf Kosten des ursprünglich freien Volkes aneignete, die Christen durch die Beseitigung des demokratischen Führungsprinzips im Urchristentum zugunsten einer hierarchischen Machtstruktur, in welcher der Papst, die Bischöfe und der Klerus die Laien zunehmend dominierten. Neben der Hierarchie entzweiten und verfälschten Orthodoxie und Mythologie die ursprüngliche Richtung und den Sinn der Weltreligion. In dem Bestreben, möglichst viele Anhänger zu gewinnen und die Massen zu beherrschen, übernahm das Christentum eine Fülle von Mythologemen, die ihm bei dem Versuch, die reine Lehre zu erhalten, zum Verhängnis wurden. Die Ausgrenzung von Häresien führte schließlich zu Brüchen innerhalb der Kirche selbst, zu Spaltungen und zum großen Schisma (867): Arianer gegen Athanasier, Gnosis gegen Pistis, Manichäismus, Montanismus, Nestorianer, Donatisten, Pelagianer.

In dem Streit zwischen Augustinus (354–430) und Pelagius (vor

384–nach 422) um die sittliche Freiheit des Menschen zeichnet sich schon ein wesentliches Anliegen der Reformation ab: die Auflehnung germanischen Freiheitswillens gegen asiatisch-afrikanischen Determinismus (Prädestination) und Fatalismus.

Der rasante Aufstieg des Christentums im Römischen Reich brachte nicht nur Vorteile – für das Christentum. Aus Verfolgten wurden Verfolger, nur daß man über die Leiden der »Heiden« zur Tagesordnung hinwegging und die Opfer christlicher Intoleranz (zum Beispiel Hypatia) nicht zu Märtyrern hochstilisierte. Rechtgläubigkeit führte nicht selten zu Parteilichkeit, Ungerechtigkeit, Diskriminierung und Unterdrückung. Wie die Konstantinische Schenkung und andere Fälschungen zeigen, litt das siegreiche Christentum zunehmend unter einem gestörten Verhältnis zur Wahrheit: Strukturfehler, die der Weltreligion viel geschadet haben und die in der Maxime: »Der Zweck heiligt die Mittel« Verbrechen Vorschub leisteten.

»In keiner Religion ist dieser Fanatismus, die rücksichtslose, vor keinem Frevel zurückschreckende Verfolgung aller Andersdenkenden so dominierend geblieben wie im Christentum in all seinen Erscheinungsformen.«[31] Daß die neue Weltreligion bei der Entstehung und Entwicklung Europas im positiven wie im negativen Sinn mitgewirkt hat, dürfte feststehen. Wer daher eine dieser drei Komponenten: die germanische, die antike und die christliche, von der Analyse und Interpretation der deutschen Geschichte ausschließt oder sie unter- bzw. überbewertet, bringt sich selbst um ein angemessenes Verständnis der europäischen Geschichte, zu der auch die deutsche Geschichte gehört, und damit der Weltgeschichte, die zu einem erheblichen Teil mit der europäischen Geschichte zusammenhängt. Weltgeschichte, europäische und deutsche Geschichte haben aber nicht nur eine Vergangenheitsdimension, sondern bieten auch Orientierungshilfen für die Gegenwart und Zukunft.

Ariovist und Caesar

Seit dem Einfall der Kimbern und Teutonen in Italien waren über vierzig Jahre vergangen, bevor die Römer, diesmal in Gallien, mit den

Germanen erneut zusammenstießen. Nach einem Krieg (122 v. Chr.) gegen die Arverner (Auvergne) richteten die Römer die Provinz Gallia Narbonensis (Gallia transalpina) ein. Gallia cisalpina, ursprünglich das Gebiet der Poebene, wurde im 1. Jahrhundert v. Chr. nach und nach römisches Staatsgebiet. Durch die Lex Roscia erhielten im Jahre 49 v. Chr. alle Bewohner dieses Gebiets das römische Bürgerrecht. Ursprünglich wollten die Römer mit der Provinz Gallia Narbonensis, die im Norden von den Cevennen begrenzt wurde, den Zugang nach Spanien sichern, wurden dann aber schon vor Caesars Proconsulat (Statthalterschaft, 58–51 v. Chr.) in Streitigkeiten gallischer Stämme verwickelt. Vor den Arvernern war die Vorherrschaft über Mittelgallien (Garonne, Seine, Marne) an die in Burgund ansässigen Haeduer übergegangen, denen wiederum die im oberen Elsaß und Franche-Comté beheimateten Sequaner die Herrschaft streitig machten. Zu diesem Zweck hatten sie suebische Stämme unter Ariovist zu Hilfe geholt, denen sie dafür nicht nur ein Drittel ihres Gebietes abtreten mußten, sondern auch noch das zweite Drittel an andere, von Ariovist nachgezogene Germanenscharen.

Gegen die immer weiter vordringenden Germanen konnten sich die seit geraumer Zeit mit den Römern verbündeten *(socii)* Haeduer nicht behaupten. Daher kam ihr Stammesoberhaupt Diviciacus 61 v. Chr. hilfesuchend nach Rom. Wohl in der Hoffnung, Ariovist von weiterem Vordringen und von der völligen Unterwerfung der Haeduer abzubringen, hatte der Senat unter dem Consulat Caesars (59 v. Chr.) Ariovist als Freund des römischen Volkes angeredet, gleichzeitig aber war der Statthalter Galliens zur Wahrung der Interessen der Bundesgenossen verpflichtet.

Das Verhältnis Caesars zum Senat war infolge des Ackergesetzes, das er zugunsten armer Bevölkerungsschichten eingebracht hatte, ohnehin gespannt. Er hatte sich die Feindschaft der konservativreaktionären Kreise unter den Patriziern, den »Optimaten«, was soviel wie »zu den Besten gehörig« heißt, zugezogen. So geriet Caesar mit der von ihm gewünschten Statthalterschaft in Gallien in eine Art Zwickmühle zwischen inneren und äußeren Gegnern, was Ariovists harte Haltung gegen Caesar nur bestärken und Cato, einen extremen Optimaten, später sogar zu dem Vorschlag ermuntern konnte, Caesar den Germanen auszuliefern. Nur sein Feldherrngenie und seine staatsmännische Überlegenheit bewahrten Caesar vor einem entsprechenden Schicksal.

Caesar (100–44 v. Chr.), der als erster klar zwischen Galliern (Kelten) und Germanen unterscheidet, berichtet in seinen Kommentarien zum Gallischen Krieg (»De bello Gallico I«) über die Vorgeschichte und den Gang der Auseinandersetzung zwischen Ariovist und ihm. Zur Vorgeschichte gehört auch sein Kampf gegen die Helvetier. Sie liefern ein Musterbeispiel der Kräfte, die für den Aufbruch, die Landnahme und damit verbundene kriegerische Auseinandersetzungen zwischen den betroffenen Mächten verantwortlich waren.

Orgetorix, der angesehenste und mächtigste Häuptling der Helvetier, war mit seinem Rang nicht zufrieden, strebte nach der Königsherrschaft, zettelte eine Verschwörung der Vornehmen an, überredete das Volk, seine Wohnsitze zu verlassen, und wollte, im Bunde mit dem Haeduer Dumnorix und dem Sequaner Casticus, ganz Gallien erobern, um es gegen Ariovist zu verteidigen. Orgetorix wurde ermordet oder beging Selbstmord, dem Volk aber blieb keine andere Wahl: Nachdem die Kriegstreiber alle Brücken hinter sich abgebrochen hatten, Häuser und Getreide verbrannt waren, mußte es den entbehrungsreichen Zug ins Ungewisse antreten, der letztlich im Blutbad eines Krieges an den Realitäten scheiterte. Da die Helvetier zuvor einen römischen Consul (L. Cassius, 72 v. Chr.) getötet und sein Heer unter das Joch geschickt hatten, weigerte sich Caesar, ihnen den Durchgang durch die römische Provinz zu erlauben, in der Furcht, Ähnliches könne sich wiederholen. Die Führer der Helvetier rühmten sich indessen ihrer früheren Heldentaten und versuchten erneut das Kriegsglück. Diesmal hatten sie allerdings in Caesar einen überlegenen Gegner gefunden, der sie besiegte. Aus der Antwort Caesars auf die prahlerischen Reden der Oberen spricht eine mehr als taktische Religiosität, der tiefe Glaube an eine ausgleichende Gerechtigkeit: Sie sollten sich ihres Sieges lieber nicht so unverschämt rühmen und stolz darauf sein *(admirarentur)*, solange ungestraft Ungerechtigkeiten begangen zu haben: »Die unsterblichen Götter gewährten nämlich bisweilen denen, die sie für ihre Verbrechen bestrafen wollten, je mehr die Menschen unter der Veränderung der Verhältnisse litten, desto länger Erfolge und Straflosigkeit.«

Der Ausgang der Schlacht bestätigte die Richtigkeit der Warnung. Das verführte Volk mußte die Zeche für die unerfüllten Wunschträume seiner Großen zahlen. Auf Caesars Geheiß kehrten die Helvetier in ihre Heimat zurück, aber das Schicksal war noch einmal gnädig. Indem sie auch künftig aller Eroberungssucht und Großmachtträume entsagten, überlebten die Helvetier nicht nur so manchen Nachbarstamm, sondern gründeten und entwickelten im Lauf der Jahrhunderte ein Gemeinwesen, das sich in Europa und in der Welt sehen lassen kann.

Bei der Begegnung mit Ariovist ging Caesar zunächst von dem Stand der Beziehungen aus, wie sie durch den Senat bestimmt waren, der Ariovist als Freund des römischen Volkes bezeichnet und geehrt hatte. Caesar lud Ariovist daher zu einem Gespräch an einem Ort auf halbem Wege zwischen beiden ein, um über die anstehenden Probleme zu verhandeln. Ariovist schlug die Einladung aus und gab zu verstehen, daß er seine Beziehung zu Caesar nicht primär unter dem Aspekt der Freundschaft, sondern des Prestiges betrachtete: »Wenn er selbst etwas von Caesar wollte, wäre er zu ihm gekommen, wenn aber Caesar etwas von ihm wollte, müßte er zu *ihm* kommen ... Übrigens wundere er sich, was Caesar oder das römische Volk überhaupt in seinem Gallien, das er im Krieg besiegt habe, zu suchen hätten.«

Während Caesar gleichsam mit ausgestreckter Hand auf Ariovist zuging, Aufgeschlossenheit und Verhandlungsbereitschaft zeigte, verschloß sich Ariovist in sich selbst, ging auf Distanz und brüskierte den potentiellen Gesprächspartner. Wir wissen heute, daß ein solches Auftreten weniger innere Stärke und echtes Selbstbewußtsein voraussetzt als Unsicherheit und überkompensierte Minderwertigkeitsgefühle, eine Art Bluff, die den anderen einschüchtern und ihm den eigenen Willen aufzwingen möchte. In der Antwort Caesars wird römische Sachlichkeit, Objektivität und Unbeirrbarkeit im Gegensatz zu germanischem Stolz, zu Subjektivität und Kampfbereitschaft deutlich.

Unter Hinweis auf die Ariovist vom Senat erwiesene Ehrung und seinen schwerverständlichen Mangel an Gesprächsbereitschaft legte Caesar dar, was er von ihm erwarte:

1. Keine weiteren Menschen über den Rhein in gallisches Gebiet zu führen.
2. Den Haeduern ihre Geiseln zurückzugeben.
3. Die Haeduer und ihre Verbündeten nicht weiter zu bekriegen.

Wenn er dem nachkomme, werde er, Caesar, und das römische Volk ihm stets dankbar sein und die Freundschaft mit ihm, Ariovist, fortsetzen. Anderenfalls sehe er, Caesar, sich genötigt, dem unter den Consulen Marcus Messala und Marcus Piso (61 v. Chr.) gefaßten Senatsbeschluß nachzukommen, wonach der jeweilige Statthalter Galliens, soweit das im Interesse des Staates möglich sei, die Haeduer und andere Bundesgenossen zu verteidigen habe. Er werde daher weitere Übergriffe gegen die Haeduer nicht hinnehmen.

Caesars Argumentation ist logisch, korrekt und befindet sich im Einklang mit einem Denken, das die Macht dem Recht unterordnet.

Ariovist erwiderte: »Es ist Kriegsrecht, daß die Sieger den Besiegten nach ihrem Belieben befehlen; es pflegt ja auch das römische Volk dem Besiegten nicht nach Vorschriften eines anderen, sondern nach seinem eigenen Gutdünken zu befehlen. Wenn ich dem römischen Volke nicht vorschreibe, wie es sein Recht gebrauchen soll, dann brauche ich mich auch nicht vom römischen Volk in Ausübung meines Rechtes behindern zu lassen. Die Haeduer sind mir tributpflichtig geworden, da sie das Kriegsglück versucht haben und von mir in der Schlacht besiegt sind. Caesar tut mir großen Schaden, da er durch seine Ankunft die Abgaben der Gallier an mich schmälert. Ich werde den Haeduern die Geiseln nicht zurückgeben, werde sie und ihre Bundesgenossen ohne Grund auch nicht als Feinde behandeln, wenn sie sich an unsere Abmachungen halten und jährlich ihren Tribut zahlen; anderenfalls wird ihnen der Brudertitel des römischen Volkes nichts nützen. Wenn Caesar mir erklärt, er werde Feindseligkeiten gegen die Haeduer nicht ruhig ansehen, so mag er wissen: Mit mir hat noch niemand gekämpft, ohne zu Fall zu kommen. Wenn es Caesar gelüstet, mag er kämpfen: dann wird er sehen, was die unbesiegten Germanen für Helden sind, die im Gebrauch der Waffen von Jugend auf geübt und vierzehn Jahre lang unter kein Dach gekommen sind.«[32]

Im Gegensatz zu Caesar, der den Einsatz von Gewalt nur für den

Fall der Verteidigung gegen Angriff, Gewalt und Unrecht erwägt, beruft sich Ariovist auf die uralte Kriegermaxime: Der Stärkere hat recht …

Schon Platon hat in den »Gesetzen« diese Ideologie ad absurdum geführt. Diese unter anderem von den Spartanern vertretene Ideologie führt ziemlich alle gesetzlichen Bestimmungen für das staatliche wie für das private Leben auf die Wehrertüchtigung zurück: »Wer besiegt werde, der sehe all sein Hab und Gut in den Besitz des Siegers übergehen.«

Die Ideologie der Spartaner, die den Sieg im Krieg als den einfachsten und schnellsten Weg zum Besitzerwerb empfiehlt, deckt sich weitgehend mit der Denkweise Ariovists. Die Ideologie reflektiert den Bewußtseinszustand des Kriegerdaseins vor dem Eintritt in die Kultur und Zivilisation, gelegentlich, sofern die Kriegerkaste weiterhin die Oberhand behält, auch das Bewußtsein kultivierter und zivilisierter Völker.

In Caesar und Ariovist treten sich zwei grundverschiedene Denkweisen und Bewußtseinsstufen der Menschheit gegenüber – die Denkweise der zivilisierten Menschheit, nach der das Recht den Vorrang vor der Macht hat, und die Denkweise der Kriegerkaste, die stets die gleiche war und ist: Macht geht vor Recht. Insofern ist die Auseinandersetzung zwischen Ariovist und Caesar eine menschheitsgeschichtliche.

In der deutschen Geschichte hat sich Caesars Denkweise nie völlig durchsetzen können. Sie wurde immer wieder, zuletzt von Hitler, durch Rückfälle auf die Bewußtseinsstufe des Kriegerdaseins durchkreuzt. Begriffe wie »primitiv« und »barbarisch« sind hier nur bedingt, im pejorativen Sinn anwendbar, da Natur, Primitivität und Barbarentum nicht *eo ipso* Neigung zu Gewalt und Krieg bedeuten.

Krieg ist alles andere als ein Naturzustand, weder ein durchgehendes Symptom primitiven noch zivilisierten Daseins, vielmehr ein künstlich erzeugtes und daher unnatürliches, perverses, krankhaftes Bedürfnis: ein Ausdruck von Dekadenz, typisch nicht für die gesamte Gesellschaft, sondern für eine unersättliche, umgetriebene und ruhelose Führungsschicht, die die übrige Gesellschaft gleichsam infiziert, mitreißt, fasziniert oder auch zwingt und tyrannisiert.

Es ist ein verhängnisvoller Irrtum zu glauben, daß starke Menschen zum Krieg neigen oder der Krieg eine Auslese der Stärksten und Besten bewirkt. Eher trifft das Gegenteil zu: Die schwächsten, feigsten, krankhaften und dekadenten Individuen verführen die starken, gesunden, guten und integren Naturen zum Krieg. Diese Erkenntnis ist nicht neu. Schon Tacitus berichtet in seiner denkwürdigen, bereits erwähnten Darstellung des Bataveraufstands von redegewandten Kriegstreibern, gegen die gemäßigte Naturen nicht immer etwas ausrichten.

Auf die Nachricht vom Herannahen des römischen Heeres liefern sich die Kriegshetzer Iulius Valentinus und der zur Besonnenheit mahnende Iulius Auspex ein Rededuell: »Daher kamen, auf die Kunde vom Herannahen des Heeres und weil sie aufgrund ihres Charakters zu milderem Verhalten neigen, die gallischen Stämme im Gebiet der Remer zusammen. Dort wartete schon eine Gesandtschaft der Treverer unter Iulius Valentinus, dem schärfsten Kriegstreiber. In einer wohlvorbereiteten Rede schleuderte er alle gegen große Reiche üblichen Vorwürfe, Schmähungen und Haßausbrüche dem römischen Volk entgegen, ein unruhiger Kopf, geeignet, überall Aufruhr zu entfachen, und bei den meisten beliebt wegen seiner wahnbesessenen Beredsamkeit.

Aber Iulius Auspex, einer der Häuptlinge der Remer, sprach von der Macht Roms und den Vorteilen des Friedens und davon, daß ein Krieg auch von Feiglingen begonnen, aber nur durch gefahrvollen Wagemut gerade der Tatkräftigen geführt werde, und schon drohten über ihren Häuptern die Legionen: so hielt er die einsichtigen Leute in Schranken durch den Appell an ihr Ehrgefühl und ihre Treue, die jüngeren durch den Hinweis auf die Gefahr und ihre eigene Furcht – und so lobten sie des Valentinus Verwegenheit, dem Rat des Auspex aber folgten sie.«[33]

Die Germanen unter Ariovist kamen zu einem anderen Ergebnis als diese Gallier. Wenn Ariovist geglaubt hatte, mit seiner martialischen Rede Caesar einzuschüchtern, irrte er sich. Caesar entfernte sich nicht, sondern marschierte Ariovist entgegen. Dadurch verunsichert, bot Ariovist seinerseits Verhandlungen an, eine für germanische wie später deutsche Heerführer (etwa Hitler) typische Verhaltensweise: Sobald sie auf entschlossenen Widerstand treffen, geben sie nach. Ariovists Verhandlungsangebot gipfelt in dem phantastischen

Angebot, für Caesar alle Kriege ohne dessen Anstrengung *(labore)* zu führen, wenn er ihm Gallien überließe. Das erinnert an Hitlers »großzügiges« Angebot an England nach dem Frankreichfeldzug, worin er versprach, das englische Weltreich gegen jeden Feind zu verteidigen, für den Fall, daß England ihm auf dem Festland freie Hand ließe. Caesar antwortete nicht – wie die von Hitler hofierten Engländer – mit eisigem Schweigen, sondern suchte Ariovist seinen Standpunkt zu begründen:

Die Ansprüche Roms auf Gallien seien älter als die Ariovists, insofern die Römer schon früher als die Germanen die Gallier im Krieg besiegt hätten, aber, im Gegensatz zu Ariovist, habe der Senat beschlossen, daß Gallien frei sein und nach eigenen Gesetzen leben solle.

Das Problem, vor dem Caesar stand, war, ob er Verbündete Roms und Gallien insgesamt den Germanen als Kriegsbeute überlassen oder ob er Gallien für die Zivilisation gewinnen sollte. Er entschied sich für letzteres, besiegte Ariovist in der Schlacht bei Mühlhausen (vermutlich 58 v. Chr.), setzte noch zweimal demonstrativ über den Rhein und behauptete die Rheingrenze gegenüber den Germanen. Ariovist teilte nicht das Schicksal seines Gefolges, sondern flüchtete in einem Kahn über den Fluß. Gewiß hatte Caesar auch römische Interessen vor Augen. Im Hinblick auf die Erfahrungen der Römer mit Kimbern und Teutonen, Helvetiern und Germanen schien es geboten, dem Massenansturm von Germanen nach Italien einen Riegel vorzuschieben.

Je nachdem, ob man in Caesar mehr den Befreier oder den Eroberer Galliens sieht, wird man die Aufständischen eher als verräterische Rebellen oder als Freiheitshelden ansehen. In den Jahren 54 bis 52 v. Chr. erhoben sich die belgischen Eburonen unter Ambiorix, die Treverer unter Indutiomarus und die Arverner sowie mehrere andere Stämme unter Vercingetorix gegen die römische Herrschaft. Obwohl Caesar Ambiorix von der Herrschaft der Aduatucer befreit hatte, überfiel dieser den römischen Legaten Sabinus, tötete ihn, vernichtete dessen Legion (54 v. Chr.) und griff auch Q. Cicero, wenn auch ohne Erfolg, an. Caesars hartes Strafgericht traf den Stamm der Eburonen, während ihr Anführer Ambiorix entkommen konnte und aus dem Untergrund den Kampf gegen die Römer fortsetzte. Nach

Machtstreitigkeiten mit seinem römerfreundlichen Schwiegersohn Cingetorix entwickelte sich Indutiomarus zum Römerfeind, überfiel und plünderte römische Lager (54/53 v. Chr.), wurde aber von Caesars Unterfeldherrn Labienus besiegt. Indutiomarus hatte vergeblich versucht, auch die Germanen durch Aussicht auf reiche Beute über den Rhein zu locken und gegen die Römer aufzuwiegeln. Diese lehnten aber, mit dem Hinweis auf frühere Mißerfolge, vor allem den des Ariovist, das Ansinnen ab.

Vercingetorix, von vornehmer Herkunft, war ebenso von rasendem Ehrgeiz wie von Haß auf die Römer beseelt. Zunächst von der eigenen Familie aufgrund seiner gefährlichen Umtriebe verbannt, gewann er durch ständige Agitation immer mehr Anhänger, vertrieb seine politischen Gegner und nahm den Königstitel an. Danach baute er mit eisener Energie eine Streitmacht auf und bestrafte alle, die sich ihm widersetzten, aufs grausamste: Ausstechen der Augen, Abschneiden der Ohren, alle möglichen Foltern und am Ende Verbrennung. Gegenüber den Römern betrieb er die Strategie verbrannter Erde und zerstörte allein im Land der Biturigen (südlich der mittleren Loire, Landschaft Berry) zwanzig Ortschaften. Von Caesar in Alesia (Alise-Sainte-Reine, Département Côte-d'Or) belagert, ließ Vercingetorix alle alten Leute, Frauen und Kinder als unnütze Esser aus der Festung treiben, die dann im Niemandsland zugrunde gingen. Als auch den Verteidigern die Nahrung ausging, ergab sich Vercingetorix den Römern, sprengte hoch zu Roß aus der Stadt und hoffte auf Caesars sprichwörtliche Milde, worin er sich allerdings täuschte. Caesar gestand ihm keine Sonderbehandlung zu und ließ ihn gefangensetzen. Sechs Jahre später wurde er als »Kriegsverbrecher« hingerichtet. Auf Caesars Seite hatten germanische Reiter nicht unwesentlich zum Sieg der Römer über die Aufständischen beigetragen.

Ob man Ariovist, Ambiorix oder Vercingetorix als Freiheitshelden bezeichnen kann, erscheint angesichts ihrer Interessen und Methoden fragwürdig, zumindest sollte man den Freiheitsbegriff hinreichend differenzieren: Freiheit für wen? Caesar unterscheidet sich von Ariovist und Vercingetorix dadurch, daß er die Völker nicht unterwerfen und beherrschen wollte, sondern befrieden *(pacare)*. Für germanische und gallische Bauern, Handwerker und Kaufleute, also für das einfache Volk, bedeutete, wie für das römische, mehr Friede auch mehr

Freiheit. Für die germanischen und gallischen »Adligen«, »Fürsten« und »Könige« bedeutete Frieden allerdings weniger Freiheit – zum Kriegführen, zum Beutemachen, zur Herrschaft. Der Kampf zwischen Römern auf der einen, Galliern und Germanen auf der anderen Seite erweist sich als ein Kampf der Kriegerkasten und Machteliten, die, von Habsucht, Herrschsucht und Ruhmsucht umgetrieben, nie genug bekommen. Allerdings benötigte Caesar für die »Befriedung« materielle Unterstützung, die auch zu Lasten der Bevölkerung und also auch ihrer Freiheit ging. Im Gegensatz zu Ariovist oder Vercingetorix handelt es sich aber dabei um das unumgängliche Minimum an Opfern, den unerläßlichen Preis der Freiheit und, im Hinblick auf eine friedliche Zukunft, um ein absehbares Ende der Belastungen, nicht um endlose Fehden, Machtkämpfe und Raubzüge. Wenn Caesar ehrlich eine dauerhafte Friedensordnung begründen wollte und versuchte, sein militärisches Vorgehen – im Gegensatz zum »Recht des Stärkeren« – zu rechtfertigen, befand er sich aus der Sicht der Evolution und der Geschichte im Recht. Abgesehen von seinem unbestreitbaren Feldherrngenie und der Tapferkeit seiner Soldaten dürften Caesars Erfolge letztlich eher auf der Echtheit seiner Motivation und dem Einklang seiner Zielsetzung mit dem Gesetz der Evolution beruhen als auf Zufällen, Leistungszwängen, Machtbesessenheit und Eroberungsdrang. Caesar handelte evolutionsgerecht und damit naturgemäß, Ariovist und Vercingetorix handelten dagegen evolutionswidrig, unnatürlich und damit unmenschlich, wenn der Mensch von Natur aus ein Kulturwesen ist. Frieden und Freiheit gehören mit Kultur und Zivilisation zusammen, unaufhörliche Stammesfehden und Machtkämpfe verhindern dagegen den Aufstieg zu höherer Kultur. Insofern Caesar, der »Wegbereiter Europas«[34], seine Kriege als notwendiges Übel zur Durchsetzung einer höheren Kultur und Zivilisaton und damit zur Ermöglichung von mehr Freiheit und Menschlichkeit führte und verstand, erscheint sein Vorgehen vor der Natur und vor der Geschichte als gerechtfertigt.

Auf Caesars »Bellum Gallicum« als Quelle für die deutsche Geschichte läßt sich, vom allmählichen Herauswachsen des deutschen Reiches aus dem Frankenreich und vom Kaisertum ganz abgesehen, schon deshalb nicht verzichten, weil der römische Feldherr als erster versuchte, klar und deutlich zwischen Galliern und Germanen zu unterscheiden. Im 6. Buch seiner Kommentarien führt Caesar eine Reihe charakteristischer Merkmale der Gallier auf:

1. Gallien ist soziologisch in zahllose kleine Verbände *(factiones)* aufgeteilt, an deren Spitze Stammesfürsten *(principes)* stehen. Sie entscheiden über alle wichtigen Dinge des öffentlichen Lebens.
2. Während das Volk *(plebes)* fast eine Sklavenrolle *(servorum habetur loco)* spielt, zählen und genießen in ganz Gallien nur zwei Schichten ein Ansehen: Druiden (Priester) und Ritter (Krieger).
3. Infolge zu hoher Schulden oder Abgaben oder infolge von Unterdrückung seitens der Mächtigen sind die meisten einfachen Leute zu Sklaven der »Adligen« *(nobilibus)* geworden.

Bei den Aufständen der Gallier gegen die Römer handelt es sich prinzipiell nicht um den Freiheitskampf eines Volkes oder von Völkerschaften, vielmehr um Kriege der gallischen Herrenschicht gegen die Römer, wobei das Volk nur als Versorger, Handlanger und »Kanonenfutter« herzuhalten hatte. An der Herrschaft des »Adels« und der Priester hat sich also dort bis zur Französischen Revolution wenig geändert.

4. Die Gallier sind sehr gläubig *(abmodum dedita religionibus)*. Zu den Obliegenheiten der Druiden zählen auch Menschenopfer, wobei die Menschen lebendig verbrannt wurden.
5. Ein starker patriarchalischer Zug kommt in der Sitte zum Ausdruck, daß sich die Männer in der Öffentlichkeit nicht mit Kindern zeigen, sondern erst dann, wenn diese ins wehrfähige Alter kommen.
6. In die gleiche Richtung weist die Gewalt des Familienvaters über Leben und Tod seiner Frau und seiner Kinder.
7. Die Leichenbestattungen der Gallier sind aufwendig. Auch wurden dort besonders geschätzte Sklaven und Knechte zusammen mit den Verstorbenen verbrannt.
8. Wegen der Gefahr unbesonnenen Handelns ist die Verbreitung von Gerüchten in der Öffentlichkeit untersagt.

Nach Caesar unterscheiden sich die Germanen von den Galliern vor allem durch:

- das Fehlen von Priestern nach Art der Druiden,
- die ausschließliche Verehrung von Naturgottheiten,
- eine strenge und harte militärische Ausbildung von Kindheit an,
- sexuelle Enthaltsamkeit bis zum zwanzigsten Lebensjahr,
- Vernachlässigung des Ackerbaus,
- jährliche Landzuweisung, geringe Besitzunterschiede,
- Abgrenzung von den Nachbarn durch möglichst ausgedehnte Streifen verbrannter Erde,
- Erlaubnis von Räuberei außerhalb des eigenen Stammesgebiets, nicht zuletzt zur Wehrertüchtigung der Jugend und zur Vermeidung des Müßiggangs,
- Selbsternennung von Vornehmen zu Anführern *(duces)* von Beutezügen – wer ihnen nicht folgt, gilt als Feigling und Verräter,
- hohen Rang der Gastfreundschaft.

Ähnlich wie bei den Galliern haben auch bei den Germanen die Oberen *(magistratus)* die Entscheidungsgewalt über Krieg und Frieden. Die Rechtsprechung liegt in den Händen der Vornehmen. Es gab eine Zeit, da die Gallier stärker und kriegstüchtiger als die Germanen waren, in deren Gebiete einfielen und jenseits (rechts) des Rheins siedelten. So scheinen bei Galliern und Germanen, wie in der späteren französischen und deutschen Geschichte, Angriff und Verteidigung ständig gewechselt zu haben.

Arminius, Segestes, Marbod

Die nationalistische Geschichtsschreibung hat Arminius als germanischen Freiheitshelden oder sogar als ersten deutschen Nationalhelden gefeiert und damit zur Mythisierung historischer Tatbestände und zur Legendenbildung beigetragen. Wer war dieser Arminius wirklich, und was vollbrachte er?

Schon der latinisierte Name sagt viel. Wie er zu Hause hieß, ist unbekannt. Arminius, der Sohn des Segimer, gehörte zur Oberschicht der Cherusker, wurde in Rom erzogen, erwarb das römische Bürgerrecht und die Ritterwürde, diente als Tribun im römischen Heer (4–6 n. Chr.) und nahm am Feldzug des Tiberius in Germanien auf römischer Seite teil. Wie einst Ambiorix und Vercingetorix war er offensichtlich von heftigem Ehrgeiz besessen – er dürstete nach Kriegsruhm und erstrebte die Königswürde. Die unvernünftige Politik des im Jahre 7 n. Chr. vom Orient nach Germanien versetzten römischen Statthalters Publius Quinctilius Varus, der in Germanien die römische Zivilverwaltung, das römische Steuerwesen und die römische Rechtsprechung einführen wollte, gaben Arminius und seinen Helfern Gelegenheit zur Verschwörung. Er überredete einige Stammeshäuptlinge zum Kampf gegen die Römer und ging, ähnlich wie Vercingetorix, brutal gegen diejenigen vor, die sich seinen Plänen widersetzten. So ließ er den Ampsivarierfürsten Boiocalus in Fesseln legen. Unter dem Vorwand, einen Aufstand niederschlagen zu müssen, lockten Arminius und seine Mitverschwörer des Jahres 9 n. Chr. Varus aus seinem Sommerlager an der Weser tiefer in die germanischen Wälder. Varus vertraute Arminius und seinen Freunden, die oft seine Tischgäste gewesen waren, so sehr, daß er Warnungen sogar des Segestes, des Schwiegervaters von Arminius, in den Wind schlug. Segestes, von der chauvinistischen Geschichtsschreibung als Verräter gebrandmarkt, erscheint vielmehr als eine ehrenwerte und angesehene Persönlichkeit, »gewaltig anzuschauen und im Bewußtsein seiner Bündnistreue ohne jede Furcht«.[35]

Wie fern ihm jede heimtückische und hinterhältige Gesinnung lag, zeigt seine Rede, in der er für den Schwenk seines Sohnes in das Lager des Arminius um Verzeihung bat und sie von Germanicus, dem Sohn des Drusus (Adoptiv- bzw. Stiefsohn des Augustus, jüngerer Bruder des Tiberius), der ihn aus der Belagerung des Arminius befreite, auch erhielt.

»Dies ist für mich nicht der erste Tag, an dem ich meine unverbrüchliche Treue gegenüber dem römischen Volk zeige. Seitdem ich von dem vergöttlichten Augustus mit dem Bürgerrecht beschenkt worden bin, bestimmte euer Nutzen, wen ich als Freund und wen ich als Feind auserlas, und zwar nicht aus Haß gegen mein Vaterland – die Verräter sind ja auch denen, auf deren Seite sie sich stellen, verhaßt –, sondern weil ich der Überzeugung war, daß der Vorteil der Römer auch der der Germanen ist, und weil ich den Frieden für besser als den Krieg hielt. Deshalb habe ich dem Räuber meiner Tochter, der den Vertrag mit euch gebrochen hat, bei Varus, dem damaligen Befehlshaber des Heeres, angeklagt. Hingehalten durch die Saumseligkeit des Heerführers, habe ich, weil die Gesetze keinen richtigen Rückhalt boten, dringend gefordert, mich, Arminius und die in das Komplott Eingeweihten in Fesseln zu legen, Zeuge ist jene Nacht. Wäre sie doch lieber für mich die letzte gewesen! Was dann folgte, kann man zwar beweinen, aber nicht rechtfertigen. Jedoch habe ich Arminius in Ketten gelegt und habe solche meinerseits von seiner Partei erdulden müssen. Doch bei der ersten Gelegenheit, mit dir in Verbindung zu treten, gebe ich das Neue gegen das Alte hin, den Geist des Aufruhrs gegen den des Friedens, aber nicht in Erwartung einer Belohnung, sondern um mich der Rolle des Treulosen zu entledigen und dafür die des geeigneten Vermittlers für das germanische Volk zu übernehmen, falls es die Reue dem Verderben vorziehen sollte. Für die jugendbedingte Verirrung meines Sohnes bitte ich um Nachsicht. Daß meine Tochter mit Gewalt hierher gebracht worden ist, gestehe ich. Deine Sache wird es sein, zu beurteilen, was größeres Gewicht hat, daß sie ein Kind von Arminius bekommt oder daß sie meine leibliche Tochter ist.«[36]

Hinter den Kulissen der Politik zeichnet sich eine Art Generationenkonflikt ab: die Älteren, Friedfertigen, Erfahreneren und Besonnenen gegen die jungen Hitzköpfe und Kriegslüsternen. Arminius hatte sich privat gegenüber Segestes nicht weniger gewalttätig verhalten als auf politischer Ebene gegenüber seinem Waffengefährten Varus: Er hatte Segestes die Tochter, die mit einem anderen verlobt war, geraubt, also ihm beide genommen. Das Ende des Varus ist bekannt und oft genug von den nationalistischen Historikern triumphierend erzählt. Als er sich verraten und verkauft und seine Sache verloren sah, stürzte er sich in das eigene Schwert. Florus bemerkt dazu: »Nichts blutiger als jenes Gemetzel in Sümpfen und Wäldern, nichts unerträglicher als der Hohn der Barbaren, besonders gegen die Advokaten! Dem einen stachen sie die Augen aus, dem anderen hieben sie die Hände ab. Einem wurde der Mund zugenäht, nachdem man ihm vorher die Zunge abgeschnitten hatte. Mit ihr in der Hand rief ihm der Barbar zu: ›Endlich hast du aufgehört zu zischen, du Schlange!‹«[37]

Wer Arminius zum ersten deutschen Nationalhelden erhebt und Segestes zum Verräter stempelt, sollte bedenken, wer tatsächlich mit falschen Karten spielte und wer es ehrlich mit seinem und dem römischen Volk meinte. Auch aus germanischer Sicht erschien das Verhalten des Arminius keineswegs als ehrenvoll und heroisch, wie eine Stellungnahme des Markomannenfürsten Marbod zeigt: »Arminius nehme in seinem Wahn und in der Verkennung der wahren Lage fremden Ruhm für sich in Anspruch, weil er drei Legionen, die planlos daherzogen, und einen arglosen Führer treulos getäuscht habe, zum großen Unglück für Germanien und zu seiner eigenen Schande, da seine Gattin, da sein Sohn noch immer in Knechtschaft schmachten. Er aber habe, von zwölf Legionen unter der Führung des Tiberius angegriffen, den Ruhm der Germanen unbefleckt bewahrt, und dann habe man sich nach Abschluß eines Vergleichs getrennt. Und er bereue es nicht, daß es in ihrer Hand liege, ob sie lieber von neuem Krieg mit den Römern oder einen Frieden ohne Blutvergießen haben wollten.«[38]

Auch er war, wie Arminius, in Rom ausgebildet, gründete, wieder in Germanien, das erste germanische Königreich, das von der Donau bis zur Oder und der unteren Elbe reichte. Marbod gelang es, nachdem er den Freundschaftsvertrag mit Rom erneuert hatte, mit ihnen auszukommen. Vermutlich war sein Ehrgeiz befriedigt, so daß er sich wichtigeren Aufgaben als Kriegführen widmen konnte. Jedenfalls lehnte er das Ersuchen des Arminius ab, der ihn zum Kampf gegen die Römer aufzuwiegeln suchte und ihn, da ihm das nicht gelang, als Verräter diffamierte. Als Arminius nach seinem »Sieg« Marbod das Haupt des Varus schickte, sandte dieser es zur Bestattung nach Rom. Arminius, im Rausch seines Erfolges zu neuen Großtaten getrieben, scheute sich nicht, den Bruderkrieg gegen römerfreundliche oder neutrale Germanenstämme zu beginnen. Das Ergebnis war, daß Marbod gestürzt wurde, aber wenigstens seine Tage in Ravenna unter dem Schutz der Pax Romana beenden konnte, Arminius dagegen von seinen eigenen Verwandten erschlagen wurde (19 n. Chr.).

Arminius, Marbod und Segestes können als Repräsentanten von drei typischen Verhaltensweisen der Germanen gegenüber den Römern verstanden werden: tödliche Feindschaft, Arrangement und echte Freundschaft. Der Hitzkopf Arminius setzte sich durch – ein gutes oder ein böses Omen für die deutsche Geschichte?

Wenige Jahre nach der Niederlage des Varus schlugen Kaiser Tiberius und Proconsul Germanicus zurück, und harte Strafen trafen die Stämme, die sich Arminius angeschlossen hatten. Was vom Stamm der Cherusker noch übrig war, erbat sich um 47 n. Chr. von Rom einen König, ging dann aber an inneren Fehden zugrunde und geriet schließlich unter das Joch der Chatten. Es kann also keine Rede davon sein, daß zwischen den germanischen Völkern, die Varus besiegten, und dem ersten Reich der Deutschen irgendeine historische Kontinuität bestanden hätte, ebensowenig davon, daß Arminius die Entfaltung deutscher Eigenart ermöglicht hätte. Was man Arminius dagegen mit einigem Recht vorwerfen kann, ist, daß er die Einheit Europas zweitausend Jahre – wenn nicht mehr – verzögert hat. Seine Herrschaft und Herrlichkeit dauerte, wie die Hitlers, ganze zwölf Jahre. Sieben Jahre nach dem »Sieg« des Arminius triumphierte Germanicus über die Cherusker, Chatten, Angrivarier und andere Völkerschaften bis zur Elbe. Die Leidtragenden waren wieder die Völker, die die Zeche für den Ehrgeiz ihrer Großen zu zahlen hatten. Der Verlust der drei Legionen war zwar schmerzlich gewesen, hatte aber nur einen Bruchteil der Streitmacht Roms betroffen, die nach großzügiger Stellung neuer Truppen aus Italien, Spanien und anderen Ländern bald mehr als wiederhergestellt war. Zur Zeit des Augustus verfügte das Römische Reich über mehr als dreißig Legionen, später sogar über die doppelte Anzahl. Dazu kamen noch fast ebenso viele Reservisten.

Wenn Augustus schließlich den Befehl gab, die Germanen sich selbst und ihren dauernden Fehden zu überlassen, fällte er eine für den Bestand des Römischen Reiches kluge und weise Entscheidung, die Germanen aber bestrafte er dadurch mehr, als irgendein Feldherr es hätte tun können: Bis ins 20. Jahrhundert haben sich die »führenden« Völker Europas, bzw. ihre Führungsschichten, gegenseitig bekriegt und zu unterwerfen versucht. Das Ergebnis war die »Selbstentfremdung«, »Selbstentmachtung« oder gar »Selbstvernichtung« Europas. Hätte die römische Herrschaft unter Augustus, Traian, Hadrian oder Marc Aurel Schlimmeres bewirkt?

»Ich überblicke die Geschichte Europas und sehe nichts anderes als eine lange und ununterbrochene Reihe gegenseitiger Überfälle. Kein Volk verpaßt die Gelegenheit, sein Territorium auszudehnen. Es gibt in Europa immer ein oder zwei Völker, die versuchen, eine gewisse Vorherrschaft über die anderen auszuüben. Heute wie gestern gibt es Nationen, die für sich beanspruchen, andere im Zustand der Unmündigkeit zu halten, und heute wie gestern gibt es welche, die für die anderen eine Gefahr sind.«[39]

Die »Germania« des Tacitus

Diejenigen Züge aus der »Germania« des Tacitus, die nicht die Geographie, die Tracht oder das Kriegswesen, sondern die Charaktereigenschaften der Germanen betreffen, die für das Verständnis der deutschen Geschichte relevant sind und daher den modernen Leser in besonderem Maß interessieren dürften, seien hier zusammengefaßt:

1. Natur (Gebirge) oder Furcht trennen die Germanen von ihren Nachbarn. Auch bei der Namengebung spielt die Furcht eine Rolle.
2. Musikalität – gemeint ist vor allem Schlachtgesang *(barditus)* – und Aggressivität stehen in einer Wechselbeziehung.
3. Die Germanen sind in ihrer Art einzigartig. Ihre Stärke liegt im Angriff, nicht in der Ausdauer, und sie ertragen eher Kälte als Hitze.
4. Sie bevorzugen Silber vor Gold, das bei ihnen kaum eine Rolle spielt.
5. Die Germanen wählen ihre Könige nach dem Herkommen *(ex nobilitate)*, die Heerführer nach der Tapferkeit *(ex virtute)*, aber auch die Königsherrschaft ist eingeschränkt und nicht willkürlich. Heerführer wirken eher durch ihr Vorbild als durch ihre Befehlsgewalt. Sie dürfen weder die Todesstrafe verhängen noch jemanden fesseln, ja nicht einmal jemanden züchtigen.
6. Sie glauben, daß die Frauen etwas Göttliches besitzen und mit einer Art Sehergabe ausgestattet sind, weshalb sie ihren Rat beherzigen.
7. Die Germanen verehren ihre Götter nicht innerhalb von Tempelwänden, stellen sie nicht in Bildern dar und opfern an bestimmten Tagen auch Menschen.

8. Vorzeichen und Losorakel beachten sie äußerst genau, auch das Wiehern und Schnauben von Pferden.
9. Über geringfügige Angelegenheiten entscheiden die Stammesfürsten *(principes)*, über wichtige das ganze Volk. Zur Versammlung erscheinen sie nicht pünktlich und auf Befehl, sondern in großer Freiheit, wie es einem jeden paßt. Sobald es der Menge gefällt, nehmen sie in Waffen Platz. Danach spricht, wer etwas zu sagen hat: der König oder die Oberen, je nach Rang, Kriegsauszeichnung und Redegabe, aber mehr nach der Überzeugungskraft *(auctoritate suadendi)* als nach der Befehlsgewalt *(iubendi potestate)*.
10. Vor der Gerichtsverhandlung (Thing) kann man Anklage erheben und eine Entscheidung über Leben und Tod anrufen. Die Strafen richten sich nach dem Vergehen: Verräter und Überläufer werden gehängt, Feiglinge und Schandbefleckte im Sumpf versenkt, denn Verbrechen sollen weithin sichtbar bestraft, Schandtaten begraben werden. Für kleinere Vergehen zahlt man mit Pferden oder sonstigem Vieh. In diesen Versammlungen werden auch angesehene Leute ausgewählt, die in den Gauen und Dörfern Recht sprechen. Ihnen stehen als Beirat und zur Unterstützung hundert Männer aus dem Volk zur Seite.
11. Die Germanen tragen bei der Durchführung öffentlicher oder privater Vorhaben stets Waffen. Waffen tragen darf aber nur, wer dazu vom Stamm *(civitas)* als tauglich befunden wurde. Hervorragendes Ansehen *(insignis nobilitas)* oder große Verdienste der Väter *(magna patrum merita)* verschaffen auch schon jüngeren Leuten Auszeichnung seitens der Ersten *(principes)*. Jene schließen sich den Stärkeren und Altbewährten an und schämen sich nicht, unter den Gefolgsleuten gesehen zu werden.
12. Innerhalb des Gefolges besteht ein großer Ehrgeiz *(aemulatio)* um den ersten Platz an der Seite des Führenden unter den Führenden, wer die meisten und heftigsten *(acerrimi)* Gefährten hat. Darin besteht ihr Ansehen und ihre Macht, das verleiht ihnen im Frieden Ehre, im Kriege Schutz, damit beeindrucken sie nicht nur ihre Volksgenossen, sondern werden auch bei den Nachbarstämmen berühmt, und nicht selten kommt es infolge ihres Rufes gar nicht erst zum Krieg.

13. Kommt es zur Schlacht, ist es für den Führenden schimpflich, an Tapferkeit übertroffen zu werden, schimpflich für das Gefolge, ihm nachzustehen. Ohne den Führenden aus der Schlacht heimzukehren, ihn zu überleben, ist eine Schande für das ganze Leben, ihn zu verteidigen und zu schützen, ja die eigenen Heldentaten seinem Ruhm zuzuschreiben, ist oberstes Gebot. Wenn der Stamm, dem sie angehören, durch langen Frieden und Muße abstumpft *(torpeat)*, begeben sich die jungen Leute vornehmer Abkunft zu anderen Stämmen, die Krieg führen, weil ihnen ein ruhiges Leben zuwider ist, sie sich in Gefahren leichter hervortun können und man eine große Gefolgschaft nur durch Gewalttätigkeit und Krieg erhalten kann, erwarten sie doch von ihrem Anführer Freigebigkeit und reichliche Kost. Die Mittel für großartigere Geschenke liefern Kriege und Raubzüge, und man kann sie nicht leichter dazu überreden, den Acker zu pflügen und auf die Ernte zu warten, als Gegner herauszufordern und Ehrennarben einzuhandeln.

14. Im Frieden erhalten sich die Gefolgschaften von Ehrengaben, die den Häuptlingen von einzelnen, aber auch von Nachbarstämmen mehr oder weniger freiwillig dargebracht werden. Mit zunehmender Schwäche des Römischen Reiches ließen sich die germanischen Herrscher auch den Frieden bezahlen, nachdem sie von den Römern den Geldverkehr kennengelernt hatten: »Die blonden Völker sind leicht durch Geld zu verführen, da sie habsüchtig sind.«[40]

15. Die Germanen pflegen nicht in Städten zu siedeln, sondern bevorzugen Dörfer und separate Wohnweise. Ihre Art zu bauen ist vergleichsweise primitiv, ebenso ihre Kleidung, und ganze Tage verbringen sie am Herdfeuer.

16. Bei der Eheschließung bringt nicht die Frau dem Mann, sondern der Mann der (Familie) seiner Braut eine Mitgift (gezähmtes Pferd, Schild, Speer), wenngleich auch die Frau ihrem künftigen Gatten eine Gabe, meist ein Waffenstück, überreicht.

17. Die Keuschheit wird streng bewacht, und auf Ehebruch stehen drakonische Strafen. Geburtenbeschränkung oder Kindestötung gelten als schändliches Vergehen: »Lacht doch niemand dort über Laster, und Verführen und Verführtwerden heißt dort nicht

›Zeitgeist‹ ... Dortzulande vermögen gute Sitten mehr als anderswo gute Gesetze.«

18. Die jungen Mütter vertrauen ihre Säuglinge nicht Ammen an, sondern stillen sie selbst. In der Erziehung genießen die Kinder der Herren keinerlei besondere Annehmlichkeiten gegenüber denen der Knechte. Mit der Liebe beginnen die Männer spät, unverbraucht ist daher ihre Jugendkraft, und auch die Mädchen haben damit keine Eile. So erzeugen sie kräftigen Nachwuchs. Testamente gibt es nicht, Kinderlosigkeit bringt keine Vorteile.

19. Freundschaften und Feindschaften des Vaters oder der Blutsverwandten werden von der Sippe übernommen, aber auch ein Totschlag kann gegen ein entsprechendes Wergeld gesühnt werden, denn je freier eine Gesellschaft ist, desto gefährlicher werden die Fehden. Gastfreundschaft steht bei den Germanen hoch im Kurs, Gelage werden ergiebig *(effusius)* gefeiert, ziehen sich oft über Tage hin und enden nicht selten mit einem Blutbad. Dank ihrer Trunksucht werden die Germanen oft leichter durch ihre Laster als durch Waffen besiegt.
»Würfelspiel treiben sie, worüber man sich wundern könnte, in nüchternem Zustande als eine ernste Beschäftigung, mit solcher Leidenschaft beim Gewinnen und Verlieren, daß sie, wenn sie alles verloren haben, mit dem letzten und entscheidenden Wurf um die Freiheit und das Leben selbst spielen. Wer dann verliert, begibt sich in die selbstgewollte Knechtschaft: Mag er auch jünger oder stärker sein, er läßt sich fesseln und verkaufen. So ungeheuerlich ist ihre Starrköpfigkeit bei ihrem verkehrten Treiben; sie selber nennen es Treue.«[41]
Von unterhaltenden Darbietungen bei Gelagen kennen sie nur den Schwerttanz, bei dem nackte Jünglinge zwischen Schwertern und entgegengerichteten Speeren auf- und abspringen.

20. Von denen, die sich durch Glücksspiel selbst versklavt haben, sind die übrigen Sklaven zu unterscheiden, die aber nicht, wie bei den Römern, nach Prinzipien der Arbeitsteilung eingesetzt werden, sondern nach Art zinspflichtiger Kleinstbauern für die oberste Gesellschaftsschicht arbeiten. Die häusliche Arbeit verrichten indessen Frauen und Kinder. Freigelassene unterscheiden sich nicht sehr von den Sklaven. Sie haben weder zu Hause noch

in der Volksversammlung mitzureden. Nur dort, wo Könige herrschen, können sie zu hohen Stellungen aufsteigen.

21. Geldgeschäfte und Zinsnahme kennen sie nicht. Das Ackerland wird untereinander im Turnus aufgeteilt, und wenn auch die Vornehmen mehr bekommen, bleibt immer noch unbebautes Land übrig, da die Germanen nur die extensive Landwirtschaft (wilde Feldgraswirtschaft) im Gegensatz zur intensiven der Römer kennen.

22. Im Gegensatz zu Rom herrscht bei der Totenbestattung kein Prunk. Nur die Leiber berühmter Männer werden unter Verwendung besonderer Holzarten verbrannt. Klagen und Tränen hören schnell, Schmerz und Trauer dagegen langsam auf. Für Frauen schickt es sich, ihrer Trauer Ausdruck zu geben, für Männer, still zu gedenken.
Wie die Megalithgräber zeigen, gab es neben und vor der Feuerbestattung auch eine Körperbestattung, die sich aber erst mit dem Christentum wieder durchsetzte. Man kennt auch Fälle, in denen die Knechte dem Herrn in den Tod folgen mußten.

23. Im zweiten Teil der »Germania«, wo von einzelnen Stämmen die Rede ist, hebt Tacitus die intellektuellen Qualitäten der Chatten (Hessen) hervor: Berechnung und Geschicklichkeit, Wahl der Ersten nach Bewährung und solchen gegenüber Gehorsam, Wahrung der Schlachtordnung, Erkenntnis günstiger Gelegenheiten, Tageseinteilung in Verbindung mit Arbeitsteilung, Einschätzung des Glücks als zweifelhaft, der Tüchtigkeit als sicher, strategische, nicht taktische Überlegungen, Wechsel von Schnelligkeit und Zögern.

24. Ein hohes Lob erhalten von den Nordgermanen die zwischen der unteren Ems und der unteren Elbe ansässigen Chauken: »Ein so gewaltiges Gebiet haben die Chauken nicht nur im Besitz, sondern füllen es auch aus, ein unter den Germanen ganz hervorragendes Volk, das vorzieht, seine Bedeutung durch Gerechtigkeit zu behaupten. Ohne Habgier, ohne Willkür leben sie in Frieden für sich, brechen keine Kriege vom Zaun und richten keine Verheerungen durch Plünderungen oder Raubzüge an. Das aber ist ein besonderer Beweis ihrer Tüchtigkeit und Kraft, daß sie ihre Überlegenheit nicht auf dem Wege der Gewalt erringen.

Trotzdem haben sie alle die Waffen zur Hand und das Heer, wenn die Not ruft, in Bereitschaft, eine Fülle von Männern und Rossen; auch im Frieden bleibt ihr Ruf derselbe.«[42]

25. Obwohl Tacitus, im Gegensatz zu den meisten früheren Autoren, seinen Begriff der Sueben weiter – weniger ethnologisch als geographisch – faßt, bemüht er sich noch, einige charakteristische Merkmale festzuhalten, so die Sitte, das Haar seitwärts zu kämmen und zu einem Knoten aufzubinden, aber auch dabei gibt es Rangunterschiede: »Die Vornehmen tragen es auch kunstvoller. Hierin besteht ihre Schönheitspflege, aber sie ist harmlos. Denn nicht, um zu lieben oder geliebt zu werden, sondern um größer zu erscheinen und dadurch Schrecken zu erregen, rüsten sie sich, wenn sie in den Krieg ziehen, so für die Augen der Feinde.«[43]

Der Psychologe wird sich fragen, ob davon etwas im Überlegenheitsdrang der Schwaben fortlebt. Bei den Semnonen (zwischen Elbe und Oder), dem Kernstamm der Sueben, in deren Gebiet auch der heilige Hain lag, in dem regelmäßig Menschenopfer gebracht wurden, durfte man, um die Allmacht der Gottheit und die Unterwürfigkeit des Menschen zum Ausdruck zu bringen, den Hain nur gefesselt betreten. Stürzte einer, durfte er nicht wieder aufstehen, sondern mußte sich aus dem Hain herauswälzen.

Liegt in dieser Zwangsvorstellung eine der Wurzeln deutscher Unterwürfigkeit?

26. Während die überaus kriegerischen, wenn auch an Zahl schwachen Langobarden von der unteren Elbe (um Christi Geburt) nach Ostdeutschland zogen und sich im 6. Jahrhundert n. Chr. in Ober- und Mittelitalien festsetzten, wurden die Hermunduren im mitteldeutschen Raum (Thüringen) ansässig. Wie die Friesen und Chauken gehörten sie zu denjenigen germanischen Stämmen, die sich mit den Römern arrangierten oder sogar anfreundeten. Sie konnten daher die Früchte des Friedens genießen und, im Gegensatz zu den eroberungssüchtigen Stämmen, die meistens bald untergingen, ihre Eigenarten pflegen und entfalten: »Daher ist ihnen allein von allen Germanen Handel und Verkehr nicht an der Grenze, sondern tief in unserem Gebiet und in der glänzend-

sten Kolonie [Augsburg] der Provinz Raetien gestattet. Überall überschreiten sie ohne Begleitung eines Postens die Grenze; und während wir die übrigen Stämme nur unsere Waffen und Lager sehen lassen, haben wir ihnen unsere Häuser und Gutshöfe geöffnet, ohne daß sie danach begehrten.«[44]

27. Die Markomannen und Quaden, die sich kurz vor Christi Geburt in Böhmen und Mähren festsetzten, arrangierten sich mit den Römern und standen etwa hundert Jahre lang in einem Klientelverhältnis zu Rom, das erst in der zweiten Hälfte des 2. Jahrhunderts n. Chr. unter dem Druck der andringenden ostgermanischen Goten durch eine Phase kriegerischer Verwicklungen abgelöst wurde.

28. Die letzten Kapitel der »Germania« sind ostgermanischen Stämmen gewidmet, die aber größtenteils bald wieder aus dem Horizont der Geschichte verschwanden. Auch Tacitus, für den sie sich in unbekannten Weltgegenden verlieren, weiß darüber nur wenig zu berichten, über die Cotiner, daß sie im mährischen Bergland, zu ihrer Abhängigkeit von den Sarmaten, die schmähliche Arbeit des Eisenbergbaus betreiben, über die Suionen in Südschweden, daß sie Reichtum schätzen und die Waffen von einem Sklaven unter Verschluß halten lassen, um blutige Fehden zu vermeiden, über die so abartigen Sitonen, daß sie sich von einer Frau beherrschen lassen, und über die Bastarner, daß ihre Vornehmen in trägem Stumpfsinn dahinleben. Nimmt man einige einschlägige Nachrichten von anderen Autoren hinzu, rundet sich das Bild ab.

29. Pomponius Mela schrieb in seinem Werk »De chorographia« über Germanien: »Seine Bewohner sind ungeschlacht an Geist und Körper und üben beide in hohem Maße (noch zu der angeborenen Wildheit) ihren Mut durch Kriege, ihren Körper durch Gewöhnung an Strapazen, vor allem an Kälte. Sie leben nackt, bevor sie mannbar werden, und das Knabenalter dauert bei ihnen sehr lange ... Kriege führen sie mit den Nachbarn: Um Gründe dazu sind sie nicht verlegen, denn sie führen nicht Krieg, um zu herrschen oder ihr Besitztum zu erweitern – denn nicht einmal dieses bebauen sie ordentlich –, sondern damit das Land, das ihr Gebiet umgibt, wüst daliegt. Ihr Recht ruht auf ihrer

Kraft, in solchem Maße, daß sie sich nicht einmal der Räuberei schämen. Nur gegen Gastfreunde sind sie gütig und gegen Schutzflehende freundlich.«[45]

30. Seneca der Jüngere (4 v.–65 n. Chr.) erkannte, daß die Aggressivität und Kriegslust der Germanen auch anerzogen ist. In seiner Schrift »Über den Zorn« bemerkt er dazu: »Was ist ungestümer als die Germanen? Was stürmischer zum Angriff? Was gieriger nach Kampf? (Eigenschaften, die ihnen angeboren, ihnen von Jugend auf anerzogen werden, worauf allein sie Wert legen, während sie andere [Tugenden] unentwickelt lassen.) ... Und doch werden sie von Spaniern und Galliern und den schlappen Kerlen Kleinasiens und Syriens, schon ehe die Legion auf den Plan tritt, zu Fall gebracht – weil ihre blinde Kampfeswut und nichts anderes dem Feinde Blößen bietet. – Gib jenen riesigen Leibern, jenen muterfüllten Herzen, die von Genüssen der Hauptstadt, von Üppigkeit und Reichtum nichts wissen, gib ihnen vernünftige Überlegung, gib ihnen Zucht; um nicht mehr zu sagen: Dann wird es wahrhaftig nottun, uns auf Römertugend zu besinnen!«[46]

31. Der griechische Rhetor Libanios (4. Jh. n. Chr.) schildert das Leben der Franken in kräftigen Farben, die das pathologische Moment der Aggressivität gut erkennen lassen: Für sie ist »das größte Unglück aber ein friedsames Leben, der Gipfel der Glückseligkeit die Gefahren des Krieges, und wenn einer ihre Gliedmaßen verstümmeln sollte, dann kämpfen sie noch mit dem Stumpf, und wenn sie siegen, kennt ihre Verfolgung [des Feindes] keine Grenze ... Für wahnwitzige Verwegenheit und Tollkühnheit haben sie Belohnungen und Ehren durch das Gesetz bestimmt. Ein ruhiges Leben halten sie überhaupt für Krankheit ... durch ihr leidenschaftliches Verlangen nach Kampf bis zum Wahnsinn aufgeregt.«[47]

32. Von den Alanen berichtet Ammianus: »Während sanfte und friedliche Menschen ein ruhiges Leben lieben, haben sie ihre Freude an Krieg und Gefahr. Dort gilt der für glücklich, der in der Schlacht sein Leben ausgehaucht hat: denn Leute, die an Altersschwäche oder durch einen zufälligen Tod aus der Welt geschieden sind, verhöhnen sie als Entartete und Feiglinge mit

greulichen Schmähungen, und es gibt nichts, worauf sie stolzer sind als auf die Erlegung eines Feindes. Anstelle rühmlicher Beutestücke von Erschlagenen ziehen sie diesen, nachdem sie ihnen die Köpfe abgehauen haben, die Haut ab und schmücken damit ihre Streitrosse anstelle [anderen] Brust- und Stirnschmukkes.«[48]

33. Den Überblick über diese Zeugnisse mag eine scharfsinnige Bemerkung aus dem »Bellum Gallicum« zum Verhalten der Bellovaker beschließen, die auch heute noch nicht überholt sein dürfte: Es ließ sich kaum sagen, »ob ihr Dünkel nach lächerlich kleinen Erfolgen oder ihre Angst nach unbedeutenden Schlappen größer war«[49].

Sowohl Caesars als auch das Germanenbild des Tacitus bedarf der Korrektur. Caesar war weder Historiker noch Soziologe. Er ging von den Gegebenheiten seiner Zeit aus, und als Aristokrat, der er war und blieb, hatte er vor allem die gallische und germanische Führungsschicht, zu der seine eigentlichen Gegner gehörten, vor Augen, denn er führte nicht gegen gallische oder germanische Bauern Krieg, sondern primär gegen die Herrscher, gegen Ariovist und Vercingetorix. Sosehr seine Unterscheidung von Kelten und Germanen und die Darstellung gallischer und germanischer Lebensgewohnheiten für seine Zeitgenossen wie für uns einen Wissenszuwachs bedeuten, müssen einige seiner speziellen Ausführungen modifiziert bzw. relativiert werden, so seine Behauptung, daß die Germanen sich nicht besonders für den Ackerbau interessieren. Wir wissen heute, daß dies zuvor nicht immer so war und daß es auch nur für die Oberschicht zutraf. Als Römer und Feldherr beachtete Caesar vor allem die kriegerischen Eigenschaften der Germanen, die aber auch in erster Linie für die Vorkämpfer und ihre Gefolgschaften typisch waren. Im Gegensatz zu Caesar und Tacitus erkannte schon Seneca mit seinem psychologischen Tiefblick, daß Aggressivität und kriegerisches Verhalten nicht angeboren zu sein brauchen, sondern durch Erziehung angezüchtet sein können. Wir wissen heute, daß innere wie äußere, also auch Umweltkonstellationen eine Rolle dabei spielen. Bei Tacitus finden sich nicht nur sachliche Unstimmigkeiten, wie die Indifferenz der Germanen gegenüber dem Gold sowie Fragen der Bauweise und Feuerbestattung, sondern auch tendenzbedingte Übertreibungen, Verzeichnungen und Einseitigkeiten, so die klischeehafte Gegenüberstellung von Natur und Zivilisation, die zeitkritisch-moralisierende Konfrontation von germanischer Reinheit und römischer Sittenlosigkeit, die Stilisierung des Arminius zum Freiheitshelden gegenüber dem Mangel an Helden in Rom sowie die Anwendung des hellenistischen Klischees der Einzigartigkeit von Völkern auf die »einmaligen« Germanen. Tatsächlich findet sich weder bei den Germanen noch später bei den Deutschen irgendeine Charaktereigenschaft, weder eine Tugend noch ein Laster, das nicht auch bei anderen Völkern vorkommt. Gerade diese Klischees und tendenziösen Verzerrungen dienten indessen der chauvinistisch-panegyrischen Historiographie zur Konstruktion eines Germanenbildes, das nicht nur falsch ist, sondern auch als Quelle nationaler Überheblichkeit unendlichen Schaden angerichtet hat, vor allem im Verhältnis zu Frankreich.

Tacitus erkannte auch nicht die Zusammenhänge zwischen germanischer Bevölkerungspolitik und Expansionismus, zwischen sexueller Enthaltsamkeit und Aggressivität sowie zwischen Führungsschicht und Kriegslust. Tacitus war zwar Historiker und manchmal ein guter Psychologe, aber von den soziologischen und ökonomischen Entwicklungsfaktoren verstand er wenig. Als Ansatzpunkt für weiterführende Interpretationen, vor allem für die Entwicklung typisch deutscher Verhaltensweisen, bleibt er dagegen nach wie vor eine unersetzbare Primärquelle.

Die Skala germanischer Verhaltensmuster, die für die deutsche Geschichte relevant sind, ist weiter als allgemein angenommen. Sie reicht von reibungsloser Akzeptanz der überlegenen Zivilisation, von Frieden und Freundschaft mit den Römern über verschiedene Stufen der Kommunikation, Kooperation und Koexistenz über Indifferenz, Gleichgültigkeit und Ambivalenz bis zur offenen, versteckten oder sogar zur Todfeindschaft. Insgesamt kristallisieren sich zwei Grundverhaltensweisen heraus, die der Kooperation und die der Konfrontation. Welche vorherrscht, das variiert von Stamm zu Stamm,[50] aber auch innerhalb eines Stammes, zu verschiedenen Zeiten, in einer Bevölkerungsschicht und sogar bei einem Individuum. Im allgemeinen neigen die einfachen Leute weniger zur Konfrontation als die

Großen. Diese haben Muße und bekommen nie genug, jene sind froh, wenn sie das wenige, das sie haben, behalten. Der Weg kann von Konfrontation zur Kooperation führen, wie bei Caesar – unter Ariovist kämpfen die Germanen gegen Caesar, mit Caesar gegen Vercingetorix –, aber auch von der Kooperation zur Konfrontation, wie bei Ambiorix und Arminius. Friedlich und freundschaftlich ist das Verhältnis zwischen Römern und Friesen, Chauken, Hermunduren (Thüringern) und Ubiern, in Gallien zu den Remern und Haeduern. Ein kurzer Aufstand der Friesen war eindeutig von den Römern verschuldet. Bei den Alamannen und Sueben, aber auch bei den Markomannen wechselte das Verhältnis. Innerhalb einiger Stämme gab es starke Differenzen im Verhalten zu den Römern, sogar unter den Stammesfürsten. Das Verhältnis der Sachsen zu den Römern war starken Schwankungen unterworfen. Zu Lande kämpften sie gegen die Franken, zur See drangen sie bis Britannien vor. Die römerfeindlichen Cherusker zerrieben sich in Fehden und verschwanden aus der Geschichte. Als Sammelbegriff umfassen die Sueben mehrere Stämme zwischen Rhein und Elbe (Hermunduren, Markomannen, Bayern), im engeren Sinn die Semnonen und ihre Nachkommen (Alamannen). Unter Ariovist kämpften Sueben gegen Caesar, danach unter Caesar gegen Pompeius. Ebenso gab es später römertreue suebische Stammesführer, aber auch Gegner der Römer. Das Verhältnis der Sueben zu den Römern kann als ambivalent bezeichnet werden.

Die Chatten (Hessen, zwischen Fulda und Eder) gehören, wie die Sueben, zum Kultverband der Herminonen, wie die Friesen zu dem der Ingwäonen und die Ubier zu den Istwäonen. Sie arrangierten sich nach einigem Hin und Her mit den Römern. Tacitus hatte eine hohe Meinung von den Chatten.

Von einer einheitlich antirömischen Front aller Germanen kann danach nicht die Rede sein. Ebenso differenziert war das Verhalten der Germanen zum Christentum. Nach einigem Widerstreben nahmen sie es an. Ähnliches gilt auch für das Verhältnis der Germanen zu den Römern: Aus Hassenden wurden bisweilen sogar Bewundernde und Liebende, aus Rebellen und Renegaten nach dem Ja zu einer überlegenen Kultur und Religion Konservatisten und Traditionalisten.

Im Verhalten der Germanen gegenüber den Römern offenbart sich eine eher schwache, ängstliche, scheue, in jedem Fall labile, stellen- und zeitweise sogar pathologische und dekadente psychische Verfassung der germanischen Führungsschicht, die sich aus Angst vor der Freiheit und dem Glück einer überlegenen Zivilisation in sich selbst verkriecht, Zuflucht zur Gewalt nimmt, um zu herrschen oder sich zu unterwerfen, und schließlich, nach wiederholtem Scheitern, aufgibt, sich der fremden Welt anpaßt, sich mit ihr identifiziert, sie verabsolutiert und mit gleicher Hingabe verteidigt, wie sie ihr früheres Dasein verteidigen zu müssen glaubte: eine Art sadomasochistischer Überkompensation von Minderwertigkeitskomplexen, die sich in Überwertigkeitskomplexe (völkische, nationale, rassistische Vorurteile) verwandeln können. Das Denken ist primär machtorientiert, daher die Neigung zu Gewalt, Krieg und Konflikten, was aber nicht pauschal für die Germanen gilt, sondern nur für einen, wenn auch einen sehr einflußreichen Teil ihrer Führungsschicht. Geographisch wie historisch prädestiniert für die Übernahme des römischen Erbes waren zunächst die Franken.

Das Frankenreich und die feudale Herrschaft

Kann man Caesar als »Wegbereiter« Europas bezeichnen, lassen sich Karl der Große als »Vater Europas« und seine Nachfahren als »Begründer Europas« verstehen. Läßt man das Weströmische Reich mit der Absetzung des Romulus Augustulus durch Odoaker im Jahre 476 enden und das Frankenreich mit dem Aussterben der ostfränkischen Karolinger im Jahre 911, umfaßt die Geschichte des Frankenreiches einen Zeitraum von etwa 435 Jahren, also etwa ein Viertel von der Dauer des Weströmischen Reiches, aber das Vierfache des Vandalenreiches, das Sechsfache des Ostgotenreiches und das Doppelte des Langobardenreiches.

Zehn Jahre nach dem Untergang Westroms drangen die Franken unter Chlodwig ins Innere Galliens ein, besiegten den römischen Feldherrn Syagrius und nahmen das Land zwischen Somme und Loire in Besitz. Zehn Jahre danach trat Chlodwig zum katholischen Christentum über und ließ sich in Reims von Bischof Remigius taufen. Wieder zehn Jahre später eroberte Chlodwig das Westgotenreich und dehnte seinen Herrschaftsbereich bis zu den Pyrenäen aus. Im Edictum Chlotarii (614) verpflichtete sich der König, seine Beamten (Grafen) aus Grundbesitzerkreisen der Grafschaften zu wählen, was eine Stärkung des Grundbesitzeradels bedeutete.

Auf die Merowinger (482–751) folgten die Karolinger (751–987), auf diese die Kapetinger (987–1328). Neben der religiösen Bindung Chlodwigs an Rom, der Stärkung der feudalistischen Adelsherrschaft durch Chlotar und der Ausdehnung des Frankenreiches von den Pyrenäen bis weit nach Mitteldeutschland (Aquitanien, Neustrien, Austrasien) wurde Karl Martells Sieg über die Araber zwischen Tours und Poitiers (732) für die Geschichte Europas bedeutsam, ferner das Schutzbündnis von Ponthion und Quiercy (754) zwischen dem Papst und Pippin dem Jüngeren, das den Papst vom Joch der Langobarden befreien sollte und die fränkische Königsherrschaft (seit 751) gegenüber dem kaiserlichen Byzanz aufwertete. Die Grundlage für die Erneuerung des Weströmischen Reiches und des Kaisertums war damit geschaffen, die dann unter Karl dem Großen (800) tatsächlich erfolgte, 324 Jahre nach der Abdankung des letzten römischen Kaisers. Die Formel dafür lautete: *Romanum gubernans imperium.*

Auf politischem Gebiet setzte Karl der Große die Expansion des Frankenreiches fort, eroberte das Reich der Langobarden (774), unterwarf die Bayern (788) und Sachsen (804) und bekriegte die Slawen (789–812), aber auch die Awaren, Dänen und Araber. Mit 53 Feldzügen, die er meistens selbst anführte, blieb er zwar immer noch weit hinter Caesar (über 80 Schlachten) zurück, leistete aber doch wohl Vergleichbares.

Im gesellschaftlichen Bereich entwickelte sich im Frankenreich die Feudalherrschaft aus römischen, keltischen und germanischen Ursprüngen. Die Bezeichnung des Lehnswesens als Vasallität führt auf das keltoromanische Wort *gwas* (Knecht) zurück. Im Gegensatz zu den Römern kannten die Germanen den privaten Landbesitz zunächst nicht. Der germanische Heerführer betrachtete die eroberten römischen Landgüter als Kriegsbeute, die er unter seiner Gefolgschaft aufteilte. Die Bildung von Gefolgschaften stand am Anfang des Übergangs vom Clansystem zur feudalen Gesellschaft: »Das Gefolge läßt sich immer als eine Elite definieren, die die Solidarität unter Verwandten durchtrennt und konventionelle an die Stelle von biologischen Treuebanden setzt. Es signalisiert das nahende Absterben des Clansystems . . . Diese Gefolgsleute, die sich aus dem Adel rekrutierten, bestritten ihren Lebensunterhalt aus dem Ertrag des ihnen zugeteilten Landes und nahmen nicht mehr an der landwirtschaftlichen Produktion teil. Sie bildeten in diesen primitiven Gesellschaftsformationen den Keim für eine ständige Teilung in Klassen und für eine institutionalisierte Zwangsgewalt. Immer öfter brachen Kämpfe zwischen gemeinen Kriegern und ehrgeizigen adligen Führern aus, die aufgrund der Stärke ihres loyalen Gefolges diktatorische Gewalt innerhalb des Stammes an sich zu reißen suchten.«[51]

Das Kapitulare von Quiercy (877) zementierte die Erblichkeit der Lehen. Aus den freien Bauern und Kriegern wurden Hörige, die der Gerichtsbarkeit der Grundherren, Magnaten und Großen unterstanden.

Im Frankenreich war die Feudalherrschaft entstanden, in Frankreich ging sie etwa tausend Jahre später auch formaljuristisch mit dem denkwürdigen Dekret zu Ende, das mit den Worten beginnt: »Die Nationalversammlung hebt das Feudalregime gänzlich auf.« Ein Jahrtausend adligpriesterlicher Herrschaft war damit beendet. An ihre Stelle trat das schon im Mittelalter entdeckte Prinzip der Volkssouveränität.

Das städtische Leben der Antike sowie Gewerbe und Handel verloren im Frankenreich an Bedeutung, dessen staatliche Ordnung auf der Naturalwirtschaft beruhte. Im nordfranzösischen Raum entstand auch die Dreifelderwirtschaft, bei der Wintersaat, Sommersaat und Brache in dreijährigem Wechsel einander ablösen: ein Schritt zur Intensivierung der Landwirtschaft.

Auf kulturellem Gebiet führte die sogenannte »karolingische Renaissance« zu einer frühmittelalterlichen Blüte der Künste und Wissenschaften. Karl der Große berief seine Hofgelehrten aus England, Irland, Spanien, der Lombardei und Italien: Einhard, der Biograph Karls des Großen, war ein Mainfranke; Paulus Diaconus, der Verfasser der Geschichte der Langobarden, kam aus Italien, Alkuin, der Leiter der Hochschule und größte Gelehrte seiner Zeit, aus York. Karl der Kahle, des Großen Enkel, gewann den irischen Philosophen Johannes Scotus Eriugena an die Hofschule, einen mutigen Vorkämpfer für die Freiheit des Willens und den Vorrang der Vernunft vor der Autorität.

Auf das fränkische Reich hatte Alkuin die Formel *imperium chri-*

stianum angewandt, und Karl der Große hatte sein Machtgebilde mit der Devotionsformel *dei gratia* abgesichert und von der Kirche absegnen lassen.

In der Folgezeit trugen mehrere Faktoren zum Zerfall dieses ersten europäischen Entwurfes bei. Da war zunächst einmal das aus der germanischen Vorstellung vom Königsheil abgeleitete Erbkönigtum. Während die Römer das aus dem Prinzipat erwachsene Erbkaisertum im 1. Jahrhundert n. Chr. schon nach wenigen Jahrzehnten überwunden hatten, konnte sich das monarchisch-dynastisch-feudalistische Denken in Deutschland bis ins 20. Jahrhundert halten. Der ebenfalls aus germanischen Ursprüngen stammende Gegensatz von Adel und Königtum erwies sich schon für das fränkische Reich als tödlich. Daran änderte auch die Kirche nichts: »Der adlige Hochklerus lebt voll und ganz das Leben seiner weltlichen Standesherren. Auch diese Kontinuität hält sich zumindest bis zum hohen Barock, nicht selten bis ins 20. Jahrhundert.«[52]

Zur Schwäche der Könige und der »Feudalanarchie der Barone«[53] kamen die Normanneneinfälle, allein in Frankreich während des 9. und 10. Jahrhunderts fast fünfzig!

Hier mußte das erste germanische Nachfolgereich des Römischen Reiches am eigenen Leibe erfahren, was plündern heißt. Das später auch in Deutschland immer wieder gefeierte Bündnis von Adel und Kirche versagte schon damals völlig.

Der Vertrag von Verdun (843) besiegelte die Teilung des Frankenreiches in drei Teilreiche: Westfrankenreich (843–987), Mittelreich (843–875) und Ostfrankenreich (843–911). Das Reich Lothars (843–855) wurde zum Zankapfel zwischen den beiden anderen Reichsteilen, Teilreichen und später zwischen Frankreich und Deutschland bis ins 20. Jahrhundert.

»Als das fränkische Reich zerfiel, war die Aufgabe erfüllt, die den Germanen bei ihrem Eintritt in die Geschichte gestellt war . . . Den Franken als dem erfolgreichsten Zweige der germanischen Familie war es vorbehalten, diese Aufgabe zu lösen: zu erhalten, was vom Alten noch lebendig war, und Neues zum Leben zu erwecken. Als Vermittler zwischen alter und neuer Zeit stehen sie da, Fortsetzer und Erneuerer zugleich. Ein Weltreich wie das römische, alle Länder und Völker in dauerhaftem Rahmen zusammenfassend und zur inneren

Einheit verschmelzend, haben sie nicht geschaffen. Dazu waren sie nicht stark, nicht überlegen genug.«[54]

Wie später im Ostfrankenreich bildeten sich auch im Westfrankenreich Territorien: Francien, Champagne, Aquitanien, Gascogne, Toulouse, Gothien, Katalonien, Bretagne, Normandie und Flandern, anfangs noch mit einem deutlichen kulturellen Gefälle entsprechend der Nähe zum Römischen Reich, dann, nach der Mischung der am Zivilisationsprozeß beteiligten Komponenten und Kräfte, zunehmend ausgeglichen.

Europa nimmt Gestalt an

Ein angemessenes Verständnis der deutschen Vergangenheit und Gegenwart sowie eine sich daraus ergebende Einschätzung künftiger Entwicklungsmöglichkeiten lassen sich nicht auf eine Analyse der Beziehungen zwischen Frankreich und Deutschland allein gründen. Eine solche Verengung der Blickrichtung würde zu Verzerrungen sowohl in der französischen als auch in der deutschen Geschichtsbetrachtung führen, wie wir sie aus der Vergangenheit kennen. Die deutsche wie die französische Geschichte lassen sich nur aus einer vergleichenden europäischen Perspektive adäquat erfassen. Die Gestaltung Europas hing aber auch ihrerseits von der Entwicklung der Beziehungen zwischen Frankreich und Deutschland ab, so daß ein einigermaßen zutreffendes Bild nur aus den Wechselbeziehungen und Wechselwirkungen aller am Prozeß beteiligten Faktoren zu gewinnen ist.

Einige Beziehungen innerhalb des gesamten Beziehungsgeflechts umfassen Judentum, Christentum und Islam, andere Griechenland, Rom und Byzanz, wieder andere die Südstaaten Italien, Spanien und Frankreich sowie die Nordstaaten England, Schottland, Irland, ferner die skandinavischen Länder, Ost- und nicht zuletzt Mitteleuropa. Eine Konstante im Geschehen bilden die Juden und ihre Kultur. Die jüdische Religion bleibt auch im Zeitalter der Weltreligionen bewußt eine Volksreligion. In diesem Konservatismus liegt eine Chance, aber auch eine Gefahr für das Judentum. Die Reaktion der europäischen Völker auf die Juden und ihre Kultur hat die deutsche Geschichte bis auf den heutigen Tag wesentlich mitbestimmt. Dabei ist die Entgegensetzung von Germanen und Juden durch nichts gerechtfertigt. Ebensowenig läßt sich ein durchgehender Gegensatz von Rom und Judäa konstruieren. Im alten Rom genossen die Juden unter Caesar, Augustus und anderen aufgeklärten römischen Kaisern ein nicht unbedeutendes Ansehen und stellten sogar Senatoren. Da unmittelbare Begegnungen zwischen Germanen und Juden kaum vorkamen, ist eine Ablehnung der Juden von seiten der Germanen von vornherein auszuschließen. Der jüdische Historiker Josephus Flavius (1. Jh. n. Chr.) charakterisiert die Germanen einige Jahre nach dem Bataveraufstand (69–70 n. Chr.) als groß, kräftig und wagemutig, aber auch als leicht verführbar, unvernünftig und opportunistisch. Soweit sie von den Römern nicht besiegt seien, hätten sie sich ins Landesinnere, dessen Grenze der Rhein bilde, zurückgezogen.[55]

Diese Charakteristik des Josephus deckt sich mit den Urteilen vieler anderer Autoren und enthält nichts, was auf Haß oder unüberbrückbare Gegensätze zwischen Juden und Germanen schließen läßt.

In der deutschen Geschichte folgten die Juden der von Josephus angedeuteten Linie und vertraten das Prinzip der Vernunft. Der Antisemitismus war dagegen stets vernunftfeindlich. Was den Juden inneren Halt und Konsistenz des Verhaltens verlieh, war ihre religiöse Tradition, vor allem der Talmud, ihr »tragbares Vaterland«[56], wie Heine ihn nannte.

Im 9. Jahrhundert gab es größere jüdische Niederlassungen in Köln, Frankfurt, Mainz, Worms und Speyer, in England schon früher, in Gallien schon zur Zeit Caesars. Während die Merowinger die Juden grausam verfolgten, zeigte sich Karl der Große ihnen gegenüber tolerant. Sein Leibarzt war beispielsweise Jude. Auch in Italien gab es jüdische Ansiedlungen, etwa in Padua, Mailand und Venedig. Kaiser Friedrich II. (1212–50) schloß sich jedoch der antijüdischen Tendenz Papst Gregors IX. (1227–1241) an, der 1232 Streitgespräche zwischen christlichen Theologen und Juden verbot. In Spanien wurden die Juden im 7. Jahrhundert verfolgt, erlebten aber, von den Mauren und Arabern gefördert, vom 10. bis 12. Jahrhundert eine glückliche Zeit, die auch der gleichzeitigen Blüte der Philosophie sowie den Künsten und Wissenschaften zugute kam. Die Toleranz gegenüber den Juden endete mit dem Konzil von Zamora

(1313). Die Teilung des Abendlandes in eine westliche und eine östliche Hemisphäre war seit der Teilung des Römischen Reiches in ein Ostreich (Konstantinopel, 330) und Westreich (Rom) vorgezeichnet. Das Christentum vollzog diese Entwicklung nach (867 und 1054). Der Aufstieg des ostfränkischen Reiches zum deutschen Reich vollzog sich gleichsam im Schatten der Normanneneinfälle vom Westen und im Schutz von Byzanz, das für ein Jahrtausend eine Festung Europas gegen eindringende Perser und Muselmanen aus dem Osten blieb, aber auch gegen angriffslustige Awaren und Slawen. Zu Beginn des 11. Jahrhunderts hatte Konstantinopel nach schweren Rückschlägen wieder den Stand erreicht, den es unter Kaiser Justinian (527–565) eingenommen hatte. In Handel und Reichtum, Luxus und Pracht konnte es sich sowohl mit dem alten Rom und Alexandria messen als auch mit den Kulturzentren seiner Zeit, Bagdad und Cordoba. Wo der Überfluß herrscht, sind auch die Laster zu Hause, und Konstantinopel machte darin keine Ausnahme. Gesetze gegen den Feudalismus, eine gewaltige Beamtenhierarchie und ein hochentwickeltes Finanzwesen verliehen dem Reich zugleich Halt, trugen teilweise aber auch zu jener Erstarrung bei, in die sich die byzantinische Zivilisation verlor: »Römische und griechische Charaktereigenschaften waren in einer Flut entwurzelter Orientalen untergegangen, die ihre eigene Moralgesinnung verloren und außer in Worten keine neuen angenommen hatten.«[57]

Der karolingischen Renaissance trat eine byzantinische Renaissance zur Seite, die ein Zeitalter der Gelehrsamkeit heraufführte, dem der Westen zunächst nichts Gleichwertiges entgegenzustellen vermochte: Im Vergleich zu Psellos und Photios »sind die Alkuins, Hrabani und Gerberts des zeitgenössischen Westens weiter nichts als schüchterne Wanderer vom Lande der Barbarei in das Land des Geistes ... Vom 5. bis zum 12. Jahrhundert hatte die byzantinische Zivilisation in Europa die Führerstellung in Verwaltung, Diplomatie, Heerwesen, Sitten, Kultur und Kunst inne.«[58]

Griechische Gelehrte, vom Streit der Kreuzritter und Muselmanen abgeschreckt, trugen die Schätze der Weisheit nach Italien und bereiteten so eine dritte, die große Renaissance vor. Während skandinavische Wikinger Rußland von Norden her eroberten, aber im Volk der Eroberten aufgingen, empfingen die Russen von Byzanz die Segnungen einer ausgereiften Kultur und Zivilisation. Als Italien noch jahrhundertelang unter den Folgen der Kriege zwischen Byzanz und den Germanen zu leiden hatte und Spanien in einen islamischen und einen christlichen Einflußbereich geteilt war, sandte der Norden nicht nur Eroberer aus, sondern stieg, abseits vom Schlachtgetümmel des Kontinents, allmählich zu einem beachtlichen Niveau der Kultur auf.

In England setzten sich die Jüten in Kent, die Angeln in Mercia, Northumberland und East-Anglia fest, die Sachsen in Wessex, Essex und Sussex. Die frühe Entwicklung Englands widerlegt die Meinung, daß die Römerherrschaft die Entfaltung germanischer Eigenart verhindert hätte. Vom 4. bis zum 6. Jahrhundert wurde aus Britannia unter dem Schutz römischer Legionen ein blühendes Land. Nur die freien Bauern hatten am allgemeinen Wohlstand wenig Anteil, da sie ihren Besitz an Adlige und Grundbesitzer verloren. Als aber kaledonische Pikten, irische Gälen und Skoten, Kelten aus Wales und Norweger gegen Britannien von allen Seiten andrangen, verfielen die Briten, wie einst die Sequaner in Gallien, auf die Idee, die nordgermanischen Angeln, Sachsen und Jüten ins Land zu holen. Damit kamen sie vom Regen in die Traufe. Zwar gelang es den Ankömmlingen, die Pikten und Skoten zu vertreiben, aber danach gefiel es ihnen auf der Insel so gut, daß sie große Mengen von beutehungrigen Landsleuten nachzogen, die ihre Gastgeber schließlich in der Schlacht von Deorham (577) überwältigten. Aus Britannia war das Land der Angeln und Sachsen, war England geworden. Bald aber erfuhren – wie im Frankenreich – die germanischen Sieger das gleiche Schicksal, das sie den Briten zugefügt hatten, und wurden von stärkeren Germanen, von Dänen und Norwegern, besiegt (871). Der entschlossenen Friedenspolitik Alfreds des Großen (871–901), der oft mit Karl dem Großen verglichen wird, gelang es, das zerstrittene und verarmte Land durch ein wohlüberlegtes politisches, soziales und kulturelles Aufbauprogramm wiederaufzurichten, aber die Herrlichkeit dauerte – wie im Frankenreich – nicht lange. Vom Adel wiederholt im Stich gelassen, mußte der englische König Ethelred in die Normandie fliehen. König Svens Sohn Knut (1016–35) hatte daher leichtes Spiel, und im Jahre 1016 war England von den Dänen erobert. Knut hatte zwar militärisch gesiegt, aber an der britischen Widerstandskraft, die sich aus römischem Ethos und germanischer Entschlossenheit gebildet hatte, scheiterte auch er. Wieder einmal siegten Kultur und Zivilisation über Wildheit und Barbarei. Knut entwickelte sich vom Barbaren zum Staatsmann, ehelichte die verwitwete Gemahlin Emma seines verstorbenen Gegners Ethelred, gewann dadurch den Herzog der Normandie, Emmas Bruder, bezwang den englischen Adel, der das Land um seine Ehre und Freiheit gebracht hatte, und nahm das Christentum an. Als Eroberer war der Däne ins Land gekommen, als Engländer und König von England, Dänemark und Norwegen starb er. Aber bald gerieten Norweger und Dänen in Streit. Die Dänen verloren die Herrschaft über England, die dann in der berühmten Schlacht von Hastings (1066) der Herzog der Normandie, auch Wilhelm der Eroberer genannt, errang.

Im Nordwesten Europas hatte sich im 5. Jahrhundert in Irland eine Art kultureller Gegenpol zur byzantinischen Zivilisation im Südosten gebildet: »Materiell und politisch waren die Iren in den drei Jahrhunderten nach dem Aufkommen des Christentums (461–750) rückständiger als die Engländer; in kultureller Hinsicht waren sie wahrscheinlich das fortschrittlichste Volk nördlich der Pyrenäen und der Alpen.«[59]

Kultur – im Gegensatz zur Barbarei und Rückständigkeit – verband sich in diesen Jahrhunderten immer mehr mit dem Christentum. England wurde nicht von Rom, sondern von Irland aus christianisiert. Hier lehrten der Astronom Dungal und der Geometer Fergil 600 Jahre vor Kopernikus die Kugelgestalt der Erde. Irische und englische Mönche missionierten in Deutschland: Columban in Bayern, Willibrord in Friesland und Wynfrith (Bonifatius) in Hessen und Thüringen. Der hohen irischen Kultur machten Normanneneinfälle zwar kein Ende, fügten ihr aber schweren Schaden zu.

»Gerade so wie Irland ein Goldenes Zeitalter erleben durfte, weil die Germaneninvasionen, die das übrige lateinische Europa um Jahrhunderte zurückwarfen, es nicht berührt hatten, so fand diese Glanzzeit nun ihr Ende bei den gleichen Normanneneinfällen, die im 9. und 10. Jahrhundert in Frankreich und England die Fortschritte, die mit so viel Mühe von Karl dem Großen und Alfred [dem Großen] errungen worden waren, zunichte gemacht hatten.«[60]

Die Überlegenheit der Kultur und Zivilisation zwang aber auch die hartnäckigsten Barbaren in die Knie. Olaf, der Sohn des norwegischen Königs Harald Schönhaar, nahm in England das Christentum an und kämpfte mit der gleichen Härte dafür, wie er zuvor dagegen gekämpft hatte. Um 860 entdeckten die Normannen Island. Die Thing-Ordnung dort beweist, daß zwischen Germanentum und Demokratie kein Gegensatz besteht, im Gegenteil: »Im Jahre 930 wurde ein Althing, ein gemeinsames Parlament, gegründet – eine der ersten Einrichtungen einer Volksvertretung bei der Staatsführung, welche die Geschichte kennt und welche Island zu der damals einzigen vollständig freien Republik der Welt machte.«[61]

Wie die Verhältnisse in England, Skandinavien und Island zeigen, ist die Polarisation germanisch bzw. deutsch einerseits und demokratisch andererseits eine unhaltbare Konstruktion, die sich rückblickend als eine Art Ideologie der deutschen feudalen Herrenschicht erweist. In Skandinavien gab es derzeit auch kaum Großgrundbesitz. Das Land wurde unter freie Bauern aufgeteilt. Eine grundsätzlich antidemokratische Einstellung mag in Deutschland später künstlich erzeugt sein – im Prinzip war die deutsche wie die germanische Einstellung ebensowenig antidemokratisch oder antisemitisch wie antichristlich oder antirömisch.

Rom verliert zwar seinen politischen Rang, wird aber zum geistlichen Mittelpunkt des christlichen Abendlandes. Eine Ausdehnung des *imperium christianum* nach Art und Umfang des Römischen Reiches erscheint nach dem Schicksal des Frankenreiches ausgeschlossen. Die Polarisierung von weltlichem und geistlichem Führungsanspruch wird zu einer Dauerbelastung Europas, das von Anfang an im Zeichen des religiösen, kulturellen und politischen Pluralismus steht: Judentum, Christentum, Islam; griechische, römische, byzantinische, arabische, fränkische und irische Kultur; Demokratie, Republikanertum, Monarchie und Oligarchie. Für die Weiterentwicklung Europas nach dem Zerfall des Frankenreiches stellen sich die Fragen: Ein wenig mehr Freiheit für alle oder viel mehr Freiheit für wenige? Gleichheit vor dem Gesetz oder Privilegierten-Gesellschaft? Ist das Volk der Souverän oder der Fürst? Wird das Ethos des Kampfes, der Arbeit oder der Liebe das Zusammenleben der Menschen bestimmen? Wird die Macht dem Recht dienen oder das Recht der Macht? Herrschen Glaube und Autorität oder Vernunft und Wissen? Liegt das Heil im Diesseits oder im Jenseits? Wird der Mensch die Welt bewältigen, oder unterliegt er ihr? Werden Menschlichkeit und Güte oder Barbarei und Bosheit das Feld beherrschen?

In der europäischen wie in der deutschen Geschichte waren alle diese Faktoren im Spiel, aber kein Wert, keine Denkweise und keine Ordnung konnte die absolute Herrschaft erringen.

Ethische Grundauffassungen

Wie mannigfaltig und vielgestaltig sich das Leben in Europa auch entwickelte, so stellte sich doch in den elementaren Fragen bereits relativ früh ein Art ethischer Grundkonsens her: Das intellektuelle Erbe der Griechen manifestiert sich in der Höherbewertung des Geistigen gegenüber dem Materiellen, das römische Erbe führte zu einer Unterordnung der Macht unter das Recht. Das Vermächtnis der Antike an das Abendland war der elementare Begriff der Menschlichkeit, bestehend aus der *philanthropia* des Sokrates und der *humanitas* Ciceros.

Das Christentum besiegte durch seine Botschaft der Liebe und des Friedens zahllose barbarische Stämme gründlicher und schneller, als Alexander und Caesar es mit Gewalt vermochten. Das christliche Ideal der Feindesliebe war die größte und folgenreichste Werterevolution seit Menschengedenken. Mit ihr beginnt das Zeitalter des menschlichen Menschen, vorbereitet durch das jüdische Gebot der Nächstenliebe und fortgesetzt durch die Kulturarbeit der Araber. Die Feindschaft jüdischer, christlicher und islamischer Orthodoxien darf über den ethischen Grundkonsens nicht hinwegtäuschen, der im Ja zu einer von Gott geschaffenen und daher sinnvollen Wirklichkeit liegt. Judentum, Christentum und Islam haben die Welt nicht nur interpretiert, sondern nachhaltig verändert. In Verbindung mit den antiken Werten der Griechen und Römer bedeutet diese Weltveränderung eine Bejahung von Kultur und Zivilisation, worin sich der Mensch seiner Natur und Bestimmung nach als ein Kulturwesen erweist.

Von der byzantinischen Kultur im Südosten bis zur irischen Kultur im Nordwesten reicht dieser europäische Grundkonsens, desgleichen vom maurischen Spanien bis nach Nowgorod am Ilmensee.

Welches sind nun die Werte im einzelnen, die zu einem in den Grundzügen so einfachen, in der Ausgestaltung so komplexen Wertsystem geführt haben?

In seinem längsten und letzten Werk, den »Gesetzen«, zählt Platon acht Werte auf, vier menschliche und vier göttliche, die das private wie das öffentliche Leben der Griechen von Grund auf bestimmten: Gesundheit, Kraft, Schönheit und Reichtum, Tapferkeit, Selbstbeherrschung, Gerechtigkeit und Weisheit. Aristoteles faßte diese Werte in seinem Begriff der *eudaimonia* zusammen, einem Zustand des Wohlbefindens, der Wohlbestelltheit, der Glückseligkeit. Die Stoiker fügten den Wert der Freiheit, verstanden als Unabhängigkeit, Selbstgenügsamkeit und Selbstgesetzgebung hinzu, faßten die natürlichen und göttlichen Werte zu ihrem Ideal einer natürlichen, pflichtgemäßen und vernünftigen Lebensführung zusammen und interpretierten die Weisheit als höchsten freiheitlich-göttlichen Wert. Die Epikureer verbanden damit das Ideal des maßvollen Lebensgenusses und integrierten ihre Wertvorstellungen in den altgriechisch-religiösen Wertekosmos von Maß *(meden agan)* und Selbsterkenntnis *(gnothi sauton)*.

Das Christentum knüpft an den jüdischen Dekalog an, nicht aber ohne die Setzung neuer Akzente und Prioritäten. Während die antike Ethik mehr sagt, was der Mensch tun soll, sagt ihm die jüdisch-christliche Moral vor allem, was er lassen soll. Beide Systeme ergänzen sich in komplementärer Weise und bestimmen alle weiteren Formen abendländischer Ethik. Zu den antiken Werten treten die christlichen Kardinaltugenden des Glaubens, der Liebe und der Hoffnung hinzu. Je nach dem Gewicht antiker oder jüdisch-christlicher Komponenten dominieren in den abendländischen Ethikentwürfen ontologisch oder geschichtlich orientierte Zielvorstellungen: Pflichtethik (Kant) oder Liebesethik (Spinoza), eudämonistisch-(Scholastik)-utilitaristische (Mill) Ethik oder Ethik der Verantwortung (Jonas), sachlich-normative (Hartmann) oder personal-autoritäre (Scheler) Systeme.

Zu den antiken und mittelalterlichen Werten treten in der Neuzeit, aus bitteren Erfahrungen mit religiöser Intoleranz geboren, der Wert der Toleranz, aus den bösen Erfahrungen mit dem Machtmißbrauch in Kasten-, Standes- und Klassengesellschaften die in den Menschenrechten ausgedrückten Werte der Freiheit, Gleichheit und Solidarität. Die Forderung von Menschenrechten führt bis Seneca zurück, und der Wert der religiösen Toleranz wurde bereits im vorchristlichen Rom praktiziert. Die Sklaverei sollte sich als eines der in der Praxis äußerst schwer zu bewältigenden Probleme des Abendlandes erweisen, das auch an der Schwelle zum 3. Jahrtausend noch nicht völlig gelöst ist.

Jede religiöse Bewegung wird künftig am Maßstab der Toleranz zu messen sein, jede Politik an der Verwirklichung von Menschenrechten und jede Philosophie an dem Maß geistiger Freiheit, das sie zum Ausdruck bringt oder ermöglicht. Die religiöse, geistige, moralische und politische Bedeutung Deutschlands wird von dem Grad seiner Konformität mit dem europäischen Nonkonformismus abhängen.

»Regnum teutonicum«

Gilt das Prinzip der Vielfalt für Europa, gilt es in noch höherem Maß für Deutschland, die Mitte, den Kern Europas. Nicht einmal die sechs bekannten deutschen Stämme – Schwaben, Franken, Sachsen, Thüringer, Bayern und Friesen – bildeten von Anfang an Einheiten, sondern sie wuchsen aus zahlreichen anderen kleineren Völkerschaften zusammen. Das deutsche Volk war zum Zeitpunkt seines Eintritts in die Geschichte keine Einheit, weder ethnisch noch stammesgeschichtlich. Ein weiteres Vorurteil der nationalistischen Geschichtsschreibung war die Gleichsetzung von Deutschen und Germanen. Spätestens seit Haller ist es damit vorbei.[62]

Wenn die Germanen nicht Deutsche waren, sind dann alle Deutschen Germanen? Wer die von den antiken Autoren angeführten äußeren Merkmale der Germanen zugrunde legt: groß, blondes oder rötliches Haar, blauäugig, scharfer, trutziger Blick, wird dazu in Skandinavien und England mehr passende Individuen finden als in Deutschland, und das dürfte zur Zeit Konrads I. (911–918) im Prinzip nicht anders gewesen sein. In Gräbern aufgefundene Leichname von namhaften deutschen Herrschern oder von Rittern überraschten beispielsweise durch ihre geringe Körpergröße. Heute bilden in Deutschland Menschen, auf die die Beschreibungen von Caesar oder Tacitus passen, eher die Ausnahme als die Regel, von den Charaktereigenschaften ganz zu schweigen. Will man auf die Bewertung der Kriterien nicht überhaupt verzichten, so nähert sich die heutige Betrachtungsweise, nach dem Zwischenspiel der Chauvinisten und Rassisten, wieder dem Urteil der meisten antiken Autoren an: Dem an Proportion, Harmonie und Ebenmaß gewöhnten Auge des antiken Betrachters erschienen die ungeschlachten Leiber der Germanen eher als eine Art Wildwuchs der Natur, zu nichts nutzend, ja in der Schlacht eher hinderlich, wie denn auch die kleineren, aber flinkeren und behenderen Römer meistens den Germanen überlegen waren.

Von einer deutschen Geschichte ist vor dem 10. Jahrhundert nicht zu reden. Wer eine Jahreszahl benötigt, mag vielleicht das Jahr 911, in dem Herzog Konrad zum ersten deutschen König erhoben wurde, als Entstehungsdatum eines deutschen Staates betrachten. Von einem *regnum teutonicum* war zwar schon im 9. Jahrhundert die Rede, aber die Zeitgenossen verstanden darunter die Osthälfte des fränkischen Reiches, in der nicht Fränkisch gesprochen wurde, sondern irgendein schwerfälliger Dialekt, den kaum jemand verstand.

In dem Zeitraum von Tacitus bis zu Karl dem Großen hatte sich an den Verhältnissen in Germanien wenig geändert: »Als im 9. Jahrhundert der Mönch Rudolf von Fulda in seiner Translatio Alexandri die Zustände Sachsens am Vorabend der karolingischen Eroberung schilderte, konnte er ganze Abschnitte aus der Germania des Tacitus wörtlich übernehmen, ohne das Bild zu verfälschen. Die Entstehungsgeschichte des Stammes erklärt die außergewöhnlich strenge Scheidung der Stände – Adel, Freie und Liten –, zwischen denen eine Ehegemeinschaft bei Todesstrafe verboten war. Der durch ein besonders großes Wergeld über die anderen Stände erhobene Adel dürfte aus den Nachkommen der Ursachsen bestanden haben, die nach Ptolemäus in Holstein saßen, sich von da über fast ganz Nordwestdeutschland ausbreiteten und die dort ansässigen Völker, die Chauken, Angrivarier, Cherusker, Reste der Langobarden, zuletzt noch um 695 die Brukterer an der Lippe unterwarfen. Unter dem sächsischen Erobereradel, der als grundbesitzende Herrenschicht über das ganze Land verbreitet war, bildeten diese Völker den Stand der Freien

... Könige kannten die Sachsen nicht; im Kriegsfall wurde ein Herzog durch das Los, also durch Götterwillen bestimmt. Mit dieser aristokratisch geleiteten Repräsentativverfassung unterschieden sich die Sachsen von allen den germanischen Völkern, die durch die Erfordernisse der Wanderung und durch die Berührung mit der spätrömischen Welt zur Herausbildung einer monarchischen Spitze gekommen waren.«[63]

Ebensowenig war in diesem Zeitraum eine Einheit der übrigen germanischen, später deutschen Stämme in Sicht. Friesen und Sachsen schauten nach Norden und wandten sich England und Skandinavien zu, die oberdeutschen Stämme orientierten sich mehr in Richtung Süden, also Italien. Mit ihrer Hilfe konnten sich die Bayern, deren Herkunft umstritten ist, gegen die Franken behaupten, die ihrerseits nach Hessen, Thüringen und in das Maingebiet expandierten und damit eine für die Bildung einer ethnischen Einheit der Deutschen wichtige Brückenschlagfunktion zwischen den Nord- und den Südstämmen übernahmen.

Entsprechend unterschiedlich verlief die Christianisierung. Die Bekehrung der oberdeutschen Stämme machte bis zum Ende des 7. Jahrhunderts große Fortschritte, Hessen und Thüringen blieben demgegenüber zurück, am langsamsten verlief sie bei den Sachsen und Friesen. Zu dem westöstlichen Kulturgefälle kam in christlicher Hinsicht ein religiöses Süd-Nord-Gefälle.

Zur Zeit Karls des Großen bildete das rechtsrheinische Germanien weder religiös noch kulturell, noch politisch eine Einheit. Zu dem altgermanischen Gegensatz von Königtum und Adel, der sich von altgermanischer bis zur fränkischen Zeit hielt, trat in Sachsen noch ein starker Gegensatz von Adel und Volk. Nachdem der westfälische Adlige Widukind das Volk in einen blutigen und grausamen Krieg gegen die Bekehrer geführt hatte, trat er, als er sah, daß seine Sache verloren war, zum Christentum über und rettete damit sein Leben.

»Der *sächsische* Adel, dem fränkischen gleichgestellt, hat seinen Vorteil bei der Unterwerfung gefunden, wie es scheint sogar auf Kosten der unteren Stände, die ihm unterworfen wurden.«[64]

Das einfache Volk, wohl nicht so schnell zum Gesinnungswechsel bereit wie seine Führungsschicht, wurde im Stich gelassen, durfte die Strafe ausbaden und wurde niedergemetzelt. Der Adel behielt nicht nur sein Leben, sondern auch seine Privilegien, an denen nun auch die höhere Geistlichkeit partizipierte.

Hier zeigen sich auch die Schattenseiten der Christianisierung. Der Übergang von der Volks- zur Weltreligion war zwar ein Fortschritt, aber die Bekehrungspraxis begünstigte ein opportunistisches Verhaltensmuster, das, wenn sie es auch nicht erfand oder vorformte, so doch aufwertete und verstärkte, und daher erhebt sich die Frage, ob sie so zu einer positiven oder zu einer negativen Auslese beitrug.

Eng damit zusammen hängt, wenn nicht die Herausbildung, so doch die Verfestigung eines anderen Verhaltensmusters in dieser Übergangszeit vom germanischen zum deutschen Leben: das grenzenlose Vertrauen des Volkes zu seinen Herrschern, verbunden mit Treue, bedingungslose Gefolgschaft, Geduld, Ergebenheit, bis hin zur Hingabe- und Opferbereitschaft, allerdings eine Einwegbeziehung. Wie kam es dazu?

Das Bedürfnis der menschlichen Natur nach Liebe, Geborgenheit und Anerkennung geht manchmal seltsame Wege, wenn die Erfüllung versagt bleibt. Je mehr ein Mensch ausgebeutet, mißbraucht und mißhandelt wird, so sollte man meinen, desto schneller löst er sich aus einem solchen Verhältnis. Dem standen aber schon im alten Germanien nahezu unüberwindliche Hindernisse entgegen: Wer nicht mit in den Krieg zieht, wenn es der Stammesfürst befiehlt, ist ein Feigling, Drückeberger und Verräter – also ging man mit. Mit dem Christentum und seiner Friedensbotschaft schien sich eine Wende aus der Not anzubahnen. Nicht zuletzt darauf beruht sein weltweiter Erfolg, aber die Kräfte, die die Hoffnung der Menschen umleiteten und in ihren Dienst nahmen, schliefen nicht. So entstand ein System der Verheißung und Vertröstung, von dem der weltliche und geistliche Adel profitierte, das Volk aber leer ausging. Die Betrüger zu entlarven und davonzujagen gelang dem Volk nicht, da diese ein Bündnis mit den Machthabern eingegangen waren, und was immer wieder das System stabilisierte, waren die einsamen und großen Idealisten, die es auch unter den Herrschenden gab. Mit der Zeit wurde die Abhängigkeit des Volkes von seinen Herrschern um so größer, je hoffnungsloser seine Lage wurde. Das System hielt sich nicht nur, sondern verfestigte sich. Das Volk war nun schon glücklich und dankbar, wenn es überhaupt beachtet wurde, sei es auch nur, um weiter ausgebeutet oder zu Kriegen mißbraucht zu werden. Je brutaler die Machthaber die Abhängigkeit des Volkes ausnutzten, desto ergebener diente es ihnen. Das Volk wurde seinen Herrschern hörig und, was schlimmer ist, haßte die, die es ehrlich mit ihm meinten und es aus seiner Lage befreien wollten. Die Opferbereitschaft des Volkes wuchs mit der Nichterfüllung, die als schicksalhaft oder gottgewollt hingestellt wurde, nicht als Folge des Versagens der Herrschenden. An diesem Zustand des deutschen Volkes, dem Zustand eines Süchtigen vergleichbar, der noch glücklich ist, wenn er um Frieden und Freiheit betrogen wird, sollte sich im Laufe der Geschichte wenig ändern.

Fehlte Deutschland von Anfang an die äußere Einheit, so war es mit der inneren Einheit nicht anders bestellt. Die Priester- und die Adelskaste teilten sich die Macht. Das Volk war durch eine unüberbrückbare Kluft von seinen Herrschern getrennt, die sich meistens nur dann an das Volk erinnerten, wenn sie es schröpfen oder in ihre Kriegsabenteuer stürzen konnten – einer der Gründe für jene vielbeklagte Identitätskrise, die sich durch die gesamte deutsche Geschichte zieht: »Bei seiner Entstehung und dann noch annähernd 200 Jahre lang ist das junge deutsche Reich ein namenloses Reich gewesen – eine Tatsache, die zu denken gibt. Die Zeitgenossen, die Menschen von 911 bis gegen 1100, hatten kein Wort, um das neue Reich der sechs Stämme mit einem gemeinsamen Namen zu bezeichnen.«[65]

Es ist wahr: »Die deutsche Geschichte beginnt im Zeichen des Partikularismus.« Der von Altgermanien ererbte Gegensatz von König und Adel erscheint dabei nur vordergründig. Im König hat man »weniger den Alleinherrscher als den Führer und Vertreter der herrschenden Aristokratie zu sehen«. Mithin war die deutsche Geschichte vom 10. bis zum 20. Jahrhundert wesentlich eine Geschichte der herrschenden Adelsgeschlechter und nicht des deutschen Volkes, was in den von Schulkindern bis zum Überdruß auswendig zu lernenden Stammbäumen der Herrscherhäuser, ihren verlorenen und gewonnenen Kriegen und den Daten der Schlachten bis weit ins 20. Jahrhundert seinen erschreckenden Ausdruck fand. An diesem Zustand kann sich natürlich nur dann etwas ändern, wenn Geschichte konsequent nicht mehr primär als Kriegsgeschichte und Geschichte von Grenzveränderungen, sondern als übergreifende Kulturgeschichte verstanden wird.

Schon zu Beginn der deutschen Geschichte zeichnen sich auf der

Seite der Herrschenden zwei Idole, Wunschträume, Wahnvorstellungen oder auch nur Mißverständnisse und falsche Prämissen ab, von denen sie ihrerseits nicht loskamen: Kaisertum und Missionsglaube. Kaisertum und Kaiserreich gleichen indessen eher Zwangsvorstellungen als realen Herrschaftszielen.

»Die Erneuerung des römischen Kaisertums im mittelalterlichen Reich seit Karl dem Großen ließ den Caesarnamen als Ausdruck der erstrebten Herrschaft über das gesamte Abendland wieder in Gebrauch nehmen, auch jetzt neben dem Imperatortitel. Das deutsche Wort ›Kaiser‹ ist nichts als die Übernahme von Caesar in unsere Sprache. Der allmähliche Niedergang des deutschen Königtums hat zur Folge, daß der mit ihm verbundene Kaisertitel mehr und mehr zu einem leeren Anspruch und schmückenden Beiwort wird. Nach dem Ende des Römischen Reiches Deutscher Nation übernehmen die Habsburger ihn für Österreich. 1848 bringt den Versuch, durch Erneuerung des Kaisertums das deutsche Volk national zu einigen. Der Versuch scheitert. Als aber Bismarck auf anderen Wegen die Einigung des größten Teiles der Deutschen gelingt, geschieht es wieder unter dem alten Symbol der Kaiserkrone.«[66]

Vergleicht man Anspruch und Wirklichkeit des Kaisertums kritisch, löst sich der Wunschtraum in Nebel auf und erweist sich als Phantom, geboren aus der Sucht, das Römische Reich und seine Herrscher an Größe und Macht nicht nur zu erreichen, sondern womöglich zu übertreffen, aber im Vergleich zu Caesar, ihrem Archetyp, erscheinen die deutschen Kaiser weniger als Ebenbürtige denn als Waisenknaben (Hohenstaufen), Stümper (Habsburger) und Hanswürste (Hohenzollern). Der einzige Kaiser, der vielleicht mit Caesar vergleichbar ist, ist der Franke Karl der Große, und der einzige deutsche König, der, was Begabung, persönlichen Einsatz und Durchhaltevermögen betrifft, annähernd an Caesar heranreicht, ist Friedrich II. von Preußen, dessen Ahnenreihe allerdings mehr Franzosen als Deutsche aufweist.

Die andere falsche Prämisse erweist sich bei näherem Hinsehen als einfaches, wenn auch folgenschweres Mißverständnis: das von hellenistischen Autoren übernommene Klischee des Tacitus von der Besonderheit der Germanen, worauf sich letztlich deutscher Stolz, deutsche Herrschaftsansprüche und Alleingänge stützen, Träume von

Berufung zur Weltherrschaft, von Größe, Herrlichkeit und – Erlösung.

Hat man jedoch einmal eingesehen, daß gerade die evidenten und sichersten Prämissen des Selbstbewußtseins in uralten, aber unnatürlichen Verhaltensmustern und zum Teil sogar in Zwangsvorstellungen wurzeln können, wird man die permanente Identitätskrise des deutschen Bewußtseins mit anderen Augen sehen und sich nach Wegen zu ihrer Überwindung umsehen. Die Therapie muß aber nicht beim deutschen Volk beginnen, sondern bei seiner Führungsschicht oder, wie es neuerdings so schön heißt, bei seiner Machtelite.

3 Die erste Chance der Geschichte: Von der Schutzmacht zur Vormacht

Bei der Herausarbeitung typischer Verhaltensweisen in der deutschen Geschichte kommt dem Mittelalter insofern eine besondere Bedeutung zu, als es, selbst ein Zeitraum von zirka fünfhundert Jahren, einerseits den Blick auf eine tausendjährige germanische Vorgeschichte lenkt, andererseits auf eine nahezu fünfhundertjährige neuzeitliche deutsche Geschichte vorausweist. Akzeptiert man eine dynamische Betrachtungsweise, die weniger Wert auf Fakten und Umstände als auf Ereignisse und Entwicklungen legt, stellen sich die Fragen: Welche germanischen Verhaltensmuster kehren wieder, wie wurden sie transformiert, und wie könnten sie im Zusammenhang mit neuen Kräften weiterwirken? Neben dem Vergangenheitsbezug ist daher der Zukunftsbezug bzw. die Aktualisierung im Hinblick auf die jüngere und jüngste Vergangenheit sowie die Gegenwart zu beachten.

Da menschliches Verhalten aus Wechselwirkungen zwischen dem Menschen und seiner Umwelt resultiert, ergibt sich ganz von selbst die Unterscheidung eines äußeren und eines inneren Szenariums. Das äußere Szenarium umfaßt einmal die Umwandlung von Natur in Kultur, von germanischem Sumpf und Urwald in deutsche Kulturlandschaft, sodann – da Deutschland zu Mitteleuropa gehört – das Verhalten gegenüber den Nachbarn im Westen, Norden, Osten und Süden. Das innere Szenarium umfaßt die gesellschaftlichen Strukturen, die für diesen Zeitraum vom Feudalismus bestimmt sind. Aus diesem Ansatz ergeben sich einige Akzentverschiebungen gegenüber der traditionellen Geschichtsschreibung. Anstelle einer narzißtisch-nationalistisch-idealistischen Betrachtungsweise tritt eine skeptisch-global-realistische. Während die Historiographie von gestern (etwa Arndt, Giesebrecht, Treitschke, Kossina, Onken, Moeller van den

Bruck, Günther), von Selbstliebe beherrscht, die eigene Nation in den Mittelpunkt des Weltgeschehens rückte und bis zum Chauvinismus glorifizierte, wird eine moderne und weiterführende Sicht der Dinge die nötige Skepsis gegenüber solchen Konstruktionen aufbringen, die nationale durch die globale Perspektive ersetzen und einen zur Ideologie degenerierten Idealismus durch einen kritischen Realismus ablösen.

Angewandt auf die deutsche Geschichte im Mittelalter heißt das: Anstelle der Orientierung an Besitz, Macht und Ruhm wird eine Orientierung an Kreativität, Freiheit und dem Heilsgedanken treten. Nicht die Siege von Herrschern zählen, sondern Frieden, Nutzen und Wohl für die Beherrschten, nicht die vielen Menschen gestohlene Freiheit weniger zählt, sondern der Freiheitsgewinn der gesamten Bevölkerung, nicht die Vergrößerung des Territoriums gibt den Ausschlag, sondern die kulturellen Leistungen seiner Bewohner. Insgesamt läuft eine solche Akzentverschiebung auf eine neue, nonkonformistische Art der Geschichtsbetrachtung hinaus. Die deutsche Geschichte im Mittelalter erweist sich dabei als positiv, solange sie primär die von Karl dem Großen vorgezeichnete Linie der Schutzmacht für kulturschöpferische Weltgestaltung und Selbstentfaltung einhielt, als negativ, sobald sie diesen Weg verließ, als sie das Volk und die Freiheit aller dem Machtstreben und Größenwahn einiger weniger opferte.

Die Glanzzeit der deutschen Geschichte

Da sich positive und negative Tendenzen in der deutschen wie in der Geschichte jedes anderen Volkes nur schwer unterscheiden lassen und manchmal bis zur Unkenntlichkeit vermischen, kann nur eine minuziöse, sich aber nicht in Einzelheiten verlierende Verhaltensanalyse der Entscheidungsträger weiterhelfen. Das Ergebnis sei mit Rücksicht auf die Übersichtlichkeit vorweggenommen: Wie in Frankreich unter Karl dem Großen und in England unter Alfred dem Großen erreichte die deutsche Geschichte im Mittelalter unter Otto dem Großen ihren Höhepunkt. Die Zeit der Hohenstaufen bildet zwar äußerlich die Glanzzeit der mittelalterlichen Geschichte Deutschlands, trägt aber im Inneren bereits den Keim des Untergangs, der Selbstüberforderung und Selbstvernichtung in sich.

Die Ottonen

Wie für die fränkischen, angelsächsischen und andere, so gab es auch für die deutschen Herrscher von der Vorgeschichte vorgezeichnete Probleme, denen sie nicht entrinnen konnten: die Umwelt, die geographische Lage, ihre Natur und ihre Gewohnheiten, Vorurteile, Sitten, Bräuche, Traditionen, ihre Glaubens- und Denkweisen sowie ihr gesellschaftliches Umfeld. Die Rivalität von Adel und Königtum war eine Erblast aus germanischer Zeit, ebenso das patriarchalische System, das Los der Bauern, die römische Zivilisation, der christliche Glaube und seine Institutionen sowie die benachbarten Stämme, denn von einer Einheit war Europa zu Beginn des Mittelalters noch weit entfernt. Die Rivalität von Adel und Königtum setzte sich im »Verfassungsdualismus« des Mittelalters fort. Zentralistische und föderative, zentripetale und zentrifugale Tendenzen bestimmten das Lehnssystem von Anfang an. Sippen- und Stammesfehden wichen im Mittelalter nur allmählich dem Gottesfrieden, dem Landesfrieden und schließlich dem Reichsfrieden, der auch nicht verläßlich und von Dauer war.

Für die ersten deutschen Herrscher bot die Schwäche des Frankenreiches eine Möglichkeit, sich zu verselbständigen. Der Frankenherzog Konrad, in Forchheim zum König (911–918) gewählt, konnte sich weder im Inneren gegen die Stammesherzöge noch nach außen gegen die Ungarn durchsetzen. Er hielt sich ängstlich an die fränkischen Vorbilder und starb an einer Verletzung, die er im Kampf gegen Arnulf, den Herzog von Bayern, empfangen hatte.

Sein Nachfolger, der Sachsenherzog Heinrich (919–936) nutzte zwar die Ohnmacht des fränkischen Reiches geschickt aus, konnte aber nur mit Mühe den Zerfall des entstehenden deutschen Reiches abwenden. Mit der Vereinnahmung Lothringens (925) beginnt ein über tausendjähriges Ringen Frankreichs und Deutschlands um dieses Herzogtum. Ein Handel mit dem Burgunderkönig Rudolf II. verschafft Heinrich »Ansprüche« auf Italien, aber ein Italienzug kommt nicht zustande.

Im Osten geht Heinrich nach der erfolgreichen Abwehr der Ungarn zur Offensive gegen die slawischen Volksstämme der Heveller (Brandenburg), Obodriten und Wilzen über (928/29). Im Norden kämpft er mit Erfolg gegen die Wikinger (934) und kann die deutsche Grenze bis zur Schlei vorverlegen. Auf der von Heinrich gelegten Grundlage konnte Otto I., Große (936–973), zu einem der angesehensten Herrscher Europas aufsteigen. Die Herzöge von Bayern (Marschall), Franken (Truchseß), Lothringen (Kämmerer) und Schwaben (Mundschenk) leisten beim Königsmahl (symbolische) Hofdienste. Im Osten werden die eroberten Gebiete als Marken eingegliedert und durch Markgrafen abgesichert. Aufkommender Widerstand sowohl seitens der eigenen Familie als auch seitens der Stammesherzöge wird mit großer Härte gebrochen. Im Westen steigert Otto seinen Einfluß durch Parteinahme für Ludwig IV. gegen Herzog Hugo von Franzien (946), obwohl dieser ihm 940 huldigte, ferner durch die Vormundschaft König Konrads (937–993) in Burgund. In Italien gewinnt er durch die Ehe mit Adelheid, der Witwe

Lothars, des Königs von Italien (948–950), die Lehnsherrschaft über das (altlangobardische) Ober- und Mittelitalien. Im Norden zwingt er den König von Dänemark zur Anerkennung deutscher Lehnshoheit, verbunden mit der Einsetzung von Missionsbischöfen für Schleswig, Ripen und Århus im Anschluß an das Erzbistum Hamburg-Bremen.

Im Osten versucht Otto, die Wenden mit dem Schwert zum Christentum zu bekehren, richtet die Slawenbistümer Havelberg und Brandenburg (948) ein, gründet das Erzbistum Magdeburg (967), die Bistümer Merseburg, Meißen und Zeitz sowie das Obodritenbistum Oldenburg, gewinnt die Lehnshoheit über Böhmen (950) und Polen (963) und erringt 955 auf dem Lechfeld (bei Augsburg) einen spektakulären Sieg über die Magyaren (Ungarn), im selben Jahr in Mecklenburg einen nicht unbedeutenden Sieg über dort ansässige Slawenstämme.

Unversehens ist Otto der mächtigste Herrscher Europas. Diesen raschen Aufstieg verdankt er, abgesehen von der gründlichen Vorarbeit Heinrichs, seiner Benutzung zwischenmenschlicher Beziehungen zum Machterwerb und einer vorerst vorsichtigen Instrumentalisierung des Christentums. Dabei wird die in der Zwei-Schwerter-Lehre des Mittelalters angedeutete Unterordnung der weltlichen Macht unter die geistliche Führung umgekehrt: Die Religion wird zum Vorwand für eine expansive Machtpolitik und damit zur Ideologie degradiert.

In drei Italienzügen wird die Machtfülle Ottos von Mal zu Mal deutlicher. Der erste Italienzug (951/52) bringt ihm, neben der Ehe mit Adelheid, nur den langobardischen Königstitel und die Lehnshoheit über italienische Vasallen. Mit dem Widerstand seiner Söhne und ihres Anhangs gegen die Italienpolitik wird Otto bald fertig (953/54) – sein Sieg auf dem Lechfeld macht ihn praktisch unangreifbar. Ein Hilferuf Papst Johannes XII. wegen der Übergriffe des Königs und Vasallen Berengar geben Otto eine willkommene Gelegenheit für den zweiten Italienzug (961–965). Der Papst, der Otto zum Kaiser krönt (2. 2. 962), – zu verstehen als Erneuerung der römischen Kaiserwürde –, erhält als Gegenleistung Ottos die Bestätigung der Schenkungen früherer Könige und Kaiser. Aus dieser Übereinkunft leiteten später deutsche Herrscher die Berechtigung zur Beherrschung Italiens ab.

Sehr lange hielt das gute Einvernehmen zwischen Papst und Kaiser allerdings nicht an. Der Papst beschwerte sich darüber, daß Otto sein Versprechen nicht eingehalten habe, das Exarchat von Ravenna der

Kirche zurückzugeben. Im Vertrauen auf seine Machtstellung marschierte Otto in Rom ein, ließ den Papst durch eine Synode absetzen und einen Laien (Leo VIII.) auf den Papstthron heben (963). Den Kirchenstaat beschränkte er auf das Herzogtum Rom und die sabinischen Gebiete, das übrige Mittel- und Norditalien verleibte er dem Reich ein.

Damit war der Appetit Ottos aber noch keineswegs gestillt. Seit 967 begann er seine Macht auch nach Süditalien auszudehnen. Allerdings geriet er hier in den Machtbereich von Byzanz. Zu einer Eroberung und Einverleibung von Byzanz und damit zur Verwirklichung des alten Traumes von der Vereinigung des West- und Oströmischen Reiches reichten die Kräfte nicht. Otto war klug genug, den Konflikt zu vermeiden (»Zweikaiserproblem«), wenn auch hier wieder auf Kosten der zwischenmenschlichen Beziehungen. Er vermählte seinen Sohn Otto, seit Weihnachten 967 Mitkaiser, mit Theophano, der Nichte des Kaisers Johannes Tzimiskes. Nach einem prunkvollen Hoftag in Quedlinburg, auf dem Gipfel seines Ruhmes, seiner Geltung und Macht, starb Otto I. im 61. Lebensjahr am 7. Mai 973 in Memleben. Beigesetzt wurde er im Magdeburger Dom.

Seine Erfolge verdankte er einer zielbewußten Machtpolitik, der er eigene und familiäre Belange opferte, nicht zuletzt jedoch der Schwäche und den Krisensituationen seiner Kontrahenten: Machtverfall im Frankenreich seit dem Tode Karls des Großen, Dauerkrise des Papsttums (867–1049), Zerrissenheit und Zerstrittenheit Italiens, militärisch-technische Unterlegenheit der östlichen Nachbarn.

Zeit, Umstände und ihre geschickte Ausnutzung durch eine überdurchschnittliche Herrscherpersönlichkeit ermöglichten Deutschland nicht nur einen ebenso überraschenden wie glänzenden Start in der europäischen Geschichte, sondern machten es zum »blühendsten Staat seiner Zeit«[67], in dem auch Kunst und Literatur einen erstaunlichen Aufschwung nahmen. Die byzantinische Bildung, die Theophano mit an den deutschen Hof brachte, bereicherte die Kulturszene nicht unwesentlich.

Otto II. (973–983) versuchte zwar, in Weiterführung der Pläne seines Vaters, Süditalien ins deutsche Reich einzubeziehen, erlitt aber hier wie bei anderen Unternehmungen schwere Niederlagen. Im Westen beginnt der Jahrtausendstreit um Lothringen. 978 wird der

Kaiser vom französischen König Lothar in Aachen fast gefangengenommen. Ein Rachefeldzug nach Paris bleibt erfolglos. Im Norden und Osten erheben sich Dänen und Slawen gegen die deutsche Herrschaft und entledigen sich der politischen und kirchlichen Fesseln, die ihnen Otto der Große angelegt hatte: Havelberg und Brandenburg werden von den Liutizen zerstört, Hamburg wird von den Obodriten geplündert. Die Hiobsbotschaften häuften sich. Zwar gelang es Otto noch einmal, den dänischen König Harald Blauzahn abzuwehren, aber für wie lange? Im Süden war die Lage noch kritischer. Sein Italienzug (980–983), auf dem sich Otto II. selbst zum *Romanorum imperator augustus,* zum »Erhabenen Herrscher der Römer« ernannt hatte, endete mit einem Fiasko, mit einer vernichtenden Niederlage bei Kap Colonne (982) durch die Sarazenen. Otto floh auf einem griechischen Schiff nach Rossano, wo er Theophano mit ihrem dreijährigen Sohn zurückgelassen hatte. Nicht lange darauf starb der Kaiser in Rom an den Folgen einer Malaria.

Otto III. (983–1002) wurde nicht einmal so alt wie sein Vater. Mit vierzehn Jahren übernimmt der junge Kaiser sein verantwortungsvolles Amt. Während er im Osten gegenüber den slawischen Völkern eher den Status quo zu erhalten sucht, verlegt er den Schwerpunkt seiner Unternehmungen nach Italien. Bei seinem ersten Italienzug (996) läßt er sich von einem Papst, den er selbst einsetzte, zum Kaiser krönen. Wie sein Vater erstrebt er die *Renovatio imperii Romanorum,* die »Erneuerung des Reiches der Römer«, mit Rom als Hauptstadt seines Reiches, aber in Rom und Italien wächst der Widerstand gegen solche ehrgeizigen Pläne, so daß er auf seinem zweiten Italienzug (997–1000) einige unangenehme Überraschungen erlebt.

Die Nachfahren eines Caesar, Augustus und Marc Aurel, die sich ein Jahrtausend hindurch im ganzen mit Erfolg der Barbarenherrschaft erwehrt hatten, waren nicht bereit, sich einer deutschen Herrschaft zu unterwerfen. Es regten sich wieder republikanische Gefühle, und unter der Führung der Patricii Crescentius de Theodora und Crescentius II. formierte sich der Widerstand gegen die Fremdherrschaft. Es wurde eine »Römische Republik« gegründet und der von Otto eingesetzte Papst wieder abgesetzt, an dessen Stelle Johannes XVI. trat. Von einem Zwischenaufenthalt in Deutschland zurückgekehrt, enthob Otto Johannes jedoch seines Amtes, »ließ ihm die Augen ausstechen und Zunge und Nase abschneiden und veranlaßte dann, daß er mit dem Gesicht nach hinten auf einem Esel durch die Straßen Roms geführt wurde. Crescentius und die zwölf Führer der Römischen Republik wurden enthauptet und ihre Leichname an den Zinnen der Engelsburg aufgehängt«.[68]

Otto gelang es zwar, den Widerstand der Crescentier niederzuschlagen, aber er machte, wie es heißt, den Fehler, sich in Stephania, die Witwe seines Gegners Crescentius, zu verlieben, den er hatte hinrichten lassen. Nicht anders als Kriemhild im Nibelungenlied nahm die stolze Römerin, die Otto zur Mätresse gemacht hatte, Rache für den Tod ihres Gatten und vergiftete ihren kaiserlichen Liebhaber. Als weinender Büßer verschied der selbsternannte *Imperator Romanorum,* der Rom zu seiner Hauptstadt erkoren und seinen Herrscherpalast auf dem Aventin nach byzantinischem Vorbild ausgestattet hatte.

Mit der Ermordung des Crescentius und Ottos III. begann eine neue Runde des Freiheitskampfes für die leidgeprüfte (Goten, Langobarden) italienische Bevölkerung, die erst mit der Hinrichtung des letzten Staufenkaisers, Konradin (1268), in Neapel ihr Ende finden sollte.

Der letzte Ottone, Heinrich II. (1002–24), wollte nicht mehr das römische, sondern nur noch das fränkische Reich erneuern *(Renovatio regni Francorum)* und verlegte den Schwerpunkt seiner Aktivitäten zurück nach Deutschland. Aber auch hier, wie in Polen, stieß er auf Widerstand, den er nur durch ein Bündnis mit den heidnischen Liutizen (1003) zu brechen vermochte. Im Westen geriet er in Konflikt mit den Herrschern von Flandern und Luxemburg. Niederlothringen ging an den Ardennengrafen Gottfried.

Auf seinem ersten Italienzug (1004) konnte er zwar die lombardische Königskrone, auf seinem zweiten (1013/14) die Kaiserkrone gewinnen, auf dem dritten (1021/22) gemeinsam mit dem Papst in Pavia eine Synode abhalten, aber an den verfahrenen weltlichen und kirchlichen Verhältnissen war kaum mehr etwas zu ändern. Dafür wurde er 1146 von Papst Eugen III. heiliggesprochen, nachdem er in dem von ihm 1007 gestifteten Bamberger Dom im Juli 1024 beigesetzt worden war.

Die Salier

Trifft die Politik einer Regierung auf Ablehnung oder sogar auf Widerstand beim Volk, steht in demokratisch regierten Ländern die Ablösung durch die Opposition ins Haus, in monarchischen oder oligarchischen Systemen haben die Machthaber die Wahl, entweder die Prämissen ihrer Politik zu überdenken, ihr Selbstverständnis durch vertiefte Selbsterkenntnis zu modifizieren und Selbstkritik zu üben oder den eingeschlagenen Weg weiter zu verfolgen, mit mehr Energie, mehr Gewalt und mehr Macht die drohende Krise zu bekämpfen. Obwohl den deutschen Herrschern damals durch einen Dynastiewechsel die Änderung ihres immer aufwendigeren imperialistischen Kurses erleichtert wurde, beschritten sie weiter den Weg der Gewalt. Nach dem Aussterben der Liudolfinger entschieden sich die weltlichen und geistlichen Würdenträger für den Bewerber von höchster adliger Herkunft *(ex parte genitorum nobilissimi)* und wählten am 4. September 1024 zu Kambe am Rhein Konrad II. (1024–39).

Auf seinem ersten Italienzug (1026/27) unterwirft er die Lombardei mit Pavia und läßt sich am 26. März 1027 von Papst Johannes XIX. in Rom zum Kaiser krönen, nachdem er seinen Sohn Heinrich schon 1026 zum Nachfolger designiert hatte. Gegen zunehmenden äußeren (Polen und Ungarn) und inneren (Herzog Ernst II. von Schwaben) Widerstand setzt sich Konrad in wechselvollen Kämpfen mühsam durch. Ein Zufall (Tod Rudolfs III. von Burgund) kommt ihm zu Hilfe und verschafft ihm das burgundische Königtum, was seine Herrschaft stabilisiert. Seine Heiratspolitik, die Verlobung seines Sohnes Heinrich mit der Tochter Knuts des Großen von England und Dänemark, gewährt ihm zwar im Norden ein wenig Ruhe, aber er muß mit der Abtretung der Mark Schleswig (1035) teuer dafür bezahlen. Den ständig wachsenden Geldbedarf deckt er durch eine fragwürdige Finanzpolitik: den Verkauf von Bistümern in Deutschland und Italien zu Höchstpreisen. Auf seinem zweiten Italienzug (1037/38) gelingt es ihm nicht, Aribert, den Erzbischof von Mailand, zu unterwerfen, gewinnt dafür aber durch Zugeständnisse an den italienischen Adel und die Normannen auch im Süden eine Atempause. Vor weiteren Belastungsproben bewahrte ihn, noch nicht fünfzigjährig, der Tod.

Wie bei den Ottonen der zweite Herrscher zum Zenit der Macht emporstieg, gelangte auch bei den Saliern der zweite Potentat, Heinrich III. (1039–56), zum Höhepunkt der Macht und war vielleicht für kurze Zeit der mächtigste Mann Europas. Das verdankte er einer verstärkten Friedenspolitik im Inneren, wo er Fehden zu unterbinden suchte und den »Gottesfrieden« propagierte, was ihn allerdings nicht daran hinderte, die Ungarn so lange zu bekriegen, bis sie sich seiner Herrschaft beugten. Nicht anders verfuhr er in Böhmen und Polen. Im Westen setzte er nach dem Tod Herzog Gozelos I. eine Teilung Lothringens durch. Schon 1040 erhebt Heinrich als *Rex Romanorum* Anspruch auf das Kaisertum. Auf den Synoden von Sutri und Rom setzte er während seines ersten Italienzuges (1046/47) drei Päpste ab und inthronisierte den von ihm protegierten Bischof Suidger von Bamberg als Clemens II., der Heinrich dann zum Kaiser krönte. Auch später erhob er nur deutsche Bischöfe zu Päpsten.

Während seines zweiten Italienzuges (1055) zerschlug er das nicht gefügige Fürstentum Canossa, das durch die Heirat Gottfried des Bärtigen und der Fürstin Beatrix, Witwe des Markgrafen Bonifaz von Tuszien-Canossa, entstanden war. Der Kaiser nahm Beatrix und ihre Tochter als »Geiseln« mit nach Deutschland. Balduin von Flandern wurde mit dänischer und englischer Hilfe niedergerungen. Ähnlich verfuhr Heinrich III. mit dem Widerstand in Oberlothringen und in Süddeutschland. Noch nicht vierzigjährig, starb der Kaiser auf der Pfalz Bodfeld im Harz.

Das Erbe, das dieser mächtige Kaiser seinem Nachfolger hinterließ, war alles andere als großartig: Spannungen im Inneren, Widerstandswille bei den Nachbarn und ein gedemütigtes, zur Gegenwehr entschlossenes Papsttum. Deutscherseits hatte man das Papsttum teils durch nackte Gewalt, teils durch psychologische Kriegführung bekämpft, indem man mit Entrüstung tatsächliche oder angebliche moralische Verfehlungen der Päpste anprangerte, ohne zu einer solchen Kritik legitimiert zu sein. Wer selbst Wortbruch, Diffamierung und offene Gewalt anwendet, darf sich nicht wundern, wenn der Gegner, von vornherein durch Gewaltverzicht in einer schwächeren Position, alle ihm verbleibenden Machtmittel einsetzt, um sich zu wehren.

Mit dem Reformpapsttum war eine Kraft aufgetreten, gegen die der

Vorwurf der Korruption kaum mehr verfing, den Gegner nicht mehr verunsicherte, demoralisierte und schwächte, sondern, umgekehrt, zu einer gefährlichen Waffe in der Hand der Päpste wurde. Eine weltliche Macht, die das Recht der Investitur geistlicher Ämter beansprucht und gleichzeitig der Geistlichkeit die Wahl ihres Oberhauptes verwehrt, macht sich unglaubwürdig. Die deutschen Herrscher, vor allem Heinrich III., haben eine Art Herrenmoral praktiziert, die sich kein anderes Land und keine eigenständige Institution gefallen lassen konnte. So war der Widerstand, der dem fünfzehnjährigen, mit Kaisermacht versehenen Regenten entgegentrat, als er den absolutistischen Kurs seines Vater fortsetzen wollte, verständlich.

In Papst Gregor VII. (1073–85) trifft der junge Herrscher auf einen Kontrahenten, der sich nicht einschüchtern läßt. Als Heinrich entgegen seinem Versprechen das Amt des Erzbischofs von Mailand besetzt, protestiert Gregor mit einem Schreiben (1076), das am Hof als beleidigend empfunden wird. Heinrich eröffnet daraufhin einen Propagandafeldzug und fordert Gregor in einem Manifest zur Abdankung auf: »Heinrich, König nicht durch Usurpation, sondern auf Gottes Anweisung, an Hildebrand, nicht Papst, sondern falscher Mönch.« Der Papst antwortet mit einem Bannspruch, der die Untertanen vom Gehorsam gegenüber dem Kaiser entbindet. Die Fürsten ergreifen Partei für den Papst und fordern von Heinrich, daß er dem Papst Genugtuung leistet. Wohl oder übel bequemt sich der Kaiser dazu, zieht dem nach Deutschland reisenden Papst entgegen und erwirkt von ihm nach einer dreitägigen Bußleistung vor der Burg Canossa (1077) die Lösung des Bannes. Der »Gang nach Canossa« wird in nationalistischen Kreisen Deutschlands zu einem Symbol der Kapitulation königlich-kaiserlicher Macht vor der Macht des Papstes, Deutschlands vor dem Papsttum. Tatsächlich war es nur die überfällige Rücknahme eines überzogenen Herrschaftsanspruchs, der Einmischung in einen fremden Kompetenzbereich, noch dazu in einem anderen Land, die Beendigung eines ohne ersichtlichen Grund vom Zaun gebrochenen Streits, schließlich aber auch ein geschickter Schachzug zur Erhaltung bzw. Wiederherstellung der eigenen, stark angeschlagenen Machtposition.

Im Inneren führte Heinrich IV. fünfzehn Jahre hindurch einen erbitterten und gnadenlosen Kampf gegen die Sachsen. Nach einem

Sieg »zwang er ihre gesamte Streitmacht mitsamt den stolzesten Edelleuten und den kriegerischen Bischöfen, ohne Waffen und barfuß zwischen den Angehörigen seines Heeres Spießruten zu laufen und ihm ihre Unterwerfung darzubringen«[69].

Im Endeffekt hat dieser »Bürgerkrieg« dem Kaisertum nicht viel weniger geschadet als der ebenso erbitterte Kampf gegen Gregor VII., den Heinrich, sobald sich während seines ersten Italienzuges (1081–84) Gelegenheit dazu bot, wieder aufnahm. Auf seine militärische Übermacht gestützt, besetzte er Rom und die Peterskirche, ließ seinen Gegner, der ihm in Canossa vergeben hatte und der in die Engelsburg geflüchtet war, von einer Synode absetzen und durch einen ihm gefügigen Papst (Clemens III., 1084) ersetzen, der Heinrich zum Kaiser krönte. Der Normanne Robert Guiscard schlug jedoch im Jahr darauf den Kaiser in die Flucht und befreite Gregor, der aber schon kurz darauf in Salerno starb.

Rachsucht, Grausamkeit und Unversöhnlichkeit zahlten sich für Heinrich nicht aus. Die Ehe Welfs V. mit Mathilde von Tuszien (1089) führte zu vereintem Widerstand Süddeutschlands und Norditaliens gegen den König und veranlaßte ihn zu einem zweiten Italienzug (1090), der ihn sieben Jahre kostete. Im vernachlässigten Norden bricht durch einen Großaufstand der slawischen Völker die mühsam errungene Herrschaft über die Obodriten zusammen, und am Ende erhebt sich der eigene Sohn (1104) gegen den Vater, dem auch die Flucht nach vorn (Reichsfrieden, Kreuzzugsversprechen) nichts mehr nützt. Heinrich IV. wird von seinem Sohn, der die väterliche Innenpolitik und Haltung gegenüber dem Papst als für das Reich schädlich ansieht und verurteilt, gefangengenommen und zum Thronverzicht gezwungen (1105). Dem Vater gelingt zwar die Flucht, aber die Rückeroberung seiner Herrschaft vereitelt der Tod (1106). Erst nach Lösung des Bannes wird Heinrich IV. 1111 in Speyer kirchlich bestattet.

Heinrich V. (1106–25) unternahm zwei Italienzüge (1110/11 und 1116–18), aber weder die Gefangennahme des Papstes und der Kardinäle (1111) noch die Einsetzung eines Gegenpapstes (1118) führten zur gewünschten Durchsetzung des königlichen Investiturrechts. Gegen die Opposition von Bischöfen und Fürsten kam Heinrich V. nicht auf. Das Wormser Konkordat (1122), in dem der Kaiser zugunsten des Papstes auf das Investiturrecht verzichtete, besiegelte nur die Niederlage des Kaisertums in Italien, das seine Geschicke nun in die eigenen Hände nahm. Die zweite Runde im Kampf um die Vorherrschaft in Italien war für das deutsche Kaisertum verloren. Während Heinrich V. in Böhmen die Reichshoheit wiedergewinnen konnte, blieben seine Feldzüge gegen Polen und Ungarn (1108/09) ohne Erfolg. Im Westen mißglückte zudem ein Feldzug gegen Frankreich.

Als der letzte Salier vierundvierzigjährig starb, fiel das salische Hausgut an Heinrichs Neffen Friedrich II. und an Konrad von Schwaben. Bevor die Staufer an die Macht gelangten, regierte jedoch ein Sachsenherzog als Lothar III. (1125–37) in Deutschland. Durch Anknüpfung an die ottonische Grenzmarkpolitik erlangte Lothar im Norden die Anerkennung der Dänenkönige Magnus (1134) und Erik Emune (1135) sowie im Osten die Zustimmung Boleslaws III. von Polen zur kaiserlichen Lehnshoheit über Pommern und Rügen. Zwei Italienzüge (1132/33 und 1136/37) brachten ihm zwar die Kaiserkrönung ein, aber nur vorübergehende Erfolge gegen die Normannen in Süditalien (1137). Die Grundtendenz ist weniger hegemonial-expansiv, sondern vielmehr gilt es, das zu retten, was zu retten ist, den Status quo zu erhalten – oder, vorsichtiger, den diplomatischen Ausbau des Erreichten zu versuchen. Doch mit dem Aufstieg der Staufer ändert sich das.

Die Staufer

Mit den Staufern trat der Kampf um Italien in seine dritte, letzte und entscheidende Phase. Wie stellt sich die damalige politische Situation dem unvoreingenommenen Betrachter dar? Am Scheitern der salischen Italienpolitik gab es keinen Zweifel mehr. Das selbstbewußte und freiheitsliebende italienische Volk und seine vornehmen Geschlechter lehnten eine deutsche Vorherrschaft in ihrem Land ab. Nicht weniger kritisch standen sie dem Papsttum gegenüber, aber es war auf römischem Boden gegründet worden und setzte in gewisser Weise die Tradition der römischen Kaiserzeit fort. Es hatte sich mittlerweile an die italienischen Verhältnisse angepaßt, außerdem wurden so das römische Prestige gestärkt und die religiösen Bedürfnisse des Volkes befriedigt. Die Mißstände des Papsttums, Protektionismus, Nepotismus, Korruption und Unmoral, lagen auf der Hand, aber man konnte damit leben, man war an derartige Laster gewöhnt und verkraftete sie, nicht dagegen die Fremdherrschaft von Eroberern, gegen deren Eindringen man sich ein Jahrtausend lang erbittert und, im ganzen gesehen, auch mit oströmischer Hilfe erfolgreich zur Wehr gesetzt hatte. Eine gedeihliche Entwicklung sowohl im Zusammenleben der Völker als auch im klerikalen Bereich hing also weitgehend vom Verhalten der deutschen Machthaber ab. Würden sie ihr Hegemoniestreben fortsetzen oder ihre imperialistische Politik aufgeben?

Zunächst schien sich alles in eine vernünftige Richtung zu entwikkeln: Konrad III. (1138–52) zeigte wenig Interesse für Italien und den Papst, hatte er doch mit der welfischen Opposition im eigenen Lande genug zu tun. Die Stoßrichtungen deutscher Machtpolitik verlaufen zunächst in östliche Richtung und machen einen weiten Bogen um Italien. Man knüpft verwandtschaftliche Beziehungen zu Byzanz an. Von den Predigten Bernhards von Clairvaux tief beeindruckt, entschließt sich Konrad zum Kreuzzug (1146–48). Vielleicht gelingt in der großen Welt, was in der kleinen nicht so recht gelingen will: eine Neuordnung unter christlichem Vorzeichen, aber dann kam alles anders als erwartet. Statt der vom byzantinischen Herrscher Manuel empfohlenen Marschroute zu folgen, folgte man den Spuren des ersten Kreuzzuges, aber bald erwiesen sich die Strapazen des Marsches größer, als man geglaubt hatte. Hinzu kamen Verpflegungsprobleme und Hinterhalte der Muselmanen. Als man endlich auf die Hauptstreitmacht des Gegners traf, erlebte man eine furchtbare Überraschung – die christliche Streitmacht wurde vernichtend geschlagen. Während Konrad krank und schmachbeladen nach Deutschland zurückkehrte, blieb der französische Heerführer Ludwig VII. nach der Auflösung seines Heeres noch ein Jahr in Palästina und unternahm Pilgerfahrten zu heiligen Stätten.

Erfolgreicher schlugen sich daheim die sächsischen Großen auf ihrem »Wendenkreuzzug« gegen slawische Völker an der südlichen Ostseeküste. Im Osten zeichneten sich unbegrenzte Möglichkeiten für eine weniger auf Prestige als auf Kulturarbeit bedachte deutsche Politik ab, aber man wählte diesen beschwerlichen und weniger lukrativen Weg nicht, sondern ging den Weg des geringeren Widerstandes und des größeren Gewinns.[70]

Die staufische Antwort auf die größte Herausforderung der deutschen Geschichte im Mittelalter ist bekannt. Sie fiel nicht zugunsten einer friedlichen, freiheitlichen und gedeihlichen Gestaltung der Beziehungen zu den östlichen Nachbarn aus, sondern führte zur Wiederaufnahme der ottonisch-salischen Italienpolitik unter gleichzeitiger Vernachlässigung bzw. Unterdrückung der Völker des Ostens. Das Ergebnis dieser Option verhielt sich umgekehrt proportional zum Kräfteeinsatz und zu den Erwartungen. Darüber hinaus führte es zum Untergang der Stauferherrschaft, von der nichts weiter übrigblieb als die Fata Morgana trügerischer Erinnerungen.

Hier zeigen sich bereits einige Grundzüge im Verhalten deutscher Entscheidungsträger im Verlauf der Geschichte: Eskapismus vor den realen Aufgaben, Unfähigkeit, Niederlagen einzugestehen, sie selbstkritisch zu analysieren und Korrekturen vorzunehmen, statt dessen Verdrängung, vergebliche Versuche, Geschehenes ungeschehen, »rückgängig« zu machen, erneuter verstärkter Gewalteinsatz mit kurzfristigen Erfolgen, die zum Größenwahn verleiten – aber Hochmut kommt vor dem Fall, und dieser kommt gewiß. Die Glanzzeit der Staufenkaiser ist ein klassisches Beispiel für diese Art der Selbstüberforderung und Selbstüberschätzung als Folge falscher politischer Prämissen, eines gestörten Verhältnisses zur Wirklichkeit, verhängnisvoller Selbsttäuschung und Unterschätzung der Gegenkräfte, besonders des Willens zur Freiheit, der im eigenen Volk lebt, die Grundkraft der europäischen Geschichte bildet und in der menschlichen Natur verwurzelt ist.

Die staufischen Herrscher haben weder den Freiheitswillen des eigenen Volkes noch den der anderen Völker respektiert, ihn vielmehr, wo er sich regte, brutal unterdrückt unter Berufung auf eine überlebte Ordnung, die zu erhalten Zwang und immer mehr Zwang erforderte, bis sie schließlich selbst zu einer Zwangsvorstellung und zu einem unerträglichen System der Unfreiheit degenerierte, zu einem Reich des Bösen, das am Ende unter der Last seiner eigenen Verkommenheit zusammenbrach.

Der Glanz, mit dem Zeitgenossen und später Nostalgiker dieses Denkmal menschlicher Selbstversklavung umgaben, hat dafür empfängliche Naturen bis in die Gegenwart immer wieder dazu verleitet, ähnliche, noch wirksamere, noch raffiniertere und noch grausamere Systeme der Menschenschinderei zu ersinnen. Während Europa den Weg von der Ordnung zur Freiheit ging, ging Deutschland den Weg von der Freiheit zur Ordnung, zur Überordnung, zur Unterordnung, zur Neuordnung. Auch der Dichterfürst Goethe hielt Unordnung für schlimmer als Ungerechtigkeit.

Wie bei den Ottonen und Saliern, stieg auch die Dynastie der Staufer mit ihrem zweiten Vertreter zum Gipfel ihrer Macht und ihres Ruhmes empor, um dann langsam, aber sicher ihrem Abgrund zuzusteuern.

Friedrich I. Barbarossa (1152–90) war ein außergewöhnlich begabter und kluger Herrscher. Mit dreißig Jahren, also nicht so früh wie viele seiner Vorgänger, zum König gewählt, stieg ihm schon deshalb die Macht nicht so schnell zu Kopf wie etwa Otto III., der bereits mit vierzehn Jahren zur Herrschaft gelangte. Barbarossa war ein kleiner Mann mit hellem Teint, strohblondem Haar und rötlichem Bart – daher sein Beiname –, einem festen Willen und einem kühlen Kopf, liebenswürdig, gehorsamen Untertanen ein trefflicher Schutz, aber ein »Schrecken der Übeltäter«. Seine Strafen waren drakonisch, Recht und Ordnung gingen ihm über alles, im Privatleben verhielt er sich anständig, sauber und musterhaft, wenn er sich auch von seiner Gattin angeblich wegen Blutsverwandtschaft scheiden ließ, um danach die Erbin des Grafen von Burgund zu heiraten, wodurch er außer einer neuen Frau auch ein neues Königreich erwarb. Zielbewußt auf die Krönung zum Kaiser bedacht, machte er Papst Eugen III. ein großzügiges Hilfsangebot im Hinblick auf die Bedrohung durch die Normannen (Konstanzer Vertrag 1153) und überließ Heinrich dem Löwen die »Bekehrung« der Slawen und die Vollmacht für die Ordnung der nördlichen Provinzen und Bayerns. Anzahl und Dauer seiner Italienzüge (sechs, insgesamt etwa fünfzehn Jahre dauernd) zeigen den Schwerpunkt seiner Außenpolitik.

»Bei seiner Ankunft in Nepi in der Nähe von Rom traf der junge König mit dem neuen Pontifex, Hadrian IV., zusammen und unterließ den üblichen Ritus, demzufolge der weltliche Herrscher dem Papst Zügel und Steigbügel halten und ihm beim Absteigen behilflich sein sollte. Hadrian mußte ohne fremde Hilfe vom Sattel, worauf er

Friedrich den ›Friedenskuß‹ und die Reichskrone verweigerte, ehe er nicht die traditionelle Zeremonie vollziehe. Zwei Tage lang besprachen die Gefolgsleute des Papstes und des Königs den Streitfall und machten die Krönungsfrage von einem Zeremoniell abhängig. Friedrich gab nach. Der Papst ritt aus und hielt abermals zu Pferde seinen Einzug. Friedrich hielt den päpstlichen Steigbügel und die Zügel und sprach von da an von dem *Heiligen* Römischen Reiche, da er hoffte, die Welt werde nicht nur den Papst, sondern auch den Kaiser als Stellvertreter Gottes ansehen.«[71]

Da der Kaiser nach seiner Krönung nicht, wie zugesagt, gegen die Normannen vorging, suchte der Papst bei diesen Schutz (1156 Vertrag von Benevent). Nunmehr auch König der Lombardei, sandte Friedrich I. zum Zeichen seiner Hoheit in jede größere norditalienische Stadt einen Regierungsbevollmächtigten *(podestà),* obwohl seit Heinrich IV. kein deutscher Kaiser diesen Anspruch mit seinem Titel mehr verbunden hatte – eindeutig eine restaurative Maßnahme, die viel böses Blut erzeugte und die Spannung zwischen Freiheit und Ordnung ins Unerträgliche steigerte. Viele Städte verjagten daraufhin ihren *podestà.*

In Prestigefragen zeigte sich Friedrich I. ähnlich empfindlich wie seinerzeit Heinrich IV. gegenüber Gregor VII., wie überhaupt Prestigeangelegenheiten in der deutschen Geschichte immer wieder überbetont werden. So erregte ein Brief Hadrians IV. mit der Bezeichnung der Kaiserwürde als päpstliches *beneficium,* also als eine Art Wohltat, 1157 auf einem Hoftag in Besançon die Gemüter aufs äußerste. Der Papst, immer noch an einem guten Verhältnis zum Kaiser interessiert, versuchte daraufhin durch eine ausgleichende Erklärung die Wogen der Entrüstung zu glätten – ein Beispiel für in der deutschen Geschichte immer wiederkehrende, an Hysterie grenzende Überreaktionen infolge vermeintlicher Beleidigung.

Auf seinem zweiten Italienzug (1158–62) versuchte Barbarossa mit Gewalt durchzusetzen, was ihm mit friedlichen Mitteln nicht gelang, nämlich die Territorialherrschaft über Oberitalien zu gewinnen, um vom wirtschaftlichen Aufschwung der lombardischen Städte zu profitieren: Regalien (königliche Rechte), Reichssteuern (Fodrum), Pfalzenbau und Gerichtsbarkeit. Das bedeutete eine gewaltige Steigerung der kaiserlichen Einkünfte. Cremona und Mailand, die sich widersetzen, werden zerstört, die Bevölkerung wird »umgesiedelt«. Gegenüber dem Papst, der gegen die Restaurationspolitik Barbarossas protestiert, beruft sich dieser auf seinen Kaisertitel. Die Krise führt zu einer päpstlichen Doppelwahl. Alexander III., von der Mehrheit der Kardinäle gewählt, stellt sich gegen den Kaiser, Victor IV. ist für den Kaiser. Während Heinrich der Löwe im Norden Fortschritte erzielt (1158, 1164), formiert sich beim dritten Italienzug des Kaisers (1163/64) im Veroneser Bund der Widerstand der Städte Oberitaliens.

Wo die Realität nicht den Wünschen entspricht, wird, neben der Gewalt, der Mythos beschworen. Als 1165 Karl der Große in Aachen heiliggesprochen wird, versucht Barbarossa das Kaisertum Karls in den Dienst der staufischen Politik zu stellen. Nach einem Sieg über eine kleine römische Streitmacht und der Flucht Alexanders III. fast am Ziel seiner Wünsche angelangt, muß der Kaiser erleben, wie eine Malariaepidemie sein Heer dezimiert und die lombardischen Städte sich erheben. Mit Mühe und Not gelingt dem Eroberer die Flucht über die Alpen. Die Kaiserherrschaft über Italien bleibt ein Wunschtraum. Mailand wird wieder aufgebaut und erhält eine eigene Festung (Alessandria). Aber Barbarossa versucht es erneut. Nach einer vergeblichen Belagerung Alessandrias, als Heinrich der Löwe in Chiavenna die erbetene Waffenhilfe für ein aussichtsloses Unternehmen versagt und der Kaiser bei Legnano von einem lombardischen Bundesheer geschlagen wird, bequemt er sich zum Frieden von Venedig (1177). Daheim rächt sich der Kaiser an Heinrich dem Löwen, ohne sein eigenes Reich zu schonen (Reichskrieg). Zwar setzt er sich gegen Heinrich durch (Ächtung), aber die Nutznießer seiner prestigesüchtigen Politik werden die Reichsfürsten, die das Erbe der Stammesherzogtümer antreten. Das politische Erbe Heinrichs des Löwen tritt der Dänenkönig Knut VI. an. Auch hier fallen reale Chancen fruchtbarer politischer Entwicklungen der Austragung innerer Fehden und der Befriedigung persönlicher Leidenschaften zum Opfer. Vom Scheitern seiner Italienpolitik sucht Barbarossa im Innern abzulenken, unter anderem durch ein glanzvolles Hoffest in Mainz (1184) – die Schwertleite seiner Söhne Heinrich und Wilhelm –, nach außen durch einen letzten Italienzug (1184–86), auf dem er Versöhnungswillen mit den lombardischen Städten demonstriert und einen neuen Kreuzzug in

Aussicht stellt. Auf dem Mainzer »Hoftag Jesu Christi« (1188) nimmt er das Kreuz und begibt sich auf den langen Marsch gen Osten, von dem er nicht mehr zurückkehren sollte. In dem Flüßchen Saleph in Kleinasien ertrank der Mann, der mit brennendem Ehrgeiz, zielstrebiger Energie und titanischen Anstrengungen vergeblich eine tote Vergangenheit wiederzubeleben versucht hatte.

Unbelehrbare Monarchisten späterer Zeiten verdrängten nicht nur das Scheitern einer mehrhundertjährigen Politik, sondern sogar den Tod ihres Übermonarchen und ließen ihn im Kyffhäuser (Thüringen) weitergeistern, in dem Glauben an seine Wiederkehr, an die Neugründung eines starken deutschen Kaiserreiches, eines womöglich noch größeren und mächtigeren Reiches, als es das Römische Reich je gewesen war, eines Weltreiches! Die Neigungen zu verdrängen, zu überkompensieren und Unmögliches zu wollen wurden zu immer wiederkehrenden Patterns nicht nur deutscher Politik, sondern sogar der Kunst. In »Faust II« beschwört Goethe, unzufrieden mit der weiblichen Schönheit seiner Zeit, Helena, die schönste aller schönen Frauen, aus dem Hades herauf. An anderer Stelle sagt Manto: »Den lieb' ich, der Unmögliches begehrt.«

Nach dem Tod des an Körper kleinen, aber an Macht sehr großen deutschen Kaisers waren die Staufer jedoch noch nicht am Ende.

Noch einmal winkte dem Nachfolger Barbarossas, Heinrich VI. (1190–97), das Glück, als der englische König Richard Löwenherz, von einem Kreuzzug zurückkehrend, ihm in die Hände fiel. Ungeachtet des in ganz Europa anerkannten Gesetzes, nach dem kein Kreuzfahrer zurückgehalten werden durfte, setzte der Kaiser den englischen König, gegen den er eine persönliche Aversion hegte, gefangen und erpreßte ein riesiges Lösegeld – das Doppelte der jährlichen Einkünfte der englischen Krone – sowie die Anerkennung kaiserlicher Lehnshoheit.

Sein erster Italienzug (1191) brachte Heinrich VI. die Kaiserkrone ein, auf seinem zweiten (1194/95) eroberte er das Normannenreich und ließ den normannischen Thronschatz nach Deutschland bringen. Außerdem nötigte er Kaiser Alexios von Byzanz zu jährlichen Tributzahlungen. Im Begriff, doch noch Italien und das Reich nach staufischen Vorstellungen zu ordnen, ereilte ihn sein Schicksal beim Aufbruch zum Kreuzzug. Heinrich starb einunddreißigjährig in Messina an Malaria. Nach seinem Tod zerfiel das staufische Großreich, und Deutschland verlor sich nach der Doppelwahl von 1198 (Philipp von Schwaben, 1198–1208; Otto IV. von Braunschweig, 1198–1215) in innerem Hader und in Fehden zwischen Welfen und Staufern.

Mit Hilfe von Papst Innozenz III. gelangte der Staufer Friedrich von Sizilien in Deutschland an die Macht, nachdem Frankreich Otto IV. bei Bouvines (1214) besiegt hatte. Seither ging die politische Vorherrschaft in Europa vom Ostfrankenland wieder auf das Westfrankenland, von Deutschland auf Frankreich über.

Obwohl Friedrich II. den Schwerpunkt der Kaiserherrschaft nach Sizilien verlegt und sich in Deutschland nur noch wenig blicken läßt, gerät er nach anfänglichen innenpolitischen und außenpolitischen Erfolgen im Norden und Osten des Reiches in Italien wieder in Konflikt mit dem Papst – der Endkampf zwischen Papst und Kaiser ist eingeleitet. Nun kann man in den italienischen Städten die Schlachtrufe der Guelfen (Papstanhänger) und Ghibellinen (Kaisertreuen) unüberhörbar vernehmen, und Italien droht, wie Deutschland, ins Chaos des Parteienhaders abzugleiten. Der Traum von der Einheit eines großdeutschen Reiches mit Schwerpunkt Sizilien läßt sich weder mit der Freiheitsliebe der Italiener noch mit den Interessen der deutschen Fürsten, noch mit dem Selbstverständnis des Papstes vereinen.

Als deutsche Fürsten und Bischöfe den thüringischen Landgrafen Heinrich Raspe (1246/47) als Gegenkönig aufstellen, verliert der Kaiser in rasender Wut die Kontrolle über sich, läßt Gegner, deren er habhaft wird, blenden, verstümmeln und dann umbringen, nimmt aus den von ihm eroberten Städten Geiseln, die er, wie Hitlers Schergen im 20. Jahrhundert, im Fall der Auflehnung rücksichtslos töten läßt, veranlaßt, daß Boten des Papstes Hände und Füße abgehackt und Sarazenen als Scharfrichter seiner christlichen Gegner eingesetzt werden.[72] Aber alle Grausamkeit hilft dem hochbegabten, intelligenten Tyrannen nicht mehr, der am Ende das Büßergewand eines Zisterziensermönches anlegt und am 13. Dezember 1250 in Castel Fiorentino bei Lucera in Apulien stirbt.

Interregnum, Habsburger, Nassauer, Wittelsbacher, Luxemburger

Im Hinblick auf die nachstaufische Ära der deutschen Geschichte, die vom 13. bis zum 15. Jahrhundert reicht, finden wir bei namhaften Historikern eine seltsame Ambivalenz des Urteils: »Der deutschen Geschichte nach 1250 fehlt jeder große Zug ... ›Es kommt nichts dabei heraus‹ – das ist der Eindruck, den man bei all diesen fortwährenden Kämpfen und Streitigkeiten gewinnt. Der Begriff der *querelle d'Allemand* scheint nirgends besser zu passen. Es fehlt zudem neben der Größe auch die Einheit im Bilde. Darum läßt sich die Geschichte dieser ganzen Zeit so schwer oder gar nicht darstellen. Der Erzähler kann ja die Einheit der Handlung ebensowenig entbehren wie der Dramatiker. Die deutsche Geschichte des 13.–15. Jahrhunderts kennt keine Einheit der Handlung ... Was für eine kümmerliche Rolle spielen doch seit dem Verschwinden des Kaisertums die Deutschen in der europäischen Geschichte! Wenn sie es versuchen, mit gepanzerter Faust in die große Politik einzugreifen ... so ist ihnen im besten Fall ein ehrenvoller Mißerfolg beschieden, nach krampfhaften Anstrengungen, die etwas Abenteuerliches an sich haben und mit ihrem Mißverhältnis von Kraftaufwand und Ergebnis im Grunde fast komisch wirken. Auch ihre Diplomatie zeigt immer aufs neue, daß sie auf der großen Bühne Europas nicht zu Hause sind: Sie bewegen sich da recht linkisch und werden in der Regel benutzt, wenn nicht übers Ohr gehauen.«

Das ist die eine Seite der Medaille, die andere: »Schließlich ist bei diesem jahrhundertelangen plan- und ziellosen Kräfteverbrauch ... doch etwas herausgekommen. Für die späteren Zeiten der Nation bis heute sind diese Jahrhunderte sogar von viel größerer Bedeutung als die heroischen Zeiten des Kaisertums. Sie hat ihre bleibenden Staatsformen erst damals gefunden, und mehr als das: Ihr Charakter hat damals seine Prägung erhalten. Wer die Vergangenheit unter dem Gesichtspunkt ihrer Wirkung auf die Gegenwart betrachtet, muß zugeben, daß die trüben Zeiten nach dem Interregnum eigentlich interessanter sind als alle Herrlichkeit der Staufer.«[73]

Wer die Geschichte weniger unter dem Gesichtspunkt der Größe und Einheit als unter dem der Freiheit und Vielfalt betrachtet, wird der positiven Sicht der Dinge zuneigen, wenigstens im Hinblick auf die zweite Chance der deutschen Geschichte, die sich nach dem Verspielen der ersten herauskristallisierte. Auch der komische Aspekt der deutschen Geschichte, die von der nationalistischen Geschichtsschreibung fast ausschließlich als tragisch dargestellt wird, kommt bei Haller »fast« zu ihrem Recht, wenn sich auch die Komik nicht auf das 13. bis 15. Jahrhundert beschränkt, sondern von den Anfängen bis zur Gegenwart immer wieder einmal zum Vorschein kommt. Komisch erscheint der Anspruch auf caesarische oder augusteische Würde seitens Herrschern, die die Welt erobern wollen und nach empfangener Niederlage flüchten oder die das Wohl des Reiches ihrem kleinkarierten Prestigedenken opfern: Barbarossa, Wilhelm II. Schließlich wäre zu fragen, mit welchem Recht deutsche Machthaber, die nicht nur im 13. bis 15. Jahrhundert eine »kümmerliche Rolle« in Europa spielten, sich immer wieder auf eine höhere Kultur beriefen, obwohl sie die kreativen Kräfte ihres Volkes unterdrückten und die Kraftreserven anderer, nahezu versklavter Völker, schrankenlos ausbeuteten: die große Kulturlüge, die, durch die christliche Mission getarnt, schließlich sogar geglaubt und zum Dogmenbestand der Herrenmenschenideologie wurde.

Näher betrachtet, war »die kaiserlose, die schreckliche Zeit« (1254–73) gar nicht so schrecklich und hätte sogar eine fruchtbare Zeit werden können, hätte man aus dem Geschehen die nötigen Konsequenzen gezogen, aber die deutschen Herrscher, die sich in bunter Folge abwechselten, beneideten, befehdeten und beraubten einander, ließen das steuerlose Reichsschiff vor sich hindümpeln oder steuerten bald in diese, bald in jene Richtung. Im Inneren nutzten die Fürsten den Erosionsprozeß des Reiches aus, und jeder dachte in erster Linie an Machterweiterung oder Machterwerb. Die zentrifugalen Kräfte des Lehnssystems überwogen und führten zum Partikularismus, zu lokalen Machtbildungen und schließlich zur Feudalanarchie. Wer zu königlicher oder gar kaiserlicher Macht aufsteigen wollte, konnte dies nur, indem er soviel wie möglich von der Konkursmasse des Reiches an sich riß und sich so eine eigene Hausmacht schuf. Da der Süden ausgefallen war, der Westen erstarkte und im Norden kein Land, höchstens das Meer zu erobern war, wandte sich die Stoßrichtung der nach wie vor expansiven deutschen Politik gen

Osten. Den geographischen Gegebenheiten entsprechend, entwikkelten sich Machtzentren im Alpen- und im Ostseeraum. Sollten sich die Träume Heinrichs des Löwen erfüllen, nachdem die Träume Barbarossas verflogen waren?

Auf Drängen des Papstes wählten die Kurfürsten – die Erzbischöfe von Köln, Mainz und Trier sowie der König von Böhmen,[74] der Pfalzgraf bei Rhein, der Markgraf von Brandenburg und der Herzog von Sachsen-Wittenberg – den Grafen Rudolf von Habsburg zum König des »Heiligen Römischen Reiches« *(Sacrum Imperium Romanum)*, das 1486 (Frankfurter Reichslandfrieden) den Zusatz »Deutscher Nation« erhielt. Rudolf stellte nicht nur das Ansehen des Königtums wieder her und legte mit der Rückgewinnung Österreichs von Ottokar II. von Böhmen (1282) den Grundstein für eine solide Hausmacht, sondern zeichnete sich auch als Friedensstifter aus, indem er 66 Raubritterburgen eroberte und die Landfriedensbrecher hinrichten ließ, an einem Tag 29. Wegen seiner Friedensliebe, Gerechtigkeit und Weisheit erfreute sich Rudolf beim Volk einer Beliebtheit wie kaum ein König vor ihm. Die Loslösung der Schweiz vom Reich, die in dem »Ewigen Bund« (1291) von Uri, Schwyz und Unterwalden besiegelt wurde, konnten Rudolfs Nachfolger jedoch nicht mehr verhindern. Es kristallisierte sich die Struktur des Europa der fünf Großmächte (19. Jh.) in ihren Grundzügen heraus: im Westen die »Westmächte« England und Frankreich, im Osten Rußland, in der Mitte Österreich und Deutschland, von Frankreich durch einen Kordon kleinerer Staaten getrennt: Schweiz, Burgund, Elsaß-Lothringen, Luxemburg, Belgien und Holland, von Rußland durch die baltischen Staaten sowie durch Polen und Böhmen. Im Süden grenzte das Reich nicht mehr an Italien, sondern an die verselbständigten Reichsteile Schweiz und Österreich, im Norden an die skandinavischen Länder, dazwischen Schleswig-Holstein. Deutschland und Italien nehmen insofern Sonderrollen ein, als sie erst spät zu Nationalstaaten wurden. Der Schwerpunkt des Seehandels verschob sich vom Mittelmeer auf die Nord- und Ostsee, von da auf den Atlantik.

Der allgemeinen Tendenz zur Regionalisierung folgte auch die Politik. Politische Aktionen entsprangen immer weniger der Zentralgewalt des Reiches als den Initiativen lokaler Machthaber.

Königtum und Kaisertum bestanden mehr als ideologischer Überbau denn als realer Machtfaktor weiter.

Adolf von Nassau (1292–98) entsprach mit seinem Streben nach einer neuen Hausmacht im Osten dem allgemeinen Trend, der von Süden nach Osten schwenkte, konnte sich aber nicht gegen die Habsburger durchsetzen. Beim Versuch, die Vorherrschaft mit Gewalt zu erreichen, fiel er in der Schlacht von Göllheim bei Worms.

Sieger war Albrecht I. von Habsburg (1298–1308), gestützt von den Kurfürsten, deren Macht deutlich wird. Sein Bestreben, in Ost- und Mitteleuropa eine Hausmacht zu errichten, vereitelt der Tod. Albrecht wird von seinem Neffen Johann ermordet.

Ihm folgte Heinrich VII. von Luxemburg (1308–13). Mehr durch die Gunst der Umstände als durch Gewalt in den Besitz der Lehnshoheit über Böhmen gelangt, schafft er die Voraussetzungen für ein weiteres nach Osten orientiertes deutsches Machtzentrum im späten Mittelalter, ja er glaubt mit Hilfe römisch-rechtlicher Gelehrsamkeit an die Möglichkeit einer kaiserlichen Weltherrschaft. In Mailand zum König (1311), in Rom zum Kaiser (1312) gekrönt, knüpft er an alte deutsche Traditionen an, stirbt aber auch, wie mancher seiner Vorgänger, in Italien und wird in Pisa begraben. Sein Heer geht verloren.

Mit der Wahl des Wittelsbachers Ludwig IV. (1314–47) von Bayern erscheint der Vertreter einer dritten großen deutschen Nachfolgedynastie der Staufer im politischen Szenarium. Mit ihm konkurriert nach einer Doppelwahl Friedrich der Schöne von Habsburg (1314–30), der aber nach Fehlschlägen gegen die Eidgenossen ausscheidet. Ludwig läßt sich in einen Streit mit dem Papst ein, der wie ein Nachspiel früherer Auseinandersetzungen erscheint. Papst Johannes XXII. (1316–34) bannt Ludwig und setzt ihn ab. Ludwig antwortet mit einem Italienzug (1327–30), wird zum König von Mailand gekrönt und läßt sich, in Abwesenheit des Papstes (Avignon), von Vertretern des römischen Volkes zum Kaiser erheben, um seinerseits den Papst abzusetzen. Der sich lange hinziehende, für beide Parteien verlustreiche Kampf endet mit der Wahl eines Gegenkönigs, Karls IV. von Luxemburg (1346–78), des wohl bedeutendsten Monarchen des späten deutschen Mittelalters. Als Ludwig der Bayer auf der Bärenjagd an einem Schlaganfall stirbt, baut Karl IV. seine Herrschaft in Böhmen aus, nutzt die für eine Ostpolitik günstigere Lage im Vergleich zu Bayern und Österreich, macht aber den Fehler, mit den Franzosen gegen die Engländer zu kämpfen, und entkommt nach der vernichtenden Niederlage von Crécy (Calais, 1346) nur mit Mühe. Karls auf Eintracht und Versöhnung gerichtete Politik findet die Zustimmung der Habsburger, der Reichsstädte und der Wittelsbacher. Auf diesen inneren Konsens gestützt, kann er ohne großes Heer nach Italien (1354/55) ziehen, wo er in Mailand die Königskrone und in Rom sogar die Kaiserkrone empfängt. Der Umsicht des Kaisers ist auch eine bessere Abgrenzung von Kompetenzen von Kaiser und Kurfürsten zu verdanken, die in der »Goldenen Bulle« (1356), dem »wichtigsten Grundgesetz des alten Reiches« zum Ausdruck kommt. Bei einem zweiten mehr diplomatisch als militärisch orientierten Italienzug (1368/69), wobei die Rückkehr des Papstes nach Rom eine Rolle spielt, kooperieren Kaiser und Papst sogar. Im Norden bereinigt der Friede von Stralsund (1370) die Streitigkeiten zwischen der Hanse und Dänemark und ermöglicht auch hier mehr Kooperation als Kampf.

Unter Karls Nachfolger, Wenzel von Luxemburg (1378–1400), zerfällt jedoch die Machtposition in Böhmen, und der Widerstand gegen seine papstfreundliche Politik wächst im Reich. Am Ende setzen die vier rheinischen Kurfürsten Wenzel ab und wählen in Rhens den Grafen Ruprecht von der Pfalz, einen Wittelsbacher, zum König (1400–10), der jedoch den Machtverfall nicht mehr aufhalten kann. Im selben Jahr, in dem er stirbt, erleidet der Deutsche Orden bei Tannenberg eine schwere Niederlage im Kampf gegen Polen und Litauen. Auf Ruprecht folgt Sigismund (1410–37), wieder ein Luxemburger, der bei abnehmender Machtbasis und Überforderung durch Kämpfe mit Türken, durch Probleme in Polen und Ungarn, Konflikte mit Venedig und Sorgen um den Verfall der Kirche dennoch Beachtliches leistet. Auf dem Konzil von Konstanz (1414–18), der bis dahin größten Kirchenversammlung des Mittelalters, werden die Probleme: Beseitigung der Kirchenspaltung, Reformen in der Kirche und Johann Hus, der später als Ketzer verbrannt wird, verhandelt. Im Hundertjährigen Krieg (1339–1453) zwischen England und Frankreich sucht Sigismund zu vermitteln. Auf dem »Tag von Nürnberg« (1422) zielt er darauf ab, die militärischen Verpflichtungen der einzelnen Reichsglieder zu ordnen. Das Konzil von Basel

(1431–49), das den in Konstanz vorgesehenen Reformprozeß in die Tat umsetzen soll, endet mit einem Eklat. Die fast pathologische Abneigung der Päpste gegen Reformen ist also nicht neu und führt damals im Endeffekt, nach der Reformation, zur Spaltung der Christenheit. Immerhin erreicht Sigismund auf seinem Italienzug (1431–33) die Krönung zum König in Mailand und die Kaiserkrönung durch Papst Eugen IV. (1431–47).

Am Ende seiner Laufbahn gelingt ihm ein Ausgleich mit Venedig (1435) und ein Comeback, wenn auch mit geschwächter Machtposition, in Böhmen.

In der zweiten Hälfte des 15. Jahrhunderts dominieren wieder die Habsburger: Albrecht II. (1438/39) und Friedrich III. (1440–93). Der Schwerpunkt der Ostpolitik verlagert sich damit in den Südosten, wo andere Probleme die Herrscherinitiative einschränken (Türken, Ungarn). So bleibt Friedrich III. über 27 Jahre dem Reich fern. Das königliche Machtvakuum wird, neben den Kurfürsten, nun auch von nachdrängenden größeren Fürsten ausgenutzt. Die Fehden nehmen entsprechend zu und schwächen das Reich noch mehr. Als König, Kurfürsten und Fürsten sich gegen das Konzil entscheiden, geraten die Reformen wieder einmal ins Hintertreffen. Das »Wiener Konkordat« (1448) regelt die Besetzung kirchlicher Ämter zwischen Papst und weltlichen Machthabern bis zum Ende des alten, ersten deutschen Kaiserreiches. Die Entwicklung zum Landeskirchentum nimmt ihren Lauf. Auf seinem Italienzug (1452) wird mit Friedrich III. zum letzten Mal ein deutscher Herrscher in Rom zum Kaiser gekrönt. Der Kaiser vereinigt Ober- und Niederösterreich unter seiner Herrschaft, verliert dagegen Aargau und Thurgau an die Eidgenossen. Im Westen sucht Karl der Kühne (1467–77) von Burgund sein Land mit Elsaß und Lothringen zu vereinigen, fällt aber bei Nancy im Kampf gegen die Eidgenossen. Fast ein Vierteljahrhundert zuvor, 1453, haben die Türken Konstantinopel erobert. Das bedeutet das Ende des Oströmischen Reiches, das als letzter Bestandteil des Imperium Romanum auf eine mehr als zweitausendjährige Tradition zurückblicken kann, eine einmalige Leistung in der Geschichte der Menschheit.

Seit 1471 wird Steiermark von den Türken heimgesucht, und 1477 beginnen die Einfälle des ungarischen Königs Matthias Corvinus in

Österreich. Erst im Frieden von Preßburg (1491) kann Maximilian I. (1493–1519 König, ab 1508 Kaiser) nach der Rückeroberung der österreichischen Ostprovinzen und dem Tod von Matthias Corvinus auch die Herrschaft über Ungarn und Böhmen stabilisieren und damit die Machtposition des Hauses Habsburg weiter verbessern.

Soviel zum Prozeß der Dekomposition des alten Reiches! An kulturschöpferischen regionalen Neuansätzen sind vor allem die Hanse und der Deutsche Orden zu nennen. Gegen Ende der Stauferzeit, um die Mitte des 13. Jahrhunderts, lassen sich Kaufleute an dafür geeigneten Plätzen im Umfeld der Nord- und Ostsee nieder. Fünfzig Jahre später zeichnet sich die Struktur der Hanse im Grundriß ab: eine Perlenkette von blühenden Hansestädten an den günstigen Gestaden der beiden Meere. Aus der Kaufmannshanse wird die Hanse der Städte, deren freie Verbindung von 1356 an in der Institution des Hansetages Ausdruck findet. Nach Bewältigung der wichtigsten Aufgaben – Selbstbehauptung, Befreiung der Meere von Piraten, Kommunikation mit anderen Wirtschaftszweigen – beginnt sich die Hanse zu einer Machtstellung mit Monopolcharakter und despotischen Zügen auszuweiten. Erst als die Holländer im 15. Jahrhundert ernsthafte Konkurrenz machen, gibt die Hanse wohl oder übel ihre hegemonialen Ambitionen zugunsten einer defensiven Politik auf. Die Entdeckung der Neuen Welt und die Verlagerung des maritimen Handelsinteresses zum Atlantik vollenden den Niedergang, der im Dreißigjährigen Krieg mit dem Untergang des Städtebundes zum Abschluß kommt. 1669 findet der letzte Hansetag statt.

War die Hanse wesentlich eine Errungenschaft des Bürgertums mit internationaler Orientierung, war der Deutsche Orden in erster Linie eine Angelegenheit des Adels mit engeren, nationalen Rahmenbedingungen und Zielvorstellungen. Solange das Rittertum die kulturelle Erschließung östlicher Gebiete förderte und ihr diente, ging es mit ihm bergauf, sobald es aber das Kreuz zur Tarnung imperialistischer Zwecke mißbrauchte, ging seine Herrschaft zu Ende. Was groß und hoffnungsvoll begann, endete, wie bei den Staufern und bei der Hanse, mit einem Fiasko. Der Deutsche Orden, genauer: die Brüder vom Deutschen Haus St. Mariens zu Jerusalem, war nach den Johannitern und Tempelherren der jüngste der drei großen Ritterorden. Ursprünglich zur Krankenpflege bestimmt, wird der Orden 1190 in

Akkon (Burg Montfort) gegründet, später (1291) nach Venedig verlegt, schließlich nach Marienburg (1309). Der vierte Hochmeister, Hermann von Salza (1209–39), nutzte seine Beziehungen zum Kaiser und zum Papst für die Erweiterung von Privilegien. Christliche und machtpolitische Motive vermischen sich von Anfang an, zumal, als der Herzog von Masowien dem Ritterorden das Kulmer Land als Schenkung anbietet, falls der Orden das von ihm verlorene Land von den Pruzzen (Preußen) zurückerobert (1225/26). Friedrich II. verbrieft in der »Goldenen Bulle von Rimini« (1226) dem Orden die Lehnshoheit über die zu erobernden Gebiete. 1255 wird Königsberg gegründet, und 1283 ist schließlich die Einverleibung Preußens abgeschlossen. Aus Deutschen, Preußen, Litauern und Polen wurde eine neue Einheit mit eigenem Selbstbewußtsein, ähnlich wie in Pommern und Schlesien.

Der Deutsche Orden fügt sich also durch seine Verbindung christlicher und imperialistischer Motive in die sogenannte deutsche Ostbewegung[75] ein, die unter Kaiser Lothar um 1130 neue Impulse erhält und ökonomisch-technische, aber auch juristische Errungenschaften des Westens in die neuen Gebiete einbringt und somit zu deren kultureller Bereicherung beiträgt: Intensivierung der Landwirtschaft durch Dreifelderwirtschaft, eiserne Pflüge, Sense, Dreschflegel, Windmühle, Stadtgründungen, Handel, Handwerk und Recht. Bei dem Versuch, den Herrschaftsbereich des Ordens weiter nach Osten auszudehnen und eine Vorherrschaft der Deutschen über die Slawen zu etablieren, traf der Orden auf den massiven Widerstand der Russen, Polen und Litauer. Schon 1242 besiegte Fürst Alexander Newskij (1238–63) ein deutsches Ritterheer auf dem Eis des Peipussees. Mit dem Übertritt Litauens zum Christentum und seiner Annäherung an Polen entfiel der ideologische Vorwand zur Bekehrung bzw. Unterwerfung. Da aber der mitteldeutsche niedere Adel nachdrängte, suchten die Hochmeister ihre Politik mit anderen, militärischen Mitteln fortzusetzen, was ihnen jedoch mißlang. Schließlich, 1410, erlitt der Deutsche Orden in der Schlacht bei Tannenberg eine schwere Niederlage durch ein vereinigtes Heer der Polen und Litauer. Wieder einmal war deutscher Eroberungs- und Herrschaftsdrang an der Freiheitsliebe anderer Völker gescheitert. Versuche, das Geschehene rückgängig zu machen und weiterzukämpfen, führten zur Selbstauflösung der deutschen Front und zur Katastrophe des Ordens. Im zweiten Thorner Frieden (1466) fallen Pommerellen und das Kulmer Land, die Gebiete von Elbing und Marienburg an Polen, die Bistümer Ermland und Kulm unterstehen polnischer Oberhoheit. Als Kulturbringer hatte der Deutsche Orden Erfolg, als Eroberer scheiterte er.

*

In welcher Lage befand sich das Deutsche Reich – oder was davon übriggeblieben war – am Ausgang des Mittelalters?

Im Süden war der staufische Imperialismus am Freiheitswillen der Italiener und am Widerstand der Päpste gescheitert. Im Westen hatte, wie die Schlacht von Bouvines zeigt, ein zerrissenes Deutschland gegenüber einem geeinten und aufstrebenden Frankreich keine Chance mehr. Von Burgund und der Schweiz bis zu den Niederlanden erschwerte ein Kordon mehr oder weniger unabhängiger Territorialstaaten, vom Willen zur Selbstbestimmung beseelt, jeden Expansionsversuch in diese Richtung. Im Norden formierte sich in der Kalmarischen Union (1397), dem Zusammenschluß von Dänemark, Norwegen und Schweden, der Widerstand gegen das Vordringen der Hanse. Im Osten hatten die Habsburger genug mit Ungarn und Türken (Türkennot) zu tun und gerieten zudem in einen Dauerkonflikt mit Frankreich (um den Einfluß in Italien). Im Osten brach das Herrschaftssystem des Deutschen Ordens gegenüber Rußland und Polen zusammen – Böhmen verselbständigte sich, und das Reich drohte in rivalisierende Machtblöcke, vor allem im Norden (Preußen) und im Süden (Österreich), zu zerfallen. Am Ende des Mittelalters war somit der Imperialismus des alten deutschen Reiches an allen Fronten gescheitert. Ein ungeheurer Kraftaufwand hatte nicht zur Erneuerung des Römischen Weltreiches geführt, sondern das alte Deutsche Reich an den Rand des Abgrundes geführt.

Sieht man die Erreichung maximaler Ziele mit minimalem Kräfteaufwand als ein Grundprinzip der Natur an, so muß die Entwicklung des alten Reiches, die ein umgekehrtes Ergebnis zeitigte, durch ein extrem unnatürliches Gesellschaftssystem verursacht worden sein. Das ist auch der Fall. Die Hauptursache dieses Mißverhältnisses von

Energieaufwand und Erfolg lag in der Gesellschaftsstruktur, im kontraproduktiven Machtstreben einer zunehmend dekadenten Adelsschicht, deren Schutzfunktion zur Zeit der Stammesherzogtümer von einem parasitären Verhalten im anschließenden goldenen Zeitalter der Fürsten abgelöst wurde. Einen Schritt zur Etablierung des Feudalismus in Deutschland bezeichnet das Lehnsgesetz (1037) Konrads II., das die Erblichkeit der kleineren Lehen vorschreibt: Herzöge, Grafen, Fürsten, Hochadel, mittlerer Adel, unterer Adel, Ritter und schließlich Raubritter überwogen als zentrifugale Kräfte der Lehnsordnung die zentripetalen Kräfte des König- und Kaisertums, ein Zwiespalt, der aus germanischer Zeit ererbt war, am Ende des Mittelalters wieder aufbrach und Deutschland nicht die ersehnte Vorherrschaft über Europa verschaffte, sondern außer dem Verfehlen dieses Zieles auch noch die nationale Einheit verspielen half. Ein altes deutsches Sprichwort sagt: »Müßiggang ist aller Laster Anfang.« Im Mittelalter entstand jedoch ein solcher Überfluß an adligen Müßiggängern, Taugenichtsen und Raubrittern, daß ihre schon von Tacitus erwähnten Vorgänger, die vornehmen Nichtstuer der Germanen, dagegen an Bedeutung verlieren.

Seinen Aufstieg zum mächtigsten Land Europas verdankte das alte Deutsche Reich nicht zuletzt den Schwächen seiner Nachbarn und der geschickten Ausnutzung dieser Schwächen. Es entstand überhaupt erst in einer Krisensituation des Fränkischen Reiches. Italien und Skandinavien waren zersplittert, England und Frankreich führten einen Hundertjährigen Krieg, und Rußland befand sich in der Gewalt der Mongolen (1054–1315). Es hielt die schlimmste Gefahr von dieser Seite von Europa fern, das sich im Schutz des leidenden russischen Volkes relativ ungestört entfalten konnte. 1241 wurden die Mongolen in der Schlacht bei Liegnitz zum Rückzug bewogen. Herzog Heinrich II. von Schlesien starb auf dem Schlachtfeld.

Mit dem Aufschwung der Städte in Italien, mit der Einigung der nordischen Staaten, mit dem Ende des Konflikts zwischen England und Frankreich und Frankreichs Erstarkung sowie dem Machtzuwachs Polens, Rußlands und anderer slawischer Völker änderte sich das. In allen vier Himmelsrichtungen waren das alte Reich bzw. seine Nachfolgestaaten auf wachsenden Widerstand gestoßen und damit an die Grenzen ihrer Expansion gelangt. Der imperialistische Impakt brach an allen Fronten zusammen und beschleunigte, nach innen gewandt, den Auflösungsprozeß. Das Problem war, ob sich aus dieser zunehmend amorphen Masse neue Zentren der Macht bilden würden.

Herausforderung und Meisterung – Überforderung und Scheitern

Blicken wir auf die erste Epoche der deutschen Geschichte – einen Zeitraum von fast sechshundert Jahren – zurück, so läßt sich als größte Leistung dieses Zeitalters etwas verbuchen, das in den meisten Geschichtsbüchern entweder gar nicht oder nur beiläufig erscheint und das nicht das Werk einer selbsternannten Adelskaste war, sondern des Bauernstandes: »In harter Arbeit und mit verbissenem Mut ... ernährten die Bauern Europas sich selbst und ihre Herren, ihre Soldaten, Geistlichen und Könige. Sie legten Sümpfe trocken, schütteten Dämme auf, rodeten Wälder, gruben Kanäle, bauten Häuser, trieben die Grenzen der Zivilisation vor und gingen siegreich aus dem Kampf zwischen Urwald und Mensch hervor. Das heutige Europa ist ihre Schöpfung. Wenn wir heute auf die gepflegten Hecken, die geordneten Felder sehen, dann vermögen wir die Jahrhunderte der Plackerei und Not, der gebrochenen Herzen und gekrümmten Rükken nicht mehr zu erkennen, welche die Rohstoffe der widerstrebend fruchttragenden Natur zu den wirtschaftlichen Grundlagen unseres Lebens umgestalteten. Auch die Frauen waren Soldaten dieses Krieges; ihre geduldige Fruchtbarkeit war es, welche die Erde eroberte; Mönche kämpften eine Zeitlang so tapfer wie die anderen, setzten ihre Klöster als Außenposten in die Wildnis, schmiedeten aus dem Chaos eine Volkswirtschaft und stampften Dörfer aus den Einöden. Zu Beginn des Mittelalters war der größte Teil Europas noch unbekanntes Ödland und unbewohnter Urwald, am Ende des Mittelalters war der Erdteil der Zivilisation erschlossen. Richtig betrachtet, war dies wohl der größte Feldzug, der edelste Sieg, die wichtigste Leistung des Zeitalters des Glaubens.«[76]

An dieser gesamteuropäischen Kulturleistung haben deutsche Bauern und Bäuerinnen, Mönche, Handwerker und Händler einen hervorragenden Anteil. Ein schwäbischer Mönch des Klosters Reichenau namens Walahfrid Strabo (809–849) verfaßte lange vor Friedrichs II. vielgerühmtem Buch über die Falkenjagd ein treffliches Gedicht »Über die Gartenpflege« (»De cultura hortorum«), worin er liebevoll die Blumen und Kräuter beschreibt, die er mit großer Sorgfalt pflegte. Von bleibendem Wert sind, wie in Europa insgesamt, so auch in Deutschland, jene Denkmäler des Glaubens, die noch heute himmelwärts ragen und von dem unerschütterlichen Gottvertrauen ihrer Erbauer und Besucher zeugen, etwa die Dome von Hildesheim, Lorsch, Worms, Mainz, Trier, Speyer und Köln. Spezifisch deutsch sind andere Kunstformen, wie in der Architektur seit dem 14. Jahrhundert der Hallenbau bürgerlicher Stadtkirchen, beispielsweise in Gmünd, Dinkelsbühl, Danzig und Nürnberg, vor allem im Nordosten der Backsteinbau, aber auch anderwärts die Rathäuser. 1166 entstand in Deutschland das erste Freimonument dieses Kulturkreises, der Braunschweiger Löwe. In diesen Zusammenhang gehört auch das früheste Reiterstandbild seit der Antike, der Bamberger Reiter.

Nicht weniger beachtenswert sind Schöpfungen aus den Bereichen des Rechts und der Philosophie. Von 1221 bis 1230 (1235) entstand der »Sachsenspiegel« Eikes von Repgow, in dem ostfränkisches Gewohnheitsrecht aufgezeichnet ist und bereits erklärt wird, »Leibeigenschaft und Sklaverei widerliefen der Natur und dem Willen Gottes und seien nur der Gewalttätigkeit oder dem Betrug zuzuschreiben«[77].

Während Friedrich II. bei Michael Scot die okkulten Wissenschaften studierte und mit seiner Hofphilosophie viel von sich reden machte, schuf der Dominikaner Albert von Bollstädt (Albertus Magnus, zirka 1200–80), Lehrer Thomas von Aquins, mit seiner gediegenen Naturphilosophie eine der Grundlagen für die große mittelalterliche philosophische Synthese, die sich aus der Rezeption und Aneignung antiker Philosophie ergab.

Mit der Gründung der Universitäten Prag (1348), Wien (1365) und Heidelberg (1386), denen städtische und landesfürstliche Gründungen folgten, schloß sich das Reich der gesamteuropäischen Bildungsbewegung an, die an entsprechende Traditionen der Antike anknüpfte.

Soviel zur positiven Entwicklung Deutschlands in diesem Zeitalter!

Als negativ sind zu verbuchen: der Versuch, das Christentum zu machtpolitischen Zwecken zu instrumentalisieren, eine Umkehrung des natürlichen Verhältnisses von Geist und Macht. Der Sieg des Papsttums über das Kaisertum zeigt die Vergeblichkeit eines solchen Bemühens; die Vernachlässigung realpolitischer Aufgaben zugunsten illusionistischer Zielsetzungen wie die Erneuerung des Römerreiches; die Bekriegung (»Bekehrung«) andersgläubiger Völker (»Heiden«) sowie ihre Unterdrückung und Ausbeutung, vor allem slawischer Völkerschaften; die Pflege einer Doppelmoral für Herren (Adlige) und Untertanen (Volk), der Kasten- und Klassengeist, woraus sich dann unter anderem auch die Herrenmenschenideologie des Dritten Reiches entwickelte; die Opferung der zwischenmenschlichen Beziehungen und elementaren Gebote der Menschlichkeit auf dem Altar der Macht; leichtfertiger Umgang der Herrschenden mit der Macht infolge einer Spielermentalität, die mit dem Schicksal von Menschen und Völkern wie mit Schachfiguren umgeht; die Entwicklung von Cäsarenwahn aus dem an antike Vorbilder anknüpfenden Rollenspiel, von Missionswahn aus dem christlichen Rollenspiel und von Größenwahn im Anschluß an eigene, germanische Vorbilder; Habsucht, Herrschsucht, Ruhmsucht; Skrupellosigkeit, Hinterhältigkeit und Lasterhaftigkeit, vor allem in Kreisen der Machtelite; Hader und Streitsucht, Zwist und Zwietracht, Rachsucht und Fehden, Mord und Totschlag, Grausamkeit, Zügellosigkeit und Kriegslust; Angst vor der Wahrheit, Angst vor der Freiheit und Angst vor dem Glück; Hochmut, Überheblichkeit, Frevelmut, Selbstgefälligkeit und Selbstherrlichkeit, Selbstgerechtigkeit und Selbstüberschätzung, Selbsttäuschung, Realitätsflucht, Verblendung und Selbstvernichtung; Überlegenheitsdrang, Hegemoniestreben, Machtgier; Perversion der Schutzmachtfunktion in eine Vormachtstellung.

Zieht man die Bilanz von positiven und negativen Eigenschaften, Entwicklungen und Veränderungen, so dürften in der ersten Epoche der deutschen Geschichte am Ende doch die positiven Momente überwiegen. Das Volk siegte, der Adel verlor, allerdings ohne sich seine Niederlagen einzugestehen. Die ausbleibende Analyse der Fehler, das ausbleibende Eingeständnis der Schuld und die mangelnde Selbstkritik waren die tieferen Gründe für das Verhängnis nicht der deutschen Geschichte oder des deutschen Volkes, sondern seiner Machthaber.

Im Verhalten der deutschen Machteliten, der Entscheidungs- und Verantwortungsträger kehren einige Verhaltensschemata ziemlich regelmäßig wieder, die einmal in die Vergangenheit zurückweisen, teilweise bis in die germanische Zeit, sodann in die Zukunft vorausweisen, teilweise bis in die Gegenwart. Solche Verhaltensschemata sind: Orientierung an der Vergangenheit und Zukunft, weniger an der Gegenwart; Träume und Utopien, aber Gegenwartsscheu; ein gestörtes Verhältnis zur Zeit, von den Anfängen der deutschen Geschichte bis zur Gegenwart; Eskapismus, Realitätsverleugnung, Realitätsverlust; ein gestörtes Verhältnis zur Wirklichkeit – von den Hohenstaufern bis zu den Hohenzollern und Hitler – mit Verdrängung und Verfälschung von Niederlagen in Siege; Versuche, Geschehenes ungeschehen, Ereignisse rückgängig zu machen; ein gestörtes Verhältnis zu sich selbst. Nietzsche lieferte dafür die Formel: »›Das habe ich getan‹, sagt mein Gedächtnis. ›Das kann ich nicht getan haben‹ – sagt mein Stolz und bleibt unerbittlich. Endlich gibt das Gedächtnis nach.«[78] Neigung zur Tarnung, Tricks, Täuschung und Taktik. Nietzsche zog daraus den in seiner Verallgemeinerung falschen Schluß vom deutschen Volk als dem »Täusche-Volk«.[79] Im Hinblick auf den von ihm verherrlichten Herrenmenschen dürfte es zutreffen. An germanische Zeiten erinnert die Tarnkappe, an die Gegenwart das Versteckspiel in der Politik. Nietzsches Charakteristik paßt auf hinterhältige Naturen des Mittelalters wie der Neuzeit und Gegenwart. Der Wortbruch hat von Hermann dem Cherusker und Theoderich bis zu Otto I., Barbarossa, Hitler und den nicht eingehaltenen Wahlversprechen gegenwärtiger Demagogen – man denke dabei weniger an unbesonnene Versprechen, die durch den Gang der Ereignisse nicht eingelöst werden konnten, als an kalkulierten Wortbruch zwecks eigener Karriere- und Machtvorteile – eine große Tradition bei den Machthabern. Hierher gehört auch das Abreagieren von Mordinstinkten, gedeckt durch eine Rechtfertigungsideologie. Das Christentum hat nicht nur gute Früchte getragen, sondern durch seinen Grundsatz: »Der Zweck heiligt die Mittel« dabei geholfen, Verbrechen zu legitimieren. Die Folge war von den Kreuzzügen bis zu den Kriegen der Gegenwart eine frivole Scheinheiligkeit der Verantwortlichen. Zu den negativen Verhaltensweisen gehört die Neigung, existentielle Entscheidungen dem Zufall zu überlassen. Die Spielermentalität deutscher Machthaber erinnert einerseits an die Spielleidenschaft der Germanen, andererseits an Hitlers Vabanquespiele und die Kritiklosigkeit gegenwärtiger Politiker gegenüber Zufallsmehrheiten. Wer mag, kann der Zufallsgläubigkeit sogar bis ins Allerheiligste der Naturwissenschaften nachgehen: Heisenberg, ein deutscher Physiker, machte aus der Not eine Tugend, indem er anstelle einer klassischen Theorie die Unschärferelation in die Quantenmechanik einführte. Einstein, ein jüdischer Physiker, wollte und konnte sich damit nicht abfinden: Gott würfelt nicht! Die Neigung, Konflikte durch Gewalt statt durch Verhandlungen zu lösen, hat in Deutschland eine uralte Tradition. Sie reicht von Ariovist bis zu Bismarck und Hitler. Echt patriarchalisch ist die Ausbildung einer Doppelmoral, sowohl im Hinblick auf Herrscher und Beherrschte als auch auf das Verhältnis von Mann und Frau. Die mühsamen Anstrengungen in der Gegenwart, von diesem, allerdings nicht auf Deutschland beschränkten, Verhaltensmuster loszukommen, sprechen ihre eigene Sprache.

Eine andere, aber damit zusammenhängende Erblast ist die diskriminierende Behandlung der Bauern, ohne deren aufopferungsvolle Tätigkeit das Abendland nicht existierte. Die Unterbewertung des Bauernstandes reicht bis in germanische Zeiten zurück, nimmt in der feudalen Gesellschaft jedoch eher zu als ab, ebenso im Zeitalter der Reformation, und sie ist heute noch nicht völlig überwunden, wenn auch in diesem Fall das Fehlverhalten nicht auf Deutschland beschränkt ist.

Im Hinblick auf Europa kann man dennoch sagen, daß das alte deutsche Reich die Herausforderungen seiner Epoche gemeistert hat, daß ihm der Start in die Geschichte gelang, nicht obwohl, sondern weil seine Machtpolitik scheiterte. Solange Deutschland in das System europäischer Rechte und Pflichten eingebunden blieb und die sich daraus ergebenden politischen Aufgaben erfüllte, solange es die geschriebenen und ungeschriebenen Gesetze dieser Wertegemeinschaft befolgte, war es ein nützliches und wertvolles Glied der Völkergemeinschaft, nicht zuletzt dank seiner Lage, seinen Fähigkeiten und des guten Willens des Großteils seiner Bevölkerung. Im Zeitalter europäischer Kolonisation war eine gewisse Überbetonung der Ordnung verständlich und vertretbar. Im Hinblick auf die

Zukunft stellte sich aber am Ausgang des Mittelalters die Frage, ob die Spannung zwischen Freiheit und Ordnung, Einheit, Größe wachsen würde, ob sich daraus eine Ordnung der Freiheit oder eine geordnete und verordnete Freiheit entwickeln würde. In England war die Option für die Freiheit am stärksten. In der weltgeschichtlich bedeutsamen »Magna Charta Libertatum« (15. 6. 1215) zeichnete sich die Richtung künftiger englischer Politik ab, an der Großbritannien bis zur Gegenwart festhielt. Großbritannien wurde eine Weltmacht, weil es nicht nur auf Macht und Größe, sondern auch auf die Freiheit setzte. Ausschließlich auf der Basis der Freiheit war in Europa eine »Erneuerung des Römischen Reiches« möglich. Da die deutschen Herrscher aber die Freiheit verachteten, weder ein dem römischen vergleichbares Staatsethos besaßen noch einen dem germanischen Königsheil entsprechenden Sinn für das Gemeinwohl entwikkelten, noch die den Angelsachsen eigene Achtung vor den Rechten des einzelnen aufbrachten, blieb ihre Erneuerung ein Wunschtraum, nicht anders als ihr Begehren nach Einheit, Größe und Macht. Die Briten schufen dagegen mit ihrer Konzeption, mit einem geringen, Aufwand an Macht ein – Weltreich. Da sie von Anfang an auf den Sieg der Freiheiten und Menschenrechte setzten, gelang ihnen auch eine relativ schmerzlose Überwindung des Feudalismus. In Frankreich gelang sie schließlich auch, aber unter ungleich höheren Opfern und erst nach einer Epoche des extremen Absolutismus, der Frankreich allerdings die von Deutschen nur erträumte festgefügte Einheit brachte. 1231 erließ Heinrich VII. unter dem Druck der Fürsten das *Statutum in favorem principum,* das »Statut zugunsten der Fürsten«: ein Meilenstein der Verselbständigung der Länder auf Kosten des Reiches. Alles hing davon ab, ob die neuen Landesherren als Landesväter ihren Untertanen mehr Rechte und Freiheiten zugestehen und damit ihrer Schutzherrenfunktion gerecht werden würden oder ob sie als neue Tyrannen, als *domini terrae,* das veraltete System fortsetzen und vervielfachen würden. Ähnlich lagen die Dinge in Österreich, ähnlich in Rußland, dem durch die lange Mongolenherrschaft ohnehin die Hände gebunden waren, so daß sich in Europa von England bis Rußland ein gefährliches Gefälle der Freiheit abzuzeichnen begann, wobei Deutschland die Schlüsselrolle zufiel, entweder als freies Land zu einer Art Drehscheibe Europas oder, unter dem

Zwang überlebter Idole, zu einer Festung in und schließlich gegen Europa zu werden.

Ein Fall, bei dem die Eingebundenheit Deutschlands in die europäische Glaubensgemeinschaft deutlich wird, sind die oft kritisierten Kreuzzüge, neben der Inquisition eines der dunkelsten Kapitel der Kirchengeschichte. Am ersten Kreuzzug (1096–99) nahmen kaum Deutsche teil. Es war ein Kreuzzug der Romanen, führte zur Erstürmung von Jerusalem (1099) und endete mit einem furchtbaren Blutbad unter den »Heiden«. Vom zweiten Kreuzzug (1147–49) war bereits die Rede. Soweit Deutsche daran beteiligt waren, endete das Unternehmen schon lange vor Erreichen des Zieles mit einem fürchterlichen Fiasko. Die Franzosen erreichten zwar das Ziel, scheiterten aber kurz darauf ebenfalls. Der dritte Kreuzzug (1189–92), ein erstes großes Unternehmen »Barbarossa«, endete mit dem Tod Barbarossas im Saleph und dem seines Sohnes, Friedrich V. von Schwaben, vor Akkon. Der französische Heerführer, Philipp II. Augustus, erkrankte und kehrte nach Frankreich zurück. Der englische König, Richard Löwenherz, eroberte dann Akkon und erreichte einen fairen Frieden mit Sultan Saladin, eine Art *gentleman's agreement,* bei dem der religiöse Fanatismus der Fundamentalisten zurückgedrängt wurde. Als Saladin bemerkte, daß Richard sein Pferd verloren hatte, sandte er ihm ein anderes mit der Bemerkung, es sei schändlich, wenn ein so tapferer Krieger zu Fuß kämpfen müsse. Als Richard mit gesenkter Lanze an der Front der Sarazenen entlangritt, griff ihn niemand an. Als er bei der Abfahrt Saladin versprach, in drei Jahren wiederzukommen und Jerusalem zu erobern, antwortete ihm dieser: Wenn er schon sein Land verlieren müsse, wolle er es tausendmal lieber an Richard verlieren als an irgendeinen anderen Menschen. »Die verhältnismäßige Treue und Einheit der muselmanischen Führerschaft hatte über die Zwistigkeiten und Treulosigkeiten der Feudalherren triumphiert.«[80]

Hier, wenn überhaupt, wird klar, daß die Frage, ob Krieg oder Frieden, auch eine Frage der großmütigen Herzen ist und daß, wenn zwei solche Herzen sich begegnen, der Haß zusammenbricht.

Der vierte und letzte allgemeine Kreuzzug (1202–04) blieb eine Angelegenheit des Adels, da die Könige des Abendlandes sich untereinander bekriegten, und endete nicht mit der Eroberung Jerusalems, sondern mit der Konstantinopels und dessen verheerender Plünderung durch die »Befreier«. Zwei Kinderkreuzzüge (1212), ein deutscher und ein französischer, endeten in Genua und Marseille, mit Schiffbruch auf der Höhe von Sardinien, beziehungsweise mit der Sklaverei in Tunesien und Ägypten. Der fünfte Kreuzzug (1228/29) unter Führung eines ungarischen Königs führte zur vorübergehenden Einnahme Jerusalems.

Der exkommunizierte Kaiser Friedrich II. erreichte 1229 durch einen Vertrag mit Sultan al-Malik al Kâmil die Herausgabe fast ganz Jerusalems, Akkons, Jaffas, Nazareths und Bethlehems. Wiederum war der religiöse Wahnsinn durch die geistige Überlegenheit der Kontrahenten überwunden worden. Da Papst Gregor IX. den Pakt als eine Beleidigung des Christentums ansah und seine Zustimmung verweigerte, verspielte er das auf friedlichem Wege Erreichte, und Jerusalem ging 1244 für immer für die Christen verloren. Der sechste Kreuzzug (1248–54), angeführt von Ludwig IX., dem Heiligen, von Frankreich, endete mit der Gefangennahme des französischen Heeres, das erst gegen ein hohes Lösegeld freigelassen wurde. Damit war die Ära der Kreuzzüge, vielleicht ein Kapitel in der Geschichte religiösen Wahnsinns, fast abgeschlossen.

Ludwig IX., offensichtlich immer noch nicht von seinem Glaubenseifer kuriert, unternahm einen siebenten Kreuzzug (1270), der aber schon in Tunis endete, wo eine Seuche ihn und einen großen Teil seines Heeres hinwegraffte. Als christliche Abenteurer später in Syrien damit begannen, muselmanische Kaufleute zu töten und muselmanische Städte zu plündern, antwortete Sultan Chalil mit der Eroberung der stärksten christlichen Festung: Akkon in Palästina. Sechzigtausend Gefangene wurden getötet oder versklavt.

Für Europa und Deutschland war dieses traurige Kapitel jedoch nicht ganz umsonst. Der Kontakt mit anderen Kulturen hatte die ethnozentrisch-eurozentrischen Fesseln des Bewußtseins gesprengt. Christlicher und islamischer Absolutismus und Fundamentalismus hatten einen schweren Schlag erlitten, die Arroganz päpstlicher Autorität war offenbar geworden, menschliche Solidarität jenseits des Glaubenswahns hatte sich bewährt, und das Abendland war reifer geworden.[81]

Der Sieg des Papsttums über das Kaisertum, ein anderes zentrales

Ereignis deutscher Geschichte im Mittelalter, war am Ende dieser Epoche relativiert. Zwar blieb der aus der Antike stammende und berechtigte Anspruch auf die Herrschaft des Geistes über das Schwert erhalten, aber die Geschichte hatte gezeigt, daß auch der Geist nicht unfehlbar ist. Man dürfte mit der Annahme nicht fehlgehen, daß christliche Würdenträger, nicht anders als ihre weltlichen Konkurrenten, von natürlichen Faktoren und Vorgängen abhängen: Irrtum, Selbsttäuschung, Selbstgerechtigkeit, Habgier und Korruption. Allerdings ist zu fragen, ob der korrupteste Papst nicht immer noch ungefährlicher für die Menschheit ist als der sauberste Feldherr, ob man geistige und moralische Korruption, statt sie zu bekämpfen, nicht schneller dadurch los wird, daß man sie sich selbst überläßt: ein allen sichtbarer Verwesungsvorgang, aus dem die Konsequenzen für jedermann leicht und schnell zu ziehen sind. Vor allem aber sollte man nicht vergessen: Das Christentum kann – wie alle Institutionen – nicht besser sein, als die es sind, die es vertreten.

Waren die Kaiser und Könige nicht ebenfalls korrupt? Ihre Entrüstung über die Unmoral der Päpste war und blieb unglaubwürdig, solange sie zwecks Krönung und Machtgewinn selbst Päpste ab- oder einsetzten. Oft war ihnen ein korrupter Papst, der ihnen zu Willen war, lieber als ein überzeugungstreuer Glaubenskämpfer. Wer zur Gewalt greift, muß sich nicht wundern, daß er Gewalt, List, Trug und Korruption erzeugt. Das eigentlich Böse am Bösen ist nicht, daß es böse ist, sondern daß es böse macht: immer mehr, immer weiter, immer tiefer. So vollzog sich im Kampf der deutschen Kaiser gegen die römischen Päpste nichts anderes als ein solcher Prozeß immer weiter um sich greifender und tiefer eindringender Korruption, der schließlich, wie im Lied der Nibelungen, in der Selbstzerstörung endet.

Den prinzipiellen Vorrang des Geistes vor der Macht haben Könige wie Alexander der Große, Feldherren wie Caesar und Herrscher wie Karl der Große anerkannt und respektiert, auch wenn die geistlichen Würdenträger nicht immer ihren Vorstellungen und Wünschen entsprachen. Dort, wo Großmut und Großzügigkeit am Platz gewesen wären, erhob sich mit den Herrschaftsansprüchen deutscher Eroberer ein kleinliches Gezänk darüber, wer der »Größere« ist, das nur die Unreife dieser »Kaiser« und ihrer Mandarine erkennen läßt, die geistige Unfähigkeit ihres Neandertalerverstandes, eine der menschlichen Natur entsprechende, von den bedeutendsten Geistern der europäischen Geschichte und darüber hinaus der Menschheit entdeckte und allgemein anerkannte Rangordnung der Werte zu begreifen und zu achten. Nicht anders in der ferneren, an vernünftigen Entscheidungen so armen deutschen Geschichte, wo zahllose Kriege aus Prestigesucht vom Zaun gebrochen und unzählige Verbrechen gegen den Menschen, die Menschheit und die Menschlichkeit verübt wurden aus diesem primitiven Überlegenheitsdrang, der in Extremfällen in Größenwahn umschlug, der den Charakter der deutschen »Machteliten« zutiefst geprägt hat und ihr Verhalten auf einer primitiven Evolutionsstufe fixierte. Noch heute kommen viele Deutsche von dem Wahn nicht los, höher, besser und größer als alle übrigen Menschen zu sein, sein zu wollen oder sein zu müssen: eine Zwangsvorstellung aus dem feudalistischen Zeitalter.

Die deutschen Kaiser sind am Untergang des Kaisertums weitgehend selbst schuld, da sie einen völlig unnötigen und überflüssigen Streit vom Zaun brachen, den sie verloren, verlieren mußten, weil sie von falschen Prämissen ausgingen. Wie so oft in der späteren deutschen Geschichte, wurde diese Niederlage engstirniger und verblendeter Machthaber verdrängt, zu einer Tragödie umgedeutet oder sogar in einen Sieg umgefälscht, ja selbst nach einem halben Jahrtausend hatten die deutschen Machthaber, ungeachtet der Hochblüte deutscher Geschichtsforschung, nichts aus ihrer, der deutschen, Geschichte dazugelernt, waren so wenig wie ihre Vorgänger bereit, eine Niederlage unumwunden einzugestehen, und versuchten womöglich, das Geschehene rückgängig zu machen, wobei sie sich nur um so tiefer in das Netz des ewig Vergeblichen verstrickten und in abermaliger Verblendung eine neue, noch größere Katastrophe heraufbeschworen.

Um nicht zu verallgemeinern: Es hat sowohl unter den mittelalterlichen als auch unter den späteren Herrschern einsichtige Männer gegeben, die ihre Zwangsvorstellungen wenn nicht überwanden, so doch der Klugheit gehorchten, wie Heinrich IV., wenn er den Weg der Schadensbegrenzung beschritt und nach Canossa ging. Bismarck verkündete trotzig: »Nach Canossa gehen wir nicht!« Dafür mußten seine Nachfolger nach Versailles gehen. Hitler prahlte noch lauter, und sein Weg endete nicht in Versailles oder auf dem Gipfel der Weltherrschaft, sondern im Selbstmord, der seiner Mandarine in Nürnberg: zwei kläglich gescheiterte Versuche, das Rad der Geschichte zurückzudrehen.

Ungeachtet der weitgehenden Korruption ihrer geistlichen und weltlichen Machteliten haben sich in den Völkern Europas, wenn auch im einzelnen unterschiedlich, die Grundideen des Christentums durchsetzen können: Frieden, Freiheit, Liebe, Glaube und Hoffnung. Negativ wirkte das Christentum dort, wo sich der Absolutheitsanspruch des Glaubens mit der deutschen Neigung zu absoluter Herrschaft verband und sie steigerte, vielleicht einer der Gründe dafür, daß der Wille zur Macht zur schlimmsten Gefahr für Deutsche wurde, auf die er wie eine harte Droge wirkt.

Für das weitere Verhältnis Deutschlands zu Europa wurde schicksalhaft, wie weit und wie schnell der Abbau des Feudalsystems, der Privilegiertengesellschaft, die Umkehrung der Priorität der Ordnung vor der Freiheit und der Einheit vor der Vielfalt, der Übergang von der zerbrochenen Einheit des Reiches zu einem freiheitlichen Nationalstaat, die Ersetzung feudaler Gerichtsbarkeit durch Rechtsstaatlichkeit, die Ersetzung der Privilegien durch Menschenrechte gelingen, wie weit sich das Verhältnis zu den Nachbarn, besonders zu den slawischen Völkern, nicht länger bestimmt durch Herrschaft und Macht, sondern durch Gleichberechtigung und Kooperation, ändern lassen würde. Würde der deutsche Nationalstaat, falls er käme, ein Staatsethos hervorbringen, an dessen Mangel die Erneuerung des Römischen Reiches, in dem ein solches Staatsethos herrschte, gescheitert war? Würde der Nationalstaat mehr Freiheit ermöglichen und verwirklichen als das alte Reich oder, dem Machttrieb erliegend, am Ende noch weniger und damit auch die Grundlage der Einheit verscherzen? Würden die Städte mit ihrer bürgerlich-demokratischen Gesellschaft die Kriegslüsternheit des Landadels zähmen, oder würden sie sich, wie im Mittelalter, in Städtebünde und Städtekriege nach dem Muster der Feudalanarchie einlassen? Diese und viele andere Fragen stellten sich den Zeitgenossen wie dem rekonstruierenden Betrachter der Gegenwart. Daran, daß sowohl die Geistlichkeit als auch die weltliche Herrschaft der Reform bedurfte, bestand kein Zweifel. Ebensowenig an den zu erwartenden Wechselwirkungen zwischen geistlichen und weltlichen Reformen. Für Deutschland verwandelte sich die Frage, ob sich das Römische Reich erneuern läßt – und nachdem dieses mißlungen war –, in die Frage, ob sich das deutsche Reich erneuern läßt.

Das Nibelungenlied

Zu den zweifellos überragenden Kulturleistungen Deutschlands im Mittelalter gehört das Nibelungenlied, das germanische und deutsche Verhaltensmuster enthält, die Vergangenheit Deutschlands mit seiner Zukunft in einer grandiosen Vision zusammenfaßt und die Grundprobleme deutscher Existenz, Entwicklung und Geschichte erkennen läßt. Wie die »Ilias« und die »Odyssee« die Welten zweier Zeitalter, des mykenischen und des homerischen, verschmelzen, so verknüpft das Nibelungenlied die Welt der Völkerwanderungszeit mit der des Mittelalters. Das gewaltige Epos ist von Nationalisten und Nazis für ihre Ideologie ausgeschlachtet und als Verherrlichung von Gewalt, Krieg, Mord und Totschlag verstanden worden. Es läßt aber auch, wie die »Ilias«, eine andere Deutung zu: die Überwindung der Barbarei durch ihre ungeschminkte Darstellung und ihre Kontrastierung mit einer aufleuchtenden besseren Welt, als schaudererregend, apotropäisch und nicht zuletzt als Warnung vor dem Rückfall in die Zeit der Blutrache, der Habsucht (Hort der Nibelungen), der Herrschsucht (Streit der Königinnen) und der Ruhmsucht (Heroismus, tragische Weltanschauung) vor der Verstellung, Täuschung und Tarnung (Tarnkappe), der Selbsttäuschung und Selbstzerstörung (Not der Nibelungen), vor dem endlosen Hader, vor ewigen Fehden und unaufhörlicher Zwietracht, vor dem Krieg aller gegen alle, vor dem hemmungslosen, radikalen, extremen Egozentrismus, der geradlinig, brutal, rücksichtslos und grausam sein Ziel bis zum eigenen Untergang verfolgt, vor der schrankenlosen, gnadenlosen und wilden Verfolgung egoistischer Ziele, die nicht eher ruht, bis die Welt in Flammen steht, vor dem Inferno totalen Hasses, der nicht eher erlischt, bis sein Träger tötend, raubend, mordend, plündernd und brandschatzend selbst getötet wird, vor dem *furor teutonicus,* blinder

Wut und Raserei, die wie die Glut eines Vulkans aus den Tiefen der menschlichen Seele in Gestalt alles verheerender Leidenschaften hervorbricht, um sich auszutoben bis zum bitteren Ende.

In dieser schrecklichen Vision wird Kriemhild, das grenzenlos liebende Weib, zur Furie *(vâlandinne)*, fällt Siegfried, die lichtvolle Rittergestalt, dem germanischen Baldur vergleichbar, dem finsteren Hagen (Hödur) zum Opfer, verfolgen Kriemhild und Hagen einander, die beide Teile des riesigen Werkes verknüpfen und bis zuletzt am Leben bleiben, ihrem Dämon folgend und sich in komplementärer Weise ergänzend, um erst in der totalen gegenseitigen Vernichtung »Erlösung« zu finden. So gesehen, erscheint die große Dichtung, wie die »Ilias«, nicht als Vorbild, das zur Nachahmung auffordert, sondern eher als abschreckendes Beispiel. Aber nicht nur in der Rückschau auf germanische Zeiten zeigt sich die divinatorische Begabung des Dichters, wer immer es gewesen sein mag, vielmehr auch in der Vorausschau, so wenn er, der als Zeitgenosse Barbarossas um das Scheitern zweier Kreuzzüge wußte, den Untergang deutscher Eroberer in den Weiten des Ostens ahnte. Hitlers Unternehmen »Barbarossa« erfüllte diese Ahnung erschreckend genau.

Ein Meister der moralisch-kritischen Analyse, zeichnet er eindrucksvoll die verschlagene Hinterhältigkeit Hagens gegenüber Siegfried. In der Rückschau wie in der Vorschau mangelt es in der germanisch-deutschen Geschichte nicht an einschlägigem Anschauungsmaterial, vom Hinterhalt Armins gegenüber seinem nichts ahnenden Gastfreund und Waffengefährten Varus und Theoderichs hinterlistiger Täuschung und Ermordung Odoakers bis zur heimtükkischen Geiselnahme von Richard Löwenherz, zum hinterhältig-povokativen Verhalten Bismarcks gegenüber dem unvorsichtigen und leichtsinnigen Kaiser der Franzosen, dem Überfall auf neutrale Staaten durch kaiserliche Armeen zu Beginn des Ersten Weltkrieges und Hitlers heimtückischem Überfall auf die Sowjetunion.

Hagens Meisterschaft, seine Neid-, Rache- und Haßgefühle hinter vorgeschützten Tugenden wie Ehre und Treue zu verbergen, erinnern an die Scheinheiligkeit tyrannischer Bekehrer zur Zeit des Dichters und an die Moralheuchler späterer Zeiten, die, ertappt, über ihre Verbrechen mit hohen Wertbegriffen wie Treue und Pflichterfüllung, mit fadenscheinigem Idealismus oder mit der klassischen Selbstentlastungsformel hinwegzutäuschen versuchten, sie hätten nur mitgemacht, um größeres Unheil zu vermeiden.

Es ist wahr: Dem Ende nahe, finden sich auch bei der todgeweihten Schar der Nibelungenhelden Anwandlungen von Gefühl und Menschlichkeit (Hagen, Volker), wie auch bei anderen Mordbrennern angesichts ihres unabwendbaren Endes das Selbstmitleid rührende Töne hervorbringt. Hätten diese »Helden« dem Leben nur eine Spur von der Ehrfurcht erwiesen, die sie dem Tod bezeugen, hätten ihre Opfer und sie selbst gar nicht erst zu sterben brauchen. Die Leichenberge am Hof Attilas, vor Verdun oder in Stalingrad, Soldatenfriedhöfe, Staatsbegräbnisse oder Heldengedenktage zeugen von jenem abgrundtiefen Haß auf das Leben, den Georges Clemenceau nach dem Ersten Weltkrieg als eine typisch deutsche Verhaltensweise erkannte und die in Hitlers Nekrophilie ihren makaber-perversen Ausdruck fand.

Wie der Dichter der »Odyssee« bei der Hadesfahrt des überlebenden Odysseus mit Achills glühendem Bekenntnis zum Leben[82] sinnbildlich die alte Welt, das heroische Zeitalter überwindet, überwindet Wolfram von Eschenbach im »Parzival« die düstere Atmosphäre des Nibelungenliedes. Die christliche Orientierung des Parzival bewog Richard Wagner zur Abkehr von seiner Nibelungenromantik. Friedrich Nietzsche hat ihm diesen »Verrat« nie verziehen.

Weit von dem Anspruch entfernt, den Ideengehalt des Nibelungenliedes auch nur annähernd erfassen und darstellen zu können, schließen wir uns Goethe an, wenn er vom Nibelungenlied sagt: »Jedermann sollte es lesen, es gehört zu einer Bildungsstufe der Nation.«[83]

Das Nibelungenlied reflektiert (auch) die Bewußtseinsstufe deutschen Selbstverständnisses um 1200. In mancher Hinsicht finden wir in der Not der Nibelungen die Nöte des (staufischen) Zeitalters wieder: den Zwist zwischen Welfen und Ghibellinen, den Hader zwischen den deutschen Königen, Herzögen und Fürsten, das Scheitern der Kreuzzüge und einer vermessenen imperialistischen Politik, die im Chaos endet. Aber, so lautet die Botschaft des nicht nur pessimistischen Gedichts, dieses Chaos kann überwunden werden, wenn menschliche Größe und Solidarität (Dietrich von Bern) Größenwahn und Verblendung überwinden.

4 Die zweite Chance der Geschichte: Das Gleichgewicht der Kräfte in Europa

Umfaßt die erste Epoche der deutschen Geschichte etwa einen Zeitraum von sechshundert Jahren (900–1500), erstreckt sich die zweite über etwa vierhundert Jahre (1500–1900), wobei die Zeitalter im Hinblick auf die innere Dynamik nicht aneinander anschließen, sondern miteinander verschränkt und in Wechselwirkung mit europäischen Entwicklungen zu sehen sind.

Die Bilanz der ersten Epoche hatte ergeben, daß sie mit der wirtschaftlichen Erschließung des Kontinents und der geistigen Aneignung antiken Bildungsgutes ein kultureller Erfolg war, gesellschaftlich durch die Fortdauer und Stärkung des feudalistischen Systems sowie politisch durch den gescheiterten Imperialismus und die Niederlage des Kaisertums gegenüber dem Papsttum ein Mißerfolg.

Zur Beurteilung der zweiten Epoche der deutschen Geschichte ist daher zu fragen, ob in ihr die positiven Errungenschaften der ersten Epoche erhalten und vermehrt, ob die alten Fehler vermieden und wie die Beziehungen zu den anderen Nationen in Europa gestaltet wurden. Erschien für die erste Epoche die Schutzmachtfunktion als positiv, das Streben nach Vormacht als negativ, so gewinnt im Zeitalter der Nationen dieser Unterschied dadurch an Bedeutung, daß neue Kräfte auftreten und das zu erhaltende Gleichgewicht dieser Kräfte infolge der teilweise recht komplizierten Interessenlagen, Machtkonstellationen und Konfliktsituationen mehr denn je zu einem Problem wird.

Wie jede spezifische Herausforderung eines Zeitalters eine entsprechende Antwort erfordert, läßt sich der Erfolg einer Politik hier am Beitrag messen, den die einzelnen Nationen zur Erhaltung dieses Gleichgewichts, das Frieden nach außen und Gerechtigkeit im Innern bedeutet, leistet. Für Deutschland wird in diesem Spiel der Kräfte das Verhältnis von Reichsidee und Nationalität schicksalhaft: Während das alte Reich von Jahrhundert zu Jahrhundert an Kraft und Einfluß verliert, kristallisieren sich aus der Masse der Fürstentümer zwei Anwärter auf eine Neugestaltung Deutschlands heraus: das Haus Habsburg als legitimer Nachfolger der Kaisertradition des alten Reiches im Süden und im Norden das Haus Hohenzollern als Aufsteiger, der auf staufische Traditionen zurückblicken kann. Die Schutzmachtfunktion des alten Reiches setzt sich für Habsburg in der Abwehr türkischer Angriffe fort, das Streben nach Vormacht dominiert dagegen in Preußen. Beide Mächte hatten eine faire Chance, das neue Deutschland zu einem nützlichen und angesehenen Glied der europäischen Völkergemeinschaft zu entwickeln. Ob sie diese Chance genutzt oder verspielt haben, soll das folgende Kapitel zeigen.

Europas Aufbruch in die Neuzeit

Europa war kolonisatorisch weitgehend erschlossen, die feudale Gesellschaftsordnung war überlebt, ein reformfeindliches Papsttum hatte viel von seiner Autorität eingebüßt, das Kaisertum hatte versagt, das Reich zerfiel, die Einheit des Christentums war gefährdet, und das einheitliche, geschlossene, großartige christliche Weltbild zeigte tiefe Risse.

Von der fixen Idee einer Erneuerung des Römischen Reiches besessen, hatten adlig-christliche Abenteurer,[84] ungeachtet des von Papst Innozenz III. bei Exkommunikation verbotenen Angriffs auf Byzanz, ihr Kreuzzugsgelübde vergessen, Konstantinopel erobert und gründlicher geplündert (1204) als vorher die Goten und später die Muselmanen. Aus primitiver Habgier und Mordlust haben sie das letzte Bollwerk des Römischen Reiches selbst für die Muselmanen sturmreif gemacht, denn von diesem Schlag erholte sich Konstantinopel bis 1453 nicht mehr – ein Vorgeschmack vom Auftreten »christlicher« Barbaren bei der Begegnung mit überlegenen fremden Kulturen. Aber es gab auch in der Führungsschicht überlegene Geister, wie Richard Löwenherz und Kaiser Friedrich II., die den Kulturaustausch dem Kulturkampf vorzogen.

Während jedoch die indische und die chinesische Kultur, wie später die islamische, im mittelalterlichen Zustand verharrten, gelang Europa, aus Gründen, auf die die Forschung bis heute keine befriedigende Antwort gefunden hat, endgültig der Aufbruch in die Neuzeit.

Empfand man im Westen den Verdruß mit den bestehenden Verhältnissen stärker als anderswo? Herrschte hier ein größerer Überschuß an Antriebsenergien, oder waren nur die Rahmenbedingungen zufällig günstiger? Würde das neue Zeitalter, die sogenannte Neuzeit, nur eine Neuauflage althergebrachter Barbarei bringen oder einen

Wandel des Fühlens, Wollens, Verhaltens und Denkens einleiten? So dürfte sich mancher sensiblere Zeitgenosse gefragt haben, der die ungeheure Dynamik jenes Aufbruchs mit Staunen wahrnahm. Und noch heute wissen wir nicht, wohin die damals einsetzende Kette von Umwälzungen, die sich inzwischen über den ganzen Erdball ausgebreitet hat, letztlich führt.

Die Welt ist größer als Europa

Von den Kreuzzügen war bereits die Rede. Hier wäre auch Marco Polo (1254–1324) zu nennen, dessen Reiseberichte über Chinas hochentwickelte Kultur man daheim für Phantasterei hielt. Tatsächlich war er »eine Vorentdeckung für das Abendland, Auftakt zum Zeitalter der Entdeckungen. Liegt doch in Sevilla ein Exemplar von Marco Polos Schrift, versehen mit den Marginalien von der Hand des Kolumbus.«[85]

Ein anderer Pionier auf der Schwelle zur Neuzeit war der Philosoph Nikolaus von Kues (1401–64), der 1437 mit einer päpstlichen Gesandtschaft nach Byzanz reiste und als erster deutscher Denker die Hemisphäre griechischer Kultur betrat.

Gegen Ende des 15. Jahrhunderts setzte dann das Zeitalter der Entdeckungen ein, die fast Schlag auf Schlag einander folgten: Der Genuese Christoph Kolumbus entdeckt 1492 den amerikanischen Kontinent; der Florentiner Amerigo Vespucci Südamerika – nach ihm wird 1494 der neue Erdteil Amerika genannt; der Portugiese Vasco da Gama entdeckt 1498 den Seeweg nach Ostindien; ein anderer Portugiese, Fernão de Magalhães, umsegelt die Erde (1519–22), fällt aber auf den Philippinen im Kampf; wiederum ein Portugiese, Pedro Alvarez Cabral, entdeckt Brasilien; die beiden spanischen Konquistadoren Hernán Cortez und Francisco Pizarro erobern Mexiko und Peru.

Die Folgen dieser Entdeckungen sind tiefgreifende Veränderungen in Wirtschaft und Wissenschaft. Der Schwerpunkt des Handels verlagert sich vom Mittelmeer und von der Ostsee auf den Atlantik. Italien und Deutschland (Hanse) verlieren, Portugal und Spanien, dann Holland und England gewinnen dadurch an wirtschaftspolitischer

Bedeutung. Andere Erdteile werden zu Austragungsorten europäischer Rivalitäten und Machtkämpfe.

Mit der geographischen Horizonterweiterung geht eine philosophisch-wissenschaftliche Hand in Hand. Ein neues Weltbild, eine neue Weltanschauung und ein neues Lebensgefühl verbreiten sich über den alten Kontinent.

Der Buchdruck beschleunigt den Wissenszuwachs, und die ersten Auswanderer setzen sich in Richtung Neue Welt in Bewegung: ein ständig anschwellender Strom, der das Angesicht der Erde von Grund auf verändert. Wirtschaftliche, gesellschaftliche und politische Entwicklungen wirken auf das kulturelle Leben zurück, entfesseln neue Kräfte und lösen gewaltige Bewegungen, bisweilen sogar, wie zum Beispiel in Deutschland, erdbebenhafte Erschütterungen aus. Durch die Rückwirkungen ihrer eigenen Dynamik wird die Alte Welt von Jahrhundert zu Jahrhundert mehr in die Defensive gedrängt, ein Prozeß, der in Schüben und Wellen bis zur Gegenwart andauert.

Renaissance, Humanismus, Reformation, Gegenreformation

Von der Fremdherrschaft habgieriger Halbbarbaren befreit, verfiel Italien in einen Überschwang, Rausch und Taumel der Kreativität, die das Land in den Künsten und Wissenschaften wieder auf eine mit der Antike vergleichbare Höhe brachte und seine Bewohner zu Pionieren der kulturellen Erneuerung Europas erhob. Träger dieser Entwicklung waren, wie einst in Griechenland, Stadtstaaten, vor allem Florenz, Mailand und Venedig, schließlich auch Rom, dessen Päpste sich dem neuen Lebensgefühl nicht verschlossen und dabei manchmal sogar ihre christliche Moral vergaßen. Der Entdeckung der Welt folgte die Entdeckung des Menschen, der freien, von grenzenlosem Forschungs- und Gestaltungsdrang beseelten Persönlichkeit, des Universalgenies. Um 1550 führte der Maler und Schriftsteller Giorgio Vasari den Begriff »Renaissance« (italienisch: *rinascimento;* deutsch: Wiedergeburt; zirka 1375–1575) ein. Man verstand darunter die Wiedergeburt der Antike, die Befreiung des Menschen aus den Fesseln mittelalterlicher Bewußtseinsenge sowie das Aufkommen eines befreienden Natur-, Welt- und Lebensgefühls, das in dem von Baldassare Castiglione (1478–1529) geprägten Ideal des *uomo universale,* der umfassend gebildeten, schöpferischen Persönlichkeit, seinen Ausdruck fand. Ein solches Universalgenie war Leonardo da Vinci, zugleich Architekt, Bildhauer, Maler, Musiker, Astronom, Anatom, Festungsbauer, Ingenieur, Erfinder und Philosoph.

Eng mit der Renaissance verbunden ist der Humanismus, der ebenfalls in Italien aufkommt und sich von da aus über ganz Europa ausbreitet. Die Schlüsselfigur ist Francesco Petrarca (1304–74), der sich zu Platon, Cicero und Augustinus bekennt und dem so etwas wie eine geistige Synthese von Antike, Mittelalter und Neuzeit vorschwebte. Platon erscheint ihm als Vorbild des Denkens, Cicero als Vorbild des Sprechens und Augustinus als Vorbild für eine demütige Philosophie. Das Ideal der Mitmenschlichkeit feiert in Sokrates seine Auferstehung, der individualistische Zug des neuzeitlich-modernen Daseins erhellt aus Petrarcas Schrift »Vom einsamen Leben«, seine Liebesdichtung setzt, mit veränderten Akzenten, den Minnesang mittelalterlicher Dichter fort und wird zu einem europäischen Modell.

Eine andere wichtige Persönlichkeit der humanistischen Bewegung ist Erasmus von Rotterdam (1467–1536), der humanistische Antipode zum Reformator Luther. Mit seinen Ausgaben der lateinischen und griechischen Kirchenväter begründete Erasmus die Patrologie, machte sich um die Textkritik des Neuen Testaments verdient, entwarf ein Bildungskonzept für das Gymnasium (»De ratione studii«, 1512), befaßte sich aber auch mit theologischen Fragen, in denen er einen gemäßigten Kurs vertrat, der ihm in den westlichen Ländern Ansehen und Einfluß verschaffte, während er mit dem radikaleren Luther in einen für den Humanismus wie für die Reformation verhängnisvollen Konflikt geriet.

Hatten Renaissance und Humanismus in Italien ihre Heimat, bildete die Reformation einen Schwerpunkt in Deutschland. Hier ist eindeutig Martin Luther (1483–1546) die Schlüsselfigur,[86] die Reformation weitgehend sein Werk. Sie begann 1517 mit dem Anschlag der 95 Thesen gegen den Ablaß an der Schloßkirche zu Wittenberg. Da die Reformation eine europäische Bewegung war, sind auch die anderen Glaubensbewegungen zu nennen: Ulrich Zwingli (1484–1531), seit

1522 in der Schweiz reformierend, Johann Calvins (1509–64) Kirchengründung in Genf (1541) und die Entstehung der anglikanischen Kirche in England (seit 1534). Daneben bildeten sich zahlreiche Sekten. Die alte Kirche reagierte darauf vor allem mit dem Konzil von Trient (1545–63), der Ausbildung des Jesuitenordens (seit 1540) und insgesamt mit der sogenannten Gegenreformation. Weil Luther ein Bündnis mit dem aufkommenden deutschen Nationalgefühl einging, konnte er in der Schweiz, den Niederlanden und in der angelsächsischen Welt kaum Einfluß gewinnen, wohl aber in Skandinavien und stellenweise auf dem Balkan. Der Calvinismus gewann dagegen auch in Deutschland an Boden, so daß neben den rivalisierenden Glaubensgemeinschaften der Katholiken und Protestanten seit 1648 auch die Reformierten in den Genuß des Augsburger Religionsfriedens (1555) kamen. Seit 1921 sind Calvinisten, Puritaner und Presbyterianer im »Reformierten Weltbund« zusammengefaßt.

Da nicht nur Luther eine Schlüsselfigur der deutschen Reformation, sondern auch die Reformation ein Schlüsselereignis in der deutschen Geschichte war, und da die Erforschung der Geschichte andauert, kommt eine weiterführende Studie, die sich nicht in der Auflistung von Tatsachen und dem Aufzeigen geistesgeschichtlicher Zusammenhänge erschöpft, vielmehr auch Zukunftsperspektiven zu erschließen versucht, um eine tiefergreifende Analyse Luthers und der Reformation im Kräftefeld deutscher Entwicklungen nicht herum (vgl. Anhang II).

Luther war psychisch labil, gehörte zum aufstrebenden Bürgertum, lebte in einer Epoche des Umbruchs, wurde Mönch, studierte Theologie, entwickelte sich zum Reformator, gab sein Mönchtum auf, wurde zu einem politischen Faktor mit Langzeitwirkung und damit eigentlich zu einem Wendepunkt der deutschen Geschichte, die bis dahin in gesamteuropäischen Bahnen verlief. Alle diese Aspekte sind von Bedeutung, lassen sich aber vielleicht auf zwei Grundkomponenten reduzieren, die theologisch-ideologische und die praktisch-politische.

Von anderen Reformatoren unterscheidet sich Luther durch seinen Absolutismus, Fundamentalismus und Radikalismus, gespeist von einem unbändigen Haß auf Rom, seine Feinde und schließlich auch auf Gleichgesinnte. Seine Theologie ist nicht frei von Haßgefühlen, die letztlich wohl einem selbstzerstörerischen Selbsthaß entspringen.

Verbal bleibt Luthers Gott ein Gott der Liebe, tatsächlich aber wandelt er sich zu einem finsteren, dem christianisierten Abendland fremden Despoten und entfernt sich damit sowohl von den Gottesvorstellungen des traditionellen Christentums als auch von denen der Reformatoren. Während bei Calvin das Rechtsbewußtsein, bei Zwingli die Brüderlichkeit und bei Erasmus die Vernunft den Reformationsprozeß zu fruchtbarer Entfaltung kommen lassen, verwandelt er sich in Deutschland unter Luthers Regie zu einem Inferno der Leidenschaften, das sich jeder Kontrolle entzieht, sich wie ein Vulkanausbruch oder Dammbruch mit elementarer Gewalt austobt, nur durch Gegengewalt zu bekämpfen ist und damit eine Kettenreaktion mit verheerenden Folgen in Gang setzt.

In Luthers Theologie beginnen die Grenzen zwischen Gott und Teufel zu verschwimmen. Der Reformator wird vom Verfolgungswahn, dem Gefährten des Größenwahns, heimgesucht und verliert sich immer mehr im Labyrinth seines Hasses auf die Vernunft, seines Freund-Feind-Denkens, seines Antisemitismus und Irrationalismus, seiner ausufernden Affektivität und Emotionalität, im Wirrwarr seines selbstzerstörerischen Fühlens, Wollens und Denkens, worin ihm bisweilen die ganze Welt als unversöhnlicher Feind erscheint.

Dem *furor teutonicus* entsprungen, endete Luthers Theologie auch im *furor teutonicus* und heizte auf politischem Gebiet die angefachten Leidenschaften in der für Extremismus und Radikalismus empfänglichen deutschen Psyche gewaltig an.

Da Luthers Theologie der Liebesbotschaft der christlichen Religion nur verbal verbunden blieb, sie tatsächlich aber in eine Botschaft ungestümen Hasses umfunktionierte, förderte sie die Entwicklung der Theologie zur Ideologie, einem Säkularisationsprodukt, das die Liebe dem Haß, das Recht der Macht, die Vernunft dem Wahn und die Religion weltlicher Herrschaft unterordnet. Die neuzeitlichen Ideologien scheinen danach in religiösen Wahnvorstellungen, in Umkehrprodukten von Theologemen und damit in einer perversen Theologie zu wurzeln.

Die deutsche Geschichte – und damit kommen wir zur praktisch-politischen Komponente – ist bis auf den heutigen Tag von der

Dialektik theologisch-ideologischer Wahnsysteme mitgeprägt, einer Art *folie circulaire,* die ihre Virulenz von Zeit zu Zeit unter Beweis gestellt hat und wahrscheinlich weiter stellen wird, wenn nicht eine gründliche Psychotherapie erfolgt, die sich nicht auf das Kurieren von Symptomen beschränkt, sondern bis zu den Wurzeln des Übels vordringt.

Der *furor teutonicus* ist keine Erfindung Luthers. Luther ist daher auch nicht direkt für vergangene und künftige Eruptionen dieses *furor* verantwortlich, aber man muß spannungsfördernde Komponenten seiner Theologie erkennen und sie durch liberale, erasmische, anglikanisch-platonische ersetzen.

Wichtig für das Verständnis der deutschen Reformation und ihrer Wirkungen ist, daß sie nicht aus der seit der Renaissance zunehmenden philosophisch-wissenschaftlichen Kritik an der Kirche hervorging, also einen rationalen Ursprung hat, sondern in einer verworrenen Mischung von religiösen, moralischen und politischen Gefühlen wurzelt, mithin irrationaler Herkunft ist.

Luthers Rückkehr zu Augustinus' Prädestinationslehre, mit dem ihn überhaupt eine tiefe Seelenverwandtschaft verbindet, war mehr als ein Protest gegen den aristotelischen Rationalismus der Scholastiker: Es war eine innere Notwendigkeit des *homo religiosus.*

Unter Berücksichtigung all dieser Faktoren, Kriterien und Motive läßt sich Luthers Einfluß auf die Entwicklung deutscher Religiosität, Moralität und Politik in zwölf positiven und zwölf negativen Punkten wie folgt zusammenfassen.

Positiv waren: Bibelübersetzung, Sprachmeisterschaft, musische Begabung, Gefühlsintensität, Frömmigkeit, Gottesfurcht, Sorge um das Seelenheil, Freiheitssehnsucht, Sorge um den Bestand des Christentums, Selbstlosigkeit, Engagement, Aufrichtigkeit.

Negativ waren: Absolutheitsanspruch, Antisemitismus, Doppelmoral, Fürstendienerei, Verrat an den Bauern, Rückständigkeit, Narzißmus, Feindeshaß, Kriegsbereitschaft, Maßlosigkeit, Selbsttäuschung, Intoleranz.

Positive wie negative Eigenschaften, die sich noch beträchtlich vermehren ließen und hier nur beispielhaft aufgeführt sind, sind für das Wesen, den Charakter und die Mentalität der Deutschen von entscheidender Bedeutung.

An den Früchten gemessen: Hat Luther sein Ziel, die Abschaffung des Papsttums, erreicht? – Wie Nietzsche bereits erkannte, hat er Papsttum und Katholizismus eher stabilisiert als überwunden.

Hat sich Luthers starke Betonung des Glaubens bewährt? – In der Folgezeit triumphierte der Unglaube, versiegte die Liebe, und die Hoffnung löste sich in ein Prinzip auf.

Hat Luther die Menschen, wie er ursprünglich wollte, befreit? – Die Freiheit blieb auf der Strecke, Knechtschaft, Unterwürfigkeit und Untertanengesinnung wurden erhalten.

Hat Luther die Mißstände der alten Kirche beseitigt? – Die neuen Systeme stehen dem alten in Absolutheitsanspruch, Orthodoxie und Wissenschaftsfeindlichkeit nicht nach und übernehmen deren Methoden weitgehend.

Hat Luther eine Stärkung des Christentums bewirkt? – Katholiken wie Protestanten kranken nach wie vor an den gleichen Übeln. Die Spaltung der Christenheit bestätigt nur die schon am Ende des Mittelalters dämmernde Einsicht: Die schlimmsten Feinde des Christentums sind nicht die Heiden, Ketzer, Häretiker, Juden, Moslems oder Atheisten, sondern der schlimmste Feind des Christentums ist und bleibt das Christentum selbst.

Demokratie, Menschenrechte, Toleranz und Kompromißbereitschaft, ohne die ein Zusammenleben der Völker weder möglich war noch möglich sein wird, haben sich eher gegen das Christentum als mit ihm durchsetzen müssen.

Luther, »dieses Verhängnis von Mönch«[87], hat nicht weniger versagt, als die Päpste versagten, die er attackierte, aber ist das Christentum durch sein Versagen widerlegt? Die Botschaft der Liebe läßt sich nicht widerlegen, aber mehr Liebe, als die Menschen selbst aufbringen, ist auch nicht zu erwarten.

Luther hat, wie später Nietzsche, Deutschland Unheil prophezeit: »Es wird ein solcher Jammer über Deutschland kommen, daß man sagen wird: hier hat Deutschland gestanden.«[88]

Nietzsche: »Die Deutschen selbst haben keine Zukunft!«[89]

Offensichtlich verfügten beide Unheilspropheten nicht über so viel Selbstkritik, daß sie sich fragten, ob sie nicht selbst mit ihrem Radikalismus das von ihnen prophezeite Unheil heraufbeschwören könnten.

Nach wie vor bleibt die deutsche Misere eng mit der Misere des Christentums verknüpft, und vom heutigen Standpunkt läßt sich sagen: Ein autoritäres, konfessionalistisches und tyrannisches Christentum – nein; ein Christentum ohne Hierarchie, Orthodoxie und Mythologie – ja.

Ein oligarchisches, ochlokratisches, militaristisches, imperialistisches Deutschland – nein; ein republikanisches, demokratisches, freiheitliches und gerechtes Deutschland – ja.

War Luthers Erfolg ein Sieg?

Unnachgiebigkeit in unentscheidbaren Fragen muß nicht ein Zeichen von Klugheit sein. Sie kann auch teuer werden und nachteilig für die Betroffenen. Luther war gegenüber den anderen Reformatoren nicht weniger unversöhnlich als gegenüber Rom. Er ging sogar so weit, daß er Zwinglis Tod – er fiel in der Schlacht im Kampf für seine Sache – als ein Gottesgericht hinstellte, wie übrigens auch den Tod Thomas Müntzers. Zwingli hielt Luthers Unversöhnlichkeit für kindisch. Sie war aber – nach heutigem Verständnis – nicht nur infantilnarzißtisch, sondern hat darüber hinaus durch ihren Multiplikatoreffekt das für Streit, Kampf und Krieg empfängliche deutsche Wesen in dieser Richtung verstärkt und damit eigentlich die Deutschen um die Früchte der Reformation gebracht.

Wenn Luthers Reformation ein Sieg war, so mag das für ihn und die Fürsten zutreffen, für Deutschland war sie – wie später so viele Siege – ein Pyrrhussieg, denn wenn ein Erfolg mehr Energie verschlingt, als er nützt, wenn der Aufwand, die Kosten den Gewinn übersteigen, handelt es sich nicht mehr um einen Erfolg, sondern um ein Verlustgeschäft. Waren die Bauern, die kleinen Leute und das Reich die Verlierer, erscheinen Adel, Ritter, kirchliche und weltliche Große sowie sonstige Nutznießer des Feudalsystems als Gewinner, später dann auch indirekt die Franzosen, Schweden und Türken.

Unter der euphemistisch-verharmlosenden Bezeichnung »Säkularisation« war auf materiellem Gebiet die gewaltigste Umverteilung der deutschen Geschichte angelaufen, in deren Verlauf Klostergüter in Rittergüter, Kirchenbesitz nicht in Volksbesitz, sondern in Fürstenbesitz überging – ein Fischzug, der die kühnsten Träume der alten und neuen Herrenschicht übertraf und sie in Deutschland zu einer fast allmächtigen Schlüsselposition aufrücken ließ, die sie bis ins

20. Jahrhundert behalten sollte. In seiner rührenden politischen Naivität hatte Luther, vielleicht der vertrauensseligste aller Weltverbesserer aus Weltunkenntnis, von dieser Art Säkularisation wenig gemerkt, wenn er auch gelegentlich einen Freund, wie Albrecht von Brandenburg, dazu ermunterte. Während Luther die Fürsten und sich selbst als Werkzeuge Gottes ansah, war er unversehens zu einem Werkzeug der Fürsten und diese zu Werkzeugen des Teufels geworden, wobei die Reformation immer mehr als Aushängeschild für das älteste Gewerbe der Kriegerkaste, das Beutemachen, fungierte. Endlich hatte man wieder die dringend benötigten Mittel zur Kriegführung, dem Spiel aller Spiele für große und kleine Machthaber, und nun folgte ein Krieg auf den anderen: Ritterkrieg (1522/23), Bauernkrieg (1524/25), Schmalkaldischer Krieg (1546/47), Fürstenkrieg (1552), Markgrafenkrieg (1553), Türkenkrieg (1593–1609), Vierklosterstreit (1600) und schließlich der Dreißigjährige Krieg (1618–48), dessen Auswirkungen Deutschland an den Rand des Ruins brachten und dessen Nachwirkungen noch heute nicht völlig überwunden sind.

Was Luther ebensowenig geahnt haben dürfte, war der Schaden, den das Christentum insgesamt nahm. Der in heroischen Kämpfen gegen die Arroganz altrömischer Kaiser errungene und im Mittelalter mühsam behauptete Primat des Geistes vor der Materie, des geistlichen vor dem weltlichen Prinzip, ging nicht nur verloren, sondern wurde in sein Gegenteil verkehrt. In einem Prozeß der Ideologisierung wurde die Religion zu einer Tarnkappe für Machtpolitik, zur geistigen Waffe, in einem Prozeß der Instrumentalisierung zum Werkzeug der Ausbeutung und Gewaltanwendung und in einem Prozeß der Säkularisierung nicht zum Garanten größerer Gewissensfreiheit, vielmehr zur Beute nicht mehr kaiserlicher, sondern fürstlich-landesherrlicher Willkür: *Cuius regio, eius religio* – eine an Zynismus nicht zu überbietende Formel der Gewissensversklavung des Individuums. Die deutschen Christen waren damit nicht aus der babylonischen Gefangenschaft befreit, sondern Katholiken wie Protestanten waren vom Regen in die Traufe gekommen.

Dekodiert, erscheint Luthers Theologie als Beginn der Selbstauflösung christlichen Glaubens durch Übertreibung, Überspannung und Überforderung des Glaubensprinzips – in die politische Realität übersetzt: als Selbstermächtigung des Menschen, der nach der Entmachtung Gottes (Glaubensverlust) zum Weltenherrscher, Weltbeherrscher avanciert und – Weltvernichter.

So betrachtet, erscheint Luther zwar nicht unmittelbar als Wegbereiter des Dritten, Tausendjährigen Reiches von dieser Welt, wohl aber als Vorbereiter dritten Grades. Die Zwischenstufen sind Nietzsche und Wilhelm II. Der Immoralist, Atheist und Todfeind des Christentums Nietzsche sprengte folgerichtig den einzigen Pfeiler des Christentums, den Luther – in einer für ihn typischen Horizontverengung in einem Zeitalter allgemeiner Horizonterweiterung – von der breiten Verankerung des Christentums in religiösen und ethischen Traditionen der Antike und des Mittelalters übriggelassen hatte, Wilhelm II. ebnete mit seinen germanisierenden Wahnvorstellungen einer Hohenzollernweltherrschaft dem Immoralisten, Atheisten, Antichristen und Paranoiker Hitler den Weg – in die Weltkatastrophe.

Der Dreißigjährige Krieg

Wie stellt sich das Zeitalter der Reformation aus europäischer Sicht dar? Wenn auch Luthers pauschale Verdammung des Papsttums, seine Verteufelung Roms und sein moralischer Entrüstungsaffekt an ältere Beispiele (Hieronymus) erinnern und sich weitgehend aus sexuellen Komplexen, übertriebener moralischer Askese und kleinbürgerlichen Ressentiments erklären lassen, hatte das Papsttum doch viel von seinem alten Glanz verloren: Verschleppung der Päpste nach Avignon (1305), päpstliches Schisma (1378–1417), Intrigen der Päpste gegen die Konzilien, Intrigen der Kardinäle gegen die Päpste. Aber es gab auch einsichtige Päpste, die einen bescheidenen, integren, ja vorbildlichen Lebenswandel führten und die Mißwirtschaft ehrlich bedauerten (wie Leo X., 1516). Was den Peterspfennig betrifft, so verschlang sein Bau nicht mehr Geld als die Schloßbauten französischer Könige oder die Prunkschlösser deutscher Nachahmer der Franzosen. Ob die Befriedigung religiöser Bedürfnisse durch Ablaßgebühren und der verschwenderische Aufwand für prunkvolle Bauten und Kunstwerke verwerflicher sind als die Rüstungsausgaben weltlicher Machthaber, in deren Kassen das Geld nunmehr zusammenfloß, bleibe dahingestellt. Beides ging zu Lasten der ausgebeuteten Völker.

England war in der Kritik klerikaler Mißstände dem Zeitalter der Reformation weit vorausgeeilt, und bei John Wyclif (1320–84) finden sich die meisten Argumente der großen Reformatoren, nur maßvoller in der Form, angemessener in der Sache und gemäßigter im Ton: Auflehnung gegen die Bereicherung der Kirche, die Verweltlichung des Klerus, Appell an moralische Verantwortung, an Einsicht und Vernunft, Primat der Schrift vor der Dogmatik, Ablehnung der Werkgerechtigkeit, der Transsubstantiation (Verwandlung von Brot und Wein in Leib und Blut Christi) und der Mittlerrolle des Priesters zwischen Gott und Mensch. Aber auch hier behinderte, wie in Deutschland, eine ausbeuterische Adelsschicht – von der Bevölkerung Englands waren derzeit etwa zwei Drittel Bauern und die Hälfte von ihnen Leibeigene – friedliche Reformen. Als die geistliche, politische und militärische Mißwirtschaft unerträglich wurde, griffen die Bauern zu den Waffen. Nach anfänglichen Erfolgen und Zugeständnissen seitens des Königs gewannen die Reaktionäre die Oberhand. Von den Bauernführern kämpfte Wat Tyler tapfer an der Spitze seiner Männer, wurde aber, während er mit dem Gegner verhandelte, von einem Junker schwer verwundet. Tyler warnte seine Gefährten noch und rief: »Verrat!«, bevor er starb. John Ball wurde gefangengenommen, und als er sich zu seinen Leuten und deren Anliegen bekannte, gerädert, gehängt und gevierteilt. Die Köpfe Tylers und Balls wurden auf der London Bridge aufgespießt. An den vergeblichen Kampf der heldenhaften Reformer erinnert der Vers:

»Als Adam grub und Eva spann,
Wer war da ein Edelmann?«

Wie man sieht, stand England gesellschaftlich vor den gleichen Problemen wie Deutschland, aber während hier die Niederlage der Bauern und der Sieg des Adels sozusagen endgültig waren, siegte in England, ungeachtet repressiver Gesetze, der Geist der Freiheit, der seit der »Magna Charta« langsam, aber sicher fortwirkte: »Die Zahl der Leibeigenen sank trotz aller Gesetze, so daß um 1500 nur noch ein Prozent der Gesamtbevölkerung leibeigen war. An ihre Stelle traten Freisassen *(yeomen)* – freie Eigentümer des von ihnen bewirtschafteten Bodens –, die sich nach und nach zu den selbstbewußten und unabhängigen Männern entwickelten, die erst Englands Kolonialreich und dann das Commonwealth schmieden und unter einer ungeschriebenen Verfassung von beispiellos freiheitlichem Geist leben sollten.«[90]

In eine neue Phase trat die englische Reformation erst unter König Heinrich VIII. (1509–47), der anfänglich sogar das Papsttum gegen Luther verteidigte,[91] welcher daraufhin in einem aggressiven und anmaßenden Ton erwiderte, so daß er damit jede später von ihm selbst gewünschte Annäherung der deutschen und der englischen Reformation von vornherein vereitelte. Heinrich VIII. hatte einen konkreten, menschlich verständlichen Grund für seinen Bruch mit der römischen Kirche. Aus dem verständlichen Wunsch nach männlicher Nachkommenschaft, den ihm seine Gattin nicht erfüllen konnte, ersuchte er den Papst um Einwilligung in die Scheidung seiner Ehe, was dieser jedoch verweigerte. Da der König in der Verfolgung seiner Ziele buchstäblich über Leichen ging, nahm der Streit für alle Beteiligten ein schlimmes Ende, vor allem – neben den Ehefrauen Heinrichs – für den Humanisten, Staatsmann und Kanzler Sir Thomas More (auch: Thomas Morus, 1478–1535), der in diesem Kampf zum Märtyrer wurde (er wurde 1935 heiliggesprochen). In der Suprematsakte von 1534 bestätigte das Parlament die anglikanische Staatskirche.

In England fand, wie in Deutschland, unter dem Etikett »Säkularisation« eine riesige Umverteilung statt. Die Nutznießer der Enteignung von Kirchenbesitz waren weder Bauern noch Arbeiter, sondern Adlige[92] und Großbürger. Das Volk vertauschte nur die Herren, die unfehlbare Kirche mit dem absoluten König, materiell ging es leer aus, und doch bestand ein wesentlicher Unterschied zwischen der englischen und der kontinentalen Reformation. Heinrich VIII. war ein Ungeheuer, »im ganzen genommen hat er jedoch nicht den zehnten Teil der Morde auf dem Gewissen, wie der wohlmeinende Karl IX., der das Massaker der Bartholomäusnacht sanktionierte, oder wie Karl V., der die Plünderung Roms duldete, und wie die deutschen Fürsten, die dreißig Jahre Krieg führten, um das Glaubensbekenntnis ihrer Untertanen selbstherrlich bestimmen zu können«[93].

Während in Deutschland ein Glaubenskrieg den anderen ablöste, stieg England unter Elisabeth I. (1558–1605) nach der Vernichtung der spanischen Armada (1588) zur führenden protestantischen Großmacht in Europa auf, schuf eine blühende Kultur (»Elisabethanisches Zeitalter«) mit einem William Shakespeare (1564–1616) und legte die Grundlagen für ein reales Weltreich, von dem deutsche Herrscher nur geträumt hatten und das an Umfang das Römische Reich sogar noch übertraf. England hatte durch seine insulare Lage gleichsam das große Los gezogen: praktisch unangreifbar, offen zur Alten wie zur Neuen Welt, die Meere beherrschend. Aber England nutzte auch seine Chance, realisierte mit einem Minimum an Ordnung ein Maximum an Freiheit, überwand den Feudalismus auf evolutionärem Weg, kam mit einer relativ kurzen Periode des Absolutismus aus (1688 die unblutige Glorreiche Revolution; 1689 »Declaration of Rights«), vermied Überreaktionen und zähmte die Macht. Gegenüber den kontinentalen Mächten verfolgte England die nach dem Scheitern Karls V. einzig realistische und sinnvolle Politik der *balance of power*, des Gleichgewichts der Kräfte.

In Frankreich legte eine Reihe tatkräftiger Könige den Adligen das Handwerk, die sich, nicht anders als in England und Deutschland, am Niedergang der Kirche und am Elend des Volkes zu bereichern suchten. Nach dem Hundertjährigen Krieg gegen England (1339–1453) war in Frankreich der Nationalstaat Wirklichkeit geworden. Mit dem Übertritt Heinrichs IV. von Bourbon (1589–1610) zum katholischen Glauben (1593) war für Frankreich die Zeit der inneren Zwietracht beendet, und während Deutschland sich in Glaubenskriegen verzehrte, gründete Frankreich in Kanada eine Kolonie (1603) und entwickelte im 17. Jahrhundert einen von deutschen Fürsten bewunderten und vielfach nachgeahmten Absolutismus.

Während sich in Spanien Katholizismus und Patriotismus verbanden, die Inquisition entstand und kulturelle Vielfalt einer monotonen Orthodoxie wich, ging in Italien unter der Gewaltherrschaft Karls V. die großartige Epoche der Renaissance zu Ende.

Im westlichen Mitteleuropa erlebte Burgund eine kurze Glanzzeit (1363–1465), aber Karl der Kühne hatte zu hoch gespielt und verlor in der Entscheidungsschlacht bei Nancy Reich und Leben. Burgund fiel an Frankreich, Holland und die Schweiz gingen ihre eigenen Wege.

Im östlichen Mitteleuropa konnte unter dem kriegerischen Johann von Luxemburg (1310–46) und dem mehr diplomatischen Karl IV. (1346–78) Böhmen etwas länger als Burgund eine bedeutende Rolle spielen (1310–1436), die aber mit Beginn des Einzugs Sigismunds von Luxemburg (1410–37) bald zu Ende ging.

Nach der Befreiung von der Gewaltherrschaft des Deutschen Ordens stieg Polen unter Kasimir IV. (1447–92) zu einer führenden Kulturnation auf, die unter Sigismund I. (1506–48) und Sigismund II. (1548–72) ihre Glanzzeit erlebte, seit 1564 aber von den Jesuiten zum Katholizismus zurückgeführt wurde. Das polnische Reich geriet dann aber im Norden (Schweden) und später im Westen (Preußen) unter Druck.

Seitdem Gustav I. (G. Erikson Wasa, 1523–60) Stockholm erobert und die schwedische Krone erhalten hatte, konnte sich auch hier die Reformation ausbreiten. Durch den Westfälischen Frieden vermochte Schweden seine Vormachtstellung im Ostseeraum für einige Zeit auszubauen und zu behaupten.

Iwan III., der Große (1462–1505), verheiratet mit der byzantinischen Prinzessin Zoë, befreite Rußland von der Tatarenherrschaft, vereinigte die russischen Länder, nannte sich »Selbstherrscher« (Zar), ließ den Kreml bauen und legte die Grundlage für die Erfüllung dessen, was ein Mönch nach dem Fall Konstantinopels dem Großfürsten von Moskau prophezeite, als die Führung der orthodoxen Kirche auf Moskau überging: Da die beiden bisherigen Zentren Rom und Byzanz gefallen seien und es kein weiteres geben werde, werde die Souveränität über das ewige christliche Reich ihm zufallen. »Auf alle Fälle hat Iwan III. in seinem Land das gleiche erreicht, was Ludwig XI. in Frankreich, Heinrich VII. in England und Ferdinand und Isabella in Spanien, Alexander VI. im Kirchenstaat bewirkten.«[94]

Iwan IV., der Schreckliche (1533–84), setzte die politische Linie seines Vorgängers fort: Einheit macht stark! Rußland sollte von der Ostsee bis zum Kaspischen Meer reichen. Mit der Erschließung Sibiriens, einer der größten kolonialen Unternehmungen der Menschheitsgeschichte, beauftragte er die Kaufmannsfamilie Stroganow. Unversehens war Rußland zu einer Großmacht Europas und Asiens aufgestiegen, wenn auch dieser Aufstieg vielen Menschen das Leben kostete. Fehden und Anarchie bedrohten das Land im Inneren, und unter den Bauern nahm die Hörigkeit zu. 1648 waren die meisten russischen Bauern de facto, nicht de jure, Leibeigene.

Wie stellt sich das Reich, die Mitte, das Herz Europas am Vorabend des Dreißigjährigen Krieges dar?

Der Habsburger Karl V. (1519–56) fühlte sich weniger als Spanier oder Deutscher denn als Burgunder und Niederländer. Um 1500 in Gent geboren, war und blieb er seiner flandrischen Heimat – nicht nur aus finanziellen Gründen – bis zu seinem Lebensende verbunden, wie auch sie ihm bis zuletzt – nicht nur wegen gewährter Privilegien und einer ausgezeichneten Verwaltung – die Treue hielt. Eine Reihe von Zufällen hatte Karl eine Machtfülle beschert, die an Ausdehnung, Bevölkerung und Reichtum alle Machtgebilde seit Karl dem Großen übertraf. Sollte der staufische Traum von der Erneuerung des Römischen Reiches, das auf dem Hintergrund der eben entdeckten Neuen Welt die Ausmaße eines Weltreiches annahm, in letzter Stunde noch Wirklichkeit werden?

In vier Kriegen (1521–26; 1526–29; 1536; 1542–44) gelingt es Karl, König Franz I. (1515–47) von Frankreich als Konkurrenten für die Kaiserwürde zu verdrängen. 1530 empfängt Karl V. als letzter römischer König vom Papst in Bologna – nicht in Rom – die Kaiserkrone. Eben im Begriff, als oberster Schutzherr eines politisch und religiös geeinten Europa den Türken (1529 vor Wien) entgegenzutreten, findet er bei seiner Rückkehr ins Reich auf konfessionellem Gebiet eine zum Zerreißen gespannte Situation vor (1530 Reichstag zu Augsburg, »Confessio Augustana«). Karl war zwar antipäpstlich, aber nicht antikatholisch eingestellt, was er wollte und brauchte, war eine Universalreligion für ein Universalreich, also die religiöse Einheit. Sein eigentlicher Widersacher in dieser abendländischen Existenzfrage war ein allen Kompromissen abgeneigter Mönch,[95] unterstützt von den seiner Bewegung zuneigenden deutschen Fürsten. In dieser Schicksalsstunde Europas besiegte der Nationalstaat die Universalmonarchie, das Fürstentum das Kaisertum und der Konfessionalismus das Christentum. Einen Schritt vor der Verwirklichung der europäischen Einheit zerstob dieses Konzept im Sturm entfesselter religiöser Leidenschaften.

Als Karl V. 1556 gescheitert, verbittert und krank abdankte und nach Spanien zurückkehrte, betrachtete er Deutschland als Feind schlechthin: Italienisch sei die Sprache der Damen, Französisch die der Freunde, Deutsch die der Feinde. Aber die Deutschen, das heißt die deutschen Fürsten, hatten gesiegt, für sie ein großer, für das deutsche Volk wieder ein Pyrrhussieg, wie sich bald zeigen sollte – ein vorläufiger Sieg bis zum nächsten Krieg. Im Dreißigjährigen Krieg ging die Bevölkerung Deutschlands in ländlichen Gebieten bis zu fünfzig Prozent, in städtischen bis zu dreißig Prozent zurück. Armut, Elend und Not übertrafen alles Dagewesene, aber es gab eine neue, die achte Kurwürde (Pfalz) und 1692 sogar noch eine neunte (Hannover).

Feudalismus, Absolutismus, Aufklärung

Wie hat Europa, wie hat Deutschland auf die Herausforderungen des Entdeckungszeitalters im 17. Jahrhundert reagiert?

Versteht man unter evolutionsgerechtem naturgemäßem Verhalten intelligenter Lebewesen ein Handeln, das mit einem minimalen Aufwand an Energie ein Maximum an Erfolg auf wirtschaftlichem, politischem, gesellschaftlichem und kulturellem Gebiet erzielt, hat England dieses Ziel zu der Zeit am ehesten erreicht. Im ökonomischen Sektor stieg England mit dem Aufschwung des Bürgertums zur ersten Handels- und Kapitalmacht der Welt auf. Am Ende des 17. Jahrhunderts wurde die »Bank von England« gegründet (1694). Mit der »Petition of Rights« (1628), der »Habeas-Corpus-Akte« (1679) und der »Declaration of Rights« (1689) setzten sich, nach einem kurzen Konflikt zwischen Parlament und Krone (1642–48), der Hinrichtung König Karls I. (1649), nach der kurzen Restauration der Stuarts (1660–88) und der schnellen und unblutigen »Glorious Revolution« (1688) die Prinzipien Freiheit, Rechtsstaatlichkeit und Vernunft durch. Auf gesellschaftlichem Gebiet wurde der Feudalismus zwar nicht überwunden, aber entscheidend geschwächt. In der Philosophie standen sich die absolutistische Konzeption von Thomas Hobbes und die liberale John Lockes gegenüber. Letztere und damit republikanischer Geist, Toleranz und Menschenrechte gewannen in Großbritannien und in der Neuen Welt die Oberhand.

Durch seinen weisen Verzicht auf hegemoniale Ambitionen in

Europa, durch die Politik des Gleichgewichts der Kräfte, durch die Schwerpunktverlagerung seiner Aktivitäten auf den maritimen Bereich und die Neue Welt sowie durch die erfolgreiche Abwehr der Spanier erlangte England einen Machtzuwachs, von dem andere Herrscher nur träumten, und das nicht obwohl, sondern weil England der Freiheit den Vorzug vor Größe und Machtstreben gab.

Frankreich erzielte wirtschaftlich zwar auch beachtliche Fortschritte (Merkantilismus, Colbertismus), verspielte den Gewinn aber wieder durch sein Hegemoniestreben in Europa, wodurch das Haus Bourbon in einen Dauerkonflikt mit dem Haus Habsburg geriet. Als Kolonialmacht unterlag es England. Auf politischem Gebiet erreichte der Absolutismus in Frankreich seinen Höhepunkt und seine Glanzzeit. Frankreich hatte, dank seines straffen Zentralismus, die Einheit realisiert, die Freiheit ließ jedoch auf sich warten. Die Spannung zwischen Herrschern und Unterdrückten wurde unerträglich. Wo die Religion versagt hatte, gelang der Aufklärung und damit der Philosophie der entscheidende Schlag gegen den Feudalismus, allerdings nur mit Hilfe der Revolution. Auf kulturellem Gebiet konnte Frankreich mit England konkurrieren: Gründung der Akademie (1635), Bau des Schlosses von Versailles, Corneille, Racine, Molière.

In Deutschland warf der Glaubenskrieg den wirtschaftlichen Fortschritt um Jahrzehnte zurück.

»Deutschland, das Herzland der Reformation, und Spanien, das Herzland der Gegenreformation, waren die Verlierer des konfessionellen Zeitalters. Religion war als bewegende Kraft hinter dem monarchischen Machtstaat zurückgetreten ... Die Auflösung des Reiches war im Westfälischen Frieden geradezu Reichsgesetz und Völkerrecht geworden. Acht Kurfürsten, 296 Fürsten, nahezu 1500 selbständige Herrschaften gebärdeten sich als Souveräne, unabhängig in ihrer Religions- und Außenpolitik. Kleine Sonnenkönige, strebten sie in rund 300 Residenzen, jede womöglich ein Klein-Versailles, nach dem Kleinmerkantilismus einer unabhängigen Territorialwirtschaft.«[96]

Mit der Reformation hatte Deutschland eine Antwort auf die Herausforderungen der frühen Neuzeit zu geben versucht. Eine ungeheure Kraftentfaltung endete jedoch weder mit einem Universalreich noch mit einem Nationalstaat, sondern gleichsam zwischen zwei Stühlen. Hatte die Reformation mit ihrem Ideal der Innerlichkeit wenigstens eine moralische Erneuerung erreicht? Die Deutschen sind durch die Reformation nicht besser geworden als die Engländer und Franzosen. Der Konflikt zwischen Katholiken und Protestanten und die Religionskriege hatten die moralischen Energien verzehrt und endeten eher mit moralischer Verwilderung als mit einer Verbesserung der Sitten. Am Maßstab der Effektivität gemessen, war das Ergebnis der deutschen Anstrengungen dem englischen entgegengesetzt: Mit einem Maximum an Energie wurde ein Minimum an Nutzen erzielt. Feudalismus und Absolutismus hatten gesiegt und bekämpften die Aufklärung erbittert. Deutschland hätte dank der von der Reformation entfesselten Kräfte das freiheitlichste Land Europas werden und zweihundert Jahre früher als die Franzosen Europa revolutionieren und vereinheitlichen können, aber diese hohen Ziele scheiterten nicht zuletzt am Starrsinn eines Fundamentalisten, der die Chance hatte, durch ein wenig Kompromißbereitschaft in Worms (Reichstag, 1521) und in Marburg (Religionsgespräch, 1529) sowie durch ein Minimum an Solidarität mit den Bauern (Bauernkrieg, 1525) Europa vom Papismus und Feudalismus zu befreien. Gewiß war er der größte der Reformatoren, gewiß wird aber auch an seinem Beispiel die Ambivalenz dieser Größe deutlich. Nicht trotz, sondern dank der Reformation Luthers endete das Mittelalter in Deutschland zuletzt.

Mit der Erschließung Sibiriens im 17. Jahrhundert und dem Aufstieg des Hauses Romanow (1613–1762) erfährt Rußland einen ähnlichen Machtzuwachs wie England, bleibt aber gesellschaftlich mehr als dieses dem Feudalismus und Absolutismus verhaftet. Durch seinen Sieg über Schweden (Poltawa, 1709) löst Rußland Schweden als (Ostsee-)Großmacht ab und tritt mit dem gleichfalls aufstrebenden Preußen in ein Verhältnis potentieller Spannung. Ungefähr in dieser Zeit (Friede zu Belgrad, 1739) beginnen auch die Spannungen zwischen Rußland und Österreich auf dem Balkan. Rußland hatte wie Frankreich – mit dem es in dieser Phase seiner Entwicklung vergleichbar erscheint – nicht unter konfessioneller Spaltung zu leiden.

Österreich konnte zwar in vier Türkenkriegen (1663/64; 1683–99; 1716–18; 1737–39) seine Schutzmachtposition für das Reich und Europa behaupten, war aber beim Regierungsantritt Maria Theresias

(1740) so weit geschwächt, daß es der konsequenten Machtpolitik Preußens nicht gewachsen war.

Schweden, Holland und Polen befanden sich ebenfalls gegenüber Rußland, England und Preußen auf der absteigenden Linie der Macht.

Von Italien aus entwickelte sich der Barock (portugiesisch: *barocco;* deutsch: unregelmäßige Perle; zirka 1600–1750) im Anschluß an die Renaissance zum ersten Weltstil: in der Architektur, verbunden mit Malerei und Plastik, der »Große Stil«, in der Musik das »Concerto grosso«, neben Fuge, Suite, Kantate und Sonate, sowie die »Ars nuova«, eine Verbindung von Orgel-, Vokal- und Instrumentalmusik. Die musikalische Entwicklung setzt Johann Sebastian Bach (1685–1750) in Deutschland und Georg Friedrich Händel (1685–1759) ab 1712 in England fort. Um 1750 wird dann Wien mit Joseph Haydn (1732–1809) und Wolfgang Amadeus Mozart (1756–91) zum Hort der Klassik: Sonate, Symphonie, Lied, Oper.

Verfehlte Europa unter der Herrschaft der Römer, Staufer und Habsburger, wie später unter Napoleon, die politische Einheit, so schlangen doch die schönen Künste ihr einigendes Band um den haßerfüllten, kriegslüsternen und leidgeprüften Kontinent.

Von den Hohenstaufen zu den Hohenzollern

Das Haus der Staufer, nach der Burg Hohenstaufen in Schwaben benannt, war mit seiner hegemonial-imperialistischen, am Ende selbstzerstörerischen Italien-Politik so gründlich gescheitert, daß man annehmen könnte, alle folgenden Dynastien hätten aus den Fehlern der Staufer gelernt. Mit dem Aufstieg der Habsburger schien das auch tatsächlich der Fall zu sein. Rudolf von Habsburg teilte zwar mit den Staufern einige politische Überzeugungen und konnte mit der Treue der Stauferanhänger rechnen, machte aber nicht die gleichen Fehler wie die Staufer, vor allem in der Italien-, Frankreich- und Kirchenpolitik.

Zu Beginn von »Dichtung und Wahrheit« bemerkt Goethe zutreffend: »Das historisch Interessante fing für uns erst mit Rudolf von Habsburg an.«

Die Habsburger setzten weniger auf Krieg und Eroberung als auf Frieden und Heirat. *»Bella gerant alii, tu, felix Austria nube«* – »Mögen die anderen Kriege führen, du, glückliches Österreich, heirate!« Friedrich III. (1440–93) erlangte als letzter deutscher Herrscher die Kaiserkrone in Rom (1452), erbte 1458 Niederösterreich und 1463 Oberösterreich. Sein Nachfolger, Maximilian I. (1493–1519, Kaiser seit 1508) setzt auf dem Reichstag zu Worms (1495) den »Ewigen Landfrieden« durch und schafft mit der Einsetzung eines Reichskammergerichts und anderer Institutionen die Voraussetzungen für eine einheitliche Friedens- und Rechtsordnung im Reich.

Zur Realisierung der Friedensidee wird das Reich in zehn Reichskreise eingeteilt (Reichstag zu Köln, 1512), in überterritoriale, teils ständische, teils in der Autorität des Reiches gegründete genossenschaftliche Korporationen: Österreich, Burgund, Kurrhein, Franken, Bayern, Schwaben, Oberrhein, Obersachsen, Niederrhein-Westfalen, Niedersachsen.

Karl V., der Enkel Maximilians I., der die habsburgischen Länder Österreich, Steiermark, Kärnten, Krain, Tirol, Vorderösterreich am Oberrhein und den burgundischen Besitz erbte und 1516 König über das Vereinigte Spanien wurde, übernahm also ein wohlgeordnetes, auf kontinuierliche Friedenspolitik ausgerichtetes deutsches Reich und verfügte damit, wie gesagt, über eine nie dagewesene Machtbasis. Er war klug genug, die Herrschaft zu teilen, und überließ 1521 die deutschen Erblande seinem Bruder, Ferdinand I. (1556–64). Karl V. scheiterte bekanntlich am Widerstand der deutschen Fürsten und an der von ihnen mißbrauchten Reformation. Während Karls V. Sohn Philipp II. (1556–98), König von Spanien, Neapel, Mailand, der Freigrafschaft Burgund und der Niederlande, zu Lande in Holland (1579), zur See gegen England (1588) scheitert, sehen sich Ferdinand I., Maximilian II. (1564–76), Rudolf II. (1576–1612) und weitere Herrscher im 17. Jahrhundert in einen Zweifrontenkrieg verwickelt, im Westen gegen Frankreich, im Osten gegen die Türken. Unter Kaiser Leopold I. (1658–1705) steigt Österreich zur Großmacht auf. Mit dem sogenannten Spanischen Erbfolgekrieg (1701–14) erlangen die militärischen Auseinandersetzungen unter den Kaisern Joseph I. (1705–40) und Karl VI. (1711–

40) europäische Dimensionen. Österreich tritt die Nachfolge Spaniens in den südlichen Niederlanden (Belgien) und in Italien an.

Als Maria Theresia, Königin von Böhmen und Ungarn, Erzherzogin von Österreich, seit 1745 Gemahlin Kaiser Franz' I. (1745–65), die Regierung in ihrem durch Kriege geschwächten Land übernahm, sah sie sich sogleich einem Angreifer gegenüber, der die Schwäche der Reichsführung ausnutzte, jedes Mittel, auch den Krieg, zu seiner expansiv-hegemonialen Politik einsetzte und 1740 – noch keine hundert Jahre nach dem Ende des Dreißigjährigen Krieges – in Schlesien einmarschierte, »ein Schritt, der, diplomatisch nicht vorbereitet und mit Rechtsgründen nicht zu stützen, die preußische Politik auf Jahrzehnte hinaus bindet, neue Gegensätze entstehen läßt und zu weltweiten Auseinandersetzungen führt«[97].

Die Anfänge der Hohenzollern – das Stammschloß befindet sich auf dem 858 Meter hohen Zollerberg bei Hechingen – reichen bis in die Stauferzeit zurück. Ein Graf von Zollern soll mit einem Schwabenherzog verwandt, später ein anderer Graf ein Vertrauter Kaiser Barbarossas und Heinrichs VI. gewesen sein. Seit zirka 1227 in eine fränkische und schwäbische Linie geteilt, wurde Friedrich V. aus der fränkischen Linie von Kaiser Karl IV. in den Reichsfürstenstand erhoben, und Friedrich VI. erhielt 1415 von Kaiser Sigismund das Kurfürstentum Brandenburg (als Kurfürst Friedrich I.). Der dritte hohenzollersche Kurfürst, Albrecht Achilles, machte 1473 die fränkischen Fürstentümer zu einer Sekundogenitur Brandenburgs. Einer seiner Nachkommen, Friedrich III., gewann die preußische Königskrone (als Friedrich I. 1701), ein anderer Nachkomme, Wilhelm I., 1871 die deutsche Kaiserwürde.

Mit dem ihm eigenen künstlerischen Blick für das Wesentliche hat Haller den Aufstieg der Hohenzollern wie folgt zusammengefaßt: »Unter den deutschen Landesstaaten, die durch den Zufall des Erbrechts und der Eroberung zusammengekommen waren, ist Brandenburg-Preußen vielleicht die unnatürlichste Bildung. Es ist entstanden dadurch, daß der Kurfürst von Brandenburg 1618 die ausgestorbene Nebenlinie seines Hauses beerbte, die seit 1525 als Herzöge von Preußen die Reste des alten Ordensstaates unter polnischer Oberhoheit regierte. Dazu kam 1637 die Erbschaft von Pommern ... Ein anderer Erbfall hatte 1614 den Besitz eines Territoriums am Niederrhein, Cleve, Mark und Ravensberg, gebracht. Diesen *membra disjecta* hauchte ein bedeutender Regent, Kurfürst Friedrich Wilhelm, in den kritischen Zeiten nach 1648 eine Seele ein.«[98]

Dabei mußten allerdings freiheitlich gesinnte Männer ihr Leben aushauchen. Friedrich Wilhelm I., der Große Kurfürst (1640–88), ließ die Führer der Stände hinrichten oder zu Festungshaft verurteilen. Nach französischem Vorbild führte der »Soldatenkönig« die Merkantilwirtschaft ein, nach holländischem Vorbild betrieb er Kolonialpolitik, vor allem aber rekrutierte er ein »gewaltiges, stets einsatzbereites Kriegsinstrument, die viertstärkste Militärmacht Europas bei einem Staat, der seiner Einwohnerzahl von 2,5 Millionen nach die 12. Stelle einnahm«[99].

Aus Königsberg, dem Athen des Nordens, wo er sich zum preußischen König krönte, machte er sein Sparta. Friedrich II. setzte dann diese Linie fort, was sich wohl kaum mit dem Sinn seiner zur Schau getragenen Aufklärung vereinbaren läßt. Religion war nicht einmal mehr als Ideologie gefragt, Philosophie diente als Aushängeschild und Kultur als Fassade: Daran hat sich seit den Tyrannen Dionysios I. und Dionysios II. von Syrakus nichts geändert. Friedrich der Große ging den Weg des preußischen Militarismus konsequent weiter. Während in Sanssouci einige Geistesgrößen der Zeit in den Ideen der Aufklärung schwelgten, vernahm man in den Kasernen einen anderen Ton: »Dort herrschten Drill und Zuchtstock, hatte ein rohes, so ungebildetes wie arrogantes adliges Offizierkorps unumschränkte Gewalt. Hier galt ihm zimperlich-sentimental betonte Menschlichkeit wenig, wie er ja auch in der Schlacht mit der schneidenden Frage: ›Kerls, wollt ihr denn ewig leben?‹ seine entmutigte Infantrie vorwärtsgetrieben haben soll. Der Gott Friedrichs II. war der Militärstaat, von des Königs ratio gesteuert.«[100]

Anstelle der echten Vaterlandsliebe, der Liebe zu einem Land, in dem man nach Väterart leben möchte und leben kann, trat der ideologische Patriotismus mit seiner frivolen Forderung, für das Vaterland zu sterben, denn das sei süß. Tatsächlich starben aber die jungen Leute nicht für ihr Land, sondern für die Habsucht, Herrschsucht und Ruhmsucht einer halbbarbarischen Machtelite. Wes Geistes Kind sie war, mag folgende Aussage illustrieren: »Auf eine statistische Umfrage des Königs von Preußen an die Gutsbesitzer läuft eine Antwort ein, die anstelle der Unterschrift drei Kreuze zeigt, unter denen steht: ›Wegen Uradels des Schreibens unkundig.‹ Und bei Friedrich dem Großen heißt es: ›Im allgemeinen kann ein Adliger sich nur durch das Schwert auszeichnen.‹«[101]

Der Siebenjährige Krieg

In der Schlacht von Fehrbellin (1675) konnte der Große Kurfürst die Schlagfertigkeit seines Heeres testen, und sie war erfolgreich. Sein Versuch, die im Westfälischen Frieden festgelegte und durch den Nimwegener Frieden (1678/79) bestätigten Grenzen durch ein Bündnis mit Dänemark und einen erneuten Krieg gegen Schweden rückgängig zu machen, scheiterte allerdings. Der Sieg hebt jedoch das Selbstbewußtsein Preußens und begründet seine Zuversicht in den Erfolg von Aggressivität und Gewalt. So erobert Preußen im Nordischen Krieg (1700–21) die schwedischen Gebiete am Südufer der Ostsee.

Nachdem König Friedrich Wilhelm I. (1713–40) die Flucht seines Sohnes aus dem Militärstaat vereitelt, ihm brutal das moralische Rückgrat gebrochen und ihm eine Frau ausgesucht hatte (1733) – »eine unglückliche Prinzessin mehr auf der Welt«, wie der Sohn selber sagte –, hatte er ein hochbegabtes, aber moralisch verkrüppeltes Werkzeug aus ihm gemacht, der den Weg der Gewalt mit noch größerem Erfolg fortsetzte und dabei eine neue Dimension des Umgangs mit der Gewalt erschloß, indem er in der Theorie Gewaltpolitik ablehnte (»Antimachiavell«, 1739), während er sie in der Praxis gerade in die Tat umsetzte. Man fühlt sich an Hitlers feierliche Friedensbeteuerungen nach dem Hoßbach-Protokoll (1936), das einen Angriffskrieg vorsah, erinnert. Wieder an Hitler (England) – wie auch an Ariovist (Caesar) – erinnert Friedrichs II. Angebot, Maria Theresia nach Abtretung Schlesiens Waffenhilfe zu leisten. Allein die Tatsache, daß sie diese zynische Tarnung von Gewaltpolitik durchschaute und empört ablehnte, erhebt sie moralisch[102] wie politisch weit über die »Größe« ihres siegreichen Widersachers, der nach drei Kriegen (1740–42; 1744; 1756–63), die zahllosen Menschen das Leben kosteten und auf dem Rücken der notleidenden Bevölkerung ausgetragen wurden, seine Beute in Sicherheit bringen konnte. Das Beispiel zeigt, neben vielen anderen, wie dringend eine Umwertung des Begriffes »Größe« erforderlich ist. Es kann aber auch im Hinblick auf die spätere deutsche Geschichte zeigen, daß Unrecht Gut nicht gedeiht, daß es auch im Leben der Völker eine ausgleichende Gerechtigkeit gibt. Ja, wer religiös empfindet, kann sogar aus der Geschichte seinen Gottesbeweis ableiten. Hitlers Rechnung ging nicht auf, als er nach seinem Überfall auf die halbe Welt, im Andenken an Friedrich den Großen, noch bis zum Schluß auf Rettung hoffte. Die Gebiete, die Preußen raubte, gingen wieder verloren, und Österreich überlebte Preußen. Besonders kraß kommt der widerrechtlich-imperialistische Zug preußischer Politik in den Teilungen Polens (1772; 1793; 1795) zum Ausdruck.

Die Französische Revolution

Säkularisierung des Kirchenbesitzes, Instrumentalisierung des Christentums und Ideologisierung der Religion hatten den Herren dieser Welt nichts eingebracht. Unter Anstrengung aller Kräfte – der Völker – suchten sie sich gegenseitig in Kriegen und immer wieder Kriegen die Beute abzujagen, wobei der Gegensatz von notleidenden Massen und luxuriösem Hofleben zum Himmel schrie, während man sich selbst und die Welt mit den Etiketten der Aufklärung und Parolen wie: »Ich bin der erste Diener meines Staates« über die Wirklichkeit hinwegzutäuschen suchte. In Wirklichkeit hatten weder die Neuzeit noch die Reformation, noch die Territorialstaaten die anstehenden Probleme gelöst, am wenigsten das Problem der Macht, dem der preußische hohe Herr von Clausewitz in seinem Werk »Vom Kriege« (1832–34) klassischen Ausdruck verlieh. Danach ist der Krieg eine Fortführung der Politik mit anderen Mitteln. Die Formel paßt wie maßgeschneidert für das Zeitalter des Absolutismus, aber es gibt auch noch eine andere Sicht der Dinge, wie sie beispielsweise im Anhang von Kants erwähnter Schrift (vgl. A. 102) zu finden ist, wo er die republikanisch-kritische Einstellung zum Krieg der feudalistisch-absolutistischen, der bürgerlichen die adlige Auffassung gegenüberstellt, nach der der Krieg als eine Art Gesellschaftsspiel erscheint: »Wenn ... die Bestimmung der Staatsbürger dazu erfordert wird, um zu beschließen, ›ob Krieg sein solle, oder nicht‹, so ist nichts natürlicher, als daß, da sie alle Drangsale des Krieges über sich selbst beschließen müßten (als da sind: selbst zu fechten; die Kosten des Krieges aus ihrer eigenen Habe herzugeben; die Verwüstung, die er hinter sich läßt, kümmerlich zu verbessern; zum Übermaße des Übels endlich noch eine, den Frieden selbst verbitternde, nie [wegen naher immer neuer Kriege] zu tilgende Schuldenlast zu übernehmen), sie sich sehr bedenken werden, ein so schlimmes Spiel anzufangen: Da hingegen in einer Verfassung, wo der Untertan nicht Staatsbürger, die also nicht republikanisch ist, es die unbedenklichste Sache von der Welt ist, weil das Oberhaupt nicht Staatsgenosse, sondern Staatseigentümer ist, an seinen Tafeln, Jagden, Lustschlössern, Hoffesten und dergleichen durch den Krieg nicht das mindeste einbüßt, diesen also wie eine Art von Lustpartie aus unbedeutenden Ursachen beschließen, und der Anständigkeit wegen dem dazu allezeit fertigen diplomatischen Korps die Rechtfertigung desselben gleichgültig überlassen kann.«

Kant erkannte, daß das Schicksalsproblem der Menschheit, daß »Krieg oder Frieden?« untrennbar mit der großen Alternative seines Zeitalters – absolutistisch oder republikanisch – verknüpft war. Die Französische Revolution gab eine Antwort auf die Herausforderung, die seit der Reformation immer stärker auf eine Entscheidung drängte. Die Überwindung des *ancien régime* wurde zum Maßstab für die Genesung Europas und der Welt.

Das Ende des Heiligen Römischen Reiches Deutscher Nation

England hatte auf dem Weg der Evolution eine seiner Eigenart entsprechende weder extreme noch radikale Antwort auf die Veränderung der Umwelt gefunden, Deutschland fand keine Antwort. Die Entscheidung kam von außen in Form eines Ultimatums, das Kaiser Napoleon I. Kaiser Franz II. stellte, woraufhin dem österreichischen Monarchen keine andere Wahl mehr blieb, als aufzugeben. Das seit dem Ende der Staufer geschwächte und seit dem Ende des Dreißigjährigen Krieges dahinsiechende Heilige Römische Reich Deutscher Nation, das alte Reich, nahm am 6. August 1806 ein unrühmliches Ende. An seinem Ende waren nicht die anderen, wie Napoleon, wie die Türken, oder die neue Zeit schuld, sondern seine eigenen Herrscher, die die Antworten auf die Herausforderungen der Zeit, vor allem auf den Drang nach einer freiheitlicheren Lebensgestaltung, schuldig geblieben waren. Kaiser Franz II., seit 1804 Kaiser von Österreich, hatte den Loslösungsprozeß Österreichs vom übrigen

Reich praktisch abgeschlossen. Das Deutsche Reich, schon seit 1648 ein »gotisches (lehnsrechtliches) Monstrum«, bestand nunmehr aus verselbständigten absolutistischen Gliedern, vor allem aus den Häusern Wittelsbach, Wettin, Braunschweig-Lüneburg und Hohenzollern, aus Bayern, Sachsen, Hannover und Brandenburg-Preußen.

Preußen erging es nicht viel anders. Nachdem es Napoleon den Krieg erklärt hatte, wurde es von diesem in der Doppelschlacht bei Jena und Auerstedt (14. 10. 1806) völlig geschlagen und bekam am eigenen Leibe zu spüren, was es Österreich angetan hatte. Nur der Einspruch der Russen rettete es vor dem völligen Untergang. Im Frieden von Tilsit (7.–9. 7. 1807) mußte es unter anderem alle Besitzungen westlich der Elbe abtreten. Der stolze Militärstaat Friedrichs des Großen mußte einem stärkeren Militärstaat weichen. Wäre Napoleon nicht in und an Rußland, das seit 1795 im Westen an Österreich und Preußen grenzte, gescheitert, wäre Preußen wohl kaum eine Großmacht geworden, aber als der geschlagene Löwe aus Rußland zurückkehrte, kehrte auch bei den Preußen der Mut wieder ein, wenn man auch über die sogenannten »deutschen Befreiungskriege« verschiedener Meinung sein kann.

»Die Deutschen haben endlich, als auf der Brücke zwischen zwei *décadence*-Jahrhunderten eine *force majeure* von Genie und Wille sichtbar wurde, stark genug, aus Europa eine Einheit, eine politische und *wirtschaftliche* Einheit, zum Zweck der Erdregierung zu schaffen, mit ihren ›Freiheits-Kriegen‹ Europa um den Sinn, um das Wunder von Sinn in der Existenz Napoleons gebracht – sie haben damit alles, was kam, was heute da ist, auf dem Gewissen, diese kulturwidrigste Krankheit und Unvernunft, die es gibt, den Nationalismus, diese *névrose nationale*, an der Europa krank ist, diese Verewigung der Kleinstaaterei Europas, der kleinen Politik: Sie haben Europa selbst um seinen Sinn, um seine Vernunft – sie haben es in eine Sackgasse gebracht.«[103]

Wie dem auch sei: Am Ende der napoleonischen Ära waren, nimmt man in der Vorschau die Ereignisse des 20. Jahrhunderts hinzu, an Rußland und Großbritannien alle übrigen europäischen Großmächte gescheitert. Rußland im Osten und Großbritannien im Westen, beide von konfessioneller Spaltung nicht belastet, waren die eigentlichen Sieger und hielten das europäische Gleichgewicht, nachdem die Mitte versagt hatte, aufrecht.

Restauration

Anläßlich der Kanonade von Valmy (20. 9. 1792), die mit dem Rückzug der Kaiserlichen vor der Revolutionsarmee endete, bemerkte Goethe, der als Zuschauer an diesem denkwürdigen Ereignis teilgenommen hatte, in seiner »Campagne in Frankreich« (1822): »Von hier und heute geht eine neue Epoche der Weltgeschichte aus.«

Hatten auch die europäischen Herrscher die Zeichen der Zeit verstanden? Der Sieg über Napoleon machte sie blind. Auf dem Wiener Kongreß (1814/15) setzten sich mit dem Fürsten Metternich die reaktionären Kräfte durch: Ablehnung der Ideen der Französischen Revolution, des Prinzips der Volkssouveränität, Bekenntnis zur feudalistisch-absolutistischen Vergangenheit, Wiederherstellung des Zustandes von 1792 (Restauration).

Währenddessen wurden in den Vereinigten Staaten von Amerika die Ideen und Werte verwirklicht, für die man in Europa vorerst vergeblich gekämpft hatte: Unabhängigkeit (4. 7. 1776), Freiheit, Menschenrechte, Widerstandsrecht, moderne, demokratische Verfassung (17. 9. 1787).

In Europa geht Großbritannien, seit 1801 mit Irland vereinigt, in Personalunion mit dem neuen Königreich Hannover, im Besitz von Malta, Ceylon, der Kapkolonie und Helgoland und dank seiner kapitalistischen Wirtschaftsordnung zur »Werkstatt der Welt« aufrückend, als Sieger hervor – neben Rußland, das zur führenden Kontinentalmacht aufsteigt.

Österreich dehnt seinen Einfluß auf das restaurierte Italien aus, entwickelt sich zum Vielvölkerstaat (Donaumonarchie), hält aber an seinem Führungsanspruch im Deutschen Bund (1815–66) fest. Der Deutsche Bund besteht aus 39 Mitgliedern und tagt in Frankfurt (Bundestag unter österreichischem Vorsitz). In ihm haben die Fürsten das Sagen, eine Volksvertretung gibt es nicht. Indem Preußen die gegen Frankreich gerichtete »Wacht am Rhein« übernimmt, wächst seine Rivalität zu Österreich. Preußens Position wird durch die

Teilung Sachsens, durch Gewinn der Rheinprovinz und Westfalens gestärkt, durch konfessionelle und wirtschaftliche Differenzen geschwächt.

Während der restaurative »Bund von Thron und Altar« auf dem Kontinent dominiert, lehnt das britische Parlament das Interventionsrecht der sogenannten Heiligen Allianz im Konfliktfall ab und garantiert damit die Entwicklung Englands zur Schutzmacht der Demokratie.

In Frankreich führt der reaktionäre Trend zunächst zur Restauration der Bourbonen (1814–30), zum Juli-Königtum (1830–40), dann zur Zweiten Republik (1848–52), zur Erneuerung des Kaisertums (1852–70) und letztendlich zur Dritten Republik (4. 9. 1870).

In Preußen, das sich schnell von dem napoleonischen Schock erholte, siegt die Restauration auf der ganzen Linie. Adel und Klerus lehnen die liberalen Ideen ab, verhindern die politische Mitbestimmung des Volkes (»beschränkter Untertanenverstand«) und unterdrücken mit Hilfe eines perfekten Überwachungs- und Verfolgungssystems die Regungen der Freiheit: Karlsbader Beschlüsse (1819), derentwegen Wilhelm von Humboldt seinen Abschied nahm, Vormärz (1830–48), Hambacher Fest (1832), Protest und Amtsenthebung der »Göttinger Sieben« (1837), Märzrevolution (1848). Die Revolution schlägt fehl, das Bürgertum resigniert, findet in Ökonomie, Technik, Wissenschaft und Kunst Ersatzbefriedigungen für den Verlust der Freiheit, viele Bürger wandern aus.

Preußen hatte weder aus dem Zusammenbruch des friederizianischen Systems noch aus der Französischen Revolution, noch aus den Erfahrungen mit Napoleon gelernt. Es fing dort wieder an, wo es hatte aufhören müssen: militärische Stärke, Rüstung, Kriegsabenteuer, nicht mehr nur gegen den Repräsentanten der Reichsidee, sondern auch gegen die Reststaaten des aufgelösten Reiches und schließlich sogar gegen andere europäische Staaten.

Das Volk der Dichter und Denker

Das Problem ist: Wie kann ein Volk, das einen Goethe hervorbrachte, sich von einem Hitler beherrschen lassen?

Während im 17. Jahrhundert die Sprache infolge des Dreißigjährigen Krieges verwahrlost war, die Dichtung fast ganz darniederlag und die Philosophie in Leibniz gerade erst wieder zu sich fand, nahmen Dichtung und Philosophie im Gefolge der Aufklärung einen ungeahnten Aufschwung.

»Im Jahre 1700 ... gab es in deutschen Landen keinen Schriftsteller, dessen Name heute noch lebt; um 1800 sind Lessing, Klopstock, Herder, Wieland, Goethe und Schiller weit über das deutsche Sprachgebiet hinaus berühmt.«[104]

Soziologisch war die aufblühende Kultur vorwiegend eine Leistung des Bürgertums. Bei den Machthabern, bei Adel und Geistlichkeit, stieß sie vorwiegend auf Ablehnung. Der lutherische Theologe Johann Melchior Goeze (Hamburg) bekämpfte nicht nur Lessing, sondern auch Goethe, in dem er einen Sittenverderber sah, im »Werther« eine »verfluchungswürdige Schrift«, die verboten werden muß: »Und keine Censur hindert den Druck solcher Lockspeisen des Satans?«[105]

In Heinrich von Kleist (1777–1811), der, von krankhaftem Ehrgeiz besessen, Goethe den künstlerischen Rang streitig machen wollte, erwuchs ihm ein Todfeind. Goethe war dieser bis zur Selbstvernichtung gehende Radikalismus ebenso zuwider wie religiöser Fanatismus und Nationalismus im Bereich der Politik. Im Gegensatz Goethe–Kleist treffen konziliantes, kompromißbereites, kooperatives Bürgertum und intransigenter, intoleranter und radikaler Adel aufeinander. Die nationalistische Ausrichtung Kleists wird in der Planung einer nationalen Zeitschrift (»Germania«) deutlich sowie in dem (hinterlassenen) Drama »Die Hermannsschlacht«, worin Armin der Cherusker verherrlicht und mit zeitgenössischem Preußentum verbunden wird. Das Werk schürt Haß- und Rachegefühle und verachtet die Menschlichkeit. Da Kleist weder sein eigenes Scheitern als Dichter und Journalist noch das Scheitern Preußens ertrug, beging er, zusammen mit seiner Geliebten Henriette Adolphine Vogel, am Wannsee Selbstmord.

Über Jahrzehnte hinweg verziehen die »Patrioten« Goethe seine ablehnende Haltung gegenüber den deutschen »Freiheitskriegen« und seine Sympathie für Napoleon nicht, ja haßten ihn deswegen, doch, wie die Tatsachen zeigen, hatte Goethe recht. Während Fichte unter

Napoleon in Berlin seine »Reden an die deutsche Nation« ungehindert halten durfte, verlor Ernst Moritz Arndt, neben vielen anderen, sein Amt infolge der repressiven Karlsbader Beschlüsse. Die Deutschen hatten nicht für ihre Freiheit gekämpft, als sie sich gegen den in Rußland geschlagenen Napoleon erhoben, sondern für die Herrschaft ihrer Unterdrücker. Goethe hatte für den Befreier von Fürstenherrschaft Partei ergriffen, der »den großen deutschen Augiasstall ausschwemmte«,[106] die deutschen »Patrioten« hatten sich von ihrem wahren Befreier »befreit«.

Neben gehässigen Klerikern, mißgünstigen Adligen und bornierten Patrioten erregte Goethe auch das Mißfallen der Polizei. Der Polizeipräsident der Stadt Königsberg erklärte, daß es »vom Standpunkt der öffentlichen Sicherheit« besser gewesen wäre, »wenn Goethe seinen ›Faust‹ überhaupt nicht geschrieben hätte«, was an die Verordnung der Stadtväter von Leipzig erinnert, Schillers ›Räuber‹ während der Messe nicht aufzuführen, »weil ohnehin schon zu viel gestohlen wird«[107].

Nachdem der Haß auf Goethe abgeklungen war, entdeckte man bei zunehmendem Nationalismus die Brauchbarkeit des »Olympiers« für die Kulturpropaganda, die man sich sogar etwas kosten ließ: Der Antinationalist Goethe wurde von den Nationalisten vereinnahmt, instrumentalisiert, ideologisiert. So wurde der Deutsche Goethe zum Antipoden des Engländers Shakespeare: Natürlich war der »Olympier« der »Größte«. Ohne die nationalistische Brille betrachtet, erscheint Goethe dagegen, verglichen mit Homer, fade, verglichen mit Shakespeare, flach, aber es gereicht Goethe zur Ehre, daß er selbst die wahre Rangordnung nicht in Frage stellte, denn er begnügte sich damit, Homeride zu sein, und an eine Konkurrenz mit dem Dramatiker Shakespeare dachte er noch weniger, konnte er es doch auf dem Gebiet des bühnengerechten Dramas nicht einmal mit Schiller aufnehmen.

Goethes Italienreise, seine Berührung mit der antiken Kultur, führte zu einer Horizonterweiterung, zu mehr Menschlichkeit und ausgewogenerem Urteil. Luthers Italienreise hatte dagegen mit einer Horizontverengung, mit Haß gegen Rom und Feindschaft gegenüber einer überlegenen Kultur geendet, wie denn Goethe auch Erasmus von Rotterdam, der ein ähnliches Bildungserlebnis gehabt hatte wie er, näher steht als dem aus seiner parochial-kleinbürgerlichen Perspektive nicht herauskommenden Luther, wie er Leibniz und Kant näher steht als Hegel und Nietzsche.

Daß Nazis wie Kommunisten Goethe ideologisch zu vereinnahmen suchten, nimmt nicht wunder, wobei die Nazis Goethes Kosmopolitismus nicht weiter störte und die Marxisten sich mit seiner antirevolutionären Einstellung abfanden. Aus marxistischer Sicht dürfte Georg Lukács noch die brauchbarste Goethe-Interpretation geliefert haben. Sie macht auf einen Umstand (Adaptionssyndrom) aufmerksam, der vielleicht zu einem besseren Verständnis des »Olympiers« führen könnte, indem man seine ungeheure Kreativität nicht zuletzt als einen verzweifelten Versuch verstehen kann, die im feudalistischen System verhinderte Freiheit zu kompensieren, was dann auch, *mutatis mutandis,* für andere Kunstschaffende gilt: Schiller, Beethoven und in gewisser Weise sogar für die Philosophen des sogenannten Deutschen Idealismus, der mit der Ideenphilosophie Platons kaum mehr als den Namen gemeinsam hat und den man besser als Ideomanie aufgrund von Freiheits- und Realitätsschwund bezeichnen könnte.

Die Frage, wie das Volk, das einen Goethe hervorbrachte, ein totalitäres Zwangssystem wie Hitlerdeutschland ertrug, erscheint insofern nicht mehr als unlösbar, als man in diesem Zwangssystem den Endzustand des Freiheitsentzugs sieht, der mit dem Ordnungswillen des staufischen Systems beginnt, sich im Absolutismus fortsetzt, in der Restaurationszeit verstärkt und im Wahnsystem des Dritten Reiches (hoffentlich) seinen Abschluß fand.

Die Entwicklung der deutschen Philosophie, die Denker-Komponente, verläuft parallel zur Dichter-Komponente.

Albert der Große (1200–80) findet in der Erforschung der Natur einen Ausweg aus der theologischen Zwangsjacke; Meister Eckhart (1260–1327) sucht in der Mystik Zuflucht; Leibniz tauscht die geistige Freiheit der Pariser Jahre gegen den Fürstendienst in Hannover ein, wird von Kirchenanhängern als »Glövenix« (Ungläubiger) gebrandmarkt, erhält von seinem Dienstherrn Reiseverbot und wird als »Spion« verdächtigt; Immanuel Kant (1724–1804) erhält vom Preußenkönig (Friedrich Wilhelm II.) wegen Verbreitung aufklärerischen Gedankenguts auf dem Gebiet der Religionsphilosophie

Schreibverbot und erliegt dem Bündnis von Magie und Macht, Altar und Thron; Hegel paßt sich an und wird zum Apologeten staatlicher Repression; Nietzsche rebelliert zwar, aber hinter seiner Scheinantibürgerlichkeit verbirgt sich eine erzreaktionäre, imperialistische, sehr zeitgemäße Grundtendenz; und Heidegger verrät die philosophische Freiheit an den Diktator und vollendet damit die von Nietzsche begonnene Umkehrung des Platonismus.

Goethe als Dichter und Kant als Philosoph erscheinen, so betrachtet – neben Schiller und Beethoven –, als die letzten großen deutschen Kämpfer für Freiheit und Menschlichkeit. Nach ihnen begann der Zusammenbruch Deutschlands, zuerst der geistige, dann der moralische und schließlich der politische.

Die Freiheit bleibt ein Traum

Dort, wo die Religion ein Bündnis mit den Unterdrückern eingegangen und die Philosophie zum Konformismus verkommen war, blieb, außer der Ideologie, nur noch die Kunst. Goethe-Vereine und Schiller-Denkmäler konnten nicht über die Tatsache hinwegtäuschen, daß die Freiheit in Deutschland wieder einmal auf der Strecke geblieben war. So wurden die Denkmäler zu Grabmälern der Freiheit, und in den Kultstätten der Klassiker degenerierte Goethes Philosophie zur Goethe-Philologie. »Einer vielberufenen Überlieferung zufolge trafen Goethe und Beethoven eines Tages auf einem engen Gartenpfad die Kaiserin von Österreich nebst Gefolge, woraufhin Goethe ehrfurchtsvoll zur Seite trat, um die erlauchte Gesellschaft vorbeigehen zu lassen, während Beethoven erhobenen Hauptes mitten durch die Hofschranzen hindurchschritt und Goethe später sein ›unterwürfiges‹ Betragen vorwarf.«[108]

Beethoven soll gesagt haben, Fürsten gäbe es dutzendweise, einen Beethoven nur einmal. Goethe meinte, die Welt sei zwar erbärmlich ungerecht, aber man könne sie doch nicht ändern. Beethoven hatte rebelliert, Goethe resigniert, andere protestierten, wanderten aus oder flüchteten in immer entferntere, der Welt entfremdete und weltfremde Asyle des Geistes: deutscher Idealismus, Griechentum, Innerlichkeit oder Ideologie.

Karl Marx (1818–83) hatte die deutsche Philosophie als deutsche Ideologie, eine Art des Eskapismus vor der Wirklichkeit, entlarvt, aber durch Umkehrung einer Ideologie (auf die Füße stellen) gelangt man nicht wieder zur Philosophie, sondern nur zu einer neuen Ideologie. Marx blieb gerade dem gefährlichsten Bestandteil der deutschen Ideologie verhaftet, dem Glauben an eine (dialektische) Automatik des Geschichtsprozesses. So erhielt er wiederum nur eine Interpretation der Wirklichkeit, die, beim Versuch, die Welt mit ihrer Hilfe zu verändern, »notwendig« theoretisch versagte und schließlich auch in der Praxis scheiterte. Die Konzeption von Marx litt außerdem an dem Fehler, unter Vernachlässigung der Naturphilosophie fast ausschließlich gesellschaftliche Verhältnisse, Zustände, Prozesse ändern zu wollen – und das gerade zu einer Zeit, da die Evolutionstheorie die wissenschaftliche Erkenntnis der Natur wie der Gesellschaft revolutionierte. So war und blieb der Marxismus dazu verdammt, als »wissenschaftliche« Theorie hinter den unaufhaltsam fortschreitenden Naturwissenschaften zurückzubleiben und durch ständige Neuinterpretationen die immer wiederkehrende Differenz von Ideologie und Wirklichkeit zu verhüllen. Der Marxismus konnte beim besten Willen seiner Archegeten und Gläubigen die Menschheit nicht befreien, sondern nur ein ausbeuterisches System in ein anderes transformieren: Systemveränderung ohne Selbstveränderung des Individuums führt nicht weiter. Sich selbst verändern heißt, sich selbst befreien, Selbstbefreiung aber ist ein Werk religiöser, geistiger und moralischer Erneuerung des einzelnen und des ganzen Menschen. Sie ist mit materiellen Mitteln, auf ökonomischem, soziologischem oder wissenschaftlichem Weg, allein nicht zu erreichen.

Johann Joachim Winckelmann (1717–68) und Friedrich Hölderlin (1770–1843) suchten das Heil bei den alten Griechen. Winckelmann erblickte das griechische Wesen in stiller Einfalt und edler Größe, Hölderlin vergötterte Griechenland und kritisierte die Deutschen: »Ich kann kein Volk mir denken, das zerrissener wäre, wie die Deutschen. Handwerker siehst du, aber keine Menschen ... Herren und Knechte, junge und gesetzte Leute, aber keine Menschen – ist das nicht wie ein Schlachtfeld, wo Hände und Arme und alle Glieder zerstückelt untereinander liegen, indessen das vergossene Lebensblut im Sande zerrinnt?«[109]

Vermißten Beethoven und Schiller Freiheit und Brüderlichkeit, beklagte Hölderlin die Unmenschlichkeit. Novalis (1772–1801) kehrt in seinen »Hymnen an die Nacht« der Unruhe und Geschäftigkeit der Welt den Rücken und träumt vom Tor zur großen Freiheit, dem Tod. Andere suchen der Beschränktheit ihrer Umwelt durch Reisen in die Vergangenheit oder in ferne Länder zu entrinnen. Sammlungen von Volksliedern und Märchen und abenteuerliche, phantastische Geschichten entstehen. Die Brüder Grimm suchen nach den Ursprüngen der Sprache und brechen zu den »Müttern des deutschen Geistes« auf. Bei Jean Paul wechselt kindliche Naivität mit raffinierter Reflexion, Gotthelf findet im Bauerntum die Fundamente der Kultur, und Stifter flüchtet vor dem Schock der Revolution (1848) in die Frühzeit der Staufer zurück und propagiert, wie später ähnlich Wiechert, das einfache Leben.

Ob Romantiker oder Realisten, Ironiker oder Zyniker: Man mag die Ordnung nicht mehr, in die man sich widerwillig fügt, aus der man aussteigt, die man persifliert und gleichzeitig genießt. Gerhart Hauptmann (1862–1946) stellt das Los der armen Leute auf der Bühne dar, vermittelt den Eindruck der Sinnlosigkeit eines Tretmühlendaseins und schärft das soziale Gewissen. Aber die Stimme des Gewissens wurde leiser, der Schrei nach Gewalt immer lauter.

»Große Dichtung ist nicht entstanden. Alles blieb im Ansatz, im Entwurf neuen Ursprungs. In die Begeisterung beim Kriegsausbruch 1914 floß alles zusammen. Der Krieg selbst hat alles mit sich hinabgeschlungen.«[110]

Zwischen Reich und Nationalstaat

Hatte die deutsche Führungsschicht aus dem Schicksal Preußens gelernt, oder waren ihr die Siege Friedrichs des Großen, der Sieg über Napoleon und die erfolgreiche Unterdrückung der Freiheit zu Kopf gestiegen?

Jedenfalls hatte man mittlerweile die Erfahrung gemacht, daß eine Politik gegen das Volk auf zunehmenden Widerstand stieß und nicht auf die Dauer durchzuhalten war. Der Politiker, der aus dieser Erkenntnis am schnellsten und gründlichsten die Konsequenz zog und durch radikale Änderung seiner Taktik das Überleben des *ancien régime* in Deutschland ermöglichte, war niemand anderer als der Gründer des Zweiten Deutschen Reiches, Otto von Bismarck (1815–98). Er bot dem deutschen Volk eine verhängnisvolle Alternative zur Freiheit: die Einheit – verhängnisvoll, weil es keine Einheit der Freiheit, sondern eine Freiheit im Dienst der Einheit, Macht und Größe wurde. Die durch den Freiheitsentzug rückgestaute gewaltige Energie konnte für eine imperialistische Politik eingesetzt werden: »Der beste Alliierte, den Preußen haben kann, ist das deutsche Volk.«[111] Das deutsche Volk im Dienste preußischen Großmachtstrebens – das war die Lösung! Gebt dem Volke, was des Volkes ist: Verzicht, Opfer, Kriege, dafür Almosen, Einheitsrausch, Siegesfeiern, und dem Kaiser, was des Kaisers ist: Macht, Größe, Ruhm. Die zugehörige Ideologie brachte der wortgewaltige Bismarck selbst auf die einprägsame Formel: »Nicht durch Reden und Majoritätsbeschlüsse werden die großen Fragen der Zeit entschieden – das ist der Fehler von 1848 und 1849 gewesen –, sondern durch Blut und Eisen.«

Hatte Friedrich der Große im Geist der Aufklärung wenigstens verbal Machiavellis Begriff von Politik abgelehnt und sich als ersten Diener seines Staates hingestellt, so bekam die deutsche Politik unter Bismarck eine neue Dimension: die Instrumentalisierung des Volkes zur Durchsetzung imperialistischer Politik. Die Machthaber schützen die Interessen des Volkes zur Tarnung ihrer Angriffsziele vor, infizieren das Volk mit Feindbildern und Bedrohungsängsten, um sich nach Gelingen ihrer Abenteuer als Volkshelden feiern zu lassen oder, im Fall des Mißlingens, hinter dem Volk zu verschanzen: Hatten sie doch nur das Beste des Volkes gewollt und sind lediglich an Verrat oder den perfiden Methoden der Gegner gescheitert. Dieses Verhaltensmuster der Machthaber funktionierte in Deutschland bis tief ins 20. Jahrhundert hinein.

Man kann Bismarck nicht vorwerfen, daß seine politische Praxis nicht zu seiner Ideologie gepaßt hätte. Wenn er, konsequent und zynisch, den Weg der (»legalen«) Gewalt beschreitend, die große Katastrophe (Weltkrieg) vermied, so lag das weniger an seiner Weisheit, Verantwortlichkeit und Selbstkritik als an seiner Klugheit, Vorsicht und Selbstbeherrschung. Mit dem rücksichtslosen Austricksen politischer Gegner, dem Einlenken in letzter Sekunde und haarscharf an der Grenze des Unmöglichen konnte er wohl kurzfristig Machtvorteile gewinnen. Er hatte zwar den Rubikon der Legalität respektiert, den Rubikon der Moral aber überschritten. Nach der Einbeziehung von Religion, Moral und Volk – das zu einer Art Manövriermasse der großen Politik wurde – in den politischen Kalkül war seinen Nachfolgern gar nichts anderes mehr möglich, als diesen abschüssigen Pfad ohne Umkehr bis zum bitteren Ende weiterzugehen bzw. auf ihm abzurutschen.

Am Schicksal Bismarckdeutschlands bewahrheitete sich eine Einsicht Caesars, der seine Gegner warnte: Wen die Götter verderben wollen, dem schenken sie eine Reihe Erfolge und lassen böse Taten eine Zeitlang unbestraft. Christlich ausgedrückt: Gottes Mühlen mahlen langsam, aber fein.

Bismarcks innenpolitische »Großtaten« waren: 1862 Aufrüstung (Heeresreform) und der Verfassungsbruch (Verfassungskonflikt); Indemnitätsvorlage – das Parlament sollte die Heeresausgaben rückwirkend legalisieren und sich damit selbst ins Unrecht setzen; Rüge des Parlaments – die Welt sehe nicht auf Preußens Liberalimus, sondern auf Preußens Macht; Ausspielung des Volkes gegen das Parlament (Sozialisten, Bürgerliche); Kulturkampf (abgebrochen); Ablehnung des Freihandels; Sozialistengesetze und Sozialgesetzgebung (Peitsche und Zuckerbrot). Seine außenpolitischen: 1863 Boykott des Fürstentages von Frankfurt (Vorsitz Kaiser Franz Joseph); Hineinzwingen Österreichs in den Krieg gegen Dänemark; 1864 Krieg gegen Dänemark; Konvention zur Unterdrückung Polens (1863–78); 1866 Krieg gegen Österreich – Kriegsziel ist die Hegemonie Preußens in Deutschland; Verdrängung Österreichs aus Deutschland; Umfunktionierung des Deutschen Bundes zum Norddeutschen Bund unter Preußens Führung; Annexion aller widerspenstigen deutschen Staaten nördlich des Mains; 1867 Prellung Napoleons III. um die Kompensationszusage Luxemburgs; Krieg gegen Frankreich, verbunden mit der Gründung des Zweiten Deutschen Reiches in Versailles am 18. Januar 1871 und Ausrufung König Wilhelms I. von Preußen zum deutschen Kaiser; Berliner Kongreß; Bismarck als »ehrlicher Makler«; Konflikt zwischen England (Österreich, Ungarn) und Rußland.

Der (kleindeutsche) Nationalstaat war geschaffen, ohne daß die

Reichsidee aufgegeben wurde. Man wollte auf zwei Hochzeiten tanzen und setzte sich im Endeffekt zwischen zwei Stühle. Die Reichsgründung war innen- wie außenpolitisch mit brisantem Konfliktstoff geladen. Was eine Einheit taugt, die nicht aus innerer Eintracht geboren, sondern durch einen äußeren Konflikt erzwungen wurde, lag auf der Hand und sollte sich immer dann zeigen, wenn diese Einheit eine Bewährungsprobe zu bestehen hatte. Ein Reich, das durch Krieg mit den Gliedern des alten Reiches, durch Verrat am traditionellen Reichsgedanken und durch Hegemoniestreben zustande kam und das das Prinzip der Freiheit der fragwürdigen Konstruktion eines geschlossenen Nationalstaats opferte, trug den Keim des Verderbens bereits in sich.

Das Zweite Deutsche Reich

Deutschland hatte den Krieg gegen Frankreich militärisch gewonnen, politisch jedoch verloren, denn Frankreich wurde endgültig Republik, Deutschland blieb als Kaiserreich im Feudalismus stecken. Da Bismarck mit seiner rüden Machtpolitik kaum ein Land in Europa verschont hatte, suchte er nun durch eine ebenso veraltete wie verwegene Kabinettspolitik den Schaden zu begrenzen: ein so kompliziertes Bündnissystem, daß es wie ein Kartenhaus zusammenstürzen mußte, sobald auch nur eine Karte umfiel. Das System konnte überhaupt nur so lange funktionieren, als England durch Preußens Aufstieg zur Großmacht sein Konzept des europäischen Gleichgewichts nicht gefährdet sah. Bismarck hatte jeden Konflikt mit England sorgfältig vermieden. Als der deutsche Kaiser Wilhelm II. nach Bismarcks Entlassung diese Reserve aufgab, geriet das gesamte Bündnissystem ins Wanken, stürzte schließlich zusammen und endete mit einem riesigen Fiasko. Die typisch deutsche Neigung, aus relativ kleinen Erfolgen unverhältnismäßig große Zukunftserwartungen abzuleiten, traf auch diesmal zu: »Wir sind das tüchtigste Volk auf allen Gebieten des Wissens und der schönen Künste! Wir sind die besten Ansiedler, die besten Seeleute, ja selbst die besten Kaufleute!«[112] Aus der schon von Nietzsche kritisierten Ansicht, der Sieg 1870/71 sei der überlegenen deutschen Kultur zu verdanken, hatte sich die Ideologie: »Am deutschen Wesen wird die Welt genesen« entwickelt, mit deutlicher Spitze gegen Großbritannien. Selbstüberschätzung paarte sich mit gefährlicher Unterschätzung der Konkurrenz, nicht zuletzt, da anstelle des alten ein neues Kaiserreich getreten war, vom wirtschaftlichen, technischen, wissenschaftlichen und nationalen Aufstieg berauscht, sozusagen über Nacht als europäische Großmacht bestätigt, mit kühnem Zugriff auf Kolonien sogar im Begriff, zu einem Weltreich aufzusteigen, während die westlichen Nachbarn den Zenit des Kapitalismus, Kolonialismus und Nationalismus bereits überschritten und, nach einer Periode des Überschwangs, bereits wieder ernüchtert auf den Boden der Realität zurückgefunden hatten. Die »verspätete Nation«[113] hatte dagegen einen gewaltigen Nachholbedarf und einen riesigen Hunger nach Macht, Größe und Weltgeltung. Man wollte einen Platz an der Sonne und merkte nicht oder wollte nicht merken, daß man bereits einen der sonnigsten Plätze auf diesem Planeten eingenommen hatte. Unversehens hatten die Milliarden an französischer Kriegsentschädigung zur Wirtschaftskrise der »Gründerjahre« geführt, und man bekam den Impakt der eigenen Hektik zu spüren. Die sozialen Spannungen nahmen in dem Maße zu, als Unersättlichkeit ansteckt, und anstelle von Freiheit, Glück und Lebensfreude verbreiteten sich Mißmut, Niedergeschlagenheit, Angst, Sorge und Pessimismus. Das mit aller Gewalt und äußerster Brutalität in Deutschland aufrecht erhaltene feudalistische Gesellschaftssystem bekam erste Risse und Sprünge. Die Nemesis der Macht erhob in Deutschland – nicht zum ersten und nicht zum letzten Mal – ihr drohendes Antlitz.

Europäische Großmächte

Aus dem britischen Kolonialreich (1814–75) entwickelt sich das »British Empire« (1875–1914). Beide Entwicklungsphasen werden durch die »Viktorianische Ära« (1848–86) verbunden. Anstelle des Idols der Weltherrschaft tritt das Prinzip der Treuhandschaft des Mutterlandes für die Kolonien bis zu ihrer politischen Selbständigkeit. Nach dem Verbot des Sklavenhandels verlagert sich das britische Interesse von Afrika auf Indien, China und Südamerika; 1867 erhält Kanada im »North America Act« volle politische Selbständigkeit und wird ein Dominion; 1877 wird Königin Viktoria Kaiserin von Indien, und 1901 entsteht das Commonwealth of Australia; 1907 erhalten Neuseeland und Neufundland den Dominion-Status, und 1910 wird die Südafrikanische Union gegründet.

Auf gesellschaftlichem Gebiet verwandeln sich um die Jahrhundertmitte die Adelsparteien in demokratische Massenparteien, und das Oberhaus wird allmählich entmachtet (»Parliament Act«, 1911). Auf wirtschaftlichem Gebiet hält England trotz zunehmender Konkurrenz seitens der USA, Deutschlands und Japans am Freihandel fest, führt auf dem Weltmarkt und stellt 46 Prozent der Welthandelstonnage (1880). Gegenüber dem europäischen Kontinent hält Großbritannien auch an seiner bewährten Gleichgewichtspolitik fest, was jedoch, mit zunehmenden Erfolgen auf fast allen Gebieten und in allen Erdteilen, die Ausbildung eines britischen Sendungsbewußtseins nicht ausschließt.

Infolge seines starken Engagements in Europa kann Frankreich in Übersee mit Großbritannien nicht Schritt halten. Kaiser Napoleon III. (1852–70) dachte eher europäisch als nationalistisch. Er hatte deutsche Schulen besucht, sympathisierte mit revolutionären Strömungen in Italien und Frankreich und wollte den Konservativismus in Österreich und Rußland überwinden. Auf dem Pariser Friedenskongreß (1856), der den Russisch-Türkischen Krimkrieg beendet, vermittelt der französische Kaiser, verzettelt sich aber bei dem Versuch, Italien zu helfen (Italienischer Einigungskrieg 1859), in Mexiko zu intervenieren (1861–63) und in Indochina Fuß zu fassen. Preußens Prinzregent Wilhelm, der den Po am Rhein verteidigen wollte, veranlaßte jedoch wieder eine Annäherung Frankreichs an Österreich, das mit gutem Grund Preußens hegemoniale Tendenzen fürchtete. Die Schlacht von Königgrätz (Sadowa), in der Preußen Österreich besiegte, empfand auch Napoleon III. als eine schwere Niederlage. Ein Jahrhundertkonflikt zwischen Frankreich und Preußen zeichnete sich ab. Der Krieg von 1870/71 kostete Frankreich Elsaß-Lothringen, fünf Milliarden Francs Kriegsentschädigung und das Kaisertum – letzteres eher ein Gewinn als ein Verlust. Napoleon III. hatte zu hoch gespielt und – verloren. Mit seiner aggressiv-hegemonialen Politik hatte sich Bismarck, obwohl er Deutschland für saturiert erklärte, in Europa nicht beliebter gemacht. Frankreich sann auf Revanche, Österreich machte gute Miene zum bösen Spiel, Rußland, von Preußen enttäuscht, rückte seit 1878 von ihm ab, und England wurde skeptischer gegenüber deutschen Annäherungsversuchen und der stürmischen Kolonialpolitik der neuen Großmacht.

Rußlands Aufstieg ist mit dem Namen Peters I., des Großen (1689–1725, seit 1721 Kaisertitel), verknüpft. Der »Handwerksmeister auf dem Thron« läßt sich in Königsberg zum Geschützmeister ausbilden, in Amsterdam zum Schiffsingenieur und in London zum Navigator, verlegt die Residenz von Moskau nach St. Petersburg, dem »Fenster nach Europa«, läßt eine Ostseeflotte bauen, verstärkt den Dienstadel gegenüber dem Geburtsadel (Rangtabelle, 1722), reformiert Wirtschaft, Verwaltung, Kirche und Staat und festigt damit die Stellung Rußlands als europäische Großmacht. Im Anschluß an das Haus Romanow herrscht in Rußland von 1762 bis 1917 das Haus Holstein-Gottorp. Unter Katharina II. (Prinzessin Sophie von Anhalt-Zerbst, 1762–96), deren Flirt mit der Aufklärung schnell vorüberging, setzt sich der Adel wieder durch. Bauernaufstände werden im Blut erstickt, und die anfänglich begeisterte Reformerin verwandelt sich in eine erzreaktionäre Despotin. Auf dem Hintergrund ungelöster sozialer Probleme schwenkt sie immer mehr auf einen imperialistischen Kurs ein. Mit der Abwehr Napoleons unter Kaiser Alexander I. (1801–25) erringt Rußland seine Vormachtstellung auf dem Kontinent. Kongreßpolen, mit Rußland vereint, erhält 1815 eine eigene Konstitution. Kaiser Nikolaus I. (1825–55) schlägt einen Adelsaufstand (Dekabristenaufstand, 1825) nieder und verständigt sich mit England in der griechischen Frage. Dem liberal gesinnten Zar Alexander II. (1855–81) gelingt es zwar, durch Expansion und Reformen einen russischen Nationalstaat zu schaffen, wobei sich der großrussische Nationalismus zur Ideologie des Panslawismus steigert. Die eigentlichen Probleme Rußlands liegen aber auf sozialem Gebiet, da ein Drittel der Bevölkerung noch Leibeigene sind. Die Reformen können die Spannungen zwischen Staat und Volk nicht beseitigen, so daß sein Nachfolger, Alexander III. (1881–94), wieder, wie zuvor schon Katharina II., ins Gegenextrem eines reaktionären Kurses verfällt. Unter Zar Nikolaus II. (1894–1917) erlebt Rußland dann, von Kriegen und Revolutionen heimgesucht, eine unruhige Epoche, die mit der Beseitigung des *ancien régime* enden sollte.

In mancher Hinsicht ähnlich verläuft die Entwicklung in Österreich, das auf dem Balkan in eine Krise mit Rußland, in Norditalien in eine Krise mit dem von Frankreich unterstützten Italien und in Deutschland in eine Krise mit dem Aufsteiger Preußen gerät, das die Donaumonarchie aus Deutschland zu verdrängen sucht. Hinzu kommen – im Zeitalter des Nationalismus – kaum zu bewältigende Nationalitätenprobleme. Mit bewundernswertem Geschick gelingt es Österreich immer wieder, kritische Situationen zu meistern, zu überleben und nach wie vor Wien als Kulturzentrum zu behaupten. Hier sind zu nennen: der Epiker Adalbert Stifter (1805–68), der Dramatiker Franz Grillparzer (1791–1872), der Lyriker Hugo von Hofmannsthal (1874–1929); die Komponisten Anton Bruckner (1824–96), Gustav Mahler (1860–1911) und der aus Hamburg stammende Johannes Brahms (1833–97); der Gynäkologe Ignaz Philipp Semmelweis (1818–65) und nicht zuletzt der Begründer der Psychoanalyse, Sigmund Freud (1856–1939).

Die fünfte Großmacht

»Die Stimmung nationaler Hysterie schlug über in imperialen Größenwahn, überall dort, wo Nationalstaaten den Rang von Großmächten erreichten, also genügend Macht zur Expansion organisierten. Imperium gab es ursprünglich nur eines, das der Caesaren. Das Heilige Römische Reich Deutscher Nation hielt dann ein Jahrtausend lang die Fiktion aufrecht.«[114]

Unter Imperialismus im engeren Sinn versteht man die Fortsetzung der Kolonialpolitik des 16. bis 18. Jahrhunderts in verschärfter, zwischen den Großmächten rivalisierender Form etwa seit 1880. Dabei geht es um weltweiten politischen und wirtschaftlichen Einfluß mit Hilfe von Wissenschaft und Technik, Kommunikation und Verkehr, Freihandel, Handelsgesellschaften, Aktiengesellschaften, Konzernen, Großbanken, Kapitalinvestitionen und Absatzmärkten. Die zugehörige Ideologie liefert in Deutschland vor allem Friedrich Nietzsche mit seiner Lehre vom Willen zur Macht, einer radikalisierten Mischung von machiavellistischen, sozialdarwinistischen, individualistischen, atheistischen, immoralistischen, antihumanistischen, antimetaphysisch-positivistischen und mythisch-mystischen Komponenten. Nationalismus, Sozialismus und Rassismus finden sich bei Nietzsche nicht, wohl aber ein bis zur Selbstapotheose gesteigerter Missionswahn. Die großen übernationalen politischen Ideologien sind Konservativismus, Liberalismus, Sozialismus und später Faschismus, ferner der Pangermanismus und der Panslawismus. Gegen Diskriminierung, Gewalt und Krieg wendet sich der Pazifismus.

Während der Imperialismus in England und Frankreich seinen Höhepunkt überschritten hatte, Rußland und Österreich mit ihren eigenen sozialen bzw. nationalen Problemen schwer zu schaffen hatten, verbanden sich im Zweiten Deutschen Reich wirtschaftliche und technische, ideologische und politische, nationale und soziale Kräfte zu einer ungeahnten Dynamik. In Bismarcks Kolonialpolitik (1871–90) und dem Streben nach Weltgeltung in der Wilhelminischen Ära (1890–1914) treten diese Kräfte weltweit in Erscheinung. In dem Bestreben, auf allen Gebieten die ersten zu sein, alle anderen zu überbieten und womöglich von ihren Plätzen zu verdrängen, die

Großmacht aller Großmächte zu werden, kündigt sich eine Entwicklung an, die nicht nur das europäische Gleichgewicht der Kräfte zu zerstören, sondern auch, infolge der überragenden preußisch-deutschen Militärmaschinerie, zu einem Sicherheitsrisiko für alle Nachbarn zu werden droht. Deutschland, so sah es die Welt mit zunehmender Besorgnis, drängte nicht nur an die Spitze, sondern war bereit, sich den Weg dahin freizuschießen. Hatte nicht Bismarck selbst die Parole ausgegeben: »Wir Deutsche fürchten Gott, aber sonst nichts in der Welt«?

Die anderen sahen in Deutschlands Überlegenheitsdrang die Wurzel allen Übels, die Deutschen im Neid der anderen. Wie Luther glaubte, unter dem Haß der ganzen Welt leiden zu müssen, fühlten sich die Deutschen vom Haß der Welt umringt.[115] In der Kunst, sich alle Welt zu Feinden zu machen, sind wohl Luther und die streitbaren deutschen Machteliten unübertroffen, aber: Viel Feind', viel Ehr'!

Rasant wie Deutschlands wirtschaftliche Entwicklung erfolgt auch die Gewinnung von Kolonien: 1884 Deutsch-Südwestafrika, 1884 Togo und Kamerun, 1884/85 Südseekolonien, 1885 Deutsch-Ostafrika.

Das Verhaltensmuster deutscher Machthaber, aus relativ kleinen Erfolgen weitreichende, überzogene Schlüsse zu ziehen, zeigt sich in den Parolen des Alldeutschen Verbandes (1891): »Weltpolitik als Aufgabe, Weltmacht als Ziel, Flotte als Instrument«, aber auch in der Außenpolitik, wo die Fehleinschätzung eigener und fremder Möglichkeiten zu einem gefährlichen Zickzackkurs führt. Skeptiker wie Leo von Caprivi (1890–94) finden kein Gehör, Taktiker wie Bernhard von Bülow (1900–09), Utopisten wie Theobald von Bethmann Hollweg (1909–17) oder Scharfmacher wie Alfred von Tirpitz (1849–1930) behaupten das Feld. In der Kolonialpolitik steht der Erfolg in keinem Verhältnis zum Kräfteeinsatz, die Bündnispolitik scheitert infolge von Konzeptionslosigkeit, inneren Rivalitäten und Intrigen, statt des heißbegehrten Prestiges handeln sich die Supergescheiten vor aller Welt Blamagen ein, hohes Pathos und Kleinkariertheit wechseln in bunter Folge einander ab und wirken komisch, die Hohlheit, Überlebtheit und Unglaubwürdigkeit des feudalistischen Systems ist evident. Seine Auflösung, Zersetzung und Selbstzerstörung ist keine Folge feindlicher Einwirkung, militärischer Fehlschläge oder tragischen Scheiterns, sondern die logische Schlußphase inneren Verfalls.

»Gegen Demokraten helfen nur Soldaten«

Man sollte meinen, daß ein überlebtes, krankes, dekadentes Gesellschaftssystem von selbst zerfällt, daß man es nur seinem Schicksal zu überlassen braucht, daß es keine Überlebenschance hat. Das ist aber nicht der Fall, solange dieses System über gesunde Kräfte verfügt, die mit Hilfe einer pseudoreligiösen, pseudomoralischen und pseudoidealistischen Ideologie getäuscht und daher mißbraucht werden können. Genau das war in Deutschland zur Zeit von Bismarck und Wilhelm II. der Fall. Wenn Marx die Religion als Opium fürs Volk verstand, hatte er zwar damit nicht das Wesen der Religion definiert, wohl aber den Zustand der Religion seiner Zeit beschrieben. Die in Preußendeutschland stattfindende gnadenlose Verfolgung moderner Ideen wie Demokratie, Freiheit und Menschenrechte läßt sich nur verstehen als verzweifelter Kampf einer morbiden Machtelite um ihr Sein oder Nichtsein, um ihr Überleben, ihre Privilegien, um ihre Herrschaft und ihre Macht. Durch geschickte Ausnutzung der Erlösungssehnsucht des Volkes, seines Freiheits- und Einheitswillens gelang es der Führungsschicht durch Schaffung von Feindbildern – Frankreich: Erbfeind; England: Wirtschaftsneid; China: gelbe Gefahr; Rußland: Panslawismus –, Ängste vor scheinbarer Bedrohung zu erzeugen, die Energien des Volkes, die der eigenen Herrschaft hätten gefährlich werden können, nach außen zu richten, in Aggressivität, Hegemoniestreben und Eroberungswillen umzufunktionieren und dadurch eine Galgenfrist für die Galgenvögel zu erschleichen.

Die Voraussetzungen für die Rettung – nicht des Volkes, sondern der Volksverführer – waren in Preußendeutschland optimal. Keine Machtelite der Welt verfügte über ein so gut abgerichtetes, gedrilltes Heer von willfährigen Automaten. Keine Machtelite verfügte über ein vergleichbares Begriffsinstrumentarium des Etikettenschwindels, der Irreführung und (Selbst-)Täuschung, wie es der deutsche Idealismus mit seinen hochtrabenden Scheinwerten bot, und keine Machtelite verfügte aber auch über soviel wirtschaftliches, technisches und wissenschaftliches Know-how, Organisationstalent, bürgerliches Kapital und proletarische Arbeitskraft wie die deutsche der Wilhelminischen Ära. Die Mittel zum Kampf, nicht mehr nur ums Überleben, sondern um die Herrschaft über Europa, standen zur Verfügung, der Wille zur Weltmacht war da – es mußten nur noch einige innere Hindernisse überwunden werden: Liberalismus, Humanismus und Pazifismus, kurz die demokratische Bewegung, aber auch dafür war gesorgt. An konformistischer Intelligenz fehlte es weder unter Künstlern noch Wissenschaftlern, nützliche, blinde Gefolgschaft gab es ebenfalls, und den Rest erledigte das Militär: »Gegen Demokraten helfen nur Soldaten.«[116]

Soldaten als Verteidiger der Freiheit oder der Demokratie ist ein importiertes Konzept, keine deutsche Idee. In den preußischen Kasernen und auf den Exerzierplätzen Preußendeutschlands wurden die Soldaten nicht zu freiheitsliebenden Staatsbürgern in Uniform erzogen, sondern zu geistig entmündigten, moralisch zerbrochenen und physisch entmenschten Instrumenten des Hasses, des Angriffs, der Eroberung, des Kadavergehorsams, der Selbstentfremdung bis zur Selbstaufgabe, nicht fürs Vaterland, sondern für eine dekadente, moribunde Herrscherkaste. Klassischen Ausdruck fand diese Einsicht in Erich Maria Remarques Roman »Im Westen nichts Neues« von 1929.

Einige der edelsten Eigenschaften und Kräfte des Menschen wie Ehre, Treue, Pflichterfüllung, Hingabe und Opferbereitschaft wurden von den Machthabern des *ancien régime* so pervertiert, daß sie als Wertbegriffe vielleicht für alle Zeiten disqualifiziert sind.

Die Angst der Adelsgesellschaft vor der Demokratie saß tief, denn Demokratie bedeutet für diese Art von Machtelite stets Enttarnung, Entlarvung, Entmachtung, Entideologisierung, Ideologiekritik. Das Unverständnis, das auch heute noch in reaktionären Kreisen gegenüber dem Phänomen der Ideologie herrscht, ist nur zu verständlich. Nie hat eine Gesellschaft ein so perfektes System der Überwachung, Bespitzelung, Denunziation, der Verfolgung und Ausrottung von Systemkritikern hervorgebracht wie Preußen, Bismarckdeutschland, Hitlerdeutschland und die DDR. Was dabei herauskam, stabilisierte weniger den Staat als ein korruptes System.

Die Angst der alten – wie der neuen – Machtelite vor inneren Kritikern und äußeren Feinden erweist sich letztlich als Angst vor sich selbst, Angst vor der Freiheit, daher denn auch Ordnung, Zucht, Zwang und immer mehr Zwang bis hin zu Zwangsvorstellungen, Wahnsystemen und Konzentrationslagern, in denen sich das dekadente System selbst abbildet.

Der preußisch-deutsche Soldat war ein Urfeind der Demokratie und wurde deshalb auch zu ihrer Bekämpfung eingesetzt. Soldatsein im preußisch-deutschen Staat hieß Versklavung anderer auf der Basis der Selbstentfremdung, Selbstversklavung, des Freiheitsverzichts, der Versachlichung, Instrumentalisierung und der Ekstase im Vorlaufen zum Tod. Die doppelte Bedeutung des Begriffes Unterwerfung, transitiv und intransitiv, jemanden unterwerfen und sich unterwerfen, enthüllt das »süße« Mysterium des Sadomasochismus von Treten und Getretenwerden, Töten und Getötetwerden. Demokratie dagegen heißt nicht Heteronomie (Fremdbestimmung) und Privilegien (Vorrechte), sondern Autonomie (Selbstgesetzgebung) und Isonomie (Gleichberechtigung), nicht Bevormundung, Ergebenheit, Unterwürfigkeit, sondern Mündigkeit, Unabhängigkeit, Selbständigkeit, nicht Selbstentäußerung, sondern Selbstentfaltung, nicht Unterwerfung, sondern (Selbst-)Befreiung, Selbstfindung und Weltgestaltung, nicht Angst vor der Freiheit, sondern Mut zur Freiheit, nicht Herrschaft über andere, sondern Herrschaft über sich selbst, nicht Fremdbesitz, sondern Selbstbesitz, nicht Ruhm, sondern Selbstachtung, nicht Exklusivität und Kastengeist, sondern Inklusivität, Integration und Solidarität. Andere will beherrschen, wer sich selbst nicht beherrscht, fremdes Gut und fremde Freiheit will besitzen, wer sich selbst nicht besitzt und unfrei ist – oder: Nach Besitz strebt, wer sich selbst verloren hat, nach Ruhm strebt, wer am Leben vorbeigelebt hat.

Die letzten Ursachen für den Konflikt zwischen Militärstaat und Demokratie liegen im Feudalsystem selbst begründet, im Gegensatz von Geburtsadel und bürgerlichem Leistungsdenken. War bei Platon und im Mittelalter Gott das Maß aller Dinge, bei Protagoras und in der frühen Neuzeit der Mensch, so erscheint am Ende der Neuzeit das Geld als Maß aller Dinge, vielleicht im 21. Jahrhundert die Kreativität. Herrschten in der Adelsgesellschaft Streit, Kampf und

Krieg vor, in der bürgerlichen Gesellschaft Arbeit, Leistung und Konkurrenz, so wird das postindustrielle Zeitalter vielleicht einen Sinn für Natürlichkeit, Solidarität und Humanität entwickeln.

Wille zur Macht

Obwohl Nietzsche nie ein Werk mit dem Titel »Wille zur Macht« verfaßt hat – so benannt wurde eine ziemlich willkürliche Sammlung von Aphorismen aus dem Nachlaß –, war er doch der glühendste Apostel des Machtdenkens, den die Geschichte kennt. Nietzsche verstand seine Philosophie als umgedrehten Platonismus und zählte Hegel zu den »unbewußten Falschmünzern«. Auf diesem Hintergrund erscheint Nietzsches Ideologie der Macht als zweites Umkehr- oder Zerfallsprodukt des Deutschen Idealismus. Während Marx einen rationalistischen Materialismus schuf, wurde Nietzsche zum Schöpfer eines irrationalistischen Naturalismus auf individualistischer Grundlage. Marx und Nietzsche ähneln sich als Schöpfer von Ideologien, im Mißverhältnis von philosophisch-wissenschaftlichem Erkenntnisgewinn und Wirkung sowie im posthumen Aufblühen ihres Ruhmes. Ansonsten sind sie im Leben und Denken so gegensätzlich wie kaum zwei andere Naturen.

Marx war der Sohn eines angesehenen jüdischen Rechtsanwalts aus Trier, Nietzsche stammte mütterlicher- und väterlicherseits aus Theologenkreisen. Marx gelang die Emanzipation von Familie und bürgerlicher Umgebung, Nietzsche rebellierte gegen Familie und Gesellschaft, kehrte aber stets reumütig zu seiner Mutter – sein Vater war früh gestorben – zurück, auch nachdem sie ihn hinausgeworfen hatte. Marx fand in seiner Frau eine liebevolle und treue Gefährtin, Nietzsche, der sich vor der Sexualität mehr ekelte als Hieronymus, machte allen möglichen jungen Damen überstürzte Heiratsanträge, wurde abgewiesen, kehrte hernach seine Niederlagen in große Siege um und blieb – Junggeselle.

Während Marx den Kampf gegen die von ihm als ungerecht und korrupt empfundene Gesellschaft aufnahm, persönlich die Konsequenzen daraus zog, keine angemessene Berufschance erhielt, von der preußischen Geheimpolizei verfolgt wurde und verarmte, machte

Nietzsche, der den Weg des Konformismus und der Überanpassung beschritt, dank der Protektion Ritschls eine Bilderbuchkarriere. Marx war überzeugter Pazifist, aber ein entschlossener Kämpfer gegen Unrecht und Unterdrückung, Nietzsche träumte von Kriegsruhm, meldete sich im Deutsch-Französischen Krieg freiwillig (als Krankenpfleger), versagte aber und kehrte schon nach kurzer Zeit als pflegebedürftiger Patient zu Muttern nach Hause zurück. Aus dem gescheiterten Kriegshelden wurde später der größte Kriegsphilosoph aller Zeiten.

Marx entwickelte sich zum Sozialrevolutionär, Nietzsche zum Erzreaktionär, dessen »aristokratischer Radikalismus« alles übertraf, was es in dieser Art seit Heraklit und Kritias gab.

Das Engagement von Marx läßt sich gar nicht anders verstehen als aus einem tiefen Mitgefühl mit seinen ausgebeuteten, gepeinigten und leidenden Mitmenschen. Marx war Altruist. Nietzsche propagierte nicht nur den Egoismus, sondern nutzte seine Freunde und Bekannten bedenkenlos aus. Während Marx mit dem zur Menschenmasse degenerierten Volk mitfühlte und dessen Not zu lindern suchte, verachtete Nietzsche den »Pöbel« und wollte sogar die Not der Leidenden künstlich vergrößern, um das Machtgefühl des höheren Menschen zu steigern: »Was da fällt, sollst du noch stoßen!«

Nietzsches Philosophie der Macht, radikaler Ausdruck des imperialistischen Zeitalters, war ein Kompensat persönlicher Ohnmacht und tiefster Frustration. Während Hegel Verbrechen als Begleiterscheinungen historischer Größe rehabilitierte, verherrlichte Nietzsche sie als Abzeichen höheren Menschentums. Hegel, Marx und Nietzsche gemeinsam ist die Angst vor der Freiheit, die im Endeffekt – reaktionäre oder sozialistische – totalitäre Systeme erzeugt, welche die Freiheit ausschließen, die ihre Bildung ermöglichte. Die komplementäre Komponente zur Selbstaufhebung der Vernunft wurde im Zeitalter der Restauration und Reaktion die Selbstaufhebung der Freiheit.

Schon in Nietzsches Erstlingswerk, der oft mißdeuteten »Geburt der Tragödie« (1872), fließen, scheinbar ganz nebenbei, höchst brisante politische Vorstellungen ein: Die Deutschen hätten sich durch ihre Reichsgründung viel weitreichendere Machtziele verscherzt, wie die Herrschaft über Europa und damit über die Welt.

Nietzsche hatte weder eine gleich starke noch eine gleich andauernde Wirkung wie Marx. Seine Wirkung, greifbar im Nietzsche-Kult, war jedoch alles andere als nur eine philosophische Mode. Sie trat in Schüben auf, Fieberschauern vergleichbar, und man sollte sie auch so verstehen. Nietzsche liebte den Vergleich seiner Schriften mit Dynamit oder Attentaten. Im 20. Jahrhundert erreichte die Nietzsche-Begeisterung tatsächlich ihre Höhepunkte jeweils vor den beiden Weltkriegen.

Psychologisch aufschlußreich – nicht nur für Nietzsche, sondern auch für die deutsche Psyche – ist seine Lehre von der Notsucht. Am Ende des ersten Buches der »Fröhlichen Wissenschaft« kommt Nietzsches sadomasochistische Einstellung zum Ausbruch, die »Begierde nach Leiden«, das Evangelium: »Not ist nötig!« und die Sucht nach Not, die er allerwärts zu entdecken vermeint und die für ihn »Glück« bedeutet. Waren die beiden Weltkriege, so betrachtet, Ausbrüche deutscher Notsucht?

Im Ersten Weltkrieg zogen deutsche Soldaten in den Krieg, die auf ihrem Koppelschloß den Spruch: »Gott mit uns« trugen, im Tornister dagegen Nietzsches »Zarathustra«, eine bisher kaum bemerkte Schizophrenie. Zur Zeit Bismarcks hatten Radikalisten wie Nietzsche keine Chance, auch wenn sie dem Eisernen Kanzler gelegentlich ein Promemoria schickten, das dieser gar nicht erst beantwortete. Bismarck, der die Kunst des Möglichen beherrschte, war gegen Wahnvorstellungen immun. In der Wilhelminischen Ära, um die Jahrhundertwende, wurde das anders. Mit dem politischen Größenwahn wuchs auch der Einfluß von Nietzsches Apotheose der Macht. Beide Tendenzen begannen einander zu verstärken. Als sich die Schatten des Untergangs bereits über das »Tausendjährige Reich« senkten, schenkte Hitler seinem Freund Mussolini, der sich als ein Schüler Nietzsches verstand, eine Prachtausgabe seiner Werke.

Wer – wie Bertrand Russell (1872–1970) noch 1946 – meint, Nietzsche hätte seine Zeit gehabt, sieht sich getäuscht. Nietzsche-Ausgaben und Nietzsche-Interpretationen überschwemmen seit geraumer Zeit den Markt. Sollte das ein Zeichen dafür sein, daß die Zeit des »dionysischen Lockvogels« wieder einmal naht? Nietzsche, vor allem seine Lehre vom Willen zur Macht, ist und bleibt für die moderne Welt eine Herausforderung, wenn auch weniger ein philosophisches als ein psychologisches Problem.

Wer beherrscht Europa?

Ein typisch deutsches Verhaltensmuster ist, den zweiten vor dem ersten Schritt zu tun, nach Weltpolitik und Weltmacht zu streben, ohne sich zu fragen, wer Europa beherrscht. England, von dem man um 1900 noch am ehesten behaupten konnte, eine Weltmacht zu sein, hatte indirekt dadurch eine Art Herrschaft über Europa gewonnen, daß es durch seine Gleichgewichtspolitik die Hegemonie einer Großmacht in Europa verhinderte. Einen Führungsanspruch wie Deutschland hat es nie erhoben.

Eine Analyse des militärpolitischen Entscheidungsprozesses,[117] der sich im »Kriegsrat« von 1912 abzeichnet, zeigt, daß man in Führungskreisen des Deutschen Reiches keineswegs glaubte, die Herrschaft über Europa bereits zu besitzen, wohl aber bereit war, alles auf eine Karte zu setzen, einen großen Krieg zu riskieren, um sie zu erringen. An der Zielvorstellung des Monarchen, das Deutsche Reich zur ›stärksten Macht‹ mit ›absoluter Hegemonie‹ auf dem Kontinent zu machen, ist kaum zu zweifeln, aber war diese Zielsetzung realistisch?

Deutschland stand zwar in Europa an erster Stelle in der Eisenproduktion, an zweiter in der Kohleförderung, an erster in der Welt in Chemie und Elektroindustrie, konnte das stärkste Landheer und die zweitstärkste Marine einsetzen, aber sein Verbündeter war um so schwächer, ungerüstet und in Nationalitäten auseinanderbrechend. Die Alliierten verfügten über ein erdrückendes Kriegspotential, vor allem, wenn die USA sich je gegen die Mittelmächte entscheiden sollten. England (46 Mio. Einwohner) konnte ein Viertel der Erde mobilisieren, Frankreich 39 Mio. und 14 in Afrika, Rußland 166, Deutschland dagegen 67 und Österreich 52. Im Hintergrund drohten 98 Mio. der USA, deren Kohleförderung der englischen und deutschen zusammen gleichkam, deren Stahlproduktion die europäische übertraf. Deutschland fehlte auch die Tiefe des Raumes, und es mußte sofort Lebensmittel und Kleidung rationieren. Der Zweibund stellte 3,8 Millionen Soldaten 5,8 Millionen der Entente entgegen; das war noch das geringste Mißverhältnis der Kräfte. Wenige wollten die wirklichen Stärken wahrhaben, wenige sahen nüchtern, vor allem in Berlin. Der amerikanische Oberst House, persönlicher Beauftragter des Präsidenten, hatte im Mai 1914 von dort geschrieben: »Die Situation ist außergewöhnlich. Das ist ein Militarismus, der wahnsinnig geworden ist. Wenn nicht jemand in Ihrem Auftrag erreichen kann, daß sich andere Einsichten durchsetzen, wird es eines Tages eine furchtbare Weltkatastrophe geben. Niemand in Europa kann es schaffen. Dafür gibt es zu viel Haß, zu viel Mißgunst.«[118]

Die Leichtfertigkeit, mit der man deutscherseits über derartige Bedenken zur Tagesordnung hinwegging, mögen einige wenige Sätze aus einem Gespräch illustrieren, das Bethmann Hollweg mit Feldmarschall Colmar Freiherr von der Goltz derzeit führte:

Bethmann: »Wir bekommen jede militärische Forderung [vom Reichstag] bewilligt.«
Goltz: »Na, dann wollen wir doch fordern.«
Bethmann: »Ja, wenn wir so viel nun fordern, dann müßten wir doch die bestimmte Absicht haben, bald zu schlagen.«
Goltz: »Ja natürlich, dann machten wir eben praktische Politik!«
Bethmann: »Aber einen Präventivkrieg hat doch selbst Bismarck im Jahre 1875 verhindert.«
Goltz: »Richtig! Das konnte er, nachdem er drei Präventivkriege geführt hatte, zum Segen des Vaterlandes!«[119]

Hier wird die Bedeutung Bismarcks als Vorbild für Entscheidungen über Krieg und Frieden deutlich. Dem großen Realpolitiker kann man nicht vorwerfen, daß er die Situation Deutschlands nicht realistisch beurteilt hätte, aber konnte er diesen Instinkt für das Mögliche auch bei seinen Nachfolgern voraussetzen? Neben der Überstürzung tritt bei ihren Entscheidungen ein weiteres deutsches Verhaltensmuster in Erscheinung – die Überkompensation: Ein Platz an der Sonne genügt nicht mehr, es muß der erste Platz sein. Dafür ist kein Opfer zu groß, kein Preis zu hoch: »Alles oder nichts« ist, wie so oft in der deutschen Geschichte, die gleisnerische Alternative.

Wie so oft fiel das Ergebnis negativ aus. Am Ende hatte man nicht mehr als am Anfang, sondern weniger.

Kaiser Wilhelm II. und das Reich

Kaiser Wilhelm II. (1888–1918) hatte den Lotsen des deutschen Staatsschiffs selbst von Bord geschickt. Wer steuerte nach Bismarck das Reich? Wenn auch die Meinungen darüber weit auseinandergehen,[120] lassen sich doch zwei Haupttrends unterscheiden: einerseits Personalisierung, starker Einfluß des Kaisers auf die Politik und andererseits Institutionalisierung, geringer Einfluß auf den Staatsapparat, Überwiegen von unpersönlichen, ökonomischen, soziologischen, bürokratischen und politischen Faktoren. Wie überall kann auch hier nur eine hinreichend differenzierende Faktorenanalyse weiterhelfen. Eine Wilhelminische Ära ohne Wilhelm ist sowenig denkbar wie ein Viktorianisches Zeitalter ohne Viktoria oder ein Reich ohne Reichsoberhaupt. Als Wilhelminische Züge kristallisieren sich heraus: Uniformbesessenheit; Anschluß an den preußischen Militarismus; Kaisermystik und Cäsarenwahn; Anlehnung an den Caesar-Kaiser-Kult; Hektik und Reisesucht; Prestigedenken und Profilierungssucht; Bedürfnis nach ständiger Gesellschaft, ohne Gesprächsbereitschaft (Monologe); Sendungsbewußtsein, Missionswahn (Führungsrolle); maßlose Rachegefühle (Peking muß dem Erdboden gleichgemacht werden); Aufforderung an Truppen-Kommandeure, keine Gefangenen zu machen; blutrünstige Phantasie; Bereitschaft zur Opferung von 42 Millionen Deutschen (kein Fußbreit des im Deutsch-Französischen Krieg eroberten Bodens ist preiszugeben!); Bezeichnung des Parlaments als Saubude; schneller Wechsel von Optimismus und Pessimismus, von Euphorie und Depression; unbeherrscht und jähzornig, dann wieder traumverloren und wehleidig; draufgängerisch und tollkühn, aber auch zögerlich und ängstlich; ambivalent gegenüber dem anderen Geschlecht, bald fasziniert von Frauen und flirtgeneigt, bald ein Misogyn; Bevorzugung (teilweise homosexueller) Männergesellschaft (Liebenberger Kreis); Potsdam als Zuflucht; tyrannisch bis zur Körperinjurie, dann wieder Berührungsängste; Obsessionen. Der Psychiater Emil Kraeplin diagnostizierte beim Kaiser »periodisches Gestörtsein«, psychopathologische Prädisposition und Kopfleiden. Irrsinn steckt an, sagt man, und Max Weber bemerkte: »Mir ist, als ob uns eine Herde Irrsinniger regiere.«

Das deutsche Reich, im Begriff, sich zur führenden Großmacht Europas aufzuschwingen, in den Händen einer halbirren Machtelite? Aus der Sicht Albert Hopmans, eines deutschen Admirals, erschien die Lage Deutschlands im Oktober 1918 (sinngemäß): Deutschland muß nun für das bezahlen, was es in den letzten dreißig Jahren gesündigt hat. Durch seinen blinden Glauben an und seine sklavische Ergebenheit gegenüber dem Willen eines aufgeblasenen, eingebildeten und sich selbst überschätzenden Narren liegt es nun darnieder. In dieser zutreffenden Charakteristik werden einige weitere deutsche Verhaltensmuster erkennbar: Blindgläubigkeit und Unterwürfigkeit seitens der Beherrschten, Megalomanie, Dünkel und Selbstüberschätzung seitens der Herrscher.

Kaiser Wilhelm II. war als »Caesar«, als Nachfolger von Armin dem Cherusker, Barbarossa oder Friedrich dem Großen eher eine komische Figur als ein starker Herrscher. Als Inhaber der Prärogative für jedes wichtige politische Amt im Reich war er dagegen sehr mächtig. Das Schicksal des Reiches war somit nicht nur ideologisch, sondern auch realiter mit der inneren Verfassung seines Herrschers verbunden, ein schwerwiegender Faktor, insofern Politik im Wilhelminischen Deutschland weitgehend Personalpolitik war.[121]

Vergleicht man den Zustand des Reiches, das Wilhelm II. übernahm, mit dem Zustand, in dem er es verließ, lassen sich einige Rückschlüsse auf den Einfluß des Kaisers auf sein Reich ziehen. Am Ende ähnelte es ihm mehr als zu Beginn. Deutschland war wilhelminischer geworden, das heißt preußischer, militaristischer, uniformer, autoritärer, patriarchalischer, irrationaler, verklemmter, gewalttätiger, gewissenloser, blutrünstiger, neurotischer, psychopathischer, paranoider und besessener vom Dämon der Selbstzerstörung.

Die »Hohenzollernweltherrschaft«, ein Mischmasch aus germanischer Mythologie (Heimdall), Hohenstaufenromantik, Nationalismus, Rassismus und Wagnerscher Untergangsstimmung, hatte das Zweite Deutsche Reich schneller und gründlicher ruiniert als sämtliche Kaiser der deutschen Geschichte zuvor ihre Machtgebilde. Gewiß trugen auch die engsten Berater des Kaisers, beispielsweise der Liebenberger Kreis, Mitverantwortung für das Schicksal des Reiches, und damit kommen wir wieder zur überlebten Gesellschaftsordnung, der Wurzel aller Übel, zurück: »The Liebenbergers' major responsibility, then, is not that they destroyed the monarchy, but that they did not stop the monarchy from destroying itself. The conservative-military-agrarian values that ultimately launched the First World War were their own values. Instead of trying to change or to widen the narrow caste views that suffocated the Second Reich, the Liebenbergers tried to channel them all the more effectively into political action.«[122]

Da Bismarck, der Gründer des Zweiten Reiches, dieser Gesellschaftsschicht angehörte und stets treu blieb, war auch seine Reichsgründung eine Totgeburt: durch Krieg entstanden, durch Krieg zerstört, wie das Preußen Friedrichs des Großen. Nein, so muß man fairerweise sagen, Herr Reichskanzler, Sie hatten nicht recht mit Ihrer These, daß die großen Fragen der Zeit mit Blut und Eisen entschieden werden. Sie werden nicht mit Blut und Eisen, sondern mit Vernunft und Verhandlungen entschieden.

Der Erste Weltkrieg und der Zusammenbruch des Zweiten Deutschen Reiches

Für das adlig-militärische Establishment Preußendeutschlands bedeutet der große Krieg die letzte Chance, der Entmachtung zu entgehen oder sie wenigstens aufzuschieben. Die sicherste Möglichkeit, in Deutschland eine demokratische Revolution nach Art der Französischen Revolution zu verhindern, war die Ablenkung der angestauten revolutionären Energie des Volkes nach außen. So betrachtet, erscheint der von der deutschen Machtelite inszenierte Erste Weltkrieg als ein gigantisches Ablenkungs- und Ausweichmanöver vor einer demokratischen Umgestaltung der Gesellschaft, also vor unvermeidlichen gesellschaftspolitischen Reformen.

Da Macht für diese Elite Leben bedeutete, wurde es für sie ein Kampf um Sein oder Nichtsein, ums Überleben. So werden die Ausdauer, Hartnäckigkeit und Härte des Krieges verständlicher, der sich von den Kabinettskriegen früherer Jahrhunderte wesentlich unterschied. Schließlich war es, wie der französische Krieg 1792, ein Volkskrieg, nur nicht für das Volk, sondern auf Kosten des Volkes für die Erhaltung der Machtelite.

So hat denn auch der lange geplante und heimtückische Überfall deutscher Heere auf die Nachbarländer, darunter neutrale Staaten, etwas Anachronistisches, Schemenhaftes, Gespenstisches, das wie der Einbruch grauer Vorzeit ins 20. Jahrhundert, wie die Heraufkunft der Unterwelt in das zivilisierte Europa wirkt, durch und durch unzeitgemäß, sinnlos, absurd. Dabei handelt es sich nicht um wilde Horden wie bei Attila, Dschingis-Khan oder Timur Lenk, sondern um ein Unternehmen von äußerster Präzision, Pünktlichkeit und Perfektion, generalstabsmäßig geplant und ausgeführt, mit modernster Technik, Taktik und Strategie, was den barbarischen Akt jedoch nur noch unheimlicher erscheinen läßt. Sind es wirklich Deutsche, die da heranstürmen, Deutsche, die in den Künsten und Wissenschaften so Hervorragendes leisteten und an der Kultivierung Europas entscheidend mitwirkten, oder sind es Roboter? Gibt es am Ende die Deutschen gar nicht, sondern sind sie nur Wesen, die bald in diese, bald in jene Rolle schlüpfen, mal diese, mal jene Maske tragen?

Schon 1858, als diese merkwürdige Selbstentfremdung begann, schrieb J. Fröbel: »Welches Volk hat wie das deutsche das Beiwort immer im Munde, welches seinen eigenen Charakter bezeichnet? ›Deutsche Kraft‹, ›deutsche Treue‹, ›deutsche Liebe‹, ›deutscher Ernst‹, ›deutscher Gesang‹, ›deutscher Wein‹, ›deutsche Tiefe‹, ›deutsche Gründlichkeit‹, ›deutscher Fleiß‹, ›deutsche Frauen‹, ›deutsche Jungfrauen‹, ›deutsche Männer‹, – welches Volk braucht solche Bezeichnungen außer das deutsche? ... Der Deutsche verlangt von sich ganz extra, daß er deutsch sein soll, als ob ihm frei stünde, aus der Haut zu fahren ... Der deutsche Geist steht gewissermaßen immer vor dem Spiegel und betrachtet sich selbst, und hat er sich hundertmal besehen und von seinen Vollkommenheiten überzeugt, so treibt ihn ein geheimer Zweifel, in welchem das innerste Geheimnis der Eitelkeit beruht, abermals davor.«[123]

Die moderne Psychologie hat herausgefunden, besser wiedergefunden, was im Altertum bereits bekannt war und danach auch seinen Namen erhielt: den Narzißmus. Nur daß diese Einstellung, die viel Muße voraussetzt, weniger ein Merkmal des deutschen Volkes als seiner in Selbstliebe, Selbstbespiegelung und Größenwahn befangenen Führungsschicht ist, wie es bereits Heinrich von Kleists »Katechismus der Deutschen« zeigt, ein Modell für die nationale Pädagogik, »das in seiner geistigen und logischen Armseligkeit, rhetorischen Aufklärung, gemachten Naivität ... selbst im Wilhelminismus nicht übertroffen wurde«[124].

Die Suche nach einer Identität signalisiert seit den Tagen von Kleist eine Dauerkrise des »deutschen Geistes«. Von hier aus gewinnt auch die Schuldfrage erneute Signifikanz. Im »Versailler Vertrag« ist von der Alleinschuld Deutschlands am Ersten Weltkrieg die Rede. Hitler, der einen Propagandafeldzug ohnegleichen gegen die »Kriegsschuldlüge« führte, wollte die These umkehren, selbst gegen das eigene Gewissen: Die anderen tragen ausschließlich die Schuld. Die Historiker, mehr oder weniger sachlich, bewegen sich irgendwo auf dem weiten Feld zwischen den Extremen. Die Abwägung der Schuldanteile der kriegführenden Großmächte muß nach innen im Hinblick auf die Gesellschaftssysteme, nach außen im Hinblick auf die politischen Zielsetzungen differenziert werden. Danach ergibt sich ziemlich deutlich eine Abstufung oder Staffelung der Schuldanteile. England war an einem Krieg nicht interessiert, da es eine Weltmacht ersten Ranges war, ein Rang, den ihm Deutschland streitig machen wollte. Deutschland war gegenüber England der Herausforderer, und zwar ohne jede rationale Begründung oder nationale Notwendigkeit. England hielt auch an seiner Gleichgewichtspolitik fest, die einen optimalen Friedenszustand in Europa ermöglichte. Gegenüber England trägt Deutschland die Alleinschuld. Frankreich mag zwar von Revanchegefühlen beseelt gewesen sein, nach dem von Deutschland kalkulierten und provozierten Krieg von 1870/71 aber nicht grundlos. Während auf seiten des Kaisers der unbedingte Wille herrschte, das Frankreich geraubte Territorium zu behalten, bestand auf seiten Frankreichs keine vergleichbare Entschlossenheit, das Verlorene zurückzugewinnen, so daß Deutschland gegenüber Frankreich zwar nicht die Alleinschuld, wohl aber die Hauptschuld am Ausbruch des Ersten Weltkriegs trägt. Die Gesellschaftssysteme in Rußland und Österreich ähnelten dem Preußendeutschlands, waren also auch an der Machterhaltung interessiert, aber nicht mit der gleichen Kraft und nicht mit der gleichen Entschlossenheit. Immerhin läßt sich hier über die Schuldanteile streiten. Insgesamt erscheint eindeutig, daß Deutschland, seiner Stärke, seinen Intentionen und seiner Entschlossenheit nach, zwar nicht die Alleinschuld, wohl aber die Hauptschuld an der Katastrophe des Ersten Weltkriegs trägt. Der Eskapismus der Führungsschicht vor der Schuldannahme hängt mit ihrem Identitätsverlust zusammen: Wir sind es nicht gewesen, weil wir es nicht gewesen sein können. Das haben wir nie gewollt. Das von Deutschlands Verantwortlichen immer wieder versuchte (Selbst-)Täuschungsmanöver in der Schuldfrage läßt sich auf die apologetisch-narzißtische Formel bringen: Geteilte Schuld ist halbe Schuld, also halbe Unschuld, halbe Unschuld gibt es nicht, also Unschuld, beziehungsweise: Alle waren schuld, oder niemand war schuld, das Schicksal oder die Umstände, die Vorsehung oder der Zufall, die Geschichte oder der liebe Gott wollte es so.

Wenn dem so ist, dann wollte Gott auch den Zusammenbruch des Zweiten Deutschen Reiches, einer Schöpfung aus dem Krieg für den Krieg, die Geschichte aber zeugt, besser als jeder Gottesbeweis, für die Existenz einer ausgleichenden Gerechtigkeit.

Die zu Expansion, Annexion und Okkupation neigende Machtelite des zweiten deutschen Kaiserreichs hatte schon zu Beginn dieses Jahrhunderts das humanistische Erbe der Antike verspielt, indem sie das Recht der Macht unterordnete, das christliche Erbe, indem sie die Religion der Konfession und der Nation opferte, und das Erbe der Natur, indem sie die ungeschriebenen Gesetze der Menschlichkeit mißachtete. Damit forderte sie zugleich den »Zorn Gottes«, die Empörung der zivilisierten Menschheit und die Nemesis der Geschichte heraus. Immer wieder haben deutsche Machteliten kurzfristige Vorteile, Erfolge und Siege gegen langfristige Nachteile, Mißerfolge und Niederlagen eingetauscht.

In der zweiten großen Epoche der deutschen Geschichte (zirka 1500–1900) bilden das Zweite Deutsche Reich und Preußens Glanzzeit unter Friedrich II. relativ kleine Zeitabschnitte und wirken eher episodisch. Nicht zu leugnen ist, daß die verspätete Entwicklung Deutschlands zum Nationalstaat in Preußen begann, im Zweiten Deutschen Reich gipfelte und mit seinem Zusammenbruch ihren Abschluß fand. Nicht zu leugnen ist auch, daß diese relativ kurzen Phasen der neueren deutschen Geschichte extrem machtpolitisch orientiert waren. Ihre kurze Dauer verhält sich umgekehrt proportional zum Grad ihrer Machtorientierung. Der längere Abschnitt der zweiten Epoche wird vom Ersten Deutschen Reich, dem Kaisertum der Habsburger und den deutschen Kleinstaaten, ausgefüllt. In diese Zeit fällt auch die Hochblüte neuerer deutscher Kultur, die deutsche Klassik mit ihrem symbolischen Musensitz Weimar. Eine Bilanz der gesamten Epoche zu ziehen, ist nicht einfach, insofern der politische Verfall des Ersten Reiches und der Aufstieg des Zweiten Reiches sich zeitlich teilweise überschneiden. Auch Potsdam hatte seine Kultur, wenn auch eine importierte und machtpolitischen Zwecken untergeordnete, mehr Kulturfassade als gewachsene Kultur. Nach sorgfältiger Abwägung positiver und negativer Entwicklungen in diesem Zeitraum – positiv waren unter anderem die Friedenspolitik Rudolfs von Habsburg und die deutsche Klassik, negativ etwa die Machtpolitik der Hohenzollern und der preußische Militarismus – läßt sich doch mit einigem Recht behaupten, daß in dieser Epoche der deutschen Geschichte positive und negative Entwicklungen einander etwa die Waage halten. Nach dem Zusammenbruch des Zweiten Reiches war die große Frage, ob das Dritte Reich, falls es ein solches geben würde, mehr dem Ersten oder mehr dem Zweiten Reich gleichen würde, ob es eher dem Geist von Potsdam und Preußendeutschland oder dem Geist von Weimar und Reichsdeutschland entsprechen würde. Anfänglich sah es so aus, als ob der Geist von Weimar sich durchsetzte, später siegte der Geist von Potsdam, der einen verhängnisvollen Pakt mit dem großen Diktator schloß.

In der dritten Epoche der deutschen Geschichte, die irgendwann zwischen den Karlsbader Beschlüssen (1819) und Bismarcks Entlassung (1890) – sagen wir 1830 – begann und die mit dem Untergang des Dritten Reiches (1945) endete, überwogen negative Ereignisse und Entwicklungen.

5 Die dritte Chance der Geschichte: Überleben in und mit Europa

In Europa scheint das Kriegsziel der USA 1919 verwirklicht: die ›demokratische Weltrevolution‹. Die Dynastien der Habsburger und Romanows, der Hohenzollern und der Osmanen verschwinden. Europa, das 1914 aus siebzehn Monarchien und drei Republiken (Schweiz, Frankreich, Portugal) besteht, hat 1919 dreizehn Republiken und dreizehn Monarchien. In manchen Ländern wird die Monarchie zeitweise durch die republikanische Staatsform abgelöst (Spanien, Griechenland).«[125]

Deutschlands hegemoniale Großmachtpolitik hatte wesentlich zur Destabilisierung des bewährten Gleichgewichts der Kräfte (Pentarchie: Großbritannien, Frankreich, Rußland, Österreich, Deutschland) und schließlich zur Schwächung Europas gegenüber aufstrebenden Supermächten (Dyarchie: Vereinigte Staaten, Rußland) in West und Ost beigetragen. Als Hauptverlierer des von ihm wesentlich mitinszenierten Weltkrieges stellte sich für Deutschland weniger die Frage, ob es Europa oder gar die Welt beherrschen würde, als die, ob es in und mit Europa überleben wollte. Die Beantwortung dieser Frage hing aber von der weiteren für Deutschlands Schicksal lebenswichtigen Frage ab, wer in Deutschland herrschen sollte. Würden sich die Machthaber in Deutschland der »demokratischen Revolution« anschließen oder wieder versuchen, das Rad der Geschichte aufzuhalten bzw. zurückzudrehen? Würden die Verantwortlichen für die erste Katastrophe Deutschlands in diesem Jahrhundert bereit sein, ihren Schuldanteil anzuerkennen, ihre Schuld zu bereuen und daraus die Konsequenzen zu ziehen, oder würden die Kriegstreiber von einst, nachdem ihnen ein Menschheitsverbrechen einen kurzen Aufschub der Entmachtung verschafft hatte, eine neue Runde im Spiel um die Macht wagen, würden sie versuchen, das Vorausgegangene durch ein noch größeres Verbrechen vergessen zu machen, um eine weitere Galgenfrist zu gewinnen oder gar die Umkehrung des Trends zu erzwingen? Würden Vernunft, Maß und Selbsterhaltung die Entscheidungen der Mächtigen bestimmen oder Verstocktheit, Verblendung und Selbstzerstörung die Oberhand behalten? Vor diesen Fragen stand die deutsche Machtelite nach ihrem ersten riesigen Fiasko. Wie die Geschichte zeigt, lernte sie nicht aus ihren Fehlern.

Weimar oder Potsdam?

Die Volksvertreter (vor allem Zentrum, Deutsche Demokratische Partei und Mehrheitssozialisten) der verfassunggebenden Nationalversammlung standen nach dem Zusammenbruch des zweiten deutschen Kaiserreiches vor der schweren Aufgabe, aus der Konkursmasse der Herrenschicht ein lebensfähiges politisches Gebilde zu schaffen. Vom guten Willen der Entscheidungsträger zeugt die symbolträchtige Wahl des Ortes: Weimar, der Hort der deutschen Klassik, das Musenzentrum, erfüllt vom Geist Goethes und Schillers, der natürliche Gegenpol deutscher Kultur zu Potsdam, dem Hort des preußischen Militarismus. Gewählt am 19. Januar 1919, eröffnet am 6. Februar, tagte die Versammlung bis zum 6. Juni 1920 (vorübergehend in Stuttgart und Berlin), wählte Friedrich Ebert (1871–1925), den braven und biederen Sohn eines Schneiders aus Heidelberg – Sozialdemokrat, aber Monarchist – am 11. Februar zum ersten Reichspräsidenten und beschloß am 11. August die »Weimarer Verfassung«. Die Weimarer Republik, eine parlamentarisch-demokratische Republik, war geboren, aber war sie auch lebensfähig, wenn schon ihr erster Präsident mehr Vertrauen zu den Reaktionären als zu den Revolutionären besaß? Ebert, der selbst zwei Söhne im Ersten Weltkrieg verloren hatte, setzte sich immer noch für die konstitutionelle Monarchie ein und wandte sich gegen seinen Genossen Philipp Scheidemann (1865–1939), als dieser vom Balkon des Reichstags die Republik ausrief.

»›Ebert war vor Zorn dunkelrot im Gesicht geworden‹, berichtete Scheidemann, ›als er von meinem Verhalten hörte. Er schlug mit der Faust auf den Tisch und schrie mich an: . . . ›Du hast kein Recht, die Republik auszurufen! Was aus Deutschland wird, ob Republik oder was sonst, das entscheidet die Konstituante!‹«[126]

Was sollte aus der Republik werden, wenn ihr von Anfang an Militaristen wie General Erich von Ludendorff (1865–1937) unversöhnlich Rache schworen und sie zu vernichten drohten? Ludendorff, einer der Hauptverlierer des Ersten Weltkriegs, wotangläubig, haßerfüllt und unbelehrbar, schrieb seiner Frau dazu: »Die größte Dummheit der Revolutionäre wäre es, daß sie uns alle leben ließen. Na, ich komme einmal wieder zur Macht, dann gibt's kein Pardon. Mit ruhigem Gewissen würde ich Ebert, Scheidemann und Genossen aufknüpfen lassen und baumeln sehen.«[127]

Ebert, der vor einem preußischen Generalfeldmarschall (Hindenburg) mehr Respekt hatte als vor der Ideologie der Sozialistischen Internationale, war für Militaristen wie Ludendorff kein ernst zu nehmender Gegner.

Das Heer und die Republik

Warum scheiterte die Weimarer Republik? Als Gründe werden meistens angeführt: Rechts- und Linksextremismus, Versailler Diktat, Inflation, Arbeitslosigkeit, Nationalsozialismus. Solche klischeehaften Erklärungen mögen dem vordergründigen Betrachter genügen, dem weiterdenkenden Analytiker genügen sie nicht: Welche Motive bewegten die Extremen? Wie verhielten sich die Gemäßigten? War der Versailler Vertrag wirklich ein »Schanddiktat«? Wem schadete die Inflation, und wer profitierte von ihr? War die Arbeitslosigkeit konjunktur- oder strukturbedingt? War sie auf Deutschland beschränkt, oder litten auch andere Völker darunter? Wer verhalf dem Nationalsozialismus zur Macht, wer ermöglichte Hitler?

Geht man den weiterführenden Fragen nach, zeigt sich sehr bald, daß die besagten Antworten weder im einzelnen noch im ganzen zur Erklärung des Sachverhalts genügen. Gefährlicher als die offenen Gegner der Republik waren ihre scheinbaren Freunde, Retter und Beschützer. Die Gemäßigten zeigten sich weder der raffinierten Propaganda der Extremisten und ihrem vor Mord nicht zurückschreckenden Radikalismus gewachsen noch der Strategie, Taktik und dem Falschspiel ihrer Beschützer. Der Versailler Vertrag war zwar hart, aber nicht hart genug, um den Kriegsverbrechern das

Handwerk zu legen – oder so milde, wie es die Amerikaner wollten. Sein Mittelmaß machte ihn anfällig. Schändlich war er nur für Leute wie Hitler und Ludendorff. Die Inflation war ein gigantischer Coup der schuldigen Schuldner gegenüber ihren Gläubigern: »Fiskalisch gesehen ist der Erste Weltkrieg der billigste Krieg, der je geführt wurde.«[128]

Die Arbeitslosigkeit war nicht auf Deutschland beschränkt, aber weltweit mitbedingt durch die verbrecherisch leichtfertige Kriegspolitik des Kaiserreiches, und den Nationalsozialisten verhalf niemand anders zur Macht als die Kraft, die auch in Preußen und im Kaiserreich die Befehlsgewalt ausübte: der Adel, das Militär.

Honoré Gabriel de Riquetti, Graf von Mirabeau (1749–91), ein gemäßigter Führer des Dritten Standes während der Französischen Revolution, charakterisierte nach einer erfolglosen diplomatischen Mission in Berlin Preußen so: »Preußen ist nicht ein Land, das eine Armee besitzt, sondern eine Armee, die ein Land besitzt.«[129] An der beherrschenden Stellung des Adels im Heer hatte sich bis 1921, ja sogar bis 1936 kaum etwas geändert. 1921 gehörten 23 Prozent der Reichswehroffiziere dem Adel an, 1 Prozent mehr als in der kaiserlichen Armee von 1913. Im Juli 1936 betrug der Anteil des Adels in der Wehrmacht: Feldmarschälle 100 Prozent, Generalobersten 80 Prozent, Generäle 35 Prozent, Generalleutnants 30 Prozent, Generalmajore 24 Prozent, Obersten 22 Prozent.[130]

Im Rückblick auf Hitlerdeutschland hat sich eine klischeehafte Trennung von (unmenschlicher) SS und (menschlicher) Wehrmacht, innerhalb der Wehrmacht wiederum von hohen Offizieren mit adligpreußischem Ehrenkodex und opportunistischen Aufsteigern eingebürgert, die sich in dieser pauschalen Form schwerlich aufrechterhalten läßt. Die von der Reichswehr akzeptierten Freikorps – ein Refugium für »arbeitslose« Offiziere der kaiserlichen Armee – zeichneten sich schon vor dem Aufstieg der SS durch Härte, Brutalität und eine halbbarbarische Ideologie aus: »Generalmajor Graf Rüdiger von der Goltz, der Präsident der Vereinigten vaterländischen Verbände Deutschlands«, präsentierte den »Nationalbund deutscher Offiziere« als »politischen Kampfverband und als Stoßtrupp auf nationalgermanischer, kämpferischer und monarchischer Grundlage«[131].

Freikorps waren für die Ermordung Rosa Luxemburgs und Karl

Liebknechts verantwortlich, Freikorps schlugen streikende und aufsässige Industriearbeiter (Rhein-Ruhr) nieder und brüsteten sich noch mit ihrer Grausamkeit: »Pardon wird nicht gegeben ... Wir erschießen sogar die Verwundeten. Die Begeisterung ist groß, fast unglaublich.«[132]

Nicht weniger schlimm war das Treiben der sogenannten »Schwarzen Reichswehr«, paramilitärischer Verbände, die im Zuge der geheimen Wiederaufrüstung Deutschlands politisch Andersdenkende nach Art mittelalterlicher Femegerichte ermordeten. Als Näheres über ihr Vorgehen durchsickerte, beeilte man sich, die Existenz einer solchen Einheit zu dementieren, aber was besagt das? Nach Bismarck verdient keine Nachricht Glauben, solange sie nicht offiziell dementiert ist. Übrigens: Wer an der Existenz einer solchen Schwarzen Reichswehr festhielt, handelte wider die Interessen Deutschlands und beging »Landesverrat«. Erst als die Interalliierte Kontrollkommission die Auflösung der Freikorps herbeizuführen versuchte, kam man deutscherseits der Forderung zögernd nach. Die disziplinierteren Elemente fanden in der Reichswehr Platz, die anarchischen organisierten sich in Geheimverbänden zum Sturz der Republik.

Handelten wenigstens die hohen Militärs im Interesse Deutschlands?

Vor der Öffentlichkeit erschienen die hohen Herren als Männer von höchster Ehre, als Helden und Patrioten, als Retter des Vaterlandes, allen voran Feldmarschall von Hindenburg, der Sieger von Tannenberg, die Integrationsfigur des »ungeschlagenen« kaiserlichen Heeres. Unter der praktischen Militärdiktatur Hindenburgs und Ludendorffs in der Schlußphase des Ersten Weltkriegs fielen die Entscheidungen, die zur Katastrophe des deutschen Heeres 1918 führten, aber die Schmach ausbaden durfte der Zentrumspolitiker Matthias Erzberger (1875–1921). Als Hindenburg weinend seine Hand ergriff und ihn bat, zur Unterzeichnung des Waffenstillstands den schweren Gang nach Compiègne zu übernehmen, willigte der Volksvertreter schließlich ein, nicht ahnend, daß er von den gleichen Kreisen, für die er den Kopf hinhielt, später als Verbrecher diffamiert und ermordet wurde.

Das hohe Militär, der Generalstab und das Offizierskorps standen aber als Organisatoren des von ihnen selbst veranlaßten Rückzugs bereits 24 Stunden später nicht nur nicht mehr als Verlierer da, sondern als »Sieger« aufgrund ihres gelungenen Rückzugs.[133] Den zweiten »Sieg« errangen sie mit Hilfe einer Legende – von der noch zu sprechen ist –, die sie zwar nicht selbst erfunden hatten, von der sie jedoch um so begieriger Gebrauch machten, je geeigneter sie ihnen zur Abwälzung ihrer Verantwortung schien. So hatte das hohe Militär, im Felde geschlagen, seine Position als Staat im Staat oder als wahres Abbild des Staates behauptet. Als die Arbeiter- und Soldatenräte 1918 der Herrschaft der Militärkaste ein Ende bereiten wollten, die Entlassung Hindenburgs, die Auflösung der Kadettenanstalten, die Kontrolle des obersten Kommandos über Heer und Kriegsmarine, die Abschaffung der Rangabzeichen und das Verbot des Waffentragens außerhalb des Dienstes forderten, stießen sie auf den erbitterten Widerstand der Kriegerkaste und, was schlimmer war, auf die Ablehnung ihrer Forderungen durch den Reichspräsidenten. Wiederum setzte sich das Militär durch – sein dritter großer innenpolitischer Sieg nach dem verlorenen Weltkrieg. Ihm folgte ein weiterer Erfolg. Als die Alliierten die Auslieferung der Kriegsverbrecher verlangten (1919), darunter vier Generalfeldmarschälle, erhob die Militärjunta nicht nur ein ohrenbetäubendes Geschrei, sondern drohte mit der Fortsetzung des Krieges, dem Rückzug in das preußische Kernland unter Opferung des übrigen Reiches und seiner Bevölkerung: So groß war die Liebe dieser Ehrenmänner und hochdekorierten Patrioten für ihr Vaterland! Die Auslieferung der Kriegsverbrecher wurde deutscherseits mit allen nur denkbaren Tricks erfolgreich hintertrieben, was vielleicht einer der Hauptgründe für den Ausbruch des Zweiten Weltkriegs war. Man kann sich unschwer vorstellen, wie heilsam die Ausschaltung eines »den Frieden von ganz Europa störenden deutschen Offizierkorps« – ein vorgezogenes Nürnberg – für die Welt, Europa und nicht zuletzt für Deutschland gewesen wäre. Immerhin mag es tröstlich erscheinen, daß wenigstens einige der Hauptdrahtzieher des Boykotts nach dem Verlust ihres zweiten großen Krieges endlich vor einem – nicht vor einem deutschen, sondern vor einem internationalen – Kriegsverbrecher-Tribunal zu erscheinen hatten.

Tatsache ist, daß einflußreiche Kreise des hohen deutschen Militärs angesichts der bevorstehenden Niederlage noch vor dem Ende des

Ersten Weltkriegs einen weiteren großen Krieg planten und durch die Erhaltung des Heeres und ihrer Positionen wirksam vorbereiteten. Soweit die Republik für ein solches Vorhaben zu gebrauchen war, schützte man sie.

Das Problem der Reaktionäre war nicht Revolution oder keine Revolution, sondern Revolution von links und unten oder von rechts und oben. Nur letzteres kam für sie in Frage, nur letzteres gelang. Mit einem Geniestreich, der wohl nur in Deutschland möglich war, stellte die Reaktion die Revolution in ihren Dienst, wenn das auch nicht auf Anhieb gelang. Entsprechend war auch das Heer nicht grundsätzlich gegen die Revolution, aber die Revolution mußte, wer immer auch sie machte, die Stellung der Militärkaste erhalten oder sogar verbessern. Auch dies gelang, wenn auch gegen die Interessen des Volkes, gegen das Interesse Deutschlands. Das Volk, in Sachen Demokratie unerfahren, in Sachen Revolution viel zu oft frustriert, zeigte sich der Taktik der Militärs, der Strategie ihrer skrupellosen Führer und der abgefeimten Propaganda ihrer Nomenklatura nicht nur nicht gewachsen, sondern, wie schon das Beispiel Eberts zeigt, hoffnungslos unterlegen.

Die Kräftigung des Heeres und der Zerfall der Republik verliefen nicht geradlinig, kontinuierlich, vielmehr gleichsam in Schüben. Dabei lassen sich drei Phasen unterscheiden. In der Ära des tüchtigen Generalobersten von Seeckt (1920–26) erfolgte der Aufstieg des Heeres in aller Stille, aber äußerst systematisch und wirksam. Der Not gehorchend, nicht der Neigung, genügte die Reichswehr unter Seeckt ihrer Schutzpflicht gegenüber dem Staat, allein: In den fünfzehn Jahren der Weimarer Republik kamen und gingen vierzehn Kanzler und nur vier Reichswehrminister. Die Zahlen sprechen für sich. Schon während der Zeit Seeckts putschten die Reaktionäre zweimal, einmal unter dem erzreaktionären Renegaten Wolfgang Kapp (1858–1922), sodann unter dem Ex-General der Infanterie, Erich Ludendorff, ebenfalls einem Ultranationalisten. Kapp, Abkomme einer während der Revolution von 1848 nach den USA ausgewanderten Familie mit liberalen Anschauungen, entwickelte sich, vor dem Ersten Weltkrieg nach Deutschland heimgekehrt, zu einem fanatischen Befürworter des uneingeschränkten U-Boot-Krieges und der Annexionspolitik Ludendorffs. Hier sei beiläufig daran erinnert, daß der Generalstab eine deutsche Errungenschaft ist, ebenso wie zwei besonders grausame Arten der Kriegführung: Gaskrieg und U-Boot-Krieg. Der Kapp-Putsch (1920), in Planung und Durchführung mehr als dilettantisch, scheiterte. Kapp flüchtete nach Schweden, stellte sich später dem Reichsgericht und starb in der Untersuchungshaft. Ex-General Ludendorff, der 1923 Seite an Seite mit dem Ex-Gefreiten Adolf Hitler in München putschte, scheiterte ebenfalls. Während der General freigesprochen wurde, erhielt der Gefreite fünf Jahre Festungshaft, von denen er allerdings nur sechs Monate absaß. In dieser Zeit entwarf er seine Brandschrift »Mein Kampf«. Auf Generaloberst von Seeckt und seine Gesinnungsgenossen machte Hitler mit seinem »glaubwürdigen« Patriotismus einen guten Eindruck: »Im Ziele waren wir uns einig, nur der Weg war verschieden.«[134]

Nichts drückt das Verhältnis von Reaktion und Revolution in Deutschland zwischen den beiden Weltkriegen kürzer und prägnanter aus als diese Formel Seeckts. Hitlers Lehre aus diesem Putsch war, daß er fortan den politischen Umsturz nur mit legalen Mitteln anstrebte. Aus dem Putschisten Hitler wurde »Adolphe Légalité«. Dieser hatte begriffen, daß die kleinen Verbrecher in einem politisch korrumpierten und psychologisch pervertierten Rechtssystem bestraft, die großen Verbrecher dagegen frei ausgehen oder sogar mit unsterblichem Ruhm belohnt werden.

Die zweite Phase des Zerfalls der Weimarer Republik begann mit der Ablösung Seeckts durch Hindenburg im April 1925. Stand die erste Phase im Zeichen erfolgreicher Bekämpfung von Putschisten, widerwilliger Erhaltung der Republik und der Repression des Volkes, gewinnen die inneren Kämpfe der Republik in der zweiten Phase ihres Zerfalls unter der Präsidentschaft Hindenburgs und der Regie des Generalleutnants Kurt von Schleicher (1882–1934), eines Superintriganten, eine neue Qualität, um dann nach und nach, mit dem Aufstieg der Nazis, in die letzte Phase der Agonie überzugehen. Schleicher, aus alter preußischer Offiziersfamilie, seit 1913 Generalstäbler, 1926 Leiter der Wehrmachtsabteilung, 1929 Chef des Ministeramts, spann seine Fäden von seinem Amtszimmer in der Bendlerstraße nicht nur hinüber zur Wilhelmstraße, sondern fast zu allen Bereichen der Reichsregierung. Er war vermutlich der bestinformierte Politiker und listenreichste Ränkeschmied der Weimarer Republik. Schleicher intrigierte gegen seine Vorgesetzten mit dem gleichen Erfolg wie gegen seine Rivalen. Schließlich starb er, der jeden mit jedem betrogen hatte, im Kugelhagel von Mördern eines von ihm geförderten Regimes.

In dieser Phase bekriegte die Machtelite nicht mehr nur das Volk und die Revolution, sondern begann sich hoffnungslos zu entzweien. Man muß schon ziemlich weit in die Geschichte zurückgehen, etwa in die Zeit des chinesischen Feudalismus, der »Streitenden Reiche«, in die Zeit der germanischen Imperien auf dem Boden des Römischen Reiches oder in die Zeit byzantinischer Palastintrigen, um soviel abgefeimte, ausgekochte und verschlagene Intelligenz auf so engem Raum beieinander zu finden. Hinzu kam die Schulung der Generalstäbler, die sich hier mit der Lust am Untergang einer dekadenten Schicht verband und die die Selbstzerstörung vorantrieb: pathologischer Ehrgeiz, Eifersüchteleien, Heimtücke, Hinterlist und Hinterhältigkeit, Falschheit, Bosheit und Gemeinheit, Kamarilla, Kabale, Komplotte, Vendetta und Verschwörung, Fememorde, Terror, Ränke und Ranküne, Falschspiel, Doppelzüngigkeit und Verleumdung, Giftküche der Gerüchte, ätzender Zynismus, verpestete Atmosphäre, Dreckkampagnen und zersetzende Säurespritzen, Unwahrheiten, Verdrehungen, Spitzfindigkeiten, Sophistik und Kasuistik, Schliche, Winkelzüge, Machenschaften und Manöver, Spitzeltum, Drohung und Erpressung, Wühlerei, Hetze und Verrat, Täuschung, Taktik und Strategie, Lug und Trug, Bluff und Schaffung vollendeter Tatsachen, Agitation und Provokation, systematische Irreführung und Propaganda: das war die Welt der Paladine und Mandarine, der Helfershelfer, Handlanger, Steigbügelhalter und Lakaien, in der die braune Saat aufging. Das war die Schule, welche Hitler, Goebbels und Co. absolvierten, bevor sie in die große Politik einstiegen und Geschichte machten, wobei sie ihre Lehrmeister noch um einiges übertrafen.

Man würde weder der Zeit noch den Menschen gerecht werden, wollte man nicht auch die integren Naturen erwähnen, die gegen den allgemeinen Trend zu steuern versuchten. Von Seeckt war schon die Rede, der die Republik zwar nicht liebte, aber sich im großen und ganzen ihr gegenüber loyal verhielt. Hier ist auch Generalleutnant

Wilhelm Groener (1867–1939) zu nennen, Sohn eines schwäbischen Unteroffiziers, der sich mehr um das Erbe Bismarcks verdient machte als die meisten erlauchten Nachkommen der preußischen Offizierskaste, ferner Generaloberst Ludwig Beck (1880–1944), ein konsequenter Gegner Hitlers, sobald er dessen Perfidität durchschaut hatte, ein Mann von »unbedingter Ehrenhaftigkeit, unübertrefflicher Redlichkeit und großem moralischem Mut«,[135] schließlich Generaloberst Freiherr Kurt von Hammerstein-Equord (1878–1943), der zwar nicht immer die Intrigen eines Schleicher durchschaute, aber die Fähigkeit zu Reue und Selbstkritik besaß, dann ein unversöhnlicher Gegner Hitlers und der Nazis bis zu seinem frühen Tod im April 1943 wurde. »Hammerstein besaß nicht nur Mut und Kühnheit und einen klaren militärischen Blick, sondern er war auch ein sehr kluger Mann von unstreitiger Integrität und Vaterlandsliebe.«[136]

Die wenigen – zu wenigen – Ausnahmen vermochten die Masse der Opportunisten, Karrieristen, Kollaborateure und Nazianhänger nicht aufzuwiegen, und so nahm das Verhängnis unerbittlich seinen Lauf.

Die Dolchstoßlegende

Einen Monat nach ihrer Niederlage (11. 12. 1918) ließen die hohen Militärs ihre Truppen in Waffen, mit Musik und Fahnen, in Berlin einziehen, als kämen sie von einem großen Sieg nach Hause. Das Brandenburger Tor und die Quadriga, Zeichen des Sieges, verstärkten die Illusion. Ebert, der die »Sieger« empfing, begrüßte sie mit den Worten: »Kein Feind hat euch überwunden.«[137]

Ohne es zu wissen und zu wollen, hatte Ebert den Militärs die klassische Verdrängungsformel vom Dolchstoß der Heimat in den Rücken der Front geliefert, eine böse Legende, welche die Keime des Zweiten Weltkriegs kräftig entwickeln half. Die Heerführer wälzten die Schuld für ihr Versagen teils auf das eigene Volk ab, teils auf die Feinde, die sie mit einem trügerischen Angebot (Wilsons Vierzehn Punkte) zum Aufgeben bewogen hätten. Tatsächlich hatten Hindenburg und Ludendorff, angesichts des Scheiterns ihrer Großoffensive, von Panik ergriffen, die allerletzte Möglichkeit genutzt, einer Besetzung Deutschlands zuvorzukommen, eine Chance auch, ihr Versagen vor sich selbst und der Öffentlichkeit nicht nur zu verbergen, sondern sogar in einen Sieg umzumünzen. Um das eigene Volk zu beschwichtigen und die Alliierten zu beruhigen, beschloß die Nationalversammlung am 20. August 1919 die Einsetzung eines Untersuchungsausschusses, der unter anderem klären sollte, ob der Krieg nicht früher durch einen Verhandlungsfrieden hätte beendet werden können. Vielleicht hoffte Ebert auch, den Schaden der von ihm selbst ungewollt ins Leben gerufenen Dolchstoßlegende dadurch zu begrenzen, daß man das Oberkommando zur Rechenschaftsabgabe zwang. Schon am ersten Tag der Untersuchung (21. 10. 1919) verkehrten die Militärs das Verfahren in eine blamable und verhängnisvolle Niederlage der Regierung. Mit welchen Mitteln? Männer wie Ex-Reichskanzler Theobald von Bethmann Hollweg (1856–1921) und Admiral Eduard von Capelle (1855–1931) verschleppten und boykottierten so die Verhandlung durch Abschweifungen und endlose, zur Sache rein gar nichts beitragende Reden. Dreister verfuhr der fanatische Befürworter des uneingeschränkten U-Boot-Krieges, Karl Theodor Helfferich (1872–1924), nach der altbekannten Taktik: Angriff ist die beste Verteidigung. »Wer die Ursache unseres Unglücks ist? Ich werde es Ihnen sagen: Erzberger, dessen Namen mit dem Elend und der Schande Deutschlands für immer verknüpft sein wird.«[138]

Damit war Erzberger schon vor Hitlers großer Kampagne gegen die »Novemberverbrecher« von offizieller Seite in den Kreis der Ehrlosen gewiesen. Als darauf Hindenburg in Berlin eintraf, einer der Nutznießer der Dolchstoßlegende, war das Volk durch eine raffinierte Feindbild-Propaganda schon so weit irregeführt, daß es den »Ehrenmännern« zujubelte, die es, das Volk, als Verräter diffamiert und ihm damit die Ehre abgeschnitten hatten. Das Oberkommando hatte nach dieser Farce von Untersuchung sein Prestige eher erhöht als verloren und stand mit blütenweißer Weste, sauber und ehrenvoll wie eh und je, da. Letztlich war der Gewinner dieser schmutzigen Schlacht kein anderer als Adolf Hitler.

Spätestens hier sollte ein »Wertbegriff« unter die Lupe genommen werden, der lange aufgehört hatte, einer zu sein, der zu einem Scheinwert, einem taktischen Wert, zu einem Fassaden- oder Attrappenwert pervertiert war: der Ehrbegriff. In einer Gesellschaft, in der

Kriegsverbrecher als Männer von höchster Ehre figurieren und ehrenhafte Patrioten, die sich für die Fehler jener opfern, als Verbrecher, ehrlose Schurken und Banditen erscheinen, kann die Wertorientierung nicht mehr stimmen. Der Ehrbegriff, als Vehikel von Aggression und Tarnung, von Beleidigung, Satisfaktion und Selbstverherrlichung, ist nichts anderes als das Verfallsprodukt einer dekadenten Gesellschaftsschicht, der führenden Gesellschaftsschicht des feudalistischen Zeitalters, der Kriegerkaste. Wenige andere Werte eignen sich so vorzüglich zur Denunziation des Gegners wie zur Rehabilitierung eines schlechten Gewissens und zur Verschleierung von Verbrechen gegen Mitmenschen, Menschheit und Menschlichkeit. Keine künftige Ethik wird also daran vorbeikommen, Scheinwerte säuberlich von echten Werten zu unterscheiden. In einem Volk, das Dolchstoßlegenden akzeptiert, ist die Ethik tot.

Sieger und Besiegte

Als die Alliierten in einer Note vom 3. Februar 1920 die Auslieferung vermutlicher Kriegsverbrecher zwecks Gerichtsverfahren verlangten, worunter sich auch einige der ranghöchsten Militärs und Spitzenpolitiker des Kaiserreichs befanden, wie Hindenburg, Ludendorff, Tirpitz, Capelle, von Bethmann Hollweg und Helfferich, schämte sich die derzeitige deutsche Regierung nicht nur nicht, weil sie selbst keinen derartigen Prozeß angestrengt hatte, atmete die Bevölkerung nicht auf, weil sie von ihren Verführern befreit werden konnte, sondern es setzten sich Regierung und Volk für die Straflosigkeit einer verbrecherischen Machtelite ein, die es selbst, das Volk, in eine fürchterliche Katastrophe geführt hatte. In Kreisen des Militärs kannte die Wut keine Grenzen. General Freiherr von Lüttwitz (1859–1942), ein Erzreaktionär, rief zum Widerstand um jeden Preis auf, auch auf Gefahr eines neuen Krieges hin. Das Verhalten der Machtelite war im Prinzip das gleiche wie vor dem Ausbruch des Ersten Weltkriegs: Aus Angst vor dem Verlust ihrer Privilegien und um dem bevorstehenden gesellschaftlichen Wandel zu entgehen, stürzten diese »Ehrenmänner« ihr Volk und viele andere Völker ins Unglück. Jetzt, da sie für ihre ungeheuren Verbrechen zur Verantwortung gezogen werden sollten, verhielten sie sich nicht anders: Straflosigkeit, Erhaltung von Ehre und Privilegien oder wiederum Krieg!

Daß die mutmaßlichen Verbrecher für ihr Verhalten aus einigen Kreisen des eigenen Volkes, vor allem von seiten der konformistischen Intelligenz, sogar noch Beifall ernteten, zeugt von dem Stand des Rechtsbewußtseins in dieser irregeführten Gesellschaft, besser vom Fehlen eines solchen in den maßgebenden Kreisen. Auch hier war der große Nutznießer erfolgreicher Boykottierung des Rechts niemand anderes als der eifrige Beschwörer der Legalität: Adolf Hitler. Hier rächte sich ein Strukturfehler der Weimarer Republik. Der Regimewechsel (Kaiserreich–Republik) beruhte nicht auf einem echten Bedürfnis der Verantwortlichen nach Einkehr, Umkehr und Umorientierung, sondern erfolgte durch Druck von außen. Man betrachtete Waffenstillstand und Friedensverhandlungen eher als ein dem Gebot des Augenblicks und der Not gehorchendes Provisorium, das bei passender Gelegenheit, sobald man sich wieder stark genug fühlte, für null und nichtig erklärt werden würde. Im Grunde, insgeheim und eigentlich ging der Krieg weiter. Der Friede erscheint, Nietzsches Lehre entsprechend, eher als eine Pause des Krieges, nicht als Zustand von Dauer.

»Es ist ein bemerkenswerter Tribut an Bismarck – und zugleich ein aufschlußreicher Kommentar zum deutschen politischen Charakter –, daß die deutsche Einheit, die durch militärische Siege geschaffen worden war, durch eine militärische Niederlage erhalten, ja gestärkt wurde.«[139]

Waren die Besiegten wirklich nur scheinbar besiegt, waren sie in Wirklichkeit die Sieger? Die Dolchstoßlegende erweist sich im Zuge des allgemeinen Verdrängungs- und Verfälschungsprozesses als ein Mittel unter anderen, das Verhältnis von Siegern und Besiegten nachträglich umzukehren, die Geschichte umzuschreiben, das Rad der Geschichte zurückzudrehen – ein Vorhaben, das nur von Weltmeistern in der Selbsttäuschung inszeniert und akzeptiert werden konnte.

Führer und Verführte hatten in Deutschland nach dem Waffenstillstand von 1918 im Wolkenkuckucksheim gelebt. Der Versailler Vertrag zerstörte die Illusionen. Der Schock saß tief und lieferte dem großen Diktator den idealen Ansatzpunkt für ein neues, viel größeres Verbrechen, nach dem Motto: Die erfolgreichste Methode, ein großes Verbrechen vergessen zu machen, ist ein größeres Verbrechen. Schon lange vor Hitler schlug indessen die Propagandakampagne gegen den Versailler Vertrag hohe Wellen. Zunächst ein hysterischer Aufschrei der Betroffenen: »Unerfüllbar«! Nach einem Ultimatum der Alliierten plötzlich: »Erfüllbar«! Die Gemäßigten gewannen gegenüber den Hardlinern – wiederum nur durch Druck von außen – die Oberhand. Nach langem Hin und Her »besiegten« die Erfüller die Verweigerer. Der Theaterdonner des großen Marschalls von Hindenburg verhallte, der Ebert geschrieben hatte: »Ich muß als Soldat den ehrenvollen Untergang einem schmählichen Frieden vorziehen.«[140]

Am Ende gab sich auch der Sieger von Tannenberg geschlagen, nicht so Ulrich Graf Brockdorff-Rantzau, der führende Kopf der deutschen Friedensdelegation in Versailles, ein unversöhnlicher Gegner der Franzosen. Er triumphierte auf seine Weise über die Sieger, indem er, nach Zurückweisung seiner Gegenvorschläge, bei seiner Antwort an den französischen Regierungschef Georges Clemenceau sitzen blieb und die Unterschrift unter den Vertrag verweigerte. Das tat seiner Karriere jedoch keinen Abbruch. 1922 wurde er zum ersten Botschafter der deutschen Republik in Moskau ernannt.

Um die Tragikomödie zu vervollständigen: Nachdem der Präsident der Nationalversammlung, Konstantin Fehrenbach, die Alliierten zunächst vor einem neuen deutschen Geschlecht gewarnt hatte, das von frühester Jugend dazu erzogen werden würde, die »Sklavenketten« zu zerbrechen, verwandelte sich der Racheapostel später in einen gottesfürchtigen Patrioten: »Wir empfehlen unser unglückliches Vaterland dem Schutz eines barmherzigen Gottes.«[141]

Als deutsche Heere unter dem Motto: »Gott mit uns« von einem Sieg zum anderen stürmten und die Völker Europas in ein Meer von Blut und Tränen stürzten, war von Barmherzigkeit sowenig die Rede wie bei den blasphemischen Worten Friedrichs des Großen, als er triumphierte: Preußen, Österreich und Rußland nähmen das Abendmahl in der gleichen Gestalt – und dies sei Polen.[142]

Was wäre aus Europa geworden, wenn die kaiserlichen Armeen gesiegt hätten? Annexion kleinerer Nachbarstaaten oder deren Teilung wie im Falle Polens, Versklavung ihrer Bevölkerung, Unterdrückung des eigenen Volkes, Abhängigkeit der größeren Staaten von einem übermächtigen deutschen Reich der Mitte, in jedem Fall das Ende der Freiheit in Europa.

Aus religiöser Sicht: Die hybride Formel: »Gott mit uns«, eine erpresserische Herausforderung Gottes, strafte die Heuchler Lügen. Gott entschied gegen den preußisch-deutschen Militarismus, ein untrügliches Indiz für seine Existenz.

Aus naturwissenschaftlicher Sicht: Der Selbsterhaltungstrieb Europas, vor allem Großbritanniens, siegte. Der Wunsch der deutschen Militaristen: »Gott strafe England!« blieb unerfüllt. Aber die Militaristen, Reaktionäre und Nationalisten gaben sich nicht geschlagen. In der heimlichen, scheinbar vertragskonformen Wiederbewaffnung Deutschlands sahen sie eine Chance, eines Tages, wenn auch unter ungeheuren Opfern, das Blatt zu wenden, wiederum vergeblich, wie der Gang der Ereignisse zeigt.

»Ein doppeltes Ziel wurde der Reichswehr von ihrem Chef gewiesen: innerhalb der vom Versailler Vertrag auferlegten Grenzen den höchsten Grad technischer Leistung zu erreichen und derart eben diese Einschränkungen vorbereitend zu umgehen, so daß, wenn ›der Tag‹ heraufdämmern würde, das deutsche Heer sich phönixgleich und zu allem gewappnet erhöbe.«[143]

Die Politiker machten sich mitschuldig, indem sie dieses Falschspiel durch Friedensbeteuerungen, deutsche Mitgliedschaft im Völkerbund und neue Verträge teils bewußt unterstützten, teils die Augen vor den unübersehbaren Tatsachen verschlossen. Die immer wiederkehrende typisch deutsche Ausrede ertappter und überführter Falschspieler war damals wie später, man habe von alldem nichts gewußt, verbunden mit zur Schau getragener moralischer Entrüstung und dem Versprechen, etwas gegen die Mißstände zu unternehmen. Wenn man etwas tat, war es entweder unzureichend oder so verkehrt, daß die Mißstände dadurch eher noch größer wurden.

Wo der »passive Widerstand« nichts nützte, griff man, wie bei der Ruhrbesetzung wegen Nichterfüllung der Vertragspflichten, zu anderen Mitteln: Sabotage, Attentate, Terror.

In einem fünfhundert Seiten umfassenden Dokument kam eine alliierte Kommission zur Überprüfung der geheimen Aufrüstung

Deutschlands 1927 zu dem erschütternden Ergebnis, daß »Deutschland niemals abgerüstet hat, nie die Absicht hatte abzurüsten, und sieben Jahre hindurch alles in seiner Macht Stehende unternommen hat, die zur Überwachung seiner Abrüstung ernannte Kommission zu täuschen und seinerseits zu überwachen«[144].

Ungeachtet dieser Warnung fuhr man auf alliierter Seite mit der Abrüstung fort, vertraute den gesunden und demokratischen Kräften in Deutschland und suchte den Frieden gleichsam zu beschwören. So eindeutig der Friedenswille oder die Friedenssehnsucht auf alliierter Seite war, so eindeutig war deutscherseits, lange vor Hitlers Machtergreifung, der Wille zum Krieg, mindestens zu Bedrohung und Erpressung kraft militärischer Macht.

Vom militärischen Aspekt heimlicher Wiederaufrüstung ist der ökonomische nicht zu trennen. Gestützt auf den Vertrag von Rapallo (1922), nutzten Militär und Industrie ihre Möglichkeiten in Rußland. Etikettenschwindel gehörte dabei zum Geschäft. In Berlin und Moskau wurde eine »Gesellschaft zur Förderung gewerblicher Unternehmen« (GEFU) gegründet. Was man mit nicht unbeträchtlichen Mitteln der Reichsregierung herstellte, waren Flugzeuge und Giftgas. Erst als der »Manchester Guardian« (3. 12. 1926) die Machenschaften aufdeckte und Scheidemann die Angelegenheit vor den Reichstag brachte, löste man die GEFU wohl oder übel auf. Die Industriebarone hatten allen Grund zum Frohlocken, als das Rüstungsamt (seit 1924) unter großer Geheimhaltung die Aufrüstung von 63 Divisionen projektierte. Während man Alliiertenkommissionen weismachte, es würden Müllwagen und Traktoren gebaut, entstanden moderne Panzer.

Als der Geschichtsprofessor, Pazifist und spätere Friedensnobelpreisträger (1927) Ludwig Quidde dem General von Seeckt brieflich seine Besorgnis über die geheime deutsche Wiederaufrüstung mitteilte, drohte ihm dieser mit einem Landesverratsverfahren, wenn er sich an die Öffentlichkeit wende.

Als Hitler 1933 erklärte: »Wir alle wissen genau, wenn das Heer nicht in den Tagen der Revolution auf unserer Seite gestanden hätte, dann stünden wir heute nicht hier,«[145] übertrieb er nicht. Damit stimmt die nachträgliche Beurteilung führender deutscher Militärs überein: »Als Hitler 1933 an die Macht kam, fand er dank der

Reichswehr alle technischen Voraussetzungen für die Wiederaufrüstung fertig vor.«[146]

Während die Alliierten die deutschen Reparationszahlungen reduzierten und schließlich (1932) ganz strichen, stiegen die deutschen Rüstungsausgaben in astronomische Höhen, von 490 Mio. (1924) auf 827 Mio. (1928) Reichsmark. Hinzu kamen militärische Ausgaben, die in den Budgets anderer Ministerien versteckt waren.[147]

1935 überraschte Hitler die Welt mit einer Verordnung, die nicht nur die deutsche Wehrhoheit wiederherstellte, sondern die Voraussetzung für die Überlegenheit der deutschen Wehrmacht bilden sollte. »Die Tage der Ausflüchte und der Täuschung waren vorüber. Deutschland hatte die Wehrhoheit wieder, und von nun an ging es nicht mehr um seine Gleichheit, sondern um seine Überlegenheit.«[148]

Im Jahr 1939 verfügte Hitler über das modernste und schlagkräftigste Heer der Welt und – schlug los. Je mehr allerdings dann der Vorsprung an gut ausgebildeten Truppen und technischer Ausrüstung dahinschmolz, desto dichter hagelten, zu Lande, zu Wasser und in der Luft, die Niederlagen auf die »unbesiegbare« deutsche Wehrmacht herab.

Die Macht des Militärs

»Für die Position, die das Heer in Preußen und in Deutschland einnahm, gibt es kein Beispiel.«[149]

Kein Gedanke daran, daß dieser abnorme Zustand natürlich oder nicht sogar von preußischer Seite bemerkt wäre: Der große preußische Reformer, Karl Freiherr vom und zum Stein (1757–1831), bemerkte nach der ersten großen Krise des preußischen Militarismus bereits die Gefahr einer Übermacht des Militärs im Staat: »Wir erwarten ganz vergebens, daß der Gemeingeist der Engländer, Franzosen und anderer bei uns erwachen werde, wenn wir nicht dem Militär die Schranken anweisen, welche es in allen Ländern, wo Gemeingeist herrscht, nicht überschreiten darf.«[150]

Es ist kein Zufall, daß Stein hier gerade England und Frankreich als Vorbilder anführt, denn die Unterordnung des Militärs unter Politik, Freiheit und Menschenrechte ist für die westlichen Demokratien bezeichnend. Hier hat sich die für die zivilisierte Menschheit einzig vertretbare Auffassung des Militärs als Instrument der Verteidigung der Zivilisation gegen Gewalt und Barbarei entwickelt. Wäre Preußen den Forderungen seines großen Reformers gefolgt, wären Preußen, Deutschland, Europa und der Welt zwei Weltkriege und der Holocaust, drei frevelhafte Attentate auf die Zivilisation der Menschheit, erspart geblieben. Statt dessen setzte sich die Ideologie der Kriegerkaste durch, unter anderem von Helmuth Graf Moltke (1800–91), dem ersten Chef des Großen deutschen Generalstabes, später von Nietzsche, Mussolini, Jünger und Hitler vertreten: »Der ewige Friede ist ein Traum, und nicht einmal ein schöner, und der Krieg ein Glied in Gottes Weltordnung. In ihm entfalten sich die edelsten Tugenden des Menschen: Mut und Entsagung, Pflichttreue und Opferwilligkeit mit Einsetzung des Lebens. Ohne den Krieg würde die Welt im Materialismus versumpfen.« An anderer Stelle: »Krieg ist die höchste Steigerung menschlicher Leistung. Er ist die natürliche, letzte Entwicklungsstufe in der Geschichte der Menschheit.«[151]

Diese perverse Sicht von Krieg und Frieden, in der pseudotheologische und pseudoethische Ideologeme sich die Waage mit pseudonaturphilosophischen und pseudohistorischen Aspekten halten, setzte sich im 19. Jahrhundert in Deutschland durch.

In Nietzsches paranoider Auffassung vom Frieden als Mittel zum Krieg oder Unterbrechung des Krieges und Hitlers entsprechender Praxis bricht der wahnsinnige Zug dieses Denkens hervor. Hitler machte aus seiner Auffassung des Verhältnisses von Krieg und Frieden im Kreis seiner Militärs nie einen Hehl: »Armeen zur Erhaltung des Friedens gibt es nicht.«[152]

Das war nur die dogmatische Fixierung einer Denkweise, zu der die Generäle schon lange vor Hitler gelangt waren: »Sie betrachteten die Sache nicht vom moralischen Standpunkt, auch nicht als Politiker oder juristisch, sondern als nüchterne und hocherfahrene Techniker. Um die ethische Frage, ob Recht oder Unrecht, kümmerten sie sich nicht. Für sie hatte ihr großer Vorgänger Clausewitz den Krieg hinreichend definiert als einen Akt der Gewalt, um den Gegner zur Erfüllung unseres Willens zu zwingen.«[153]

Der Prozeß der Verherrlichung von Gewalt, der unter Hitler in Deutschland gipfelte, hat also eine lange Vorgeschichte. Eines der typischen deutschen Verhaltensmuster im Zuge der Entmenschlichung des Menschen ist der technische Perfektionismus. Was zählt, ist die Vernichtungskapazität der Militärmaschine; das menschliche Leid, das sie anrichtet, wird gar nicht mehr wahrgenommen. Der Krieg wird, in kontinuierlicher Weiterentwicklung der Spielerperspektive der Krieger-, Adels- und Militärkaste zum organisierten Massenmord der Techniker des Todes. Hitler gab der deutschen Wehrmacht wieder, was der Militaristen seit jeher war, und er verfuhr dabei in unverhofft großzügiger Weise. Solange der »Führer« mit seinen Gangstermethoden Erfolg hatte, lohnten es ihm seine Paladine mit sklavischer Ergebenheit, was sie, mystisch verbrämt, Treue nannten. Auch hier erntete Hitler die Früchte der »Politik« seiner Vorgänger, hatte doch Kurt von Schleicher durch seine zunehmende Politisierung der Reichswehr und seinen Flirt mit den Nazis das Heer »auf den Misthaufen der Politik gestoßen«[154].

Auch hier gab es Männer, die gegensteuerten, beispielsweise Groener und Brüning, aber, und das erscheint wiederum typisch deutsch, die Schlaueren und Schlechteren triumphierten: »Die harte, unermüdliche Entschlossenheit Hitlers und die ruchlose Doppelzüngigkeit Schleichers waren eine zu starke Koalition, als daß ihr hätte Trotz geboten werden können.«[155]

Der gemeinsame Nenner Schleichers und Hitlers war der unbedingte Wille zur Macht, wobei Schleicher den Weg der Intrige bevorzugte, Hitler Terror und Gewalt. Das Heer wollte seine alte Macht und Größe wiedererlangen, Hitler wollte das Heer als Werkzeug für seine größenwahnsinnigen Pläne benutzen. Wer wen benutzte, sollten die letzten Jahre der Weimarer Demokratie und die ersten Jahre der Naziherrschaft zeigen. Hitler war sich im klaren darüber, daß er den Griff nach der obersten Macht im Staat nur dann wagen konnte, wenn er das Heer hinter sich hatte. Das Heer konnte seine Größe nur wiedererlangen und vielleicht noch einiges dazu, wenn Hitler an die Macht kam. So schlossen die beiden stärksten Partner der Macht einen Pakt, wobei jeder der beiden Kontrahenten bereit war, sobald Zeit und Umstände ihm günstig schienen, den Pakt zu brechen. Aus diesem Pakt zweier teuflischer Mächte ging das Dritte Deutsche Reich hervor, eine Totgeburt von Anfang an für jeden, der nicht genauso verkommen war und dachte wie Schleicher oder Hitler.

Nach Seeckt sollte das Heer dem Staat dienen, denn es sei der Staat. Schleicher wollte einen starken Mann an die Spitze bringen, natürlich einen Vertreter der alten Machtelite, einen Feldmarschall (der Mythos Hindenburg), Hitler dachte nicht nur logischer, sondern war seinen Rivalen auch psychologisch überlegen. Er nutzte ihre Uneinigkeit und ergriff die Macht.

Auf dem internationalen Parkett trugen indessen Gustav Stresemanns (1878–1929) Beteuerungen, Deutschland habe dem Krieg als Mittel der Politik abgesagt, weitere Früchte auf dem Wege der Versöhnung der ehemaligen Kriegsgegner: Konferenz von Locarno (1925), Kelloggpakt (1928), Youngplan (1929), Konferenz von Lausanne (1932). Ein halbes Jahr vor Hitlers Machtergreifung verzichteten die Alliierten auf weitere Reparationszahlungen Deutschlands. Hitler nutzte auch hier das Kapital, das seine Vorgänger angesammelt hatten, in diesem Fall das Vertrauen der Alliierten auf Deutschlands Friedenswillen. Speziell zwischen Rußland und Deutschland wurde am 24. April 1926 in Berlin ein Neutralitäts- und Nichtangriffsvertrag unterschrieben, der im Geist von Rapallo geschlossen, 1931 von Brüning erneuert, dann von Hitler, wahrscheinlich aus anderen Gründen, fortgeschrieben (1933) wurde und schließlich in den verhängnisvollen Hitler-Stalin-Pakt von 1939 einmündete, den Hitler heimtückisch brach, als er die Zeit für gekommen hielt. Zwischen den Befürwortern einer Ostorientierung (Seeckt, Maltzan) und den »Westlern« (Stresemann, Rantzau) herrschten schon zur Zeit der Weimarer Republik heftige Spannungen.

Was einige der höchsten Vertreter der Militärkaste immer an Hitler störte, war weniger sein Umgang mit der Macht – seine demagogischen Qualitäten schätzte man sehr –, auch nicht seine Verschlagenheit, denn in der Doppelzüngigkeit standen Leute wie Schleicher ihm nicht nach, eher seine unverhohlene Bereitschaft zum Krieg, denn vor der Revolution und einer neuen militärischen Kraftprobe hatten viele Angst, am meisten aber störte sie, daß Hitler im Ersten Weltkrieg nur Gefreiter gewesen war und noch dazu nicht aus Preußen, sondern aus Österreich stammte. Kurz vor der Machtergreifung fand sich das Gros der Machtelite allerdings auch damit ab und neigte der Auffassung zu, daß Hitler nun einmal das Schicksal Deutschlands sei.

Der Abstieg des Heeres, das in der Zeit nach 1918 unter Seeckt den

Höhepunkt seiner Macht im Reich erklomm, erfolgte über die Stufen der Politisierung zur Zeit Schleichers, der Annäherung an die NSDAP, der Duldung Hitlerscher Gewaltpolitik, insbesondere der Beihilfe zum Blutbad vom 30. Juli 1934 (Röhm-Putsch), der Wehrmachtskrise im Februar 1938 (Angst vor einem neuen großen Krieg), der Unfähigkeit, Hitler zu eliminieren, des Opportunismus und schließlich der Unterwerfung unter die Herrschaft der SS (1944). Im Verlauf dieser Entwicklung verlor die Wehrmacht immer mehr an Einfluß zugunsten der Partei und der damit verbundenen Organisationen, schließlich, in den Demütigungen durch ihren »Führer«, auch ihr Gesicht. Die Arroganz der Macht, die unter ihrer rigiden Herrschaft das eigene Volk und viele andere Völker erfahren hatten, bekam die Militärkaste nun selbst voll und ganz zu spüren.

Das Kabinett der Barone

Seit der Französischen Revolution, seit Marx und der Russischen Revolution griff die Angst vor dem gesellschaftlichen Wandel unter den Konservativen immer weiter um sich und zog nicht wenige Gruppierungen des Bürgertums in ihren Bann. Das um seine Privilegien besorgte Heer putschte zwar nicht gegen die Republik, sah aber in der Revolution von links den gefährlicheren Gegner, unterstützte daher die Konservativen oder wartete auf bessere Zeiten.

»Auch unter den Politikern der Rechten gärte es. Die Junker, die Ultrakonservativen und die Industriebarone hatten aus der jüngsten Vergangenheit nichts gelernt und nichts von dem Deutschland vergessen, das bis 1918 so stark gewesen war.«[156]

Wie die Militärkaste die Doppelstrategie der Friedensbeteuerungen nach außen und der geheimen Aufrüstung im Inneren für ihre Zwecke ausnutzte, nutzten die Politiker die Schwäche der Republik für ihren Machtpoker aus, wobei der Rechtsradikalismus langsam die Oberhand gewann.

»Man kann auch die Mitglieder des Hochadels und des Landadels von Schuld nicht freisprechen, die sich auf ihre Besitzungen zurückzogen und jede Teilnahme am bürgerlichen Leben versagten . . . Die letzte Folge davon spiegelt sich in der langen Reihe adliger Namen unter den Männern, die nach dem 20. Juli 1944 hingerichtet wurden und von denen viele für die Sünden, die sie selber oder ihre Väter eine Generation früher begangen hatten, auf dem Schafott büßten.«[157]

Die Deutschnationale Volkspartei wurde zur Partei der Großindustrie, vertreten durch Männer wie den alldeutschen Konzernboß Alfred Hugenberg (1865–1951), den idealen Ansprechpartner für Adolf Hitler, denn die Deutschnationalen besaßen Geld, aber nicht die Massen, Hitler gewann die Massen, aber ihm fehlte das Geld. Wie die Militärs mit Hitler einen Pakt schlossen, so auch die Deutschnationalen. Sie wetteiferten mit den Nazis in giftigen Attakken auf die Republik. »In den ersten Tagen der November-Revolution waren sie furchtgelähmt und nahmen von den republikanischen Führern die Zusicherungen persönlichen Schutzes dankbar an. Kaum aber war die Nationalversammlung in Weimar eröffnet, da zeigten sie einen strafwürdigen Mangel an politischer Verantwortung und in vielen Fällen an anständigem persönlichen Verhalten. Die giftigen Angriffe Helfferichs und anderer auf ihre politischen Gegner inspirierten die Morde an Erzberger und Rathenau und ermunterten jene entarteten Charaktere in der Deutschnationalen Volkspartei, die ihre Befriedigung darin fanden, dem französischen Botschafter mit der Post einen verwesten Hundekadaver und sozialdemokratischen Führern Pakete mit menschlichen Exkrementen ins Haus zu schicken.«[158]

Während Extremismus und Radikalismus triumphierten, träumten einige konservative Förderer Hitlers, Offiziere der kaiserlichen Armee, ostelbische Junker, Industriemagnaten, Bürokraten und Technokraten, von einer Spaltung der NSDAP und einer Rückkehr der Hohenzollern. Unfähigkeit bis hin zur Resignation, Apathie und Lethargie, Leichtfertigkeit bis hin zu sträflichem Leichtsinn, Selbsttäuschung und Illusionismus dieser Kreise arbeiteten der unerbittlichen Logik der Macht in die Hände, mit der Hitler seine Gegner – und Gönner – Zug um Zug austrickste. Dabei ergab sich eine Art Intrigenduell zwischen Schleicher und Hitler, das Schleicher verlor. Goebbels bemerkte dazu in seinem Tagebuch (4. 2. 1932): »Groener muß fallen, dann Brüning, dann Schleicher.«[159] Sie fielen denn auch, und es fielen noch mehr, zum Schluß das ganze sogenannte Kabinett der Barone, als man Franz von Papen, eine Art Wunderwaffe gegen Hitler, zum Retter der Konservativen erkor, aber war von Papen für Hitler ein ernst zu nehmender Gegner?

»›Jeder lächelte, kicherte oder lachte nur‹, schrieb später der damalige französische Botschafter in Berlin, ›weil sich Herr von Papen der Besonderheit erfreute, weder von seinen Freunden noch von seinen Feinden ernst genommen zu werden. Er machte den Eindruck unverbesserlichen Leichtsinns, den er nie hat ablegen können . . . Er galt für oberflächlich, unüberlegt, treulos, ehrgeizig, eitel, verschlagen und intrigant.‹«[160]

Zugegeben: Viele dieser Eigenschaften teilte er mit dem künftigen Führer des Dritten Reiches, nur nicht in dem Ausmaß. Papen verhielt sich etwa zu Hitler wie ein Taschendieb zum Raubmörder.

Nachdem das Kabinett Brüning am 30. Mai 1932 wegen Schleichers Intrigen zurückgetreten war, präsentierte Präsident Hindenburg am 1. Juni der staunenden Öffentlichkeit ein »Kabinett der nationalen Konzentration« – ohne parlamentarische Mehrheit! In von Papens »Kabinett der Barone« gehörten von neun Mitgliedern sieben dem alten Adel an, aber – seit 1918 zum ersten Mal – kein Mitglied[161] der organisierten Arbeiterschaft. Die Aufstellung Papens kommentierte Goebbels mit den Worten: »Wir sind alle sehr glücklich.«

Das Volk wollte 1932 weder die Konservativen noch die Nazis, deren Partei gegen Ende des Jahres tatsächlich dicht vor dem Ruin stand, aber Hitlers eiserner Wille wendete auch diesmal das seiner Partei drohende Schicksal ab. Am 4. Januar 1933 traf er sich mit von Papen im Haus des Bankiers von Schroeder in Köln. Da sich von Hindenburg, von Papen und von Schleicher nicht einigen konnten, blieb dem greisen Präsidenten keine andere Wahl, als Adolf Hitler am 30. Januar 1933 mit der Regierungsbildung zu beauftragen. Nicht zum ersten Mal in der jüngeren deutschen Geschichte siegte auch hier der bessere Spieler. Rückblickend bemerkte Hermann Göring über diese Zeit: »Wer aber als Reichskanzler Herrn von Schleicher für sich hatte, der mußte damit rechnen, über kurz oder lang von dem Schleicherschen Torpedo abgeschossen zu werden«,[162] nur daß sich diesmal auch Schleicher verrechnet hatte und sein »Torpedo« ihn selbst traf.

Der »böhmische Gefreite« hatte den Generalfeldmarschall samt seiner stolzen preußisch-deutschen Machtelite aufs Glatteis geführt. Die Kriegerkaste hatte das Denken verlernt, der Dünkel war geblieben: Macht verdummt!

Restauration, Reaktion, Regression

In seiner Verblendung war von Schleicher so weit gegangen, einen Militärputsch anläßlich der Ernennung Hitlers zum Reichskanzler zu planen, damit Deutschland vor dem Nationalsozialismus gerettet würde. Ähnlich wollte von Papen Hitler zum Gefangenen der Konservativen machen. Aus beidem wurde nichts. Sowohl die Konservativen als auch das Heer wurden immer mehr zu Gefangenen Hitlers und seiner Garden.

Hatten im Oktober 1918 die von Hindenburg und Ludendorff angeordneten Verfassungsreformen, parlamentarische Regierungsform und allgemeines Wahlrecht in Preußen, alle bisherigen konstitutionellen Veränderungen in Deutschland übertroffen, woran auch die Restauration des Militärs unter von Seeckt nichts mehr ändern konnte, so erfuhren die Reaktionäre ihre Revolution von oben durch einen Mann, der weit über Restauration und Reaktion hinausging, ja, hinter sie zurückging und das Führerprinzip aus germanischer Zeit wieder einführte. Hitler brach der militärischen Hierarchie die Spitze ab bzw. überhöhte sie durch seine Regression in vormittelalterliche Herrschaftsstrukturen. So führte der Weg in Deutschland von der Restauration in der ersten Hälfte und der Reaktion der Adels- und Militärkaste in der zweiten Hälfte des 19. Jahrhunderts hin zum Abbau der alten Machtstrukturen, in der ersten Hälfte des 20. Jahrhunderts aber nicht zu einer neuen Herrschaftsform, sondern zu einer Regression in noch ältere, präfeudale Verhältnisse. Erst durch die Einführung der Demokratie von außen nach 1945 erlangte Deutschland wieder eine echte Chance zur politischen Weiterentwicklung, wie es sie zu Beginn des 19. Jahrhunderts gehabt, aber ausgeschlagen hatte.

Der zwischen Groener und Ebert am 9. November 1918 geschlossene Pakt hatte die uneingeschränkte Bekämpfung der Revolution zum Ziel: »Unser Ziel war, das Heer sobald wie möglich aus der Revolutionsatmosphäre herauszubekommen.«[163] Präsident und Heer, die beiden Säulen der Republik, waren sich in ihrer reaktionären Zielsetzung einig und folgten damit der allgemeinen Linie der Konservativen, die in einer Angstpsychose vor der Revolution von unten wurzelte, von der noch allein der notwendige gesellschaftliche Wandel hätte erfolgen können. Ihr Eskapismus vor längst fälligen Gesellschaftsreformen führte die Reaktionäre immer weiter ins Abseits und lieferte sie schließlich Hitler und seinem pseudoelitären SS-Staat aus. Durch Verhinderung von Reformen vom Regen in die Traufe zu kommen, ist ein typisches Verhaltensmuster obsoleter Herrschaftsstrukturen, aber besonders augenfällig in der deutschen Geschichte des 19. und 20. Jahrhunderts. Erst nach 1945 wurde Deutschland aus dem Netz selbstverschuldeter Verstrickung durch den Sieg der Alliierten befreit, die dem Feudalismus, dem Nationalsozialismus – einem Verwesungsprodukt des Feudalismus – und dem preußisch-deutschen Militarismus ein Ende bereiteten. Ob die Gefahr regressiver Verirrung damit endgültig von Deutschland abgewendet ist, bleibt abzuwarten.

Einer ähnlich regressiven Tendenz, wenn auch nur bis zur Rückkehr der absoluten Monarchie, wenn nötig mit Waffengewalt, hatte bereits der wotangläubige Ludendorff nachgegeben. Sie war also keineswegs auf Hitler beschränkt und lag im Zug der pangermanisch-alldeutschen Ideologie der Zeit, wobei sich Nostalgie, Romantik und Krankhaftigkeit nur schwer trennen lassen.

Daß sich das urchristliche und erzkonservative Bayern in jenen Jahren zu einer »Brutstätte der Reaktion«[164] entwickelte, scheint auch kein Zufall gewesen zu sein, befand sich doch hier (bei Donaustauf) bereits der 1842 eingeweihte Ruhmestempel »Walhalla« zu Ehren großer Deutscher sowie der wegen seiner Nibelungenromantik berühmte, von Hitler besonders gern frequentierte und ebenfalls von König Ludwig II. errichtete Musentempel von Bayreuth (Eröffnung 1876 mit dem »Ring des Nibelungen«). Die regressiv übersteigerte Komponente Wagnerschen Kunstschaffens kommt sogar im Namen seiner Villa zum Ausdruck: »Wahnfried«.

Bayern war nicht immer konservativ gewesen. »Die deutsche Revolution war von Bayern ausgegangen. Die am 4. November 1918 in Kiel ausgebrochene Matrosenmeuterei wurde in München als revolutionäre Bewegung begrüßt. Hier entthronten am 7. November die Bayern die Dynastie der Wittelsbacher, deren Herzöge, Kurfürsten und Könige 700 Jahre lang mehr oder weniger überspannt über ihnen geherrscht hatten.«[165]

Seeckt und Stresemann hatten den weltfremden Träumen monarchischer Restauration oder diktatorischer konservativer Herrscher keine Chance mehr gegeben, ohne allerdings zu ahnen, daß sie einem ultrareaktionären Wahnsystem den Weg ebneten. Die für die Weimarer Republik bezeichnende Angstalternative (»reaktionäre Junta oder proletarische Diktatur«) war von Hitler, seinen Ideologen und Anbetern längst rechts und links überholt. Überholt war damit auch der an Wahnsinn grenzende Plan des Generals von der Goltz, nach einem Sturz der Bolschewiken in Rußland die Romanows und nach der Liquidation der Weimarer Republik in Deutschland die Hohenzollern wieder auf den Thron zu setzen, um danach mit vereinten Kräften gegen die demokratischen Westmächte zu Felde zu ziehen.

Zum Untergang der Weimarer Republik trugen nicht zuletzt skandalöse Entwicklungen in den Reihen der ostelbischen Junker bei. Sie hatten die zur Sanierung ihrer heruntergewirtschafteten Güter bestimmten Geldmittel, die sogenannte »Osthilfe«, in schändlicher Weise mißbraucht, hatten sich Luxusautos gekauft, waren an die Riviera entschwunden, hatten das Geld verspielt oder für andere Vergnügungen ausgegeben. Aber der Kanzler (Schleicher) täuschte sich sehr, wenn er glaubte, die Herren zur Rechenschaft ziehen zu können. »Die Skandale betrafen nicht nur den durchschnittlichen Gutsbesitzer, auch die adligen Führer des Landbundes waren in sie verwickelt; niemand war verschont,« nicht einmal der Präsident von Hindenburg, der in Verbindung mit der Schenkung des Familienguts Neudeck (1927) ins Gerede kam.[166] Schließlich forderten 13 000 Junkerfamilien die Entlassung des Kanzlers, dessen Tage angesichts der Erfolge Hitlers bereits gezählt waren. Wenn irgend etwas über den Zustand der Weimarer Machtelite in diesen Jahren zu sagen ist, so die völlige Desorientierung, Hilflosigkeit, Überlebtheit und Abgelebtheit ihrer Vertreter und Prinzipien. »Der im Jahre 1933 von Männern, die klarer hätten sehen können und sollen, begangene Selbstbetrug ist etwas, dessen nur Deutsche fähig sind.«[167]

Die Revolution im Dienst der Reaktion

Mit dem Fall der Monarchie hatten die reaktionären Kräfte in Deutschland zwar einen schweren Schlag erlitten, aber sie waren noch nicht geschlagen. Der Schock des verlorenen Krieges saß ihnen noch in den Knochen, ebenso die Angst vor einer Revolution wie in Rußland, aber letztendlich stand das Heer auf ihrer Seite, und das war entscheidend. Ein ernstes Problem war aber auch im Heer die soziale Kluft zwischen dem Offizierskorps und den Mannschaften, zwischen Adel und normalen Sterblichen. Schon im Ersten Weltkrieg war zu hören gewesen: »Gleiche Löhnung, gleiches Essen, wär' der Krieg schon längst vergessen.« Hans von Seeckt hatte in seiner neuen Konzeption der Reichswehr schon einige Konsequenzen daraus gezogen: Das Heer dient dem Volk, die Gemeinschaft hat den Vorrang vor der Kaste. Schwieriger war das Problem, wie das Volk zu gewinnen sei. Man hatte das Volk zu oft entmündigt und ignoriert, getäuscht und enttäuscht, belogen und betrogen, mißbraucht und geschunden, als daß man seiner noch sicher sein konnte. Wollte die reaktionäre Kaste überleben, mußte sie sich nach einem Mann aus dem Volk umsehen, der ihr das Volk wieder zuführte. Er mußte, wie Kurt von Schleicher immer wieder betonte, ein starker Mann sein, der die Psyche des Volkes nicht nur kannte, sondern auch beherrschte und gleichzeitig korrupt genug war, das Vertrauen des Volkes zu mißbrauchen und es an die alte Machtelite zu verraten, also die dem Volk vorgegaukelte Revolution in den Dienst der Reaktion zu stellen, und niemand anders als Schleicher war es, der diesen Mann gefunden hatte. Sein Name war Adolf Hitler (1889–1945). Auf der Ebene des Verrats trafen sich der Superintrigant und der Superdemagoge. Hitler versprach dem Volk den Sozialismus und den Reaktionären den Nationalismus. Die stets zur Synthese neigenden Deutschen fielen auf diesen Trick herein, durchschauten das böse Spiel, wenn überhaupt, zu spät. Im weiteren Verlauf blieb der Sozialismus auf der Strecke, der Nationalismus verband sich mit dem Rassismus zu einer tödlichen Ideologie. Hitler verriet also auch seine Gönner, die Nationalisten, jedenfalls verstand er es, sie solange im sicheren Glauben an seine nationale Sendung zu halten, bis er sich gefahrlos von ihrem Knecht zu ihrem Herrn aufschwingen konnte. Während die Reaktionäre Hitler für die Abwendung der Revolution ihren Tribut zahlten und auf die baldige Rückkehr der Monarchie hofften, hatte der Diktator in spe bereits alle Brücken hinter sich abgebrochen, die Spekulationen und Illusionen der Monarchisten verächtlich auf den Abfallhaufen der Geschichte befördert und selbst das Ruder in die Hand genommen. Anstelle des Mottos: »Für Kaiser, Reich und Vaterland!« trat das neue Motto: »Ein Volk, ein Reich, ein Führer!« Hitler war Kaiser, Feldmarschall und Staat in einer Person – eine Machtfülle, wie sie vor ihm kein deutscher Herrscher besessen hatte. Fortan wollte er ganz allein bestimmen, was aus Deutschland wird, und er erreichte dieses Ziel auch, bis zu seinem Freitod und dem bitteren Ende für das deutsche Volk.

Das Dritte Deutsche Reich

Da in einer radikalen Phase der Entwicklung die einzelnen Entwicklungsmomente stärker in Erscheinung treten als unter normalen Bedingungen, ist hier eine stichworthafte Zusammenfassung von Verhaltensmustern angebracht, die in den vorausliegenden Epochen der deutschen Geschichte zu beobachten waren. Auf diese Weise erhalten die Beobachtungen bisheriger Eigenarten zusätzliche Evidenz, und die neuen Beobachtungen lassen sich eher in ihrem historischen Zusammenhang verstehen.

Im ersten Kapitel (Vorgeschichte) ließen sich zwei Grundhaltungen der Germanen gegenüber der überlegenen Zivilisation unterscheiden: Ablehnung (Alarich) und Annahme (Athaulf), Bekämpfung bis zur Vernichtung oder Aneignung und Pflege (49). Dabei läßt sich die anfängliche Aggressivität bis zu einem gewissen Grad aus dem Zivilisationsschock erklären, den die Germanen bei der Begegnung mit einer höheren Kultur erfuhren. Ariovists »Friedensangebot« an Caesar, freie Hand in Gallien gegen Kriegführung für Caesar in anderen Gebieten, erwies sich als prototypisch für Erobererverhalten, ebenso die Ideologie vom Recht des Stärkeren und zögerliches Verhalten bei entschlossenem Widerstand, als typisch für das Verhalten der Vertreter der Zivilisation gegen die Berufung auf Freiheit, Gesetz und Verträge (61 ff.). Im selben Kapitel, im Hinblick auf Segestes, Marbod und Arminius, ergab sich eine weitere Differenzierung germanischer Verhaltensweisen in: Freundschaft, Arrangement und Feindschaft. Bedeutsam erscheint die germanische Kritik am »Wahn« des Arminius. Sicher sind bei ihm übersteigerter Ehrgeiz und Erfolgsrausch vorauszusetzen (70). Das pathologische Moment der Aggressivität germanischer Eroberer wird von Libanios erkannt (79), wobei sich diese Komponente eher auf die Machtelite als auf das gemeine

Volk beziehen dürfte. Ansätze zu einer sadomasochistischen Überkompensation von Minderwertigkeitskomplexen werden erkennbar (82), auch opportunistische Verhaltensweisen (97), schließlich einige Wahnvorstellungen, die die deutsche Geschichte von Anfang an schwer belasteten: Reichswahn, Missionswahn, Kaiserwahn (99).

Neben diesen, schon in der Vorgeschichte Deutschlands anzutreffenden paradigmatischen Verhaltensweisen entwickelten sich im Mittelalter (3. Kapitel) weitere schicksalsträchtige Verhaltensmuster: die Instrumentalisierung des Christentums zwecks Erwerb von Machtvorteilen (106), die Ausnutzung feudaler Abhängigkeitsverhältnisse zum Auf- und Ausbau von Hausmacht, Selbstüberforderung, Selbstüberschätzung, Fremdunterschätzung infolge falscher politischer Prämissen, Eskapismus vor realen politischen Aufgaben, Unfähigkeit, Niederlagen einzugestehen und notwendige Konsequenzen daraus zu ziehen (116), Allmacht des Ordnungsprinzips und einsetzende Selbstversklavung (117), Prestigesucht und Wunschdenken, Mythisierung der politischen Wirklichkeit (119), Erstreben des Unmöglichen unter Vernachlässigung des Erreichbaren (120), Mißverhältnis von Kraftaufwand und Effektivität, zunehmend parasitäres Verhalten der Machteliten (131), Rollenspiel, Größenwahn, Habsucht, Herrschsucht, Ruhmsucht, Realitätsflucht, Überlegenheitsdrang (142), Hegemoniestreben (135), gestörtes Verhältnis zur Zeit und zur Wirklichkeit, Umfälschung von Niederlagen in Siege, Versteckspiel, Wortbruch, Tarnung (136), Doppelmoral, Spielermentalität, Scheinheiligkeit (136 f.), Freiheitsverlust (138), Zwangsvorstellungen (142).

Im 4. Kapitel: Verschmelzung älterer Verhaltensmuster mit neuen, Transformation, Weiterentwicklung und mehr oder weniger gelungene Anpassung an die veränderten politischen Verhältnisse (Nationalstaaten), Bündnis von religiöser Erneuerung mit erwachendem Nationalgefühl, Irrationalismus, Zurückbleiben hinter den westlichen Nachbarn (158 ff.), Ideologisierung der Religion (161), Energieverlust durch Glaubenskriege (160 f.), religiöser Fundamentalismus (173, 156), geschickte Tarnung von Gewaltpolitik (161, 179), Militarismus (188), exzessive Kreativität auf kulturellem Gebiet (184), Freiheit im Dienst der Einheit, Großmachtstreben (191), Instrumentalisierung des Volkes (188), Mißverhältnis von Erfolg und Selbsteinschätzung, Rückständigkeit (186, 207), Imperialismus, Verbindung von hohen Ambitionen mit Kleinkariertheit (196), Erzeugung von Feindbildern (197), Demokratiefeindlichkeit (197 f.), Angst vor der Freiheit (199), Wahnvorstellungen, zweiter vor dem ersten Schritt (203), Alles-oder-nichts-Einstellung (204), Irrsinn (206), Blindgläubigkeit, Unterwürfigkeit (206), Narzißmus (208 f.), Identitätsverlust (209).

Will man zu einer weiterführenden, nicht im Detail steckenbleibenden Beurteilung des Dritten Deutschen Reiches gelangen, scheint es nützlich, langfristige, mittelfristige und kurzfristige Entwicklungen, Faktoren und Verhaltenseinflüsse zu unterscheiden. Langfristig sind Fixierungen aus vorgeschichtlich-germanischer Zeit und aus dem Mittelalter, so ablehnendes oder annehmendes Verhalten gegenüber der Zivilisation. Der NS-Staat setzt eindeutig die ablehnende Haltung bis hin zum Bruch mit der Zivilisation fort, die sich auch schon vor dem Ersten Weltkrieg (Nietzsche) und zwischen den Weltkriegen (Jünger) bemerkbar macht. Die Unterordnung des Rechts unter die Macht hängt mit der Einstellung zur Zivilisation eng zusammen. Der bei den Germanen vorauszusetzende Zivilisationsschock mit entsprechend aggressivem Verhalten hat sich durch die Geschichte in einer Reihe von Schockwellen fortgesetzt. Mit dem einsetzenden Pangermanismus im 19. Jahrhundert kommt eine riesige Welle der Zivilisationsfeindlichkeit auf, die fast die westliche Zivilisation sowie Freiheit, Demokratie und Menschenrechte weggespült hätte. Ariovists trügerisches Friedensangebot gegenüber Caesar kehrt bei Friedrich dem Großen gegenüber Maria Theresia und bei Hitler gegenüber England wieder. Überkompensation von Minderwertigkeitskomplexen finden sich in der Wilhelminischen Ära und bei Hitler wieder. Wahnhafte Vorstellungen, insbesondere megalomane, durchziehen die deutsche Geschichte von ihren Anfängen an. Versuche, das Christentum zu instrumentalisieren, reichen bis in die Zeit der mittelalterlichen Herrscher zurück, häufen sich im Zeitalter des Absolutismus und fehlen auch im 19. und 20. Jahrhundert nicht. An Selbstüberforderung und Fehleinschätzung des Möglichen gingen alle drei deutschen Reiche zugrunde. Prestigesucht, Wunschdenken und Eskapismus vor der Wirklichkeit begleiten den Niedergang. Gegen Ende des feudalistischen Zeitalters erstickt der Parasitismus der Oberschichten nahezu das Leben der Völker. Parasitäres Verhalten der Machteliten erreicht in der Schlußphase des Zweiten sowie im Dritten Reich Höhepunkte, schließlich auch in der ehemaligen DDR.

Zu den mittelfristig wirksam werdenden Verhaltensmustern gehören, neben den Metamorphosen der älteren, die zu Beginn der Neuzeit im Zusammenhang mit der Entwicklung der Nationalstaaten auftretenden Konstanten: Ideologisierung der Religion, Gewaltpolitik, Hegemoniestreben, Militarismus, Repression des Volkes durch die Machtelite (»selbstverschuldete Unmündigkeit«).

Aus politischen Konstellationen und Entwicklungen des 19. Jahrhunderts ergaben sich kurzfristig wirksame Faktoren der Verhaltensformung, die ältere Muster verstärkend oder abschwächend überlagerten: Verbindung von Großmachtstreben mit Kleinkariertheit, Zerstörung der Vernunft, Irrationalismus, antiliberale, antidemokratische und antihumanistische Tendenzen, Angst vor der Freiheit, zunehmender Größenwahn (Nietzsche), Wahnvorstellungen (Wagner), kollektiver Narzißmus (Nationalismus), Orientierungs- und Identitätsverlust sowie extreme Beeinflußbarkeit.

Hitler – und das dürfte der Hauptgrund seiner Erfolge gewesen sein – bündelte in seiner Person die pervertierten Verhaltensmuster deutscher Vergangenheit in einer Perfektion, die den zwar überlegenen, aber zersplitterten gesunden Kräften keine Zeit zur Sammlung und Gegenwehr ließ, denn zu Hitlers Taktik gehörten Überraschung, Hektik, mörderisches Tempo, plötzlicher Wechsel von hitzigen Emotionen und eisiger Gefühlskälte, Irrationalität und Scheinrationalität in einer verwirrenden, mit Suggestion und Autosuggestion, Hypnose und Wahnvorstellungen operierenden Mischung, ferner eine explosive Rhetorik von alles entzündender und zerstörender Dynamik – Merkmale einer paralogischen Intelligenz, einer von Gott und allen guten Geistern verlassenen, selbstmörderischen Psyche und einer paranoiden Persönlichkeit. Alles, was sich an Abartigkeit und Dekadenz, Verkommenheit und Ruchlosigkeit am Grunde seiner Seele angesammelt hatte, entfachte dieser Abschaum des Abschaums zu einer nichtsverschonenden Flamme des Hasses, der Raserei und der (Selbst-)Zerstörung.

Wo die Sprache versagt, kann vielleicht eine Anekdote weiterhelfen. Niemand anders als Winston Churchill hat das Phänomen Hitler besser durchschaut und dem Verständnis nähergebracht: »Im Jahre

1941 fragte ein Reporter Churchill: ›Wie bringen Sie es eigentlich fertig, für die Bolschewiken einzutreten, die Sie doch immer bekämpft haben?‹ Churchill antwortete: ›Wenn Hitler in die Hölle einmarschierte, würde ich hier im Unterhaus zumindest ein freundliches Wort für den Teufel finden.«[168]

Der große Diktator

Bereits 1936 erkannte der Verfasser der ersten großen Hitler-Biographie in deutscher Sprache, Konrad Heiden (1901–66), daß Hitler ein deutscher Zustand war, ein Geisteszustand bzw. ein psychischer Zustand. Hier, im psychisch-mentalen Bereich, liegt der Schlüssel zum Verständnis von Hitlers Wesen und Wirkung sowie der Wechselwirkungen zwischen seinem und dem Zustand der ihm hörigen Deutschen. Daß Hitlers seelisch-geistige Verfassung anormal war, daran besteht kaum ein Zweifel, ebensowenig daran, daß das deutsche Volk – oder die von Hitler beeinflußbaren Teile desselben – von ihm wie von einer Droge abhängig wurden. Man fragte sich damals mit Recht – im Volksmund gesprochen –, wie ein Mann ein ganzes Volk ohne Schnaps besoffen machen konnte. Gelehrter ausgedrückt, war von Suggestion, Hypnose, Insinuation und abgefeimter Rhetorik die Rede, von Hitlers Kenntnis der deutschen Psyche und seiner Macht, sie zu (ver)führen. Gewiß ist, daß eine geistig-seelische Beziehung zwischen dem Führer und den Geführten bestand, zu deren Wesenszügen die Übertragung von Emotionen vom Demagogen auf die Masse gehört. So übertrug beispielsweise Hitler seinen Pariakomplex auf weite Teile der deutschen Bevölkerung. Er brauchte diese masochistische Einstimmung zur Erzeugung von Aggressionen nicht gegen tatsächliche Feinde, sondern gegen die von ihm selbst entworfenen Bilder der »Feinde«. Danach bestand schließlich fast die ganze Welt aus Gegnern des deutschen Volkes. Hitler hat dabei die schon in der Wilhelminischen Ära zu beobachtende Anfälligkeit der deutschen Psyche für Verfolgungswahn verstärkt und für seine Eroberungsziele ausgenutzt.

Verfolgungs- oder Beeinträchtigungswahn und Größenwahn gehören eng zusammen: »Daß Verfolgungs- und Größenwahn eine innere

Verwandtschaft haben, ist früh gesehen worden ... Das Problem der Größenwahnentstehung ist in der Psychiatrie der Jahrhundertwende vorwiegend in der Paranoiadiskussion abgehandelt worden.«[169]

Hitler war jedoch, klinisch gesehen, nicht geisteskrank, obwohl während des Krieges kompetente Vertreter der Machtelite ihn auf seinen Geisteszustand untersuchen lassen, ihn für geisteskrank erklären und in ein Irrenhaus einweisen lassen wollten.[170] Daraus wurde aber nichts, weil Hitler niemanden von diesen Leuten an sich heranließ. Sein Geisteszustand dürfte im Grenzbereich zwischen Normalität und Irrsinn anzusiedeln sein. Hitler war weder ein Genie noch ein Irrer, eher ein »paranoider Psychopath«[171], ein »paranoider, hysterischer Typ, der in Überkompensation zu lebenslangen Gefühlen von Inferiorität einen Größenwahn entwickelte«. Überkompensation von Minderwertigkeitskomplexen und Größenwahn sind aus der deutschen Geschichte nicht wegzudenken.

»Was ist Adolf Hitler gewesen? Schizoid und hysterisch, brutal, grausam, von Geltungsbedürfnis, Ehrgeiz und Machthunger besessen, halbgebildet, unbeherrscht und verlogen, ohne Güte und Verantwortungsgefühl und überhaupt ohne jede Moral, aber unzurechnungsfähig, nein, dafür hätte ich ihn, außer allenfalls für die letzte Phase, bestimmt nicht erklärt.« Das Fehlen von Moral ist nach Nietzsches vernichtendem Feldzug gegen die Moral kein Wunder mehr, und mit dem Mangel an Moral und Verantwortungsgefühl stand Hitler unter den Politikern seiner Zeit nicht allein. Der Antimetaphysiker Nietzsche hatte den Willen zur Macht zum letzten Prinzip seiner Metaphysik erhoben und war, wie Hitler, vom Machtwillen besessen.[172]

»Sein entscheidendes Machtmittel war die Sprache. Der Klang seiner Stimme trieb ihn und die Masse in Wut und Ekstase.« Das war indessen nicht die einzige Ähnlichkeit in den Pathographien Nietzsches und Hitlers. Zusammenfassend bemerkt Lange-Eichbaum dazu: »Bis auf wenige Quellen wird nunmehr die Diagnose progressive Paralyse bei Nietzsche heute nicht mehr bezweifelt, wenn auch Nietzsche als ›Zeichendeuter‹, wie er sich selbst bezeichnete, dabei imstande war, die Katastrophe des 20. Jahrhunderts vorauszusehen und diese geistig mitvorzubereiten, indem er mit seinem Pathos

Unreife, Kritiklose wie zum Beispiel Hitler zu entzünden verstand. Nur wenige katathym gefärbte Quellen sehen an den Realien, die der Nietzsche-Forschung zugrunde liegen, vorbei. Das Bild hat sich gerundet.«[173]

Als Psychagoge kann Nietzsche durchaus mit Hitler konkurrieren. In der Pose des Propheten Zarathustra verkündete er den großen, gewalttätigen, mitleid- und skrupellosen Übermenschen und wollte diesen »Wahnsinn« seinen Mitmenschen einimpfen: »Wo ist der Wahnsinn, mit dem ihr geimpft werden müßtet? Geht, ich lehre euch den Übermenschen: der ist dieser Blitz, der ist dieser Wahnsinn!«[174]

Auf Wagners Affinität zum Wahn wurde bereits hingewiesen. In Wagner und Nietzsche konzentrierten und manifestierten sich wahnhafte Tendenzen des 19. Jahrhunderts, vor allem megalomane. Beide haben Hitlers Geisteszustand beeinflußt, so daß der nur in politische Praxis umzusetzen brauchte, was bereits geistig, künstlerisch, atmosphärisch und psychologisch vorbereitet war. Daran, daß Wilhelm II. und seine Politik einen irren Eindruck auf urteilsfähige Zeitgenossen machten, sei hier nur kurz erinnert. Zwanghaftes Verhalten, Wahnvorstellungen und Obsessionen haben deutsche Machteliten seit jeher ausgezeichnet. Insofern erscheint auch hier Hitler als radikaler Exponent einer langen Tradition. Mannigfache Verbindungslinien dieser und anderer Verhaltensmuster der deutschen Geschichte laufen in Nietzsche (geistig) und Hitler (politisch) zusammen. Ihr gemeinsamer Nenner ist der Immoralismus. Weder in Hegels Geschichtsvision noch in Bismarcks Konzeption von Realpolitik ist viel Platz für moralische Bedenken, und Nietzsche hielt nicht mehr nur, wie Hegel, Verbrechen für Begleiterscheinungen, sondern für Abzeichen historischer Größe. Nietzsche gab auch die Parolen für Verführung, Lüge und Verrat aus: »Vom Feuer erlöst, schreiten wir dann, durch den Geist getrieben, von Meinung zu Meinung, durch den Wechsel der Parteien, als edle *Verräter* aller Dinge, die überhaupt verraten werden können – und dennoch ohne ein Gefühl von Schuld.«[175]

An anderer Stelle heißt es: »Man hat zum Verkehre mit Menschen die Lüge nicht mehr nötig, wenn man genug der Wahrheit hat: Mit ihr kann man sie betrügen und verführen, wohin man nur will.«

Welche Praxis soll derartigen Losungen entsprechen, wenn nicht die eines Schleichers oder Hitlers?

Aber sprechen nicht Hitlers sicherer Instinkt, seine überdurchschnittliche Intelligenz und sein unerschütterlicher Wille gegen die Annahme einer paranoiden Persönlichkeitsstruktur? Einmal war Hitlers Instinkt ein »Wegelagererinstinkt«, der ihn in kritischen Situationen oft im Stich ließ. Seine Intelligenz war auch nicht so überragend. Analytische Intelligenz fehlte ihm so gut wie ganz. Was er besaß, waren ein phänomenales Gedächtnis und zur Schau gestellte Erkenntnisse – anderer. Sein Wille war eisern, schlug aber bei Nichterfüllung seines Wunschdenkens in Apathie, Lethargie und Stupor (Stumpfsinn) um: »Er zeigte zahlreiche neurotische Symptome, hysterische Parese [Erschlaffung] und Zittern des linken Armes, Obsessionen und Phobien . . . zunehmende Verfolgungstendenzen.«[176] Konzedieren wir Hitler überdurchschnittliche Intelligenz, so schließt das einen paranoiden Kern nicht aus. Nach den tiefschürfenden Erkenntnissen des Nobelpreisträgers Elias Canetti vertragen sich hohe Intelligenz und paranoide Persönlichkeit sogar sehr gut, allerdings ist es nicht leicht, die Grenzen zwischen gesund und krank, normal und pathologisch zu ziehen. Der Paranoiker »will der einzige sein, der auf einem riesigen Leichenfeld noch lebend steht, und dieses Leichenfeld enthält alle anderen Menschen. Darin erweist er sich nicht nur als Paranoiker; es ist die tiefste Tendenz in jedem ›idealen‹ *Machthaber,* als der letzte am Leben zu bleiben. Der Machthaber schickt die anderen in den Tod, um selber vom Tod verschont zu bleiben: er lenkt ihn von sich ab. Nicht nur ist ihm der Tod der anderen gleichgültig; es treibt ihn alles dazu, ihn auf massenhafte Weise herbeizuführen.« Religiöse und politische Komponenten verschmelzen in den Visionen des Paranoikers: »Das Religiöse durchdringt sich hier mit dem Politischen, sie sind unzertrennlich, Welterlöser und Weltherrscher sind *eine* Person. Die Begierde nach Macht ist von allem der Kern. Die Paranoia ist, im buchstäblichen Sinne des Wortes, eine *Krankheit der Macht.*«[177]

Der gemeingefährliche potentielle Selbstmörder tötet so lange oder läßt als Machthaber so lange töten, bis er getötet, das heißt erlöst wird. Im Bunker der Reichskanzlei fand Hitler am Ende zu sich selbst zurück, und mit seinem Ende löste sich der Bann, der die Welt über fünfzig Millionen Tote gekostet hatte.

Aber das ist nicht einmal das schlimmste. Paranoia als »Krankheit der Macht« ist mit Hitler nicht ausgestorben. Sie kann jederzeit wieder ausbrechen, nur daß den Paranoikern heute viel furchtbarere Mittel zur »Welterlösung« zur Verfügung stehen als Hitler und seinen Handlangern. Der *per definitionem* atheistische Paranoiker – denn er erfährt sich selbst als Gott nicht nur ebenbürtig, sondern überlegen – »besiegt« Gott, indem er die Menschheit, die Krone in Gottes Schöpfung, auslöscht. Da es sicher nicht nur einen solchen potentiellen Paranoiker gibt, könnte in absehbarer Zeit ein Wettlauf der Paranoiker einsetzen, um sich selbst als »Sieger« über Gott, sei es auch nur im letzten Augenblick des Daseins, zu erleben. Die Menschheit, die begreiflicherweise noch immer schaudernd auf den Paranoiker Hitler zurückblickt, hat offensichtlich noch nicht begriffen, wie viele noch gefährlichere Paranoiker im Schoß der Zukunft lauern. Der Run der Paranoiker um den letzten und höchsten Ruhm dürfte kaum zu Ende sein.

Die alte und die neue Elite

Waren es vor allem drei Faktoren, die Hitlers Aufstieg zum Diktator ermöglichten – Machtorientierung, Narzißmus und ein ethisches Vakuum –, so waren diese Faktoren auch wesentlich mit dafür verantwortlich, daß weder aus der alten noch aus der neuen Elite ein effektiver Widerstand gegen den Mißbrauch der Macht erwuchs. Die Erkenntnis der Notwendigkeit, die alte Elite zu erneuern, reichte bis in die Anfänge der Weimarer Zeit zurück (von Seeckt), aber sie setzte sich nicht durch, besser: die Erneuerung, die stattfand, war keine Erneuerung zum Besseren, sondern zum Schlechteren, denn nicht der Geist der Freiheit und des Friedens, sondern der Geist der Gewalt und des Krieges ging um. Das Heer hatte Hitler den Aufstieg ermöglicht, und Hitler bedankte sich dafür mit der Aufstellung einer Gegenmacht, der SA, die ein Jahr nach ihrer Entstehung sechstausend Mann umfaßte, nach zwölf Jahren zweieinhalb Millionen. Fortan rivalisierten die Eliten. Hitler zog daraus Gewinn. Von Seeckt verbot 1923 den »Völkischen Beobachter«, das Parteiorgan der Nazis, General von Lossow (1868–1938), ein Erzreaktionär, verweigerte den Gehorsam und wurde zwar daraufhin seines Kommandos enthoben, aber der Zwist hatte Einlaß in die Reichswehr, die stärkste Macht im Staat, gefunden. Die Zeit arbeitete von nun an für Hitler, den überlegenen Taktiker der Macht.

Als er nach dem gescheiterten Putsch von 1923 vor Gericht mit einem unerhört frechen Plädoyer, einem Glanzstück seiner Rhetorik, die Rolle von Richtern und Verbrechern umkehrte, erntete er mehr Beifall als Verachtung. Das Gericht in seiner Rat- und Hilflosigkeit verdeutlichte das Versagen der alten Elite in erschreckender Weise. Ein Grundpfeiler der Demokratie, die Rechtsstaatlichkeit, geriet schon damals ins Wanken. Recht und Moral zogen sich vor der Macht zurück, Hitlers Frechheit siegte. Sie siegt aber nur unter solchen Menschen, die selbst gehemmt sind und nicht den Mut zur Freiheit besitzen, die gewohnt sind, zu gehorchen und getreten zu werden. Sie bewundern ihre Machtelite, die von jeher unverfroren, impertinent und, wenn nötig, gewalttätig auftrat. Eine lange deutsche Tradition ebnete also auch hier Hitler den Weg.

»Adolf Hitler besaß eine unheimliche Kenntnis der deutschen Nationalpsyche. Er hatte erkannt, ... daß das deutsche Volk von allen europäischen Völkern das gehemmteste ist und im Grunde von einem Minderwertigkeitsgefühl beherrscht wird, das es durch Anmaßung überkompensiert, und daß es ihm an Selbstsicherheit und dem Gefühl für Eigenverantwortlichkeit durchaus fehlt.«[178]

Da Hitlers neue Elite, seine »Gossenelite«, zumeist aus Pöbelkreisen stammte, konnte sie nur minderwertiger als die alte sein, aber sie wuchs und wuchs und trat immer arroganter, immer frecher und immer gewalttätiger auf, wodurch sie den *circulus vitiosus* beschleunigte: Gewalt gegen Gewalt, Terror gegen Terror, Mord gegen Mord. Aber Hitler fand auch dagegen ein Mittel, das seinem Ansehen nützte, die alte Elite, die zusah, kompromittierte und die neue entmachtete: Es folgte die »Niederschlagung« des Röhm-Putsches, die Nacht der langen Messer, das Blutbad in den eigenen Reihen (30. 6. 1934), woraufhin Hindenburg, der oberste Repräsentant der alten Elite, Hitler und Göring, die obersten Repräsentanten der neuen Elite, beglückwünschte.

Die Psycho- und Paralogik des Paranoikers Hitler hatte über die rationale Logik des gesunden Menschenverstandes einen Bilderbuchsieg davongetragen. Es sollte nicht der letzte sein. Zugleich hatte

Hitler bereits damit begonnen, die neue Elite in eine Superelite umzuschmieden, die ungehörige SA in die hörige SS. Die zunehmenden Sorgen des Heeres beschwichtigte Hitler mit verlockenden Karriereangeboten in einem künftigen Großdeutschland, wobei die alte Elite von der mehr als naiven Voraussetzung ausging, daß sie ihre einstigen Privilegien nicht nur erhalten, sondern vermehren könnte. Währenddessen hatte Hitler sie schon in seinen größenwahnsinnig-paranoiden Plänen zur Erringung einer deutschen Weltherrschaft verplant.

»Es ist die heilige Pflicht der Wehrmacht, zu verhüten, daß sich Klassen- und Parteienspaltung jemals zu einem selbstmörderischen Bürgerkrieg verbreitern ... Dem Staat zu dienen – ihn fern aller Parteipolitik gegen den schrecklichen Druck von draußen und den wahnsinnigen Streit im Inneren zu verteidigen und zu erhalten – ist unser einziges Ziel.«[179] Reichswehrminister Groeners edler Vorsatz beruhte auf einem Denkfehler. Groener hatte gar nicht bemerkt, daß sein Staatsbegriff bereits zum alten Eisen gehörte. Der Staat, das war fortan der Führer. Groener hatte allerdings recht mit seiner Diagnose »wahnsinnig«. Von Hitler vor die Wahl gestellt, seinen Treueid zur Republik zu brechen oder den Bürgerkrieg zu riskieren, gehorchte das Heer, nicht zuletzt aus Angst vor einer bolschewistischen Revolution, aber auch in der Hoffnung auf bessere Zeiten, dem altbewährten Prinzip »Ruhe und Ordnung!«

Von einem »böhmischen Gefreiten« unter Zugzwang gesetzt, verlor die alte Elite Zug um Zug ihr Gesicht. Als alle Chancen, das Gesicht wiederzugewinnen, verpaßt waren, blieb der stolzen Wehrmacht nur noch der Weg bis zum bitteren Ende, das unaufhaltsam näherrückte.

Über den Widerstand der alten Elite gegen Hitler und seine neue Elite, das unentwegte Ringen um die Macht im Innern, das sich, äußerlich kaum bemerkbar, über die zwölf Jahre der Hitlerdiktatur hinzog, gehen die Meinungen weit auseinander. Aus moralischer Sicht: Man neigt zur Heroisierung und Überbewertung des Widerstandes in dem begreiflichen Verlangen, wenigstens ein kleines Alibi angesichts der großen Schuld zu haben, einen Strohhalm, an den man sich klammern kann, um nicht völlig zu verzweifeln. Aus pragmatischer Sicht: Der Widerstand war zu gering, kam zu spät und scheiterte. Man unterbewertet den Widerstand und wird den Ausführenden menschlich nicht gerecht.

Zunächst einmal ist zu sagen, daß dem Widerstand auch Kräfte angehörten, die nicht zur alten Elite zählten, und vielleicht waren sie sogar in der Überzahl. Am höchsten ist der Einsatz Jugendlicher einzuschätzen, die an der Vorbereitung und der Errichtung der Diktatur keinen Anteil hatten und daher völlig unschuldig an ihren Verbrechen waren, beispielsweise die Geschwister Scholl. Davon hebt sich die zögerliche und teilweise wenig mutige Haltung der bewaffneten Elite, also der Generäle und Offiziere insgesamt, unvorteilhaft ab. Hinzu kommt die Uneinigkeit in den Zielen und Methoden der Verschwörer. Die einen wollten Hitler absetzen, andere ihn in eine Irrenanstalt einweisen, andere ihn vor Gericht stellen, wieder andere ihn töten. Letzteres lehnten manche sogar grundsätzlich ab. Ziel des Widerstandes war nicht etwa die Einführung der Demokratie nach westlichem Vorbild, wie wir sie heute haben, vielmehr schwebte den einen ein sozialistisches Modell vor, anderen ein monarchistisches und anderen wieder eine Mischung aus alldem. Fast allen Widerstandsgruppen mangelte es an einer realistischen Einschätzung der Haltung der Kriegsgegner Deutschlands – wenn man mit ihnen zu »verhandeln« suchte, stellte man ihnen Bedingungen, meinte, Hitlers Eroberungen ganz oder teilweise behalten zu können, glaubte, sie von der Gestaltung der künftigen politischen Ordnung in Deutschland ausschließen zu können, ja versuchte, die Kriegsgegner gegeneinander auszuspielen und etwa den Krieg mit den Westmächten gegen die Sowjetunion weiterzuführen. Man ging von der naiven und narzißtischen Voraussetzung aus, daß die Methode der Entzweiung, des Zwists und der Zwietracht, die man in Deutschland immer wieder mit großem Erfolg angewandt hatte, auch bei den Kriegsgegnern funktionieren würde. Viel zu spät bemerkte man, daß sie sich nicht auseinanderdividieren ließen und in ihrer Zielsetzung unvergleichlich einheitlicher waren als die Verschwörer.

Eine Verschwörung, die so uneinig ist und von so vielen und grundlegend falschen Prämissen ausgeht, hätte nur durch einen schweren Fehler seitens Hitler und seiner Leibgarde gleichsam zufällig, wenigstens was Hitler betrifft, gelingen können, nicht aber im Hinblick auf die eigenen Ziele und eine realistische Verhandlungsposition gegenüber den Kriegsgegnern. Allein nicht einmal die Beseitigung Hitlers glückte, da er und seine Leibwächter viel zu mißtrauisch geworden waren. So bestärkte das Scheitern des Attentats vom 20. Juli 1944 den Paranoiker noch mehr in dem Glauben an seine Sendung und trieb das uninformierte Volk eher auf seine Seite als auf die der »ehrgeizigen Clique von Verrätern«.

Von den rühmlichen Ausnahmen eines Dietrich Bonhoeffer (1906–45), der in Hitler den »Antichristen« sah und die Deutschen zur Buße für die Verbrechen Hitlerdeutschlands aufforderte, oder eines Ulrich von Hassel (1881–1944), der die zunehmend grausame und verbrecherische Kriegführung gegen die Sowjetunion in einer Tagebuchnotiz zutreffend kommentierte: »Es wird da der Deutsche bewußt zum ›Boche‹, das heißt zu dem Massentyp erzogen, der bisher nur in der feindlichen Propaganda existierte«[180], ließen sich die meisten hohen Vertreter der alten Elite von Hitlers Erfolgen und von ihrem Ehrgeiz, von Karrieren, Orden und Geschenken bestechen, wozu von Hassel wieder bemerkte: »Der Mehrzahl von ihnen sind außerdem die Karriere im niedrigen Sinne, die Dotationen und der Feldmarschallstab wichtiger als die großen auf dem Spiel stehenden Gesichtspunkte und sittlichen Werte.«[181]

Wenn man bedenkt, wie viele dieser Kollaborateure nach 1945, mit heiler Haut davongekommen, wieder zu Schlüsselpositionen in den deutschen Staaten aufstiegen, um sich hinterdrein womöglich noch als eigentliche Gegner Hitlers feiern zu lassen, kann man verzweifeln. Von den vielen Irrtümern, die Hitler aus narzißtischer Selbstüberschätzung und sträflicher Unterschätzung seiner Gegner beging, war wohl sein Glaube der größte, mit einer solchen Elite – am Ende intrigierte sogar der Reichsführer der SS, Heinrich Himmler, gegen ihn – die Welt beherrschen zu können. Die verräterische, zerrissene und zerstrittene Elite konnte zwar halb Europa in einen Trümmerhaufen verwandeln, aber weder die Welt noch Europa, noch Deutschland, ja nicht einmal sich selbst beherrschen. Man braucht sich nur einmal das Gruppenfoto anzusehen, das Hitler und seine Marschälle in der Reichskanzlei auf dem Höhepunkt ihrer Macht (1940) zeigt. Sich vorzustellen, daß diese aufgeputzten und aufgetakelten, geschniegelten und gebügelten, verklemmten und verblendeten Ausgeburten der Nichtigkeit und des Dünkels, die sich, mit

Orden und Ehrenzeichen behängt, an ihren Marschallstäben festhalten, daß diese dekadenten Figuren Europa beherrschten, einen Erdteil, der Alexander den Großen, Caesar und Karl den Großen, Homer, Platon und Shakespeare hervorgebracht hat, kann jedem halbwegs intelligenten Europäer nur ein homerisches Gelächter entlocken. Nein, hier irrte sich Adolf Schickelgruber, der sich als den größten Feldherrn aller Zeiten feiern ließ, gewaltig.

Genau hier beginnt auch der »komische« Aspekt des »Tausendjährigen Reiches«, der eine lange Reihe von grotesken Figuren aus der deutschen Geschichte assoziiert, Kaiser, Könige, Fürsten, Reichskanzler und Präsidenten, die große und größte Teile von Europa und der Welt beherrschen wollten.

Das hörige Volk

Auch das deutsche Volk – soweit es von Hitler innerlich abhängig, von dem Schamanen hypnotisiert und von dem Demagogen verführt wurde – ist unter die Lupe zu nehmen. Daß Hitler eine unheimliche Suggestionskraft besaß, steht außer Frage, wohl auch, daß er in keinem anderen als dem deutschen Volk damit so großen Erfolg haben konnte. Warum? Wie kaum ein anderes Kulturvolk in der Geschichte ist das deutsche Volk während seiner tausendjährigen Geschichte oft von extrem brutalen, gewalttätigen und grausamen Machthabern unterdrückt, geknechtet, mißbraucht und vergewaltigt worden. Das hinterläßt Spuren. Die mit Recht gerügte Untertanengesinnung ist weder biologisch bedingt noch ein Produkt des Zufalls, noch ein auf die jüngste Vergangenheit beschränktes Verhaltensmuster. Es hat sich im Lauf der Jahrhunderte entwickelt und ist allmählich zur zweiten Natur geworden: Ergebenheit, Geduld, Gehorsam, Gefügigkeit, Hörigkeit, Fürstendienerei, Konformismus, Heuchelei, Kriecherei, Lakaientum, Mangel an Zivilcourage, gebrochenes moralisches Rückgrat, Charakterlosigkeit, Konjunkturismus, Opportunismus, Gesinnungsakrobatik, Wendehalsmentalität: Das alles kommt nicht von ungefähr und hat eine lange, traurige Vergangenheit.

Es ist sicher auch kein Zufall, daß Hitler mit seiner Parole vom

Tausendjährigen Reich ankam: Bestand nicht die Hoffnung, daß ein Auserwählter, ein Messias, ein Volksführer das Volk aus einer tausendjährigen Knechtschaft in ein Tausendjähriges Reich der Freiheit führen würde? Daß große Teile des deutschen Volkes von der geschickten Rhetorik und der raffinierten Propaganda Hitlers und seiner Apologeten beeinflußt wurden, läßt sich nicht bestreiten. Noch nie gab es soviel Begeisterung wie im Dritten Reich, nirgends aber auch verlor die Begeisterung so an Wert wie in Deutschland. Was Hitler instinktiv erfaßt hatte, war die durch Jahrhunderte angestaute ungeheure Freiheitssehnsucht des deutschen Volkes, dem er nun als der von der Vorsehung bestimmte Führer die Erfüllung vorgaukelte, während er das Volk in ein so perfektes, totalitäres System von Zwängen einpferchte, wie es das deutsche Volk noch nie in seiner Geschichte erlebt hatte. Nicht Freiheitsgewinn, sondern extremer Freiheitsverlust war das Ergebnis – vielleicht der größte seelische Schaden, den Hitler dem deutschen Volk zufügte. Um eine tausendjährige, sowohl in der Vergangenheit gehegte als auch auf die Zukunft projizierte, Hoffnung betrogen, wurde das von Hitler für seine paranoiden Weltherrschaftspläne mißbrauchte Volk in einen fürchterlichen Abgrund der Hoffnungslosigkeit, Resignation und Verzweiflung gestürzt. Mit einer abgründig verlogenen Rhetorik beklagte sich Hitler nach dem Attentat vom 20. Juli 1944 bitter über den Verrat nach alldem, was er für das deutsche Volk getan habe, und glaubte vermutlich, dank seiner starken autosuggestiven Kräfte, selbst daran. In seinem Testament verfügte er sogar die Zerstörung der Lebensgrundlagen des deutschen Volkes, weil es versagt habe und seiner, des Führers, nicht wert sei. Nach all den Leiden des Luftkrieges, nach der Not und den Entbehrungen der Kriegsjahre war mangelnde Opferbereitschaft wirklich das letzte, was man dem deutschen Volk vorwerfen konnte. Von Hitler längst aufgegeben, hingen dennoch große Teile dieses Volkes – es läßt sich nicht leugnen – bis zum bitteren Ende treu an ihrem »Führer« und verurteilten die Attentäter. Wie ist das möglich? In keiner anderen Kulturnation wäre das möglich gewesen. Doch eine erschöpfende Erklärung dafür wird sich erst nach eingehenden detaillierten psychologischen, soziologischen und historischen Studien ergeben. Vielleicht war es wirklich im Endeffekt der ungeheure Nachholbedarf an Freiheit, auf deren Verwirklichung das Volk hoffte, auf echte Volksgemeinschaft, Überwindung der Spaltung in Konfessionen, Stände und Klassen, was das deutsche Volk gleichsam in einem Einheits- und Freiheitsrausch mit seinem Führer verband, der sich nach und nach als der größte Betrüger der deutschen Geschichte entpuppte. Hitler als deutschen Zustand verstehen heißt, in ihm den Exponenten einer langen, zu lange unterdrückten Sehnsucht nach Freiheit erblicken, wie es viele Deutsche in den dreißiger Jahren wohl auch taten. Ein erster Schatten fiel bei Kriegsausbruch auf das Idol, aber eine raffinierte Lügenpropaganda lenkte den Unmut nach bewährtem Rezept auf die anderen, das Ausland, ab. Glaube, Hoffnung und Liebe, letztlich christliche Kardinaltugenden, aber von Hitler in teuflischer Weise mißbraucht, hielten das irregeführte Volk an seiner Seite, ein böses Kapitel pervertierter Religiosität.

Aufstieg und Untergang des Dritten Deutschen Reiches

Aus Wahn geboren, im Wahnsinn untergegangen: Das ist die Geschichte einer stolzen Idee, die keine Idee war, sondern ein Phantasma, eine Illusion, ein Idol. Auch hier steht am Anfang die Religion. Die Begriffe Chiliasmus oder Millenarismus bezeichnen den Glauben an ein Tausendjähriges Reich, das Christus mit den auferstandenen Gerechten vor dem Weltuntergang gründet. Ähnliche Vorstellungen finden sich in der persischen und in der spätjüdischen Religion. Mit dem Aufstieg des Christentums zur römischen Reichskirche (313–451) trat der Chiliasmus zurück, um im frühen Mittelalter und in der Reformationszeit wieder aufzukommen. In der Neuzeit wurde dann auch der Chiliasmus säkularisiert. Die »klassenlose Gesellschaft« von Marx und Hitlers »Tausendjähriges Reich« sind Erscheinungsformen der verweltlichten Heilserwartung. »Heil Hitler!« wurde so zum »Deutschen Gruß«. Hitlers Verheißung eines Tausendjährigen Reiches war, wie so ziemlich alle Ideologeme seiner Pseudoreligion, des sogenannten »deutschen Glaubens«, gestohlen. So findet sich der Begriff »Drittes Reich« bereits bei dem Ordensgründer, Theologen und Philosophen Joachim von Fiore (zirka 1130–1202). Am 10. Mai 1940 beispielsweise hieß es in einem Tagesbefehl Hitlers an die deutsche Wehrmacht zu Beginn des Frankreichfeldzugs, der gerade beginnende Kampf entscheide das »Schicksal der deutschen Nation für die nächsten tausend Jahre«.

Bonhoeffers Identifizierung Hitlers mit dem Antichristen kann sich auf ähnliche Vorstellungen des späten Mittelalters stützen. Bei Luther ist vom »Endchristen« die Rede, einer Gegengestalt zu Christus, die der Wiederkunft Christi vorangehe. Die Geschichte der Vorstellung läßt sich auch hier bis zu Spätjudentum und Urchristentum zurückverfolgen. In der späteren Literatur kehrt das Motiv des Antichristen häufig wieder. Unmittelbare Bedeutung für Hitler und das Dritte Reich bekommt Nietzsches Kampfschrift gegen das Christentum mit dem Titel »Der Antichrist«, worin sich Nietzsche als solchen ausgibt: »Das Mitleiden kreuzt im ganzen großen das Gesetz der Entwicklung, welches das Gesetz der *Selektion* ist. Es erhält, was zum Untergang reif ist . . . *Hier* Arzt sein, *hier* unerbittlich sein, *hier* das Messer führen – das gehört zu *uns*, das ist unsere Art Menschenliebe, damit sind *wir* Philosophen, wir Hyperboreer!«[182]

Die Hyperboreer sind mythische Eroberer, die aus dem Norden kommen, Nordleute, vergleichbar mit Hitlers »Ariern«, die auch, auf vulgärdarwinistisch-antichristlicher Basis, dekadenten Völkern das Maul stopfen wollten, vor Völkermord nicht zurückschreckten und im Holocaust endeten. Völkermord als eine Form der Nächstenliebe: Das ist die äußerste Form religiöser Perversion, theologischer Dekadenz und paranoider Verirrung. Im »Antichristen«, einer seiner letzten Schriften, legt Nietzsche die Karten auf den Tisch und demaskiert in wütenden Angriffen – sich selbst. Nicht er, sondern »Kant wurde Idiot«. Nietzsches Kritik am Christentum ist eine implizite Selbstkritik.

»Die *décadence* ist, für die im Juden- und Christentum zur Macht verlangende Art von Mensch, eine *priesterliche* Art, nur *Mittel:* Diese Art von Mensch hat ein Lebens-Interesse daran, die Menschheit *krank* zu machen und die Begriffe ›gut‹ und ›böse‹, ›wahr‹ und ›falsch‹ in einen lebensgefährlichen und weltverleumderischen Sinn umzudrehen.«[183]

Mit dem Vorhergehenden zusammengenommen, ist das geradezu ein Programm für Hitlers antisemitische Ideologie und ihre Ausrottungsmaßnahmen gegen die Juden. Und dann versichert man uns,

Nietzsche sei kein Antisemit, ja sogar Philosemit gewesen; vielleicht in dem Sinn, wie sich nach 1945 Antisemiten im Handumdrehen in brave Philosemiten verwandelten. Nietzsches gelegentliche Schmeicheleien an die Adresse der Juden dienten dem Interesse der Verbreitung seiner Schriften, denn Nietzsche meinte und hat das auch in einem Brief an seinen Zauberlehrling Peter Gast ausgesprochen, daß man derzeit in Europa die Juden brauche, um Publizität zu erlangen. Das haben wohl jene Interpreten übersehen oder ignoriert, die Nietzsche vom Antisemitismus reinwaschen wollen. In Wirklichkeit ist er ein unversöhnlicher Gegner des Judentums, der, wenn er die Macht dazu besessen, nicht anders als Hitler das »Messer geführt« hätte. Zudem war der abtrünnige Theologe auch ein unversöhnlicher Gegner des Christentums: »Wer Theologen-Blut im Leibe hat, steht von vornherein zu allen Dingen schief und unehrlich.«[184]

Wie dem auch sei: Nietzsche mußte es wissen, denn er hatte mütterlicher- wie väterlicherseits seit Generationen »Theologen-Blut im Leibe«. Nicht zuletzt dürfte Nietzsche mit seiner Kampfschrift »Der Antichrist« versucht haben, bei unversöhnlichen und einflußreichen Gegnern des Christentums Punkte zu sammeln. Nimmt man ferner die Aussagen: »Der Christ ist nur ein Jude *freieren* Bekenntnisses« und: ». . . ich heiße das Christentum den *einen* unsterblichen Schandfleck der Menschheit«[185] zusammen, versteht man Bonhoeffers Identifizierung Hitlers mit dem »Antichristen« besser. Sie trifft geistesgeschichtlich wie motivgeschichtlich den Kern der Sache. Hitler und seine Schergen führten aus, was Nietzsche und seine Gesinnungsgenossen vorprogrammierten.

Aufstieg und Fall des Dritten Reiches lassen viele Deutungen zu,[186] lassen sich aber auch als einen Versuch interpretieren, sowohl mit dem Christentum als auch mit dem Judentum abzurechnen, beide auszulöschen. Hitler setzte (in Europa) nur die eine Hälfte seines paranoiden Programms in die Tat um, zur zweiten Hälfte kam er nicht mehr. Man könnte daraus den Schluß ziehen, daß das Antichristentum in Europa gescheitert ist, aber das wäre gefährlich leichtsinnig: Sowenig die Paranoiker mit Nietzsche und Hitler ausgestorben sind, so wenig sind es die Antisemiten und Antichristen, wobei die gefährlichsten Leute dieser Art die als Philosemiten und Musterchristen getarnten Widersacher der Freiheit sind.

»Furor teutonicus«

Antisemitismus, Antichristentum, Atheismus, Immoralismus und Nihilismus gehören irgendwie zusammen, ebenso wie Haß auf die Vernunft, Haß auf die Liebe, Haß auf Gott und seine Gebote sowie Haß auf seine Schöpfung, vor allem den Menschen, die Menschheit und die Menschlichkeit, Haß aber auch auf die Freiheit, auf die Wahrheit und auf die Menschenrechte. Hitler und Nietzsche waren unversöhnliche Feinde der »modernen Ideen« Freiheit, Demokratie, Menschenrechte, Objektivität und Humanität. Nietzsches Schriften, so sagte es ihr Verfasser selbst, sollten Dynamit sein, Attentate, Werkzeuge des Hasses, der Zerstörung, des Wahnsinns. Nietzsche war, schon von seinem Schreibstil her, kein Philosoph, denn er argumentiert, begründet und schließt nicht, sondern emotionalisiert, stimuliert, reißt mit, überwältigt und überredet. Er ist und bleibt ein Rhetor, wenn auch von großer Wortgewalt. Sie besteht in der Explosivkraft seiner Aphorismen, in der eruptiven Hemmungslosigkeit seines Denkens, im grandiosen Feuerwerk eines vom Wahnsinn zerfetzten Geistes: Sein, Kraft und Sinn im Dienst der Sinnlosigkeit, der Auflösung und des Nichtseins. Wer diesen Weg beschreitet, für den ist und bleibt der »dionysische Lockvogel« die Offenbarung aller Offenbarungen, wie Hitler für alle Gottes-, Welt- und Menschheitsverächter der unübertroffene Führer in das Reich der ewigen Nacht sein wird.

Der Ausdruck *furor teutonicus* erscheint zum ersten Mal in einem Epos (»Pharsalia«) des römischen Dichters Marcus Annaeus Lucanus (39–65 n. Chr.) zur Bezeichnung germanischer Angriffswut. In Berichten über Italienzüge deutscher Kaiser oder Könige im Mittelalter ist zwar nicht mehr von Teutonen die Rede, aber der Eindruck an Wahnsinn grenzender Angriffswut fehlt auch hier nicht. Im Zuge der ideologischen Regermanisierung im 19. Jahrhundert gewinnt der *furor teutonicus* wieder an Bedeutung.

»Die eigentliche Wurzel des *furor teutonicus* dürfte sozialpathologischer Art gewesen sein. Die wirtschaftliche und politische Misere, in der sich Deutschland seit Jahrhunderten, vor allem in und nach dem Dreißigjährigen Krieg und dann in der Napoleon-Ära, befand, Gängelung des Volkes durch eine Vielzahl kleiner, geistig wie charakterlich meist inferiorer Fürsten, ließen keine persönliche wie volksmäßige ›Aktivität‹ zu, stauten die Triebenergie, die – sublimiert – zur kulturellen Hochblüte von Aufklärung, Klassik und Romantik und – verdrängt – zur kollektiven Neurose des kleinbürgerlichen 19. Jahrhunderts führte ... Es war die Ideologie verschworener Haufen, die Romantik heldischen Heidentums; es triumphierten Rohheit und Psychopathie ... Wenn einst der ›zähmende Talisman‹ zerbricht, meinte Heine, und er dachte an das Kreuz (es handelte sich aber auch und vor allem um den Talisman eines aufgeklärten Humanismus), ›dann rasselt wieder empor die Wildheit der alten Kämpfer, die unsinnige Berserkerwut, wovon die nordischen Dichter so viel singen und sagen‹.«[187]

Bei alldem handelte es sich nicht um eine echte Renaissance germanischer Verhaltensweisen, sondern um eine künstliche, teilweise sogar gesteuerte und manipulierte Wiederbelebung des Barbarentums, wobei die Drahtzieher dieser Bewegung, meistens selbst Psychopathen, allerdings nicht bemerkten oder bemerken wollten, daß das Barbarentum, wie alles Vergangene, nicht zu wiederholen ist, und wenn man es versucht, eine Regression daraus wird, nicht Barbaren also das Ergebnis solcher Beeinflussung sein können, sondern höchstens Bestien. Neben den schon Genannten, Ludendorff und Wagner, haben Nietzsche mit seiner Domestikationsphobie und Barbarenromantik sowie Ludwig Klages mit seinem »Wotanismus« Anteil an dieser Regression. »Oswald Spenglers ›Raubtiere‹ kamen schon verdächtig den SA-Rowdies nahe«.[188]

So konnte Hitler auch hier auf Vorhandenes zurückgreifen. Auch in der Bestialisierung war sein Weg vorbereitet. Als deutsche »Furoristen« seien außer Nietzsche, Spengler und Klages noch genannt: Wilhelm II., Hans Blüher, der Herold von Führerschaft und Größe, Carl Schmitt, der Prediger des Freund-Feind-Denkens, der Rembrandtdeutsche Julius Langbehn, ein Verächter westlicher Demokratie, Arthur Moeller van den Bruck, der antiliberale Selbstmörder und Künder des »Dritten Reiches«, von Alfred Rosenberg, dem Papst des Nazismus, und Josef Goebbels, Hitlers Propagandaminister, gar nicht zu reden. Diese und viele andere Verschwörer gegen die Zivilisation haben den deutschen *furor teutonicus* im 20. Jahrhundert mitheraufbeschworen. Blut-und-Boden-Romantik, Nibelungenromantik, Hordenromantik, Rassenwahn, Caesarenwahn und Größenwahn, Vulgärdarwinismus und Biologismus, Sadismus und Masochismus, Antisemitismus, Antichristentum und Antihumanismus, Mythos, Mystik und Magie, Pseudophilosophie und Ideologie verschmolzen zu einem drogenartigen Zaubertrank, der ungeahnt wilde, ungezügelte und unkontrollierbare Kräfte entfesselte. Hitler stellte alle diese Kräfte in den Dienst seiner hochmodernen, wohlorganisierten und technisch perfektionierten Militärmaschine, aber er scheiterte dennoch, da die Evolution der Menschheit sich nicht zurückspulen läßt, und diese Evolution führt nicht vom Geist zur Kraft, sondern von der Energie zur Intelligenz. Hitlers Weltherrschaftsplänen wurde von den Alliierten ein unerwartet schnelles Ende bereitet.

Böses Erwachen

Die Nazipropaganda hatte mit perfekter Rhetorik dem deutschen Volk unter dem Motto: »Deutschland erwache!« ein »höheres Bewußtsein« eingeimpft. Am Ende des Zweiten Weltkriegs mußte es die Folgen mit allen Konsequenzen tragen. Deutschland lag am Boden. Der große Magier, sein Führer, hatte sich der Desillusionierung durch Kopfschuß entzogen, der Brunnenvergifter Goebbels hatte seine Kinder vergiftet, seine Frau und sich selbst erschossen, und der Massenmörder mit dem pseudoreligiösen Pathos und der blütenreinen Spießerweste, Himmler, nahm Zyankali. Reichsmarschall Göring, unter Entzugserscheinungen leidend und völlig apathisch, war derzeit nicht einmal mehr zu Selbstmord fähig.[189]

So endete der Wahn für die Spitze der Machtelite. Hitler hatte sich der Desillusionierung schrittweise entzogen. Schon zu Beginn des Zweiten Weltkriegs, als die unerwartete Kriegserklärung Englands ihn überraschte, saß er minutenlang wie versteinert da und starrte ins Leere, doch die anschließende Kette von Erfolgen machte solche Minuten schnell vergessen. Als das Kriegsglück ihn verließ, wurden die apathisch-lethargischen Zustände länger, in denen er mit seinen glasig blauen Augen vor sich hinstierte, dem Wahnsinn näher als der Wirklichkeit, unterbrochen nur durch seine berüchtigten Tobsuchtsanfälle. Darauf folgten Abschirmung gegen Hiobsbotschaften, krankhaftes Mißtrauen und Verfolgungswahn, Verkriechen unter der Erde in meterdicken Betonbunkern und schließlich der erlösende Knall seiner Pistole, den er womöglich gar nicht mehr hörte.

Wie verlief die Desillusionierung bei dem Gros seiner Elite? Solange Blumenkorsos, Aufmärsche, Siege ohne einen Schuß, dann die schmetternden Siegesfanfaren der Sondermeldungen und eine Flut von hohen und höchsten Orden, neben großzügigen Geschenken, die erfolgsberauschten Günstlinge verwöhnten, schauten sie zu ihrem Führer auf, den sie als Genie, Geschenk der Vorsehung oder größten Feldherrn aller Zeiten vergötterten. Als dieser Glaube proportional zur Häufigkeit und Größe der Niederlagen des größten Feldherrn ins Wanken geriet und sich die Vorsichtigen nach einem Alibi bei den Siegern umsahen, die Desperados sich auf den Untergang vorbereiteten und die Ängstlichen voller Schauder auf das Ende der Verschwörer blickten, erlagen die Zweifler und Zauderer noch einmal dem Charisma ihres Oberschamanen, der nach dem 20. Juli 1944 an ihre »Ehre« appellierte: »Alle, die dazu in der Lage waren, überboten einander, blind und verächtlich vor ihrem Führer kriechend, in Versicherungen ihrer Ergebenheit und Treue. Der Oberbefehlshaber West, Generalfeldmarschall Model, übersandte ihm eine glühende Botschaft solcher Art, setzte außerdem in Rommels altem Oberkommando, der Heeresgruppe B, einen politischen Nazikommissar ein und forderte für sich einen SS-Offizier als persönlichen Adjutanten an.«[190]

Und wo stand der populärste deutsche Generalfeldmarschall des Zweiten Weltkriegs, Erwin Rommel?

Ungefähr in der Mitte zwischen Model und Stauffenberg. Über den Ausgang des Krieges machte er sich seit der Invasion in der Normandie (Juni 1944) keine Illusionen mehr, zu den Verschwörern kann man ihn eigentlich aber auch nicht zählen: »Mochte auch Rommel der Liebling des deutschen Volkes gewesen sein, so war er doch für die Mehrheit der Veteranen der Verschwörung das rote Tuch, nämlich die Verkörperung jenes militärischen kasuistischen Opportunismus, der den Nationalsozialismus bis zu seinem Sturz genährt und gestützt hat.«[191]

Immerhin dürfte Rommel charakterlich noch weit über jenen Kollaborateuren stehen, die schlau genug waren, sich weder mit dem

Regime zu identifizieren noch sich dem Widerstand anzuschließen, sondern nur abzusahnen. Diese verkommene Spezies, die angeblich nur mitmachte, um Schlimmeres zu verhüten, ist vielleicht das übelste Kontagium, das aus der Nazizeit – unversehrt – in die beiden deutschen Staaten überging und weiterwucherte. Jene Spezies bereitete den Siegern, die das Volk in Nazis, Nichtnazis und Antinazis einteilten, einiges Kopfzerbrechen: »Die Nichtnazis waren beinahe schlimmer als die Nazis. Ihr mangelnder Charakter hat uns mehr zu schaffen gemacht als die Willkür und Brutalität der Nazis.«[192]

Der Eindruck, den die »Gossenelite« der Nazis auf die Sieger machte, war noch enttäuschender als der der militärischen Elite. Aus ihrer Trance erwacht, wirkten sie wie Einfaltspinsel oder drittklassige Ganoven: »Die Nazis in Zivil wirkten, im Gegensatz zu den Soldaten, schäbig, niedergeschlagen und total abstoßend. Ohne ihre Krawatten und Gürtel, die man ihnen der Selbstmordgefahr wegen abgenommen hatte, und weitgehend unrasiert hätten sie gut ins tägliche Bild von St. Quentin gepaßt ... Das Hotel Mondorf war das Internierungslager für die höchsten Naziführer. Damals machte man sich gerne einen Spaß mit Code-Namen, und so hatte der Kurort die Bezeichnung Ashcan, ›Ascheneimer‹, bekommen ... Ein britisches Pendant dazu in der Nähe von Frankfurt, das Gefangene aus dem mehr technischen Bereich wie Speer und das angebliche Finanzgenie Horace Hjalmar Greely Schacht beherbergte, wurde Dustbin, ›Mülleimer‹, genannt.«[193]

Nicht nur die Besiegten, auch die Sieger erlebten ihre Ernüchterung. Sogar der Gefangenenaufseher war desillusioniert: »Er hatte aufgrund der riesigen Dimensionen des Krieges immer angenommen, unsere Gegner seien Heroen. Ein paar Wochen später schrieb ich über seine Desillusionierung: ›Wer hätte gedacht, daß wir diesen Krieg gegen einen Haufen Einfaltspinsel führten?‹«[194]

Einfaltspinsel, Gossenelite, Abschaum oder Verbrecher: Wenn es auf deutscher Seite Heroen in diesem Krieg gab, sind sie wohl eher in den Reihen des Volkes als unter den Eliten zu suchen.

Die Frage nach der Verantwortung der deutschen Eliten für den Zweiten Weltkrieg ist – wohl kaum zufällig – erst in jüngster Zeit in Bewegung gekommen. Vielleicht die plausibelste Antwort lautet: »Der Kern der historischen Schuld und des Versagens dieser alten

Eliten bestand in ihrer submessiven Erbötigkeit gegenüber den damals Herrschenden.«[195]

Die deutschen Machteliten haben in den beiden Weltkriegen dieses Jahrhunderts Niederlagen erlitten wie kaum irgendeine andere Machtelite der Geschichte. Sie sind von der Geschichte geradezu abgeschmettert, aber haben sie ihre Illusionen aufgegeben, haben sie dazugelernt? Zwei Beispiele mögen dem Leser die Antwort erleichtern, ein Beispiel aus Militär-, ein anderes aus Industrie- und Juristenkreisen.

Von den zahlreichen Dolchstoßlegenden nach dem Zweiten Weltkrieg verdient die Doppellegende des Generalobersten Franz Halder (1884–1972) besondere Beachtung, der allen Ernstes glauben machen wollte, daß die Generale den Zweiten Weltkrieg hätten verhüten können, wenn Chamberlain nicht eingegriffen hätte, und daß sie diesen Krieg hätten gewinnen können, wenn Hitler nicht die Führung der Wehrmacht übernommen hätte.[196]

Als im Prozeß gegen 24 führende Direktoren und Manager des Konzerns IG Farben die Angeklagten wegen Vorbereitungen eines Angriffskrieges, Raub, Plünderung, Verschwörung gegen andere Völker in Nürnberg vor Gericht standen (1947), bot die Verteidigung ein bezeichnendes Bild: »Die Verteidiger saßen den Anklägern gegenüber, mit Pokerface oder einem eingefrorenen Zynismus in der blasierten Miene, den ich bei keinem Juristen irgendeiner anderen Nation jemals bemerkt habe.« Nicht genug damit, daß diese Herrschaften nicht vor ein deutsches Gericht gestellt, von deutschen Richtern gerichtet wurden – sie brüsteten sich noch ihrer Chance, der gerechten Strafe zu entgehen, und versteckten sich dabei, wie oft andere Machteliten in der deutschen Geschichte, hinter dem breiten Rücken des Volkes: »Es war das historische Glück des deutschen Volkes, daß sich die so heterogen zusammengesetzten Sieger schon im Momente des Sieges zu entzweien begonnen hatten.« Ob das für das deutsche Volk oder für sie ein Glück war, wird sich noch zeigen: »Ausgeburten des Kalten Krieges, Profiteure der Deutschen, Nutznießer der Welt-Spaltung, die Dauer-Zyniker der Geschichte – ewige Gewinner.«[197]

Divide et impera! – Teile und herrsche!: An der Denkweise dieser »Elite« hat sich also auch nach zwei verlorenen Weltkriegen nichts geändert. Schon Präsident Eisenhower (1890–1969) warnte im Hinblick auf die Gesellschaft seines Landes vor dem militärisch-industriellen Komplex. In Deutschland fehlt es an prominenten Warnern dieser Art fast ganz, nicht gerade ein hoffnungsvolles Zeichen für die weitere Entwicklung unseres Landes.

6 Eine letzte Chance?

Als Generaloberst Alfred Jodl (1890–1946) am 7. Mai in Reims die Urkunde über die bedingungslose Kapitulation der deutschen Wehrmacht unterschrieb, weinte er. Hart wie Kruppstahl und von kultischer Verehrung für alles Große besessen, verehrte er – wie Nietzsche – Napoleon. In Hitler, dem er treu und ergeben bis zum bitteren Ende diente, erblickte er ein Genie. Weinte er nun über seinen Irrtum, seine Schande und all die nutzlosen Opfer Hunderttausender junger Menschen, die er in führender Position mitzuverantworten hatte? Wohl kaum! Wie Hindenburg weinte, als er einen Volksvertreter zur Unterschrift der Kapitulation nach Compiègne vorschickte, weinte auch diesmal einer der Hauptschuldigen aus Kummer über das verlorene Spiel, die verlorene »Ehre«, den verlorenen Krieg – aus Selbstmitleid.

Diesmal ließen sich die Alliierten jedoch nicht darauf ein, anstelle der Verantwortlichen einen deutschen Volksvertreter als Unterzeichner zu akzeptieren, der hinterher – wie einst Erzberger – diffamiert und liquidiert werden konnte. Diesmal sollten sich die »Ehrenmänner« nicht hinter dem Rücken des Volkes verstecken können, um ihm dafür mit Hilfe einer Dolchstoßlegende die Ehre abzuschneiden. Diesmal gab es für die Kriegsverbrecher kein Entkommen, und sie konnten auch nicht damit drohen, aus dem Kernland Preußen den Krieg fortzusetzen.

So gewiß die Kriegsverbrecher diesmal keine Chance erhielten davonzukommen, so gewiß erhielt das Volk eine letzte Chance zur Bewährung, denn die Alliierten hatten nicht, wie Hitler und Goebbels ihm einzureden versucht hatten, gegen das deutsche Volk Krieg geführt, sondern gegen den Nationalsozialismus und gegen den preußisch-deutschen Militarismus.

»Es war das Ende. Es gab kein Verhandeln, kein Feilschen. Es gab keine Wiederholung des Novembers 1918, als die deutsche Oberste Heeresleitung die Verantwortung für die Waffenstillstandsbedingungen von sich abzuwälzen vermochte ... Zum ersten Mal in der neueren Geschichte wurden sämtliche Streitkräfte eines Staates, Offiziere, Unteroffiziere und Mannschaften, Kriegsgefangene, und zum ersten Mal in der neueren Geschichte hörte die Ausübung der nationalen Souveränität eines Staates durch seine Bürger auf und wurde vertretungsweise von den Besatzungsmächten unter ihrer Autorität übernommen.«[198]

Wenn auch das Offizierskorps fest entschlossen war, sich weiter zu behaupten, so war doch seine Situation 1945 eine grundverschiedene von der des Jahres 1918. Damals blieb das Offizierskorps rechtlich und faktisch bestehen, diesmal ordnete der Interalliierte Kontrollrat in Potsdam die Auflösung des Generalstabes und des Offizierskorps an, was extreme Mitglieder der »Sozialistischen Reichspartei« (SRP) nicht hinderte, in Nachahmung von Hitlers Verleumdung der »Novemberverbrecher« von »Juliverbrechern« zu reden und damit einer neuen Dolchstoßlegende und der Verbreitung eines Hitler-Mythos Nahrung zu geben.[199]

Hatten die Alliierten eines ihrer Kriegsziele, die Beseitigung des Nationalsozialismus, erreicht, so wurde das andere, die Beseitigung des Militarismus, durch die Spaltung zwischen Ost und West und die dadurch erforderliche Wiederaufrüstung Westdeutschlands in Frage gestellt. Ob die Uneinigkeit der Sieger ein Segen für die Besiegten war, ist eine andere Frage. Die von der Potsdamer Konferenz vorgezeichnete Entwicklung Deutschlands fand mit der Wiederherstellung der deutschen Einheit und dem Vertrag über die Anerkennung der Oder-Neiße-Grenze einen gewissen Abschluß. Daraus ergibt sich für die Themenordnung dieses Kapitels ganz natürlich eine Zweiteilung in die Zeit bis zur Vereinigung und in die Zeit danach. Der erste Teil dieses Kapitels befaßt sich daher vorwiegend mit den Ereignissen und Entwicklungen der letzten 45 Jahre, der zweite Teil mit Zukunftsperspektiven.

Die Konferenz von Potsdam

Die wohl kaum zufällige Wahl Potsdams zum Konferenzort (17. 7. bis 2. 8. 1945) hat, wie die Weimars nach 1918, auch eine symbolische Bedeutung. Hatte der Weg der Geschichte Deutschland nach dem Ersten Weltkrieg von Weimar nach Potsdam (1919–1933) geführt, würde er dann Deutschland nach dem Zweiten Weltkrieg von Potsdam nach Weimar zurückführen? Tatsächlich führte er infolge der Ost-West-Spannungen nicht nach Weimar, der Stadt Goethes und Schillers, zurück, sondern nach Bonn, der Stadt Beethovens, aber das erscheint nicht wesentlich.

Die Potsdamer Konferenz setzte eine Reihe früherer Konferenzen der Kriegsgegner Hitlerdeutschlands fort: Die Atlantikcharta (14. 8. 1941) hält in acht Punkten die an den Vier Freiheiten orientierten Kriegsziele der Alliierten fest. Die Vier Freiheiten lauten: Territoriale Veränderungen sind an das Selbstbestimmungsrecht gebunden; jedes Volk darf frei seine Regierungsform bestimmen; freier und gleicher Zugang zu allen Rohstoffen der Erde; Gewährleistung eines von Furcht und Not freien Lebens durch einen dauerhaften Frieden. Die Atlantikcharta erhielt ihren Namen nach dem Treffpunkt von Roosevelt und Churchill an Bord der Schiffe »Augusta« und »Prince of Wales« im Nordatlantik.

Im Washington-Pakt (1. 1. 1942) kommen 26 Nationen überein, die gegen die Achsenmächte (Deutschland, Italien) Krieg führen, keinen Sonderwaffenstillstand zu schließen. Das war der Anfang der Vereinten Nationen. In der Konferenz von Casablanca (14.–26. 1. 1943) wird zwischen Roosevelt und Churchill die Fortsetzung des Kampfes bis zur bedingungslosen Kapitulation der Gegner beschlossen, in den britisch-amerikanisch-sowjetischen Verhandlungen von Moskau (19.–30. 10. 1943) die Fortsetzung des Kampfes bis zum gemeinsamen Sieg, ferner die Anklageerhebung gegen deutsche Kriegsverbrecher. Die Hoffnungen deutscher Widerstandskreise, die Alliierten zu spalten, erfüllen sich nicht. Die Teheran-Konferenz (28.11.–1. 12. 1943), auf der sich Roosevelt und Churchill zum ersten Mal mit Stalin treffen, regelt die Zusammenarbeit nach dem Krieg, legt die polnischen Grenzen fest und die Zonengrenzen zwischen Ost und West. Auf der Dumbarton-Oaks-Konferenz (21.8.–7. 10. 1944, Washington, D.C.) wird, unter Beteiligung Chinas, die Ersetzung des Völkerbundes durch die Vereinten Nationen in Aussicht genommen. Den Morgenthau-Plan, der im September vorgelegt wird und nach dem Deutschland zerteilt und auf einen Agrarstaat reduziert werden sollte, zieht Roosevelt nach seiner Unterschrift jedoch wieder zurück. Die Konferenz von Jalta (4.–11. 2. 1945) auf der Krim zwischen Stalin, Roosevelt und Churchill behandelt schließlich, neben militärischen Fragen, die Aufteilung Deutschlands in Besatzungszonen unter Beteiligung Frankreichs, Reparationsforderungen und die Vorbereitungen für die Gründung der Vereinten Nationen, die dann, auf der Konferenz von San Francisco (25. 4. 1945) gegründet werden. Am 26. Juni 1945 unterschreiben 50 Nationen die Charta der UN. Die erste Vollversammlung findet vom 23. Oktober bis 16. Dezember 1946 statt.

Anhand der Themenkataloge der Konferenzen läßt sich die Entwicklung von der Kriegszieldiskussion zur Erörterung der Friedensordnung Schritt für Schritt verfolgen. Sie straft die Nazipropaganda Lügen, die immer wieder behauptet hatte, die Alliierten seien sich nur darin einig, Deutschland zu vernichten und das deutsche Volk zu versklaven. Die Konferenz von Potsdam weist in einer Grundsatzerklärung jede derartige Unterstellung zurück und fordert die Neugründung des politischen Lebens auf demokratischer Grundlage, womit sie ein Kriegsziel der USA vom Ersten Weltkrieg wieder aufnimmt. Die vier Oberbefehlshaber der Siegermächte (USA, Großbritannien, Sowjetrußland, Frankreich) sollen gemeinsam die oberste Staatsgewalt ausüben. Deutsche zentrale Verwaltungsabteilungen sollen unter der Leitung des Alliierten Kontrollrats (errichtet am 30. 8. 1945) staatliche Aufgaben, wie Transport, Verkehr, Industrie und Finanzen, übernehmen. Die deutsche Wirtschaft wird dezentralisiert, die Gebiete des ehemaligen Deutschen Reiches östlich der Oder und der Görlitzer Neiße fallen unter sowjetische bzw. polnische Verwaltung. Deutschland wird entnazifiziert und entmilitarisiert. Die Kriegsverbrecher sind von einem internationalen Militärtribunal zu ermitteln und zur Verantwortung zu ziehen.

Mit letzterer Bestimmung wollten die Alliierten keine »Siegerjustiz« praktizieren, sondern suchten aufgrund ihrer Erfahrungen nach dem Ersten Weltkrieg, als die Maßnahmen gegen die Kriegsverbrecher deutscherseits erfolgreich sabotiert worden waren, ähnlichen Entwicklungen von vornherein einen Riegel vorzuschieben.

Der Nürnberger Prozeß begann im November 1945 gegen 24 Hauptkriegsverbrecher (Stalin wollte 50 000 Naziführer und deren Handlanger kurzerhand erschießen lassen, was eher Siegerjustiz gewesen wäre), denen Vertragsbrüche, Verbrechen gegen die Kriegsführung (beispielsweise Befehle, keine Gefangenen zu machen) und Massenmord (etwa in den Konzentrationslagern) nachzuweisen waren. Der Hauptprozeß wurde am 30. September und am 1. Oktober 1946 mit einem Urteil abgeschlossen, das zwölf Todesstrafen, zwei lebenslange und fünf befristete Haftstrafen sowie drei Freisprüche enthielt. Dem Hauptprozeß folgten weitere Prozesse, unter anderem der bereits erwähnte IG-Farben-Prozeß (Urteil vom 29./30. 7. 1948) und der Wilhelmstraßen-Prozeß (Urteil vom 11.–14. 4. 1949) gegen führende Mitglieder des Auswärtigen Amtes. Kriegsverbrechen sind nicht Gegenstand subjektiver Willkür der Siegermächte, sondern unterliegen teils nationalem, teils internationalem Strafrecht. Die Prozesse führten in den Genfer Vereinbarungen von 1949 zu einer wichtigen Weiterentwicklung der Kodifizierung der Straftaten von Kriegsverbrechern, schlossen Fehler, die nach dem Ersten Weltkrieg gemacht wurden, aus und setzten ein hoffentlich heilsames Zeichen für künftige Verbrechen dieser Art. Die Vorwürfe, die vor allem von Nationalisten, Militaristen und unbelehrbaren Nazis gegen die Verurteilung von Kriegsverbrechern erhoben worden sind, zeugen eher vom Tiefstand des Rechtsbewußtseins in diesen Kreisen als von kritischem Urteilsvermögen. Der einzige Vorwurf, den man tatsächlich gegen viele dieser Urteile erheben könnte, ist, daß sie kaum in einem angemessenen Verhältnis zur Schwere der begangenen Verbrechen stehen. Viele Ansätze zu einem neuen Denken und Hoffnungen auf eine bessere Zukunft fielen allerdings den zunehmenden Spannungen zwischen Ost und West und dem folgenden Kalten Krieg zum Opfer, der über vierzig Jahre die ganze Menschheit in Atem halten sollte.

Geteiltes Deutschland

Am 17. Juni 1954 wurde in der Bundesrepublik Deutschland eine überparteiliche Vereinigung zur Förderung der Wiedervereinigung Deutschlands gegründet. Diesem löblichen Ziel diente ein Kuratorium auf Bundesebene, dem Landes-, Kreis- und Ortskuratorien nachgeordnet waren und denen prominente Vertreter aus Politik und Wirtschaft angehörten, wenn auch der Titel des Vereins, »Unteilbares Deutschland«, nicht allzu großen Wirklichkeitssinn verrät und eher einer Beschwörungsformel als einer Information gleicht.

In seiner Abschiedsadresse an das Offizierskorps hatte Großadmiral Dönitz in seiner Eigenschaft als Nachfolger Hitlers gegen Ende des Zweiten Weltkrieges die Einheit als wichtigstes Vermächtnis des Nationalsozialismus beschworen: »Wir sind tausend Jahre unserer Geschichte zurückgeworfen worden . . . Das Wichtigste ist, daß wir über das größte Gut, das uns vom Nationalsozialismus gegeben worden ist, eifersüchtig wachen: unsere Einigkeit. Trotz dem gegenwärtigen Zusammenbruch ist unser Volk nicht das Deutschland von 1918. Es ist nicht in sich gespalten. Ob wir nun eine andere Form von Nationalsozialismus schaffen oder ob wir uns der uns vom Feind auferlegten Lebensform anpassen wollen, in jedem Fall müssen wir dafür sorgen, daß die uns vom Nationalsozialismus geschenkte Einheit unter allen Umständen erhalten bleibe.«[200]

Kein Wort darüber, daß die »vom Feind auferlegte Lebensform«, an die man sich vielleicht anpassen wird, eine freiheitliche, demokratische ist! Die »vom Nationalsozialismus geschenkte Einheit« ist für Dönitz jedenfalls wichtiger als das Geschenk der Freiheit, das der Westen in Form seiner demokratischen Lebensform vermittelt. Die Botschaft lautet: Einheit ist wichtiger als Freiheit, denn Einheit macht stark. Das Kuratorium »Unteilbares Deutschland« hat dieser Priorität Rechnung getragen. Vergleichbare Bemühungen um eine freiheitlichere Lebensform fehlen. In der Bundesrepublik wurde die Freiheit nicht erkämpft und Zug um Zug in gesellschaftliche Wirklichkeit umgesetzt, sondern blieb als zweifelhaftes Geschenk der ehemaligen »Feinde« zwar ein Gegenstand möglicher Anpassung, aber nicht etwas, um das man sich besonders bemühen muß, wie um die Einheit. Die Freiheit blieb, und das ist für das Schicksal der Bundesrepublik wie nunmehr des vereinten Deutschlands von grundlegender Bedeutung, zweitrangig. Dönitz liebäugelte sogar mit einer neuen Form des Nationalsozialismus, also einer anderen Art Zwangsherrschaft, anstelle von freiheitlicher Demokratie. Auch in dieser Konzeption erscheinen Einheit, Ordnung, Stärke und Macht wichtiger als Freiheit, Demokratie und Menschenrechte. Hier wurden Weichen gestellt, an denen möglicherweise Deutschland im 21. Jahrhundert wieder scheitern wird: die Vernachlässigung der Freiheit zugunsten der Einheit, die Unterordnung von Geist unter Besitz, von Recht unter Macht. Umgekehrt: Die einzige und wirklich letzte Chance für Deutschland ist die Herstellung des ursprünglichen, natürlichen wie gesellschaftlichen Vorranges der Freiheit vor der Einheit. In dieser Hinsicht, in der Höherbewertung von Freiheit gegenüber der Einheit, hat Deutschland einen ungeheuren Nachholbedarf. Der Stellenwert, den die Freiheit in der Politik der Bundesrepublik und in der künftigen Politik Deutschlands hat, kann als Indikator für den Erfolg oder den Mißerfolg der Demokratie in Deutschland angesehen werden.

Entnazifizierung, Entmilitarisierung

Als Hannah Arendt (1906–75), eine jüdische Philosophin und Schülerin Heideggers, nach dem Zweiten Weltkrieg ihre Heimat besuchte, war sie von der Haltung ihres hochverehrten Lehrers schwer enttäuscht, weniger wegen dessen Flirt mit den Nazis in den dreißiger Jahren als wegen seines beharrlichen Schweigens zum Holocaust: kein Wort darüber, kein Zeichen der Reue, nicht einmal eine Geste des Bedauerns. Heidegger, der noch heute in gewissen Kreisen als der größte deutsche Philosoph des 20. Jahrhunderts gefeiert wird, brachte es nicht fertig, seinen Irrtum zuzugeben. Anstatt daraus den Schluß zu ziehen, daß der Herold der »Eigentlichkeit« eigentlich kein

Philosoph sein kann, neigen seine Geistesverwandten dazu, ihn in einer Art Trotzreaktion nun erst recht für den »Größten« zu halten.

Wen wundert es, wenn Kritiker im In- und Ausland aus dem verstockten Verhalten prominenter Deutscher auf das Volk zurückschließen und das deutsche Volk insgesamt für unbelehrbar, unverbesserlich, unheilbar und verstockt halten? Aber das trifft nicht zu und zeigt nur, wie sehr eine differenziertere Sicht der Probleme erforderlich ist.

So wahr es bei den Geschwistern Scholl und den Brüdern Bonhoeffer echten, moralisch fundierten Widerstand gegen das NS-Regime gab, so wahr gab und gibt es im deutschen Volk echte Reue und echtes Schuldbewußtsein. Das Stuttgarter Schuldbekenntnis kurz nach dem Zweiten Weltkrieg und das Verhalten vieler Namenloser zeugen davon, nur daß in Deutschland vorwiegend die Schuld und Reue empfinden, die am wenigsten Schuld auf sich geladen haben, während die eigentlich Schuldigen keine Spur von Reue zeigen, eher Frivolität und Zynismus, und schon längst wieder, mit Hilfe von Beziehungen, Protektion, Partei- oder Kirchenzugehörigkeit, auf den Rolltreppen des unverdienten Erfolgs und der Bilderbuchkarrieren in die Schlüsselpositionen der Macht aufgerückt sind, nachdem sie vor ihrem Aufstieg ihre Vergangenheit erfolgreich verschleierten und nach ihrem Aufstieg sich hinter ihrem Amt ebenso erfolgreich versteckten, während sie die altbekannte Litanei hoher und höchster »Werte«, der Pflicht, der Verantwortung und des Dienstes am Volk, herunterbeteten. Weniger gefährlich als die unbelehrbaren Karrieristen, wenn auch nicht weniger unangenehm, erscheinen die Schmeichler und Pharisäer, wie sie Sefton Delmer, zu Unrecht als »Deutschenhasser« diffamiert, in seinen zwar teilweise verallgemeinernden, teilweise aber auch konkret-präzisen Beobachtungen beschreibt, zum Beispiel während seiner Fahrt im Rheingold-Expreß bei einer Paßkontrolle durch die bundesdeutsche Grenzpolizei. Als der Polizist den »berühmten Zeitungsreporter« erkannte, rief er: »›Herr Sefton Delmer, ich habe mir schon immer gewünscht, Sie einmal kennenzulernen! . . . Sie haben in einem Artikel geschrieben, Sie würden gern mal einen einzigen Deutschen treffen, der kein Militarist ist. Bitte sehr, ich bin Ihr Mann!‹, und er bestand darauf, mir die Hand zu schütteln und mir eine endlose Geschichte über seinen Widerstand gegen Hitler und den deutschen Militarismus zu erzählen und von den Schwierigkeiten mit einem ehemaligen Amtswalter der NSDAP zu berichten, der jetzt sein unmittelbarer Vorgesetzter bei der westdeutschen Paßkontrolle war. Er war sehr enttäuscht, als ich ihm erklärte, ich hätte nie etwas so Törichtes gesagt oder geschrieben wie die Bemerkung, die er mir unterschob, und ich wüßte, daß Millionen Deutsche sich der Herrschaft der Militaristen und Supernationalisten ebenso leidenschaftlich widersetzten wie er.«[201]

Der Typ, der immer schon gegen Hitler war, sich nachträglich seiner edlen Gesinnung brüstet und wohl auch genügend Leute findet, die ihm das glauben, ist aus dem deutschen Nachkriegsszenarium nicht wegzudenken. Delmer hat, und das zeugt von seinem kritischen Urteil und seiner Fähigkeit zur Selbstkritik, nie die Mängel der Entnazifizierungspraxis geleugnet, die schematische Einteilung in die fünf Klassen der Hauptschuldigen, Belasteten, Minderbelasteten, Mitläufer und Entlasteten, die härtere Bestrafung derer, die der NSDAP beitraten, als Hitlers verbrecherische Absichten noch nicht von allen durchschaut waren als derjenigen, denen das nichts ausmachte und die danach aus Karrieregründen in die Partei eintraten. Delmer erkannte auch, daß viel wichtiger als die Bekehrung der Deutschen zur Demokratie eine Reform des deutschen Rechtswesens gewesen wäre, derzufolge der Richter weniger Inquisitor als unvoreingenommener Rechtsfinder sein müßte. In dem Kapitel »Mea culpa« bezichtigt sich Delmer selbst zu schneller Resignation gegenüber den restaurativen Kräften nach der Proklamation der vollen Souveränität der Bundesrepublik (5. 5. 1955): »Wenn ich geblieben wäre, so wäre es ein harter Kampf gegen die große Restauration gewesen, die sich mit Deutschlands Wiedererlangung seiner Souveränität und seiner Wiederbewaffnung als Mitglied der westlichen Allianz entwickelte. Es wäre wahrscheinlich ein hoffnungsloser Versuch geworden, sich dieser Flut entgegenzustemmen. Trotzdem habe ich heute das Gefühl, daß ich mich damals mehr hätte anstrengen sollen, als ich es getan habe.«[202] Viele Deutsche fühlen und fühlten ähnlich.

Ob die Remilitarisierung nach der Entmilitarisierung für die Entwicklung von Recht, Freiheit und Demokratie in Deutschland förderlich war, ist noch lange nicht entschieden, wenn auch die pauschale Verurteilung der Wiederaufrüstung der verwickelten Problemsituation kaum gerecht werden dürfte: »Die Geschichte der Wiederaufrüstung der Bundesrepublik ist . . . eine Geschichte des bewußten Herrschaftsbetruges von Bevölkerung und Parlament.«[203]

Auch hier ist eine differenziertere Sicht nötig. Die Aufrüster haben die prinzipielle Berechtigung der Argumente der Friedensbewegung verkannt, ignoriert und diskreditiert, die Pazifisten verkannten die reale Situation und erlagen teilweise einem Nachholbedarf an Zivilcourage, den sie in einem freiheitlichen Rechtsstaat – anders als die Geschwister Scholl – leicht befriedigen konnten. Was die Pazifisten bis heute noch nicht gelernt zu haben scheinen, ist, daß Freiheit nicht selbstverständlich ist, sondern notfalls verteidigt werden muß. Wenn Eduard Schewardnadse allerdings mit seiner These: »Die Zukunft gehört der Freiheit«[204] recht behält, erübrigt sich die Remilitarisierung, und es ist nicht einzusehen, warum Deutschland, nicht zuletzt dank seiner Vergangenheit, hier nicht vorangehen sollte. Ob die Remilitarisierung nach dem Zweiten Weltkrieg Deutschland mehr genutzt als geschadet hat, bleibe dahingestellt. Während der Versailler Vertrag nach dem Ersten Weltkrieg Deutschland ein Heer von hunderttausend Mann zugestand, entstand nach dem Zweiten Weltkrieg in Deutschland mit Billigung der Alliierten ein schlagkräftiges Heer von fünfhunderttausend Mann, die stärkste Armee in Europa. Die Anwesenheit alliierter Truppen auf deutschem Boden verhinderte zwar den Mißbrauch dieser Militärmacht, was aber nach dem völligen Abzug der alliierten Streitkräfte geschehen wird, weiß heute noch niemand. Mit den Ergebnissen der Reedukation selbst nicht zufrieden, übertrugen die Alliierten die Revision der Urteile der Entnazifizierungsgerichte deutschen Gerichten.

»Und jetzt gab es in Deutschland auf einmal keine Hauptschuldigen mehr. Sie wurden samt und sonders zu einfachen Mitläufern. Die Deutschen machten ihre Witze über die neuen Gerichtshöfe. Man nannte sie ›Persil-Gerichte‹, weil sie sich so erfolgreich bemühten, die Braunhemden weiß zu waschen . . . Der Grundgedanke, den wirklich Schuldigen den Rückweg zu Macht und Einfluß zu verbauen, wurde dadurch in Mißkredit gebracht. Sie würden nun wieder ans Ruder kommen, und das neue, nach-hitlersche Deutschland würde unter äußerlich neuen Formen die alten Ideen und das alte System beibehalten, genau wie das Hitlerreich eine Fortsetzung des Kaiserreichs gewesen war.«[205]

Ob Delmer recht behält, läßt sich erst sagen, wenn deutlich wird, wohin das wiedervereinigte Deutschland seinen Weg nimmt.

Aber auch in den letzten Jahrzehnten waren es die reuelosen Schuldigen, die am lautstärksten die alliierten Maßnahmen zur »Reedukation« kritisierten. Daß sie das konnten, verdanken sie eben jener Freiheit, die sie zwar voll nutzen, im Grunde aber hassen. Was hätten jene Leute getan, wenn Hitler den Krieg gewonnen hätte? Ein angemessenes Urteil über die Haltung der Alliierten gegenüber den Deutschen läßt sich erst gewinnen, wenn man diese Haltung mit dem vergleicht, was Hitler und seine Satrapen nach ihrem »Endsieg« geplant hatten. Dabei handelt es sich nicht um Tischbemerkungen Hitlers, sondern um von zahlreichen Experten bis ins letzte Detail ausgearbeitete Weltherrschaftspläne. Nach der Eroberung Europas, vor allem der Unterwerfung Großbritanniens, waren als »Endgegner« die Vereinigten Staaten von Amerika vorgesehen. Langstreckenbomber zum Angriff auf Amerika und eine Armada, dergegenüber die kaiserliche Kriegsmarine als Spielzeugflotte erscheint, sollten Amerika besiegen und die Arierherrschaft über den ganzen Erdball ausdehnen, denn Afrika und der Rest der Welt wären dann kein Problem mehr gewesen. Eine superdimensionale Architektur sollte der ganzen Welt die Macht Großdeutschlands demonstrieren: höhere Wolkenkratzer, längere Brücken und größere Sportstadien als in den USA! Hitlers Megalomanie zeigte sich besonders deutlich in seiner architektonischen Gigantomanie. Da solche Vorhaben mit nationalen Mitteln an Menschen und Material nicht auszuführen gewesen wären, setzte man weltweit auf Raub, Eroberung, Ausplünderung und Heere von Arbeitssklaven, die alles übertreffen sollten, was zur Errichtung orientalischer Prunkbauten, einschließlich der Pyramiden, je rekrutiert worden war. Monumentalbauten vom siebzehnfachen Volumen der Peterskirche waren projektiert und sollten das großgermanische Weltreich über alles Dagewesene erheben. Adler rund um den Erdball, Hakenkreuze, wohin das Auge blickt, und Führerbilder in den entlegensten Weltgegenden hätten vermutlich den Glanz des Tausendjährigen Reiches erhöht.

Der Generalplan Ost (GPO), das Vernichtungsprogramm für Osteuropa und die Sowjetunion, sah den Holocaust für große Teile der slawischen Bevölkerung vor. Neue Wortschöpfungen wie: Deutschwerdung, Wiedereindeutschung, Rückdeutschung, rassische Aussiebung, Umvolkung lassen die Kreativität der Weltumschöpfungsplaner erkennen. Medizinische Experimente an Menschen, wie sie in den Konzentrationslagern bereits erfolgt waren, wurden am unerschöpflichen »Menschenmaterial« der Ostvölker vorgesehen. »Der Grundgedanke war die Kopplung zwischen Sklavenarbeit und langfristiger Vernichtung . . . All diese Pläne bestätigen, daß die Endsieger, noch als die Gaskammern und Krematorien auf Hochtouren liefen, ja, die Skizzen zu ihrer Intensivierung und Erweiterung vorlagen, schon die Zeit nach dem Kriege im Auge hatten.«[206]

Wer nach Kenntnis dieser Pläne – Wahnsinnsorgien einer krankhaften, bestialischen Phantasie – den Sieg der Alliierten beklagt und ihre Neuordnung, die Deutschland die längste Friedensperiode seiner Geschichte und der ehemaligen BRD ein nie gekanntes Maß an Freiheit und Wohlstand bescherte, zugunsten einer Neuauflage Hitlerscher Weltordnung in Frage stellt, zeigt damit nicht nur ein unerhörtes Maß an Verblendung, sondern auch einen unübertrefflichen Grad an »Innenwelt-Verschmutzung«.[207]

Bundesrepublik Deutschland: Das Geschenk der Demokratie

Die schon vom Reichsfreiherrn vom und zum Stein geforderte Demokratisierung Preußens nach westlichem Vorbild (vgl. S. 231) und die auf dem Hambacher Fest (1832) von süddeutschen Liberalen erhobene Forderung nach mehr Freiheit blieben Wunschträume. Sie wurden von den repressiven Kräften der Restauration, Reaktion und zuletzt von Hitlers Regression zunichte gemacht. Die von Hindenburg und Ludendorff angesichts der Niederlage von 1918 zugestandenen Verfassungsreformen und die Einführung einer parlamentarischen Demokratie gingen mit der Weimarer Republik unter. Den verschiedenen Widerstandsgruppen gegen Hitler schwebte alles andere vor als eine Demokratie nach westlichem Muster, und Dönitz erwog als Alternative zur Anpassung an die demokratische Regierungs- und Lebensform eine neue Form des Nationalsozialismus. Die Einführung der Demokratie in Westdeutschland nach dem Untergang des Dritten Reiches war nicht das Ergebnis eines Kampfes, einer Revolution und eigener Initiative, sondern alliierter Pläne und Maßnahmen: »Sowohl die wirtschaftlichen als auch später die politischen Pläne für Westdeutschland beruhten ursprünglich auf alliierten Vorschlägen . . . Die Liberalisierung der Presse und die Schaffung eines von direkter Regierungskontrolle unabhängigen Rundfunksystems kam auf Betreiben der Alliierten und zum Entsetzen auch vieler demokratischer Politiker zustande. Überhaupt war die konstitutionelle Begründung der Bundesrepublik am Anfang eine Folge von Forderungen, Plänen und dem Druck der Alliierten.«[208]

Das deutsche Volk hat die von ihm seit Jahrhunderten ersehnte, aber ihm immer wieder vorenthaltene oder geraubte Regierungsform auch dieses Mal nicht aus eigener Kraft errungen, sondern als Geschenk erhalten, von freien Völkern, die Tausende ihrer Söhne opferten, um der Zwangsherrschaft Hitlerdeutschlands ein Ende zu bereiten. Wenn das deutsche Volk seinen Platz in der Welt der freien Völker behaupten will, muß es sich immer wieder fragen, wie es mit diesem Geschenk umging, was es aus ihm machte und ob es seiner würdig war. Das ist der Maßstab, an der die deutsche Demokratie nach 1945 zu messen ist, nicht am Maß ihrer ökonomischen Effizienz, am Wirtschaftswachstum oder am Bruttosozialprodukt.

Das erste Mal in der deutschen Geschichte ist das Volk selbst, nicht irgendein Autokrat oder eine Machtelite, dafür verantwortlich, was aus seiner Demokratie wird. Diese Feststellung ist um so bedeutsamer, als bereits wieder – ausgerechnet aus Hohenzollernkreisen – die Rede von einer *Parlamentarischen Monarchie* ist.

Im Rückblick auf die Kriegsziele der Alliierten stellen sich somit die Fragen: Sah man deutscherseits die Wiederaufrüstung primär als notwendiges Übel zur Verteidigung der Freiheit an oder als willkommenen Machtzuwachs?

»Die deutsche Regierung nutzte den Kalten Krieg als günstige Gelegenheit, die Armee wiederaufzubauen . . . Außerdem hatte die Armee bei den Deutschen traditionell eine wesentliche Rolle für die nationale Selbstachtung gespielt.«[209]

Nutzte man die Chance der Entnazifizierung, oder verspielte man sie? Wie die Rede von den »Persil-Gerichten« schon zeigt, verspielte man sie. Im Hinblick auf die eigenen Opfer der Alliierten im Zweiten Weltkrieg, wovon deutscherseits selten oder nie etwas zu hören ist, haben die Alliierten ein moralisches Anrecht, einen berechtigten Anspruch und ein vitales Interesse daran, ob die Demokratie, für die sie kämpften, in Deutschland wieder in falsche Hände gerät, ob sie erneut verspielt wird und ob man angemessenen Gebrauch von ihr macht.

Betrachtet man die Geschichte Westdeutschlands nach 1945 unter diesen Aspekten und mit solchen Kriterien, erscheint sie nicht ganz so positiv, wie prominente Unter-den-Teppich-Kehrer und Persil-Wäscher es beharrlich behaupten. Positiv ist in jedem Fall die Überwindung des Nationalsozialismus, aber diesem war aufgrund der geschichtlichen Konstellation ohnehin in der deutschen Geschichte nur eine kurze Frist vergönnt, also ist dies weniger ein Verdienst als eine Notwendigkeit. Positiv ist ferner, im Gegensatz zur Weimarer Zeit, das weitgehende Fehlen von Revisionismus und Revanchismus, aber auch hier ist eine Einschränkung zu machen. Gemeint sind die Unbelehrbaren und die nicht geringe Anzahl der Grenzveränderer, die Deutschland unbedingt in den Grenzen von 1937 wiederherstellen wollten (und wollen). Positiv ist schließlich die Haltung des Volkes, das die Demokratie nach wie vor als die ihm angemessene Regierungsform anerkennt und zu ihr steht. Ob der Eindruck einer stabilen und wetterfesten Staats- und Lebensform allerdings auch in Krisenzeiten andauert, bleibt abzuwarten. Also doch: Wenn keine Treibhaus-, so doch eine Schönwetterdemokratie?

»Man darf daher mit guten Gründen bezweifeln, ob bei der Übernahme westlicher Demokratievorstellungen auch die gedanklichen Grundlagen, lebendigen Traditionen und etablierten Verhaltensweisen des Westens bei uns wirklich heimisch gemacht und dauerhaft verwurzelt wurden.«[210]

Solange amerikanische Steuerzahler für die Sicherheit Westdeutschlands beträchtliche Lasten aufbrachten, konnten hier Wirtschaft und Wohlstand florieren, was aber, wenn Deutschland allein für seine Sicherheit aufkommen muß?

Aus der ersten Wirtschaftskrise (1950–52) retteten die Bundesrepublik politische Erfolge: Montanunion (1951) und Pariser Verträge (1952). Mit der mehr unbewußt fortschreitenden Amerikanisierung der deutschen Gesellschaft wuchs ihr Selbstbewußtsein. Während die erlangte Souveränität (1955) und der Vertrag von Rom (1957) sowie die Berlinkrise (1958/59) diese Entwicklung und die Westbindung verstärkten, wirkten amerikanisch-französische Spannungen negativ auf die Demokratie in Deutschland zurück. Die große Koalition von CDU und SPD läutete 1966 endgültig das Ende der Ära Adenauer ein. Die Opposition verlagerte sich auf die Straße (Außerparlamentarische Opposition, APO). Mit der zweiten größeren Wirtschaftskrise (1967) nahmen – wie in Weimar – der politische Radikalismus und Extremismus zu, woraus sich der Terrorismus als Dauerbelastung der deutschen Demokratie entwickelte. Der Terrorismus war kein unabwendbares Verhängnis, das über die deutsche Demokratie hereinbrach, sondern primär eine Folge unterlassener Selbstkritik, verdrängter Vergangenheit und Schönfärberei in der Gegenwart. Die Schuld der Terroristen lag in der Gewaltanwendung, wodurch sie das von ihnen nicht völlig zu Unrecht kritisierte System eher stabilisierten als ins Wanken brachten. Ihr Fehler war die marxistische Grundorientierung, die sich als ideologischer Mißgriff erwies. Ein anderer Fehler lag darin, daß sie, erklärte Antifaschisten, vor faschistischen Methoden nicht zurückschreckten und sich damit selbst den Vorwurf des Linksfaschismus zuzogen. Den Terroristen ist es – bis jetzt – zwar nicht gelungen, die Demokratie in der Bundesrepublik ernsthaft zu gefährden, aber sie haben eine Verfestigung der Verdrängungsmechanismen bewirkt und damit einen *circulus vitiosus* der Eskalation und Gewalt in Gang gesetzt. Der Fehler der ehemaligen Bundesrepublik liegt bei den Politikern, die sich aus den verschiedensten Gründen gegen eine echte Bewältigung der deutschen Vergangenheit sträuben: Angst vor der Wahrheit, Angst vor der Freiheit, Angst vor dem immer wieder verschobenen gesellschaftlichen Wandel, eine krankhafte Aversion gegen einschneidende Selbstkritik. Statt auf die Argumente der Terroristen einzugehen, hat man sich auf die unangreifbare Position des Legalismus und der überlegenen Gewalt zurückgezogen. Allenfalls will man Terroristen bekehren, sie amnestieren, aber nicht ihr Anliegen analysieren, denn dann müßte man sich selbst analysieren. Anstelle von Lehrstühlen für nonkonformistische Philosophie

– eine natürliche Gegnerin der Ideologien – sind Gefängnisse mit Hochsicherheitstrakten eingerichtet. Zweifellos die kostspieligere Art der Auseinandersetzung.

»Bis in die Gegenwart dient die relativ hohe ökonomische Leistungsfähigkeit der Bundesrepublik als ein Mittel, um die Notwendigkeit, den schweren nicht-wirtschaftlichen Problemen eines westdeutschen Volkes ins Auge zu sehen, immer wieder aus dem öffentlichen Bewußtsein der Nation zu verdrängen ... Daß die Führungsschichten Deutschlands sich keiner solchen Selbstprüfung aussetzten, daß sie vorgaben, es bleibe alles beim alten, um damit auch sich selbst das Verständnis für die neuen Probleme, die die Entstehung eines westdeutschen Staates aufwarf, verstellten, hat entscheidend zu den Schwierigkeiten dieser neuen Gesellschaft beigetragen.«[211]

Die von Karl Jaspers gestellte Frage, wohin die Bundesrepublik treibt,[212] erweist sich nach wie vor als aktuell. Die Kreise, die Heidegger Jaspers vorziehen, den Obskurantismus der Erhellung, sind ebenfalls die gleichen geblieben. Auf dem Hintergrund einer verhängnisvollen Kontinuität der Machtorientierung taumelt die deutsche Gesellschaft von einem Extrem ins andere: von der Machtversessenheit zur Machtvergessenheit, vom Mangel an Zivilcourage zum Nachholbedarf an verkehrter Stelle, vom Räuberdasein zum Softydasein, vom Idealismus zum Materialismus, von Demokratiefeindlichkeit zum Demokratismus, vom Antiliberalismus zum Libertinismus, von der Innerlichkeit zur Äußerlichkeit, vom Militarismus zum Ultrapazifismus, vom Nationalismus und Patriotismus zu Selbstverleugnung und Selbststigmatisation, von extremer Selbstliebe zu selbstzerstörerischem Selbsthaß. Das entspricht der in der Geschichte nicht zum ersten Mal zu beobachtenden Haltlosigkeit der deutschen Machteliten in ihrem bizarren Wechsel von Selbstsucht und Selbstverlust, Selbstgewißheit und Identitätsschwund. Keine Machtelite und schließlich auch kein Volk schlüpft ungestraft von einer Maske, einer Rolle schnell und oft in eine andere, kein Mensch verspielt seine Identität ohne folgenschwere Identitätskrise, keine Politik ahmt ohne verhängnisvolle Nachwirkungen fremde Muster kritiklos nach, wie die mittelalterlichen Herrscher römische Caesaren, neuzeitliche Fürsten den Sonnenkönig, die deutsche Machtelite den Nationalismus der anderen und das deutsche Volk die Gewohnheiten – allzuoft die schlechten – anderer Völker. Muß man noch an den im Nachkriegsdeutschland nur zu verständlichen Amerikanismus erinnern, dem ein böser Antiamerikanismus folgte? Wen schaudert nicht vor der primitiven Gier, die sich in der Freßwelle ausdrückte, die von einer nicht weniger primitiven Sexwelle abgelöst wurde, um dann in die Auto- und Reisewelle überzugehen? Hierher gehören auch die Gier nach Goldmedaillen im Sport, nach der »Weltmeisterschaft« im Fußball, das Protzen mit dem Wirtschaftswunder, der Konsumzwang, die Leistungsbesessenheit und der illusionäre Drang zur Selbstbestätigung.

Nach alldem erscheint die Frage – Wo steht die Bundesrepublik wirklich? – aktueller denn je.

Die Ära Adenauer gab Westdeutschland einen festen Halt und eine zuverlässige Orientierung, die in der konsistenten Konzeption eines großen Staatsmannes wurzelte. Man sollte den Ausdruck: »Kanzler der Alliierten« weniger als Schmähung denn als Ehrentitel betrachten, denn solange Deutschland dieser Spur folgte, ging es bergauf. Die Nachfolger Adenauers zeigten hingegen nicht die gleiche Konsistenz des Denkens und Wollens. Bundeskanzler Erhard setzte bereits als Initiator des Wirtschaftswunders – ohne Zweifel eine große Leistung – einen einseitig ökonomischen Akzent. Als Atlantiker mußte er gegen starke Kräfte der eigenen Partei kämpfen, die ein schlechtes französisches Beispiel nachahmen wollten. Der Geist der Spaltung nagte an Adenauers Konzeption, der auf den Sieg der Freiheit vertraute, auf die USA setzte (Achse Washington–Bonn), um so die deutsche Einheit in Frieden und Freiheit zu erreichen. Adenauers Weg war, wie sich jetzt herausgestellt hat, richtig, aber Profilierungssucht, Mißtrauen und Engstirnigkeit, auch in der eigenen Partei, erodierten das anfangs mustergültige Verhältnis zwischen der Bundesrepublik und den Vereinigten Staaten.

Bundeskanzler Brandt, der die Westorientierung durch eine Ostorientierung zu ergänzen suchte, stieß aber schon an die Grenzen deutscher Möglichkeiten, denn er war kein Bismarck. Unter seinem Nachfolger drohte das wohlgemeinte Sowohl-als-Auch in ein Weder-Noch umzuschlagen, denn Bundeskanzler Schmidt eignete sich noch weniger als sein Vorgänger zur blockübergreifenden Integrationsfigur. Seine Animosität gegen Präsident Carter führte zu einer merklichen Verschlechterung der amerikanisch-deutschen Beziehungen: »Präsident Carter hielt Schmidt für den bei weitem irritierendsten und arrogantesten europäischen Politiker.«[213]

Daß die ideologisch voreingenommene Intelligenzia für Schmidt Partei ergriff und den Antiamerikanismus anheizte, verschlimmerte die Lage nur noch mehr. Dabei hatten Schmidt und seine Anhänger einige wesentliche Unterschiede zwischen amerikanischen und deutschen Verhaltensmustern nicht bemerkt, zunächst einmal, daß man eigene Kurswechsel (Nachrüstung: erst ja, dann nein) in typisch projektiver Kritik auf die Amerikaner übertrug und ihnen »Wechselbäder« vorwarf, sodann, daß in Deutschland die Kurswechsel Desorientierung, Spaltung und Inkonsistenz anzeigten, während die ohnehin global orientierten Änderungen amerikanischer Politik von dem legitimen Bedürfnis, Freiheitsspielräume zu nutzen und sich an veränderte Konstellationen anzupassen, ohne die – gemeinsamen – Ziele aus den Augen zu verlieren, von einem umfassenderen politischen Verständnis zeugten. Mißverständnisse bringen Irritationen, Irritationen neue Mißverständnisse hervor: »In Washington dagegen löste die Debatte um den Doppelbeschluß politische Enttäuschung über Europa aus: Waren die Europäer und allen voran die Deutschen nicht arg undankbare Verbündete?«[214]

Widersprüchlich war nicht nur Schmidts Haltung gegenüber den USA, sondern auch gegenüber Großbritannien. In seinem Schwenk von England-Bewunderung zur Frankophilie zeigt sich etwas von der altbekannten deutschen Haßliebe gegen England und dem Bedürfnis, einmal enttäuscht, einen gelehrigeren Schüler zu finden. Widersprüchlich wie seine Außenpolitik war auch Schmidts Innenpolitik, scheinbar sozial, in Wirklichkeit voller Bewunderung für Hochfinanz und Großindustrie.

So war die Wende Anfang der achtziger Jahre, sollte innen- wie außenpolitisch nicht noch mehr Porzellan zerschlagen werden, unausweichlich. Bundeskanzler Kohl war um seine Aufgabe nicht zu beneiden. Wirtschaftlich ging es wieder bergauf, wenn auch langsamer als unter seinem großen Vorbild Adenauer. Mit der angekündigten ethischen Wende klappte es dagegen nicht – sie blieb aus. Dafür tragen jedoch die, die vorgaben, eine solche Umorientierung leisten zu können, die Verantwortung. Auch für die zunehmenden Skandale, die dem Ansehen der Bundesrepublik schadeten, war nicht primär Kohl verantwortlich. Eine unerfreuliche Rolle begannen indessen einige Medien zu spielen, die eine ähnliche Kampagne gegen Kohl inszenierten wie zuvor gegen Strauß. Die politische Kultur der Bundesrepublik hat darunter schwer gelitten. Daß diese Kampagnen, wie auch der Antiamerikanismus, irrationalen Ursprungs waren, zeigt am besten der Umschwung nach der Vereinigung der deutschen Teilstaaten. Hatte man zuvor Kohl mit Hohn und Spott überschüttet, hoben die Wendehälse den Kanzler der deutschen Einheit nun auf den Denkmalsockel und verglichen ihn mit Bismarck. Mit der Ernüchterung infolge der weder für Kohl noch für seine Kritiker absehbaren finanziellen Folgelasten der deutschen Einheit scheint man nun wieder in das alte Extrem zurückzuverfallen.

Deutsche Demokratische Republik: Von Diktatur zu Diktatur

Der Glaube an die Mustergültigkeit des eigenen Systems verbindet ostdeutsche wie westdeutsche Chefideologen und Spitzenpolitiker. Honecker hielt sich für den »Größten« im sozialistischen Lager und seinen Weg in den Sozialismus für den besten. Im Wirtschaftswunderland, wo die ganz großen Vaterfiguren dominieren, ist Systemkritik ebenso verpönt wie Selbstkritik.

Im Hinblick auf die ökonomische Entwicklung der DDR erschien auch Honeckers Selbstbewußtsein gar nicht unbegründet, aber ebendiese Akzentverlagerung aufs Ökonomische in Ost- und in Westdeutschland, der Ökonomismus, ist fragwürdig, bedenklich und gefährlich. Die Ökonomie kann keine Identität begründen, und wo die Identität fehlt, scheitert letztlich auch die Ökonomie.

»Im Laufe der letzten zwei Jahrhunderte übernahmen die Deutschen bei ihrer Suche nach institutioneller Identität viele fremde Modelle. Die Anpassung der 1949 in der sowjetischen Besatzungszone gegründeten DDR an die Sowjetunion ist freilich die augenfälligste und direkteste.«[215]

In der Tat läßt sich kaum ein größerer Bruch in der psychologischen Entwicklung einer Nation denken als der Übergang von der faschistischen Ideologie zur kommunistischen, Hitlers erklärter Todfeindin. Was diese Situation nicht gerade erleichtert, ist die Ähnlichkeit in der Praxis: Unmenschlichkeit hier, Unmenschlichkeit dort, Totalitarismus gestern, Totalitarismus morgen, Übergang von der Hitlerdiktatur in die Stalindiktatur, wenn auch der Kommunismus immer noch das kleinere Übel gegenüber dem Faschismus gewesen sein dürfte. Die psychologische Belastung der ostdeutschen Bevölkerung war ungleich größer als die der westdeutschen, deren Weg nicht vom Zwang zum Zwang, sondern vom Zwang zur Freiheit führte. Wer diesen Unterschied der inneren Situation nicht begreift, wird auch die Übergangsprobleme unterschätzen, die mit der Vereinigung der beiden Staaten verbunden sind. Sie sind nur mit Geduld, Einfühlung und Kompromißbereitschaft im Grundsätzlichen wie in vielen, vielen Einzelfällen zu lösen.

Der Maßstab für das Gelingen der Einheit und die Chance zum Aufstieg ist die Zunahme der Freiheit für alle. Nimmt sie ab, war der Vereinigungsprozeß vergeblich.

Wie gestaltete sich der deutsche Weg in den Sozialismus?

»In Deutschland nahm der Personenkult Stalins besonders unterwürfige Formen an. Die erste Straße, die in Berlin nach dem Krieg an der Stelle der alten Frankfurter Allee neu bebaut wurde, war die Stalinallee.«[216]

Der Anziehungskraft der Freiheit, die der DDR zwischen 1950 und 1961 drei Millionen Menschen entzog, begegnete das Arbeiterparadies mit dem Bau der Mauer, lange Zeit ein Schandfleck in der europäischen Landschaft und Geschichte. Mauerbau, Schießbefehl und Bonzentum, extremer Konformismus und radikaler Kalter Krieg waren Merkmale des deutschen Sozialismus, die die wirtschaftlichen Erfolge relativierten und die Ideen sozialer Gerechtigkeit, der Sicherheit und des Weltfriedens in ihr Gegenteil verkehrten.

Was über die Praxis des deutschen Mustersozialismus nach der Vereinigung bekannt wurde, erregte die Gemüter und rief in Westdeutschland tiefe Entrüstung hervor: der aufwendige, atombombensichere Riesenbunker zum Überleben Honeckers und seiner Elite im Ernstfall; Reichtum, Verschwendung und Prunk der

Funktionärskaste; Weltrekord im Spitzel- und Überwachungssystem; Unterschlupf und Ausbildung von Terroristen; »Fazit der DDR-Nahost- und damit auch der Judenpolitik: Terror den Israelis«[217].

Eine andere Frage ist die Legitimation bundesdeutscher Kritik und Entrüstung: Gibt es etwa keinen atomaren Schutzbunker für die Bonner Politprominenz, während die Bevölkerung in Ost- wie in Westdeutschland im Ernstfall praktisch schutzlos gewesen wäre? Haben die westdeutschen Politiker, die eine Überprüfung der politischen Vergangenheit ihrer ostdeutschen Kollegen fordern, selbst über ihre politische Vergangenheit im NS-Staat Rechenschaft abgelegt? Am schlimmsten wäre, wenn sich die westlichen Verschleierungskünstler mit den östlichen zusammentäten und jede Nachforschung verhinderten. Eine Beschränkung der Überprüfung auf Politiker östlicher Provenienz im Hinblick auf ihre Stasi-Verbindungen wäre vielleicht noch vertretbar.

Typisch deutsch dürfte der Etikettenschwindel sein, in dem die Deutsche Demokratische Republik allerdings die Bundesrepublik weit übertraf, denn sie war weder eine Demokratie noch eine Republik. Eine konstante Wertorientierung ist weder in der DDR noch in der Bundesrepublik festzustellen. Hier wie dort zeugt das Schwanken im Verhalten und Werten von einer allen Deutschen gemeinsamen Identitätskrise. Lehnte man in der DDR zunächst Luther als Fürstendiener ab und schätzte den revolutionären Thomas Müntzer höher, revidierte man dieses Werturteil später und fand, mit dem Erstarken nationaler Gefühle in beiden Teilen Deutschlands, sogar wieder Gefallen an Friedrich dem Großen und Bismarck.

Die Neigung, Mißstände auf das System zu schieben, ist eine andere, nicht auf Ostdeutschland beschränkte typisch deutsche Gewohnheit, aber es war nicht der Sozialismus, der die DDR verdarb, sondern ihre Machtelite, die den Sozialismus korrumpierte. Bei allem Unheil, das die Ideologen über die Menschheit brachten, sollte man nicht vergessen, daß nicht nur der Nationalsozialismus, sondern auch der Kommunismus eine deutsche Errungenschaft war, und zwar ein revolutionäres Umkehrprodukt Hegelscher Pseudometaphysik der Geschichte.

Wenn es nach Honecker gegangen wäre, hätte es keine Perestroika

Gorbatschows gegeben, eher einen Atomkrieg, und die Revolution von Leipzig wäre in einem Blutbad untergegangen.

Wendehälse gibt es nicht nur in Ostdeutschland. Man denke an westdeutsche prominente Politiker, die Honecker »umarmten«, um ihn später wie eine heiße Kartoffel fallenzulassen.

Das Land, das gegenüber der DDR – wie gegenüber der Bundesrepublik und gegenüber Hitlerdeutschland – eine konstante, konsistente und konsequente Haltung bewies, war nicht die Bundesrepublik, sondern Großbritannien. Im Gegensatz zu deutschen und nichtdeutschen Politikern, die von Honecker mit dem höchsten Orden der DDR, dem »Stern der Völkerfreundschaft in Gold«, dekoriert wurden, ließ Königin Elizabeth II. den ihr von Honecker verliehenen Orden zurückschicken.

Das Wirtschaftswunder

Die Überheblichkeit deutscher Politiker gegenüber Großbritannien, das in dem Jahrzehnt nach dem Zweiten Weltkrieg den Verzicht auf seine Rolle als Großmacht mit Haltung verkraftete, kommt in einer Bemerkung Helmut Schmidts zum Ausdruck: »Britannien ist keine entwickelte Nation mehr.«[218]

Naive Bewunderung von Größe und Macht, Stolz auf eigene wirtschaftliche Erfolge und vielleicht auch ein wenig Schadenfreude verführen zu einer solchen Logik des Hochmuts, die nicht begreifen kann oder will, daß es außer Größe, Macht und Erfolg noch andere Werte gibt, die im privaten, öffentlichen und politischen Leben viel mehr bedeuten als jene gleisnerischen Scheinwerte. Ein solcher echter Wert ist die ethisch-moralische Identität, die, wie sich im Verhalten der englischen Königin gegenüber Honecker zeigt, Großbritannien besitzt. Das deutsche Kaiserreich setzte auf militärische Überlegenheit und scheiterte, Hitlerdeutschland setzte auf rassische Überlegenheit und scheiterte ebenfalls. Der Grundsatz: »Recht ist, was dem Volke nützt« wirkte sich im Endeffekt zum größten Schaden für das Volk aus. Sollte das neue Deutschland seine Identität nur auf wirtschaftliche Macht zu gründen versuchen, wird es, wie seine Vorgänger, scheitern.

Sollte sich Europa von der deutschen Überbewertung wirtschaftlicher Macht beeinflussen lassen, wird es ebenfalls scheitern. Wenn eine der ehemaligen Großmächte – Rußland ist immer noch von Bedeutung – für Europa sprechen kann und sollte, so diejenige, die, in kritischer Stunde auf sich allein gestellt, Europa vor der Schreckensherrschaft Hitlerdeutschlands bewahrt hat, die ihre Freiheit ein Jahrtausend hindurch gegen alle möglichen Eroberer verteidigte – ein echtes tausendjähriges Reich – und ein höchstes Maß an Kontinuität des Wollens und Identität des Seins unter Beweis stellte.

Bundeskanzler Schmidt propagierte ein »Modell Deutschland«, das dem Rest der Welt das Tempo vorschreiben sollte. Wenige Jahre später drohte dieses Land unter dem großen »Macher« zu einem Musterbeispiel von »Eurosklerose« zu werden – so schnell ging das aufgrund falscher Prämissen, falscher Zielsetzungen und falschen Selbstbewußtseins.

Die Bezeichnung »Wirtschaftswunder« bezieht sich ursprünglich auf Hitlers Ankurbelung der Wirtschaft in den dreißiger Jahren. Bundeskanzler Erhard selbst vermied darum bewußt den Ausdruck.[219]

Das Wunder erscheint weniger wunderbar, wenn man bedenkt, daß die USA mit ihrem europäischen Wiederaufbauprogramm, dem sogenannten Marshall-Plan, die Voraussetzung für das Werk schufen, das dann durch die Arbeitsmoral der Bevölkerung, das organisatorische Geschick der Planer und die Intuition des großen Atlantikers verwirklicht werden konnte.

Auf eine Wiederholung des Wirtschaftswunders nach 1990 zu hoffen ist mehr als gewagt, einmal, weil sich in der Geschichte überhaupt nichts wiederholt, sodann, weil die Voraussetzungen heute ganz andere sind. Damals hatten die Deutschen keine andere Wahl, heute besitzen sie mehr Entscheidungsspielraum und damit zugleich mehr Chancen und Risiken.

Hätten die Deutschen nach dem Zweiten Weltkrieg ebensoviel Energie und Mittel in die moralische Wiederaufrüstung gesteckt wie in die militärische, wäre das Wirtschaftswunder vielleicht einige Jahre später gekommen, dafür aber mit weniger negativen Begleiterscheinungen und günstigeren Aussichten für die Überwindung der Identitätskrise.

»Wir sind das Volk«

Wie die Bundesrepublik die Demokratie als ein Geschenk der Westmächte empfing, gelang die Revolution in der DDR nur infolge der Haltung der russischen Besatzungsmacht, nicht aufgrund der der eigenen Machtelite. Fast alle Momente, die zum Erfolg der Emanzipation des Volkes beitrugen, kamen von außen: Gorbatschows Perestroika, Reagans Aufforderung, die Mauer zu entfernen, Horns Öffnung des Eisernen Vorhangs – wenn nach Gorbatschow einer den Friedensnobelpreis verdient, dann der ungarische Außenminister Gyula Horn –, Bushs Ermunterung zur Wiedervereinigung und seine tatkräftige diplomatische Unterstützung. Demgegenüber kamen die stärksten Hindernisse der Einigungsbewegung aus Deutschland: Honeckers Ablehnung der Perestroika, Honeckers Versuch, gegen Ungarn vorzugehen, Honeckers prahlerische Antwort auf Gorbatschows Warnung: »Wer zu spät kommt, den bestraft das Leben«, die Mauer werde noch in hundert Jahren bestehen, die Sturheit der »Betonköpfe« in Ostberlin, die Bereitschaft, die Volksbewegung mit Gewalt zu unterdrücken, was nur aufgrund der Einsicht der Besatzungsmacht unterblieb. Was an deutschem Verdienst übrigbleibt, ist allein der Mut des Volkes zur Freiheit. Die Machtelite versagte auf der ganzen Linie. Sie erwies sich als das, was sie vorgab, am Westen zu hassen und zu bekämpfen: als Klasse der Privilegierten, als Kaste der Bonzen und Funktionäre, als Totengräber der Freiheit. Kann ein politisches System weiter degenerieren, als wenn es zu seinem Überleben die Unterstützung seiner »Todfeinde« braucht? Als der Befehlshaber der sowjetischen Truppen in der DDR erklärte, er werde seine Truppen nicht gegen die Demonstranten einsetzen, waren die Würfel gefallen.

»Am 2. Oktober waren es nur 15 000 Mutige gewesen; am 9. marschierten 70 000 und riefen ›Gorby, Gorby‹ und ›Wir bleiben hier (in der DDR)‹. Dies war die entscheidende Demonstration, und ihr friedlicher Verlauf, das Ergebnis des neuen sowjetischen Kurses, löste eine Lawine von Forderungen aus. Am 16. Oktober waren 150 000 auf den Leipziger Straßen, am 23. 300 000 und am 30. wieder 300 000. Am 4. November marschierten eine Million in Ostberlin für Demokratie und freie Wahlen. Ein beträchtlicher Teil der ostdeutschen

Bevölkerung war nun auf den Straßen, und diese neue Volksmacht fegte zuerst Honecker weg und dann später seinen Nachfolger Egon Krenz. Am 9. November wurden die Grenzen der DDR nach Westdeutschland und Westberlin geöffnet, und Millionen Ostdeutsche strömten hinüber. Überall kam es zu turbulenten Festen. Die meisten wollten nicht im Westen bleiben; aber insgesamt kamen 1989 340 000 Ostdeutsche auf Dauer in die Bundesrepublik. Die Abwanderung hielt mit einer Quote von mehr als 2000 täglich bis zu den Wahlen in der DDR an.«[220]

Als das Brandenburger Tor am 22. Dezember 1989 geöffnet wurde, zeigte die Parole: »Wir sind ein Volk!« einen bemerkenswerten Wandel des Bewußtseins: An die Stelle der Freiheit, die vorausgesetzt wurde, trat die Einheit. Am 23. August 1990 beschloß dann die Volkskammer der DDR den Beitritt zur Bundesrepublik (3. 10. 1990).

Die entscheidende Frage, die sich seither stellt, ist, ob die Einheit die Freiheit verdrängt. Daran schließen sich andere Fragen: nach dem außenpolitischen Kurs Deutschlands, ob die Machtelite von gestern und vorgestern – wie in der Bundesrepublik – auch die von morgen und übermorgen sein oder ob die Chance einer gesamtdeutschen Perestroika wahrgenommen wird, ferner die Frage nach der deutschen Identität, ob sie im Geist der Macht und der Ökonomie beantwortet wird oder im Geist der Freiheit und Kultur, die Frage nach dem Verhältnis Deutschlands zu Europa und zur Welt, ob die Machtelite ihr Versprechen vom europäischen Deutschland hält oder ob sie ihr Wort bricht und ein deutsch geprägtes Europa anstrebt, schließlich, ob Deutschland seinen Einfluß in Europa im Sinn einer Polarisierung gegenüber den Vereinigten Staaten mißbraucht oder ob es bereit ist, ein globales Konzept der Verantwortung aller für alle mitzutragen. Die Beantwortung all dieser Fragen wird nicht zuletzt davon abhängen, ob Gesamtdeutschland ernsthaft seine Vergangenheit bewältigt oder ob es versucht, die Geschichte umzuschreiben, die Ursachen seiner Katastrophen zu verschleiern und den Weg der Selbsttäuschung fortzusetzen.

Fest steht, daß das deutsche Volk mit der Aussage: »Wir sind das Volk« eine neue Bewußtseinsstufe erreicht hat. Deutschland ist, im Gegensatz zur Scheinerweckung durch die Nazis (»Deutschland erwache!«) nun tatsächlich aufgewacht und hat eine jahrhundertelange Bevormundung durch alle möglichen Machteliten, die Degenelite des Kaiserreiches, die Gossenelite der Nazis und die Bonzenelite der DDR, wenigstens prinzipiell überwunden. Ob das Volk diesen Bewußtseinsstand allerdings durchhält, behauptet oder gar erweitert, ist nicht sicher. Es kann ihn wieder verlieren, wieder einschlafen, sich verführen, hypnotisieren und betäuben lassen und neuem Machtmißbrauch unterliegen.

»Deutschland (auch Westdeutschland für sich) ist wieder eine Großmacht geworden und muß sich den Entscheidungen und Möglichkeiten stellen, die das mit sich bringt, aber auch der Tatsache, daß es nicht mehr die Ausreden für Versagen und Ohnmacht hat, die den kleineren Spielern im internationalen Spiel zur Verfügung stehen.«[221]

Geeintes Deutschland

Für den oberflächlichen Betrachter ist das Problem der deutschen Einheit mit der Wiedervereinigung gelöst, nicht so für den, der nach der Bedeutung des Begriffes fragt, nach der Entstehung der Einheit und ihrer Wirkung. Einheit ist nicht Vereinigung, Gemeinschaft, Einigkeit, schon gar nicht Eintracht, ja nicht einmal Ganzheit. Welche Einheit ist gemeint: die sprachliche, völkische, nationale, politische, wirtschaftliche, soziale, kulturelle, materielle, geistige, seelische, geographische, historische oder die juristische? Man braucht keine überdurchschnittliche Kenntnis, um zu bemerken, daß eine deutsche Einheit in nicht einer einzigen dieser Bedeutungen unumstritten vorliegt. Wenn es keine deutsche Identität gibt, gibt es auch keine deutsche Einheit, ebenso, wenn es keine echte Freiheit gibt, desgleichen, wenn ein brauchbarer Staatsbegriff fehlt. Dann wird die Einheit zur Selbsttäuschung, zum Mythos oder zur Kampfparole. Sieht man die Dinge ohne Illusionen, wurde das neue Deutschland weder vereinigt noch wiedervereinigt, sondern schlicht und einfach geeint, und das ist vorerst alles, was man, ohne zu übertreiben, zur deutschen Einheit sagen kann.

Wie kam diese Einheit zustande?

Ein elementarer Faktor war der Wille des Volkes, nicht weniger wichtig war die Bereitschaft der ehemaligen Siegermächte, Deutschland die Selbstbestimmung zu gewähren, nicht unwichtig war die Konstellation der Weltpolitik, nicht zuletzt der Zustand des Kommunismus.

Wichtig für die Beurteilung von Deutschlands Zukunft ist die Rolle Westdeutschlands beim Zustandekommen der »Einheit«, denn es gab durchaus nicht nur Gründe für die »Wiedervereinigung«. Da ist zunächst einmal die Weichenstellung: nicht Vier-plus-zwei-, sondern Zwei-plus-vier-Verhandlungen, oder, in der Sprache Volker Rühes: »Für die konföderativen Schritte brauchen wir keine Zustimmung aus dem Ausland. Das geht die beiden deutschen Staaten an.«[222]

Hier zeigte sich ein neues Selbstbewußtsein, mehr noch, ein neuer Ton – und wie auch sonst: Der Ton macht die Musik.

»Nachdem die Berliner Mauer gefallen war, nahm die Tendenz zu einer Blitzvereinigung in den beiden deutschen Staaten zu. Das wäre halb so schlimm gewesen, wenn diese Euphorie nur in der Bevölkerung geherrscht hätte: doch sie erfaßte auch einige politische Kreise in der BRD.«[223]

Was Schewardnadse richtig beobachtete, ist der Irrationalismus politischer Aktion, die »Euphorie«, die ihr Pendant in der »Gorbi-Manie« findet, die wiederum gar nicht zu Bestrebungen Bonns paßte, die UdSSR abzudrängen.

»Allergisch gegen Äußerungen über das Selbstbestimmungsrecht waren wir nicht. Doch in jenen Tagen ließ diese Rhetorik unverkennbar das Bestreben durchblicken, die Beteiligung der UdSSR an der Erörterung und der Entscheidung der äußeren Aspekte der deutschen Einheit in Frage zu stellen oder uns zumindest dazu zu zwingen, uns mit vollendeten Tatsachen abzufinden.«[224]

Damit nicht genug, Schewardnadse fühlte sich moralisch unter Druck gesetzt.[225] Wußten die Verantwortlichen in Bonn tatsächlich nicht, an welch seidenem Faden die Zustimmung zur Wiedervereinigung in Moskau hing? Setzte man die Perestroika, vom Schicksal Schewardnadses nicht zu reden, und den Weltfrieden aufs Spiel, um das eigene Konzept durchzudrücken? Denn es gab damals nur eine Alternative zur anlaufenden Wiedervereinigung, den Krieg: »Ja – man wundere sich nicht, am Rande eines Dritten Weltkrieges.«[226]

Daß die Nachgiebigkeit Gorbatschows in der Deutschen Frage

einer der Gründe, wenn nicht der Hauptgrund, für den Rücktritt Schewardnadses und den Versuch sein könnten, Gorbatschow selbst zu eliminieren: Hat man diese Gefahren nicht gesehen? Haben die »Euphoriker« in Westdeutschland so hoch gepokert, daß sie all dies riskierten? Musterdiplomatie oder ein gefährliches Spiel mit dem Feuer?

Nun, es ging noch einmal gut, aber man sollte sich hüten, Nachgiebigkeit oder gar Schwäche vom Verhandlungspartner auszunutzen. Gorbatschows Bereitschaft, in der Deutschen Frage strategische Aspekte den menschlichen unterzuordnen, hätte man mit mehr Geduld und Großzügigkeit honorieren sollen, statt taktisch und strategisch die Situation auszunutzen. Deutschland hat mit solchem Spielerverhalten, eine Art Militarisierung der Politik, schon zweimal in diesem Jahrhundert fürchterlichen Schiffbruch erlitten. Daß Deutschland ein menschlich-moralisches Recht auf Wiedervereinigung besaß, hat von den ehemaligen Kriegsgegnern niemand bestritten und hätte auch niemand Deutschland streitig gemacht, aber in dieser Form? Im ›Daß‹ hatte Bonn recht, im ›Wie‹ dagegen nicht. Alles kommt darauf an, nicht daß man seine Interessen wahrnimmt, sondern wie man es tut. Sollte die Bonner Praxis in der Wiedervereinigungsfrage später in Berlin Schule machen, sind Zweifel an einem feierlich verkündeten europäischen Deutschland angebracht, ganz abgesehen vom pragmatischen Aspekt: Prestige ist teuer, Tempo teurer, Rücksichtslosigkeit – langfristig – am teuersten.

Deutschland am Scheideweg

In der bereits erwähnten (S. 275) Abschiedsadresse des Großadmirals Dönitz an das deutsche Offizierskorps hieß es: »Wir sind tausend Jahre unserer Geschichte zurückgeworfen worden.« Ökonomisch gesehen ist das falsch, denn bereits nach zehn Jahren hatte die Bundesrepublik ungefähr wieder den Anschluß an das Vorkriegsniveau gewonnen. Nichts wäre jedoch verhängnisvoller, als sich mit dem ökonomischen Aspekt zu begnügen. In einem umfassenderen Sinn hat Dönitz tatsächlich recht, nur daß seine Diagnose differenziert werden muß, und dann sieht sie etwa so aus: Politisch ist Deutschland zirka hundert Jahre zurückgeworfen. Heute ist nicht das Wiederaufleben des Nationalsozialismus die größte Gefahr – der ist endgültig vorbei –, sondern das Wiederaufleben Wilhelminischer »Großmannssucht«,[227] wie sie nach der Entlassung Bismarcks kam.

Ethisch-moralisch ist Deutschland um tausend Jahre zurückgeworfen, in religiöser Hinsicht womöglich um zweitausend Jahre. Hundert Jahre bewußter Teutonisierung haben mehr als tausend Jahre christlich-humanistischer Kulturarbeit zertrümmert, denn die unsichtbaren Schäden sind größer, schlimmer und nachhaltiger als die sichtbaren.

Zu welchen Ergebnissen man hier auch im einzelnen gelangt: In jedem Fall sind bei der Beurteilung der deutschen Geschichte dieses Jahrhunderts, neben kurz- und mittelfristigen, langfristige Entwicklungen, Einflüsse und Wirkungen zu berücksichtigen. Dabei müssen die kurzfristigen Ereignisse in ihrer Wirkung durchaus nicht immer stärker sein als die mittel- und langfristigen. Jedenfalls führt das Spezialistentum als solches in der Geschichtsschreibung nicht weiter. Zwar ist die sorgfältige Erforschung einzelner Zeitabschnitte wichtig, nicht minder wichtig ist aber auch die synoptische Sicht, die Zusammenschau. Schließlich gibt es in der Geographie auch nicht nur Generalstabskarten und Meßtischblätter. So sind es denn meistens auch nicht Historiker, sondern Wissenschaftler, bei denen naturwissenschaftliche Gesichtspunkte eine größere Rolle spielen, etwa Psychologen und Soziologen, die einen Sinn für geschichtliche Langzeitwirkungen entwickeln. Einen Versuch in dieser Richtung unternahm N. Elias, der, im Hinblick auf die Entwicklung Deutschlands, zu dem Ergebnis eines epochenübergreifenden Verfallsprozesses gelangte: »Deutschlands Anpassung an den Verlust seiner imperialen Rolle nach 1918 war besonders kompliziert, weil sich darin der traumatische Abstiegsprozeß fortsetzte, der bereits weit zurück im Mittelalter begonnen hatte . . . Es handelte sich um einen schleichenden Niedergang über Jahrhunderte hin, mit vielen Schüben und Gegenschüben, der nie einen solchen Tiefpunkt erreichte, daß er die Reichsbestrebungen obsolet werden ließ, daß er die endgültige Anpassung an einen niedrigeren Status unter den Völkern erzwang und eine Neuorientierung des deutschen Selbstbildes und der deutschen Ideale einleitete.«[228]

Danach würde sich die deutsche Geschichte seit dem Mittelalter in einem langsamen, oft unterbrochenen, aber sicheren Abwärtstrend der Macht befinden, der, durch gesteigerten Machtwillen im 19. Jahrhundert und Eruptionen der Gewalt in der ersten Hälfte dieses Jahrhunderts sowie im Absturz von 1945, sein Ende fand. Großbritannien hat beispielsweise seinen Abstieg von einer Großmacht zu einer Mittelmacht besser verkraftet. Seine Größe zeigt sich nicht, wie im Wilhelminischen Deutschland und in Hitlerdeutschland, in der Sucht nach Siegen, Größe und Macht, sondern in der Fähigkeit, Machtverluste zu ertragen, ohne dabei in Raserei auszubrechen und das Gesicht zu verlieren. Großbritannien erlangte äußere Größe durch innere Größe, Deutschland verfehlte äußere Größe aus Mangel an innerer Größe. Im Vergleich selbst zu einem wirtschaftlich möglicherweise armen England erscheint eine ökonomisch noch so kräftige deutsche Machtelite als neureich und kleinkariert. Die Haltung im Sport läßt gewiß manche Rückschlüsse auf die nationale Psyche zu, wie Henry Kissinger anläßlich des Endspiels um die Fußball-Weltmeisterschaft von 1974 treffend bemerkte: »Am folgenden Tag gewann die deutsche Mannschaft das Endspiel und bestätigte meine

Theorie über die Zusammenhänge zwischen dem Nationalcharakter und dem Stil der Nationalmannschaften beim Fußball. Die Deutschen folgten der Taktik des Schlieffen-Plans mit komplizierten Manövern und fein ausgeklügelten Spielzügen. Wenn alles nach Plan verlief und die Zuschauer mit ihrem Beifall die Spieler unterstützten, dann waren sie nicht zu besiegen. Aber man konnte nicht wissen, wie die deutsche Mannschaft reagieren würde, wenn der Gegner den sorgfältig vorbereiteten Plan durchkreuzte und sie improvisieren mußte . . . Die Engländer, die früher zu den besten Fußballspielern gehört hatten, verließen sich jetzt auf die Kondition der Spieler und ihren Ruhm, blieben aber bei ihrem etwas altmodischen und pedantischen Stil. Sie waren deshalb schon lange vorher aus der Konkurrenz ausgeschieden.«[229]

Natürlich lassen sich sowohl gegen Kissingers Rückschlüsse vom Spielverhalten auf den Nationalcharakter als auch gegen den von Elias angenommenen langfristigen Machtverfall Deutschlands Einwände erheben: Offensichtlich befindet sich die Bundesrepublik, vielleicht auch einmal Gesamtdeutschland, in einem Aufwärtstrend. Über Jahrhunderte reichende Trends lassen sich nur mit vielen Parametern eruieren. In zwei Punkten konvergieren jedoch die Auffassungen von Elias mit denen des Verfassers. Ausgehend von der Notwendigkeit, langfristige Entwicklungen einzubeziehen, kam der Verfasser der vorliegenden Studie zu dem Ergebnis, daß in der Stauferzeit ein deutlicher Verfall erkennbar wird (104 f.) und daß der bei den Germanen vorauszusetzende Zivilisationsschock (243) in der deutschen Geschichte in Form von Schockwellen (245) weiterwirkte, wodurch sich die fundamentale Ambivalenz im deutschen Verhalten gegenüber Kultur und Zivilisation bis zu einem gewissen Grad erklären läßt. Das Phänomen des Nationalsozialismus ist gewiß nur mit Hilfe langfristiger Erklärungsmodelle zu erhellen: »Die ganze nationalsozialistische Episode muß unverständlich bleiben, wenn man nicht zugleich ihre Stellung und Funktion im breiteren Kontext der langfristigen Entwicklung Deutschlands berücksichtigt.«

Zu den wohl eher mittelfristigen als langfristigen Entwicklungstrends gehört »Deutschlands schleichender, nach 1871 durch das Zweite Reich kurz unterbrochene Niedergang als europäische Großmacht«[230].

Kurzfristige Wirkungen wie der Zusammenbruch von 1918 und die chaotischen Jahre danach, nicht zuletzt Hitlers Machtbesessenheit und sein demagogisches Geschick führten dann zum Zivilisationskollaps, der ideologisch aber auch schon – mittelfristig – vorbereitet war.

»Zwei Faktorengruppen trugen gemeinsam zu dem schweren Zusammenbruch der Zivilisation bei, der mit dem Namen Hitlers und des Nationalsozialismus verknüpft ist: die Eigentümlichkeiten der langfristigen Entwicklung Deutschlands und die Besonderheiten der Stufe, die es damals auf seiner Bahn erreicht hatte. Zu den ersteren gehörte einmal das ungewöhnlich gestörte Muster der deutschen Langfristentwicklung, der schleichende Niedergang, der ein längst verlorenes ›Reich‹ als das Symbol von Deutschlands Größe und seine vermeintliche Wiederherstellung als höchstes Ziel für die Zukunft erscheinen ließ, und dann die fast einlinige autokratische Tradition, die der Masse der Deutschen ein relativ schwaches und abhängiges Gewissen in öffentlichen Angelegenheiten vermachte. Faktoren wie diese, und ihre Weiterungen, führten zwar nicht notwendigerweise zum Zusammenbruch, aber sie bereiteten den Weg für diese bestimmte Form eines Zusammenbruchs der Zivilisation.«[231]

Da es nur in einem deterministischen Weltbild endgültige Trends gibt, nicht dagegen in einem Weltbild, das von offenen Systemen ohne definitives Zeitlimit ausgeht, besteht, die Richtigkeit der Diagnose von Elias vorausgesetzt, immer noch die Möglichkeit einer Trendwende, einer Umkehr, eines Umdenkens, oder, christlicher ausgedrückt, der Reue, denn sie erweist sich als die Urkraft der Vergangenheitsbewältigung.

Im Hinblick auf künftige Entwicklungen Deutschlands kann daher im einzelnen nicht mit letzter Sicherheit gesagt werden, ob der *point of no return* noch bevorsteht oder schon überschritten ist.[232] Insofern sind alle diesbezüglichen Extrapolationen relativ.

Betrachtet man die deutsche Geschichte nicht aus deterministischer Sicht, sondern in der Perspektive der Freiheit, so hat Deutschlands Zurückgeworfensein – um wieviel Jahre auch immer – nicht nur einen negativen Aspekt. Es kann auch die Möglichkeit einer Trendwende bedeuten, die Chance eines Neuanfangs oder einer tiefergreifenden Perestroika als je zuvor. Ist Deutschland um tausend Jahre in seiner Geschichte zurückgeworfen, kann es auch auf dem Niveau Ottos des Großen wieder einsetzen, und das war kein geringes. Ein Anschluß an die Hitlerzeit, die Wilhelminische Ära oder das Zeitalter Friedrichs des Großen würde dagegen schwerwiegende Folgen haben. Gegen Ende des 20. Jahrhunderts, an der Schwelle zum 3. Jahrtausend, steht Deutschland mehr denn je in seiner Geschichte am Scheideweg: zwischen Gut und Böse, zwischen Hoffnung und ewiger Vergeblichkeit, zwischen Freiheit und Größenwahn.

Demokratie zwischen Oligarchie und Ochlokratie

Schon im alten Athen kannte man die Gefahren, die jeder Demokratie drohen: von unten die Entartung zur Ochlokratie, zur Herrschaft des Pöbels, von oben die Gefahr der Oligarchie, die Unterdrückung des Volkes durch eine Machtelite, die Herrschaft der Aristokraten, Timokraten und Meritokraten, dann der Optimaten, Patrizier und Ritter, dann der Priester und Adligen, dann der Plutokraten, Manager und Lobbyisten, dann der Bonzen, Funktionäre und der Nomenklatura oder der High-Society, Schickeria und des Jetset. Dabei ist der Gegensatz von Pöbel und Oberschicht durchaus relativ. Abschaum findet sich nicht nur am unteren, sondern auch am oberen Rand der Gesellschaft, wie der Schaum ja von Natur aus oben schwimmt, der Kopf des Fisches zuerst verfault und die größten Verbrecher unter den Machthabern, Herrschern und Mächtigen zu finden sind. Die Demokratie in Deutschland, mag ihre Verfassung noch so gut sein, ist den gleichen Gefahren ausgesetzt wie jede andere in Vergangenheit, Gegenwart und Zukunft. Der Erfolg einer Demokratie hängt weitgehend davon ab, daß sie sich ihrer Gefährdung bewußt bleibt, daß sie ihren Weg als Gratwanderung versteht, als Fahrt zwischen Skylla und Charybdis. Die deutsche Demokratie ist durch die Anfälligkeit der Gesellschaft gegenüber Extremismus und Radikalismus besonders gefährdet, mehr noch durch ihre Neigung zur Selbsttäuschung, sofern sie die Verfassung als einen Talisman der Sicherheit mißversteht. Das Schlimmste, was der Demokratie in diesem Land widerfahren kann, ist, sich im Schoß der Zeit geborgen zu fühlen, der Glaube an den Talisman der Demokratie, der automatisch Freiheit, Sicherheit und Gesetzlichkeit garantiert. Zur Verbreitung solcher falschen Vorstellungen und Gefühle tragen die scheinbaren Freunde der Demokratie bei, die gefährlicher sind als ihre erklärten Gegner. Weniger die Neonazis als die Neofeudalisten fischen bei uns im trüben, mit ihrem weitverzweigten Netz von Beziehungen und Verbindungen, die Monarchisten, Nationalisten und Reaktionäre, das *ancien régime* in allen seinen Erscheinungsformen und Schattierungen.

Die Deutschen sind, wie ihre jüngere Geschichte zeigt, äußerst anfällig für kleine und große Demagogen, die den Mob zu mobilisieren verstehen, auf der Klaviatur seiner Ressentiments virtuos spielen und selbst in der Maske von Musterdemokraten auftreten, streng legal, mit von braunen Flecken gereinigter blütenweißer Weste, anfällig auch für alle möglichen Schamanen, Scharlatane und Charmeure, Falschspieler, Charismatiker, Moralprediger und Vaterfiguren mit gleisnerischen Versprechungen, Verheißungen und Vertröstungen. Immer noch wirken in Deutschland christliche und soziale Aushängeschilder. Im Land des Faschings und der Maskeraden können – fast unbemerkt – die Linken die Rechten rechts und die Rechten die Linken links überholen. Man glaubt denen, die links reden und rechts leben, und die Kirchenfürsten haben gelernt, ihren Gott marktgerecht zu verkaufen. Andere machen Geschäfte mit Schuldgefühlen, andere mit Angst und Hoffnung und wieder andere mit der Nächstenliebe: Jeder ist sich selbst der Nächste! Egozentrisch-narzißtisch-egoistisches Verhalten ist nicht an eine Gesellschaftsschicht gebunden. Es gibt auch nicht mehr nur eine Ungerechtigkeit von oben nach unten, sondern, im überzogenen Anspruchsdenken, auch eine Ungerechtigkeit von unten nach oben, deren Kriterium ist: Immer und überall mehr nehmen als geben.

Rüpelhaftigkeit ist schon lange kein ausschließliches Merkmal der unteren Volksschichten oder der Halbstarken mehr, sondern ist bis in die politischen Auseinandersetzungen – sogar gegenüber ausländischen Staatsmännern – gedrungen. Die deutsche Demokratie wird heute, nicht anders als in den Tagen von Weimar, vom Verfall der politischen Kultur heimgesucht.

Schon längst ist die Parteiendiktatur kein Tabu mehr. Die einen wollen zur alten, plebiszitären Form der Athener zurückkehren, andere halten an der repräsentativen Form und den Parteien fest, wieder andere kritisieren die Zunahme von Korruption und Verbrechen in der Demokratie, andere tadeln, nicht ganz zu Unrecht, Entwicklungen zur Lobby- und Fernsehdemokratie. Die Demokratie unterliegt, wie jede andere politische Institution, der Veränderung, der Evolution. Die Forderung von mehr Transparenz und Bürgernähe, kreativer, partizipatorischer Demokratie, erscheint daher berechtigt. Künftig werden in einer überlebensfähigen Demokratie die Rhetoren, Dialektiker und Taktiker, die Besserwisser, Rechthaber, Polemiker, Schmeichler und Imagepfleger weniger zählen als die Kenner und Könner, Problemlöser und Möglichmacher, die Leute mit Ideen, Phantasie und Initiative. Insgesamt muß anstelle des statisch-starren ein zu Selbsterkenntnis und Selbstkritik fähiges dynamisches Demokratieverständnis treten.

Schadensbegrenzung

»Späte Reu' macht Schaden neu«, sagt ein altes deutsches Sprichwort. Überhaupt keine Reue bedeutet kein Ende des Schadens. Schon lange vor der Zeit des Christentums erkannte der griechische Philosoph Demokrit von Abdera (zirka 460–370 v. Chr.), daß das Überleben von Reue abhängt: »Reue über Schandtaten rettet das Leben.«[233]

Was kompetente Kritiker in Deutschland am Verhalten der für den Zweiten Weltkrieg Mitverantwortlichen immer wieder vermissen, ist jede Regung von Reue: »Jedesmal, wenn ich dieses glückliche und blühende neue Deutschland besucht habe, war ich erstaunt über den meiner Ansicht nach erschreckenden Mangel an Reue über die Verbrechen der Vergangenheit.«[234]

Man kann bei dieser Feststellung stehenbleiben, man kann aber auch nach den Ursachen für diesen Schwund von Reue fragen, für das Defizit von Sünden- und Schuldbewußtsein bei denen, die es haben müßten, und dann stößt man schon im 19. Jahrhundert auf Dekadenzerscheinungen vor allem in der Oberschicht und bei den Intellektuellen, die die moralische Erosion erst ermöglichten.

Der Chefideologe der deutschen Machtphilosophie, der sich als »ersten Immoralisten«,[235] Vernichter der Moral, seine Schriften als

Attentate auf die Moral ausgab: »Die Moral ist durch unsere Betrachtungsart ebenso vernichtet wie die Religion«,[236] glaubte die Wurzel allen Übels entdeckt zu haben: »Sünde ist ein jüdisches Gefühl und eine jüdische Erfindung, und in Hinsicht auf diesen Hintergrund aller christlichen Moralität war in der Tat das Christentum darauf aus, die ganze Welt zu ›verjüdeln‹.«[237] Wo es kein Sündenbewußtsein gibt, gibt es auch keine Reue. Nietzsche liefert auch dafür eine ›Erklärung‹: »Mit einem Erlebnis nicht fertig werden ist bereits ein Zeichen von *décadence.*«[238]

Sünde eine jüdische Erfindung, die »ausgemerzt« werden muß, Reue ein Zeichen von Mißratenheit, Krankheit und Dekadenz: Das ist der Schlüssel zum Verständnis der Reueunfähigkeit in diesem Jahrhundert. Kehrt man Nietzsches narzißtische, umkehrende und überzogene Moralkritik um, das heißt, stellt man sie richtig, erscheint Nietzsche selbst als dekadent, und seine Versuche, Schuld, Sünde und Reue aus der Welt zu schaffen, erweisen sich als Folgen seiner Frustrationen, seiner Krankheit und seiner Dekadenz.

Was kann man nach Nietzsches gründlicher Vorbereitung in der Theorie noch anderes erwarten als den Schwund des moralischen Bewußtseins, der Gefühle von Schuld, Sünde und Reue in der Praxis? Nietzsche und die, die seinen Parolen folgten, haben, das muß man ihnen lassen, ganze Arbeit geleistet, nur die Folgen davon müssen meistens mehr die tragen, die weder an der intellektuellen »Überwindung« der Moral schuld sind noch an der dazu gehörenden Praxis, die nicht auf sich warten ließ.

Ein Deutschland – oder besser: eine deutsche Führungsschicht – ohne Reue über die von ihr angestifteten und ausgeführten Verbrechen erweist sich weder als Exponent eines tragischen Geschickes noch als Opfer eines beklagenswerten Schwundes von Religion und Moral, sondern als das Ergebnis bewußter, gewollter und damit selbstverschuldeter Zerstörung beider. Wie der Haß den Selbsthaß impliziert, impliziert die Zerstörung die Selbstzerstörung. Nietzsche erscheint somit als Katalysator des Prozesses bewußter deutscher Selbstzerstörung. Dieser Prozeß blieb nicht auf Deutschland beschränkt, sondern griff auf Europa über, und so kam es zur Selbstentfremdung, Selbstentmachtung und Selbstzerstörung Europas, die sich dann auch nicht mehr auf Europa beschränkte, sondern in den Weltkriegen globale Ausmaße annahm. Die deutschen Machteliten, Initiatoren dieses weltweiten Dekadenzprozesses, sind seit 1918 aus der Schadensbegrenzung nicht mehr herausgekommen: Reparationen, nach 1945 Demontage, Wiedergutmachung, Wiederaufbau, Folgelasten der Wiedervereinigung, Umweltschäden in ungeahnter Höhe, Haushaltsdefizite, Überschuldung, am Ende vielleicht der Zusammenbruch einer ökonomischen Fassade, die sich von Anfang an auf eine verfehlte, unmoralische, verbrecherische Politik stützte, deren Hauptaufgabe dann seit Jahrzehnten in der Schadensbegrenzung zu sehen ist.

Verglichen mit den materiellen Schäden sind die geistigen, moralischen und kulturellen noch weitreichender, tiefgreifender und folgenschwerer. Und wie verhalten sich angesichts dieser Schäden ihre Verursacher? – Keine Reue gegenüber den Opfern ihrer Politik im Ausland, keine Reue gegenüber den Opfern im eigenen Land, ja nicht einmal gegenüber der Jugend, deren Lebensaussichten und Lebensmöglichkeiten in den Kriegen und Nachkriegsjahren fast auf den Nullpunkt sanken: keine Reue, keine Scham, kein Wort des Bedauerns, statt dessen das orakelhafte Gerede vom Weitergang der deutschen Geschichte, aber welcher Geschichte?

Mit Geld und guten Worten versucht man indessen das Ansehen im Ausland wiederherzustellen, Geld, Geld und wieder Geld, billiger Konsum und billige Unterhaltung, Frechheit, Frivolität und Zynismus sollen jung und alt über die Hohlheit des Daseins, über die unendliche menschliche Leere, über die mutwillige Vernichtung von Religion und Moral hinwegtäuschen, aber die Rechnung wird nicht aufgehen: Keine Reu' macht ewig Schaden neu!

Vergangenheitsbewältigung

Ohne Vergangenheitsbewältigung keine Zukunftsbewältigung! Das wußte schon Konfuzius, wenn er bemerkte: »Erzähle mir die Vergangenheit, und ich werde die Zukunft erkennen!« Daß gewisse Kreise in Deutschland an einer Vergangenheitsbewältigung wenig interessiert sind, sie als unmöglich, unnötig, überflüssig oder überholt hinstellen, erscheint im Hinblick auf die Vergangenheit mancher dieser Leute nur zu verständlich.

Der Ausdruck: »unbewältigte Vergangenheit« erscheint erstmalig auf einer Einladungskarte einer Tagung der Evangelischen Akademie Berlin-West im Sommer 1955, kommt also, wie die Gedanken der Reue und Buße, aus christlichen Kreisen und verbreitet sich in Windeseile über das ganze Land. Eine andere Quelle der Bemühungen um die Vergangenheit ist die amerikanisch-deutsche MRA, die Bewegung der Moralischen Aufrüstung mit Tagungsort Caux bei Montreux am Genfer See.

Niemand anders als der einstige Bürgermeister von Berlin, Ernst Reuter, hat den Kerngedanken der Vergangenheitsbewältigung auf die Formel gebracht: »Überwunden werden kann die Vergangenheit nur von Menschen, Frauen und Männern, in denen die Flamme des Guten lebendig ist, und die wissen, daß die Liebe eine stärkere Kraft ist als der Haß.«[239]

Die ursprünglichen Versuche, die Vergangenheit nicht zu verdrängen, sondern zu verarbeiten, weisen wohl nicht zufällig gerade auf die kulturgestaltenden Kräfte hin, die Nietzsche zu vernichten suchte: die Moral und die Religion. Zeichen der Hoffnung? Wer denkt dabei nicht an jenen mutigen jungen Christen, der auf einer Versammlung, gegen den Trend führender Theologen und Vordenker, ein Plakat vor sich her trug, auf dem geschrieben stand: »Gott ist tot«, Nietzsche; »Nietzsche ist tot«, Gott.

Der Kampf um die Vergangenheitsbewältigung erscheint, in einen größeren geistesgeschichtlichen Zusammenhang gestellt, wie der Kampf gegen den Atheismus, als ein Kampf der Kräfte der Liebe gegen die des Hasses.

Michael Wolffsohn definiert in seinem (oben zitierten) Buch die Vergangenheitsbewältigung so: »›Vergangenheitsbewältigung‹ ist ein neuerdings gesamtdeutsches Schlüsselwort . . . Sie umfaßt einen vollständigen Wandel der vorher geltenden und nun abgelehnten Wertvorstellungen. Sie bezieht sich vor allem auf die Bereiche Politik und Ideologie, Gesellschaft, Wirtschaft, Kultur, Recht, Militär und Polizei. Sie betrifft den Personenkreis, der zuvor in diesen Bereichen entscheidende Verantwortung trug und strafrechtlich oder politisch schuldig wurde . . . Vergangenheitsbewältigung besteht also aus analytischen ebenso wie normativen Elementen, sie schließt Herz und Verstand ein. Sie setzt Läuterung voraus, zielt auf moralische, aber nicht auf physische Säuberung, also eben nicht auf Rache; nicht unbedingt auf Versöhnung, aber auch nicht auf Vernichtung der ehemaligen Täter, Mittäter und Mitläufer.«[240]

Die Frage ist natürlich, ob Läuterung ohne Säuberung möglich ist. Ja, wenn man unter Säuberung nicht Liquidation, sondern Trauerarbeit im Sinne Freuds versteht, Verarbeitung des Geschehenen durch innige Vergegenwärtigung und innere Überwindung. Die Vorwürfe der Nestbeschmutzung, die von den Unbelehrbaren, keiner Läuterung fähigen, verstockten und unversöhnlichen Hassern, erhoben werden, erweisen sich als Versuche, durch Angriff der Entlarvung zuvorzukommen, denn in Wirklichkeit sind gerade sie die wahren Nestbeschmutzer, da sie sich jedem Reinigungsversuch des nicht zuletzt von ihnen selbst beschmutzten Nestes so wild und beharrlich widersetzen.

Offensichtlich verläuft die Vergangenheitsbewältigung im Volk und in den führenden Schichten, beispielsweise in der Intelligenzia, wieder einmal nicht synchron. 1951 glaubten nur 32 Prozent der Bundesbürger an Deutschlands Schuld am Zweiten Weltkrieg, 1955 bereits 43 Prozent und 1959 sogar 50 Prozent. »Heute stößt diese Sicht nur noch bei kleinen Randgruppen auf Widerspruch ... Die Ergebnisse dokumentieren eine Hinwendung zum neuen und eine Abwendung vom alten Deutschland.«[241]

Und was meinten die Profis, die Historiker?

Fritz Fischers Arbeit »Griff nach der Weltmacht« (1961) behandelte den Ersten Weltkrieg, die Kriegsschuldfrage und das Problem der Kontinuität deutscher Geschichte. 1963 folgte Ernst Noltes berühmtes Werk über den »Faschismus in seiner Epoche«. War der Faschismusforschung der große Durchbruch gelungen? 1986 hat Noltes spätere Tendenz zu einer »doppelten Relativierung der NS-Zeit« (die gesamte Menschheitsgeschichte sei voller Greueltaten und Hitler habe nur Stalins Methoden übernommen) den sogenannten »Historikerstreit« ausgelöst.[242]

»Derselbe Ernst Nolte wurde 1986 im Zusammenhang mit dem ›Historikerstreit‹ in die rechtsnostalgische Schublade geschoben. Einer der Bewältigungspioniere als Verdränger?«[243]

Die Frage erscheint mehr als berechtigt, ob sich in zwanzig Jahren ein tiefgreifender Wandel – Volk und Elite in gegenläufiger Richtung

– im Unterbewußtsein der Deutschen vollzogen hat: von der Bewältigung zur Verdrängung der Vergangenheit.[244] Schwenkt am Ende die deutsche Intelligenzia, oder ein wichtiger Teil von ihr, im Gegensatz zum Volk, auf den Kurs der alten Machteliten ein und leitet damit eine Reedukation der Reedukation ein? Historiker, wie vor 1918 und vor 1939, scheinbar progressiv, auch nun wieder Wegbereiter einer Regression?

»Theoretisch ließ sich sowohl die repressive und autoritäre Innenpolitik als auch das außenpolitische Abenteurertum mit einem einzigen Konzept erklären: mit einem Defizit an Modernität bei den herrschenden Eliten Deutschlands.«[245]

Damit schließt sich der *circulus vitiosus* von Verdrängung der Vergangenheit, Verpassen der Gegenwart, Nostalgie, Regression, Katastrophe und erneuter Verdrängung der Vergangenheit.

Ethnozentrisch-hegemonialer oder partizipatorisch-integrativer Weg?

In der deutschen Geschichte kommen beide Entwicklungsrichtungen vor. Im Ersten Deutschen Reich herrschte, ungeachtet zeitweiliger imperial-hegemonialer Schübe, die partizipatorisch-integrative Kraft vor: die Teilnahme am Karolingischen Reich und Fortentwicklung desselben, Vermittlung der antiken Zivilisation, die Einfügung in die umgreifende christliche Welt-, Wert- und Lebensordnung.

Mit dem aufkommenden Nationalgefühl zu Beginn der Neuzeit lockerte sich der geistige und der institutionelle Rahmen zugunsten ethnozentrischer Entwicklungen. Das Zeitalter des Individualismus, Absolutismus und Narzißmus begann und damit das Streben nach Hegemonie, der Imperialismus und der Nationalismus, eine Art kollektiver Narzißmus.[246]

Als aufstrebende Großmacht verfolgte Preußen eine Doppelstrategie. Äußerlich fügte es sich in das europäische System ein, entwikkelte aber hegemoniale Ambitionen, die sich im Zweiten Reich mit den ethnozentrisch-nationalistischen Kräften verbanden.

Bismarcks Konzept eines saturierten deutschen Nationalstaats und das damit unvereinbare Konzept seiner Nachfolger, ihr Streben nach

Vorherrschaft in Europa und womöglich nach Weltherrschaft lassen den Zwiespalt erkennen, in dem sich die kaiserliche Machtelite befand. Sie beschritt den hegemonialen Weg und scheiterte.

Die Weimarer Republik tendierte zwar zur Integration (Völkerbund), wurde aber vom Impakt der nationalistisch-hegemonial orientierten deutschen Vergangenheit eingeholt; nach 48 Jahren Autokratie waren vierzehn Jahre Demokratie zu wenig.

Zum Glück dauerte die folgende Form der Autokratie, Hitlers Diktatur, nur zwölf Jahre. Ihr folgten 45 Jahre zwar nicht autochthoner, sondern aufgesetzter, aber doch im ganzen erfolgreicher Demokratie.

Damit stehen zirka sechzig Jahre autokratischer Herrschaft, das Zweite und das Dritte Reich, zirka sechzig Jahren demokratischer Regierungsart und Lebensform gegenüber: ein ungefähres Gleichgewicht der Kräfte. Zum ersten Mal in der deutschen Geschichte hat die Demokratie eine echte Chance in Deutschland. Verspielen die Deutschen diese ihre letzte Chance eines Weges zur Freiheit wieder, wird es kein Deutschland mehr geben, denn weder Europa noch die Welt werden eine deutsche Hegemonie hinnehmen, so daß bei dem erneuten Versuch, sie militärisch oder ökonomisch durchzusetzen, nicht das Vierte Reich das Ergebnis wäre, sondern die Aufteilung des noch vorhandenen Restes. Das sollten sich alle Monarchisten, Nationalisten und Reaktionäre überlegen.

Deutschland steht nicht nur an der Schwelle zum 3. Jahrtausend, es steht darüber hinaus an *dem* Scheideweg seiner Geschichte. Diesmal steht mehr auf dem Spiel als je zuvor. Wird wieder eine Machtelite siegen, die lieber mit Nietzsche in den Wahnsinn und mit einem neuen Hitler zur Hölle fährt, oder wird die Mehrheit der Deutschen siegen, die ein vernünftiges Leben führen wollen, in Freiheit und in Frieden mit ihren Nachbarn?

Angst vor den Deutschen?

Man braucht vor den Deutschen keine Angst zu haben, denn sie sind so gut oder schlecht wie alle anderen auch, aber man sollte stets vor ihnen auf der Hut sein, denn sie lieben Überraschungen, also das Beste erhoffen und auf das Schlimmste gefaßt sein.

Im Jahre 2000 wird die Menschheit schon besser wissen, woran sie mit den Deutschen ist. Bis dahin dürfte klargeworden sein, ob sie die letzte Chance ihrer Geschichte zu echter Freiheit nutzen oder ob sie der Nostalgie erliegen, Illusionen von Größe und Macht und schließlich dem Größenwahn. Mit der Entscheidung für die Freiheit oder für den Größenwahn ist auch die Frage der deutschen Identität verbunden, die Deutsche Frage schlechthin. Identität wird nicht gefunden, sondern in der Entscheidung gestiftet. An der Schwelle zum 3. Jahrtausend haben die Deutschen die einmalige Chance, durch ihre Entscheidung für die Freiheit ein jahrhundertelanges Umherirren zu beenden und die wirre Folge ihrer Nachahmungen, Rollen, Masken, Scheinidentitäten und sonstigen Eskapismen gegen eine echte, wahrhafte und dauerhafte Identität einzutauschen.

Die Freiheit belohnt den Mut zur Freiheit und bestraft die Angst vor der Freiheit. Deutschlands Weg in die Freiheit war bisher vergeblich, weil er, unter falschen Propheten und Führern, von Restauration und Reaktion in die Regression überging und in Eruptionen von Barbarei, Verbrechen und Schandtaten endete. Diesmal hat das deutsche Volk zum ersten Mal die Chance der Selbstbefreiung, ohne Vorbeter, ohne Vordenker und ohne Vormünder. Ganz allein von seinem Mut, seiner Aufrichtigkeit und seinem guten Willen hängt daher der Erfolg ab. Das Schicksal ereilt ein Volk nicht ohne sein Zutun, sondern resultiert aus der Summe echter, eigener Entscheidungen. Es wäre allerdings nicht redlich zu verschweigen, daß auch Schwierigkeiten dem Weg in die Freiheit entgegenstehen. Die zu beseitigen, ist der Deutschen vornehmste Aufgabe.

Schritte in die richtige Richtung

Die Überwindung der bösen Erbschaften der deutschen Diktaturen bedeutet noch nicht, daß das neue Deutschland auch den Weg in die Freiheit beschreitet. Die bisherige Entwicklung der beiden deutschen Teilstaaten zeigt Schritte in die richtige, aber auch solche in die falsche Richtung, wobei sich ambivalente Schritte, wie die Ökonomisierung des Lebens in der Bundesrepublik, auch als falsch oder zumindest fragwürdig herausstellen können.

Die Westorientierung Bundeskanzler Adenauers hat sich in einem solchen Maß als richtig erwiesen, wie nicht einmal seine überzeugtesten Anhänger ahnen konnten. Positiv waren auch die Schaffung des Grundgesetzes und die Wahl Bonns zur Bundeshauptstadt (1949), die Tendenz zur sozialen Marktwirtschaft, die Mitgliedschaft der Bundesrepublik in der Organisation für europäische wirtschaftliche Zusammenarbeit, die sinnvolle Verwendung der Marshall-Hilfe, das Lastenausgleichsgesetz (1952), der Beschluß, einen deutschen Verteidigungsbeitrag zur Selbstverteidigung Europas zu leisten, der Wiedergutmachungsvertrag mit Israel, das »Londoner Schuldenabkommen« (1953), der Beitritt der Bundesrepublik zur NATO und zum Brüsseler Pakt (1954), die Pariser Verträge und die Erlangung der Souveränität (1955), Adenauers Reise nach Moskau, die Unterzeichnung der Römischen Verträge (1957) zur Gründung der Europäischen Wirtschaftsgemeinschaft (EWG) und der Europäischen Atomgemeinschaft (EURATOM) sowie der Vertrag über deutsch-französische Zusammenarbeit (1963). Mit dieser Erfolgsbilanz Adenauers, seinen wohlüberlegten und richtigen Schritten auf dem partizipatorisch-integrativen Weg, kann sich keine spätere Regierung messen.

Der »Atlantiker«, Bundeskanzler Erhard, lag richtig in seiner Stärkung der amerikanisch-deutschen Beziehungen.

Am 5. März 1969 wurde Gustav Heinemann zum Bundespräsidenten gewählt. Dieser bescheidene, ganz und gar nicht auf Schau und Imagepflege versessene Mann hat dem deutschen Volk mehr Orientierung gegeben als mancher prätentiöse Vordenker, wenn er auf die Frage eines Journalisten, ob er Deutschland liebe, antwortete: »Ich liebe meine Frau.«[247]

Die sozial-liberale Koalition unter Bundeskanzler Brandt aktivierte nicht nur mit Erfolg die Ostpolitik, sondern auch den europäischen Integrationsprozeß, der später wieder ins Stocken geriet. Weitere Erfolge dieser Politik waren der Beitritt der Bundesrepublik zum Atomwaffensperrvertrag (1969), der Moskauer Vertrag und der Warschauer Vertrag (1970) sowie das Viermächteabkommen über Berlin (1971). Die Ostverträge traten am 3. Juni 1972 in Kraft. 1973 kam dann noch der umstrittene Grundlagenvertrag mit der DDR hinzu, und am 18. September desselben Jahres wurden die Bundesrepublik und die DDR in die UNO aufgenommen.

Bundeskanzler Schmidt förderte die Koordinierungsbestrebungen der westlichen Industriestaaten. 1974 wurde die Bundesrepublik Mitglied der Genfer Abrüstungskonferenz, 1977 des Weltsicherheitsrats. Gegen Schmidts autoritären Regierungsstil und seinen ökonomistischen Trend formierte sich jedoch auch Widerstand: die ökologische und die Friedensbewegung.

Bundeskanzler Kohl meisterte, mit Hilfe der FDP, die 1982 drohende Wirtschaftskrise, setzte die Stationierung neuer US-Mittelstreckenraketen in der Bundesrepublik durch (1983), besuchte Israel (1984) und Polen (1989) und erreichte den Zusammenschluß der beiden deutschen Teilstaaten (1990). Insgesamt hat die Bundesrepublik in dem Zeitraum von 1945 bis 1990, wenn auch mit unterschiedlicher Stärke und mit verschiedenen Akzenten, die partizipatorisch-integrative Linie eingehalten und dabei beachtliche Erfolge erzielt. Die künftige Politik Deutschlands kann daran gemessen werden, wieweit sie diese Linie weiterverfolgt, ob sie das Versprechen eines europäischen Deutschlands hält und den europäischen Einigungsprozeß mit dem gleichen Engagement, aber mit mehr Rücksicht, vorantreibt wie den deutschen.

Zum Schluß sei ein Einzelfall erwähnt, der Anlaß zur Hoffnung für Deutschland als Rechtsstaat gibt. Am 18. Dezember 1987 sprach die große Strafkammer des Landgerichts Frankfurt Peter Augst, einen Arzt, von dem Vorwurf der Volksverhetzung frei. Augst hatte den Soldaten als »potentiellen Mörder« bezeichnet und sich damit wohl im Ausdruck vergriffen. Hätte er »Töter« gesagt, wäre jeder Stein des Anstoßes vermieden. So aber entstand ein Sturm der Entrüstung seitens »beleidigter« Militärkreise und ihrer immer noch sehr mächtigen Anhängerschaft. Ungeachtet kritischer Stellungnahmen auch prominenter Politiker blieb das Gericht bei seinem Freispruch – ein Zeichen der Hoffnung für das Erstarken der Grundrechte in diesem Land.

Schritte in die falsche Richtung

Negativ in der Ära Adenauer war die Einschleppung – zum Teil mit Hilfe der Kirchen in ihrer Versöhnungseuphorie und unter Mißverständnis christlicher Prinzipien – »gereinigter«, »geläuterter« und »bekehrter« hoher NS-Funktionäre und ihrer Kollaborateure in

Schlüsselpositionen der entstehenden Demokratie. Fraglich war die Ergänzung des Grundgesetzes zwecks Begründung der Wehrhoheit der Bundesrepublik (1954), falsch die Forderung von Strauß nach einer atomaren Bewaffnung der Bundeswehr (1958), verhängnisvoll der von der DDR zu verantwortende Mauerbau (1961). Fragwürdig erscheinen das Parteiengesetz von 1967, das die Parteien zu notwendigen Bestandteilen der Demokratie erklärt, und die Notstandsverfassung (1968), die gewisse Artikel des Grundgesetzes außer Kraft setzen kann. Ein Schritt in die falsche Richtung war die Verlängerung des Wehrdienstes von fünfzehn auf achtzehn Monate zum 1. Juli 1989, wie überhaupt die Aufrechterhaltung der Wehrpflicht und die Beschränkung der Entscheidungsfreiheit schwangerer Frauen bei der Abtreibung – beides vordergründig moralisch hochetikettierte Tendenzen, im Grunde aber auf der Linie reaktionärer Militär- und Bevölkerungspolitik liegend.

Eine langsam zunehmende Tendenz mit äußerst schwerwiegenden Folgen ist die schrittweise Einschränkung der persönlichen Freiheit seitens aller etablierter Parteien. Die fast von allen Parteien getragene Ökonomisierung des Daseins bedeutet Freiheitsverlust, Technokratie, Bürokratie und hebt sich im Ökonomismus selbst auf, einem für die Gesellschaft genauso gefährlichen Extrem wie der Militarismus. Ökonomismus und Militarismus opfern die Freiheit des einzelnen der Habgier und dem Größenwahn von Machteliten.

Die ökologische Bewegung und die Friedensbewegung waren positive Warnzeichen vor der Verabsolutierung des ökonomischen Denkens, der Terrorismus eine negative Reaktion auf uneingestandene Mängel des Systems.

Eng, wenn auch auf den ersten Blick kaum sichtbar, hängt mit dem Schwund der Freiheit ein anderes Problem zusammen: der wachsende Antiamerikanismus in der ehemaligen Bundesrepublik und vielleicht auch in Gesamtdeutschland, moralisch ein Schandfleck auf der sauberen Weste dieses Musterstaates und politisch eine Riesendummheit. Daß die Vereinigten Staaten als Inbegriff einer freien Gesellschaft offenbar mit Problemen fertig werden, mit denen die Bundesrepublik nicht fertig wurde, erzeugte Mißtrauen, Ressentiments, Neid und Haß. Aus dem Amerikanismus, der blinden Nachahmung oft weniger erfreulicher Erscheinungen und der Vernachlässigung der wertvollen Züge des *American way of life*, wurde – typisch deutsch – der Antiamerikanismus, nur zum Teil eine Emanzipationsbewegung (weg vom Vater, weg vom größeren Bruder), zum Teil aber auch ideologisch bedingt. Daß die führenden Politiker in Deutschland – Bundeskanzler Kohl ist eine der rühmlichen Ausnahmen – diesem Antiamerikanismus nicht entschlossen entgegentreten, lastet wie eine schwere Hypothek auf der künftigen deutschen Politik, die damit weder bestehen noch leben, noch überleben kann.

Arnulf Baring hat das Problem auf eine plausible Formel gebracht: »In unserer neuen, träumerischen Risikofreude sind wir dabei, uns in kleinen Schritten, fast unmerklich, von den Vereinigten Staaten zu entfernen. Das kann, wenn es so weiter geht, kein gutes Ende nehmen.«[248]

Abschied vom Größenwahn

»Ein Wahn ist eine Überzeugung, die ein Mensch zäh verteidigt und aufrechterhält, auch wenn ihm objektiv das Gegenteil bewiesen wird ... Beim *paranoiden Zustand* sind Wahnbildungen vorübergehend und ergeben noch kein organisiertes Ganzes ... Mit dem Fortschreiten der Erkrankung erhalten die Wahnideen mehr Systematik, Zusammenhang und innere Logik ... Dieser Zustand wird *Paranoia* genannt ... Am häufigsten ist der *Größenwahn.* Der Patient glaubt, er sei etwas ganz Besonderes, ein Kaiser, ein Millionär, ein großer Erfinder oder sogar ein Gott.«[249]

Größenwahn kann also in Graden auftreten, von vorübergehenden Wahnvorstellungen angefangen bis zum klinischen Stadium, das hier außer Betracht bleibt. Größenwahn gibt es nicht nur als Überzeugungen von Individuen, sondern auch als Glaubensinhalte von Kollektiven, etwa von Nationen: Rassismus, Nationalismus, Chauvinismus. Größenwahn in diesem Sinn ist nicht auf Deutschland beschränkt und nicht auf eine bestimmte Zeit, etwa die Gegenwart, aber er kann in einer Nation extreme Erscheinungsformen annehmen und in bestimmten Situationen und zu bestimmten Zeiten auftreten und wiederkehren.

So läßt sich deutscher Größenwahn, individueller wie kollektiver, weit in die Geschichte zurückverfolgen. Aus thematischen und aus Raumgründen beschränken wir uns hier jedoch auf das 19. und 20. Jahrhundert.

Individueller Größenwahn begegnet uns in der deutschen Philosophie bei Hegel und Nietzsche. Hegels unerschütterlicher Glaube, daß sich in seiner Philosophie die Entwicklung des Weltgeistes vollende, sowie seine Überzeugung, daß sein System die Wirklichkeit adäquat erfasse, tragen paranoide Züge. Sie passen zu der weitverbreiteten nationalistischen Überzeugung, daß Preußen – nicht Rußland und England – als Sieger über Napoleon die Weltmacht Nr. 1 der Geschichte darstellt.

Ein fortgeschrittenes Stadium individuellen Größenwahns, wiederum konform mit dem deutschen Imperialismus der Bismarckzeit und der Wilhelminischen Ära, finden wir bei Nietzsche. Sein Größenwahn beschränkt sich nicht, wie oft zu hören ist, auf die letzte, von Paralyse gezeichnete Phase seines Schaffens, sondern ist ein durchgehender Zug, beginnend in seiner Studienzeit. Eine Kritik Hans von Bülows an seinen musikalischen Kompositionen verzieh er ihm zeitlebens nicht, Wilamowitz' Kritik an seiner philologischen Erstlingsschrift quittierte er mit einem wilden Haßausbruch gegen Berlin und die ganze Philologie dort. Als Genie in der Musik und in der Philologie gescheitert, wandte sich der abtrünnige Theologe der Philosophie zu, der er (die ihm) aber auch nicht genügte, so daß er – nicht zum Propheten –, sondern zum Superpropheten und Religionsgründer einer atheistischen Pseudoreligion wurde. Seine Schriften schmückte Nietzsche mit kühnen Metaphern aus der Welt der Bergsteiger, die bei den Lesern den Eindruck erwecken, daß hier ein Mann mit Bergerfahrung spricht. Tatsächlich konnte er, schon infolge seiner Kurzsichtigkeit, nur auf entsprechend breiten Wanderwegen spazierengehen. Seine Bergerfahrungen aber bezog er aus Gesprächen mit einem prominenten Bergsteiger seiner Zeit, Christian Klucker, die er, ein Sprachgenie, zu höchst publikumswirksamen Metaphern stilisierte.[250]

Am Ende hielt sich Nietzsche tatsächlich nicht nur für den größten Philosophen aller Zeiten, vielmehr auch – in Nachahmung von Jesus Christus, den er als ›Idioten‹ abqualifizierte – für einen Übermenschen, der das Schicksal der ganzen Menschheit in seiner Hand hält, ja für einen Gott: »Ich bin ein *froher Botschafter*, wie es keinen gab ... Ich bin der erste *Immoralist:* damit bin ich der *Vernichter par excellence* ... ich bin kein Mensch, ich bin Dynamit ... Erst von mir an gibt es auf Erden *große Politik*.«[251]

Nietzsche hat durch das Medium seiner Sprache den Größenwahn der deutschen Führungselite kräftig angeheizt, wie sein Größenwahn eine Ausdrucksform alldeutsch-pangermanischen Größenwahns war: eine Wechselwirkung von individuellen und kollektiven Wahnvorstellungen.

Mussolini war mehr oder weniger Nietzsche-Jünger, Hitler ein Nachahmer Mussolinis, nur weitaus radikaler, paranoider und bestialischer als dieser.

Aber der Größenwahn starb mit Hitler nicht aus. Honecker wollte bekanntlich wiederum der Größte im sozialistischen Lager sein, und er wurde zur unmenschlichsten Karikatur des Sozialismus in der Nachkriegszeit. Auch in der ehemaligen Bundesrepublik fehlt es nicht an Größenwahn, wie die alarmierende Studie Arnulf Barings gezeigt hat.

Wird der Größenwahn erneut zum Verhängnis Deutschlands?

Drei Wege gibt es, dem Größenwahn zu begegnen: den analytischen, den künstlerischen und den politischen. Analysiert man die typischen Verhaltensmuster des vorklinischen Größenwahns, stößt man auf den Narzißmus, der für unser Zeitalter schicksalhaft ist, denn er wurzelt in einer für die gesamte Neuzeit typischen Bewegung, dem Individualismus: Individualismus am Beginn der Neuzeit, Narzißmus in Form von Persönlichkeitskult und Nationalismus, schließlich paranoider Größenwahn bei Individuen und imperialistisch-hegemoniales Machtstreben im europäischen Einflußbereich, besonders stark, zeitlich gedrängt und durch die Verspätung des Nationalismus sowie durch die Situation begünstigt, in Deutschland, infolge des mehr oder weniger freiwilligen Abstiegs der übrigen europäischen Großmächte zu Mächten mittlerer Größenordnung.

Typisch für die narzißtische Persönlichkeit sind: Selbstbestätigung, Geltungssucht, Siegessucht, Genußunfähigkeit. »Ungeachtet der gelegentlichen Illusionen über ihre Allmacht ist die narzißtische Persönlichkeit zur Bestätigung ihrer Selbstachtung auf andere angewiesen. Ohne bewunderndes Publikum kann sie nicht leben. Ihre scheinbare Freiheit von familiären Bindungen und instinktiven Zwängen befähigt sie keineswegs, auf eigenen Füßen zu stehen oder sich ihrer Individualität zu freuen. Im Gegenteil: Sie trägt zu ihrer Unsicherheit bei, die sie nur überwinden kann, wenn sie ihr ›grandioses‹ Ich in der Aufmerksamkeit anderer reflektiert sieht oder indem sie sich Menschen anschließt, die Berühmtheit, Macht und Charisma ausstrahlen.«[252]

Das Fernsehen ist eine ideale Quelle für das Studium narzißtischer Persönlichkeiten, die ihrerseits eine Art Symbiose mit dem Fernsehen verbindet. Schon zu Hitlers Zeiten ließen sich Starpolitiker gern mit Starsportlern fotografieren, um so ihr Image, ihre Macht, ihren Einfluß zu akkumulieren, eine Identität aufzubauen, nach der sie vergeblich suchten, da sie ihr Selbst ständig durch Pseudoselbste verdrängten oder zu ersetzen suchten. Identitätsschwund, Identitätsverlust, Identitätskrise sind eng mit dem Problem der narzißtischen Persönlichkeit verbunden. Verbunden damit ist die Hektik jener Herren, die von einem Land zum anderen, von Konferenz zu Konferenz und Expertenrunde zu Expertenrunde rund um den Globus jetten – auf einer ewig vergeblichen Jagd nach ihrem Sein, von dem sie sich selbst aussperren: »Aus aller Welt telephonierte und (tele)faxte man die Experten zusammen, und sie jagten und jetteten von einem Kongreß zum nächsten . . . Fast alle wußten gestern über die kommenden Dinge gleich viel, nämlich nichts. Und heute wissen sie über morgen wieder alles.«[253]

Die narzißtische Persönlichkeit erscheint somit, sofern sie sich der Analyse stellt, als »idealer Kandidat für eine Analyse ohne Ende«. Stellt sie sich nicht, bleibt sie im Zyklus ihrer Hektik und Wahnvorstellungen befangen: »Das Leben genießen zu können in einem Prozeß, der eine zunehmende Identifizierung mit dem Glück und den Leistungen anderer mit einschließt, übersteigt tragischerweise das Vermögen narzißtischer Persönlichkeiten.«[254]

Soviel zum analytischen Weg! Der künstlerische ist vielleicht der humanere. Große Künstler wie große Nationen haben den Größenwahn nicht nötig, denn sie sind wirklich groß. Von Homer und Shakespeare weiß man so gut wie nichts. Großbritannien hatte keinen Größenwahn nötig, Rußland, China und die Vereinigten Staaten ebensowenig. Bei Frankreich, der *grande nation,* liegt der Fall etwas anders, vergleicht man jedoch Napoleon mit Hitler, muß man das französische Selbstbewußtsein anerkennen.

Die Großmacht Athen hatte ihren Komödiendichter Aristophanes, Rom hatte Plautus und Terentius, Frankreich seinen Molière. In Deutschland, dem klassischen Land der politischen Tragödien, fehlt wohl nicht zufällig die Komödie so gut wie ganz, doch sie wäre eines der besten Heilmittel gegen den Größenwahn.

Um dem Größenwahn auf politischer Ebene entgegenzuwirken, bedarf es vom individuellen Größenwahn freier Politiker. Der Abschied vom Machtdenken und Machtstreben könnte einen Heilungsprozeß der deutschen Gesellschaft einleiten: Orientierung nicht mehr an Friedrich dem Großen, Nietzsche, Bismarck, Wilhelm II. oder Hitler, sondern am Freiherrn vom und zum Stein, an Alexander und Wilhelm von Humboldt, an Bertha von Suttner, Stresemann oder Adenauer; nicht mehr an Luther, Hegel, Marx, Nietzsche und Heidegger, dafür an Leibniz, Lessing, Goethe, Schiller, Kant und Beethoven.

Mut zur Freiheit

»Der Sieg der Freiheit ist nur möglich, wenn die Demokratie sich zu einer Gesellschaftsform entwickelt, wo der einzelne Mensch mit seinem Wachstum und seinem Glück Ziel und Zweck der Kultur ist, wo das Leben keine Rechtfertigung durch Erfolg oder irgend etwas anderes braucht und wo der einzelne Mensch nicht von einer Macht außerhalb seiner selbst unterworfen oder manipuliert wird – sei es nur der Staat oder der Wirtschaftsapparat . . . Das Problem, dem wir uns heute gegenübersehen, ist die Organisation der gesellschaftlichen und ökonomischen Kräfte, in einer Weise, daß der Mensch – als Mitglied einer organisierten Gesellschaft – zum Herren dieser Kräfte werden kann und aufhört, ihr Sklave zu sein.«[255]

Es wäre verhängnisvoll, wenn man aus dem Sieg über den Faschismus und aus dem Zerfall des Kommunismus auf die Allüberlegenheit des kapitalistischen Systems schließen würde. Es hat sich in der Auseinandersetzung mit dem Rassismus, Nationalismus und Sozialismus als das kleinere Übel erwiesen, nicht mehr, aber auch nicht weniger. Man sollte ebensowenig übertriebene Hoffnungen auf die Demokratie setzen. Der Wert des Kapitalismus hängt von den Entscheidungen der Kapitalisten ab, das Schicksal der Demokratie vom Charakter der Demokraten.

Wie alles in der Welt und im Leben ist auch die Demokratie eher ein Prozeß als ein Zustand, und vielleicht sollte man daher statt von Demokratie im Sinne des Besitzes von Demokratisierung als einer Aufgabe sprechen, die zwar nicht unerfüllbar ist, aber auch nicht bereits erfüllt ist, vielmehr als eine Daueraufgabe erscheint.

Ähnliches gilt für die Freiheit, ähnliches für die Menschenrechte. Sieht man die Demokratie so, vermeidet man die Gefahr der Ideologiebildung. Die demokratische Ideologie, der Demokratismus, ist der Anfang vom Ende der Demokratie, wie der Kapitalismus das Ende der Kapitalwirtschaft und der Ökonomismus das Ende der Weltwirtschaft bedeutet.

»Die Demokratie ist ein System, das die wirtschaftlichen, politischen und kulturellen Voraussetzungen für die volle Entfaltung des einzelnen Menschen schafft. Der Faschismus ist ein System, das . . . den einzelnen äußeren Zwecken unterordnet und der Entwicklung einer echten Individualität abträglich ist.«[256]

Aus evolutionärer Sicht hat das am Individuum orientierte Konzept den Vorrang vor dem am Kollektiv orientierten, da das Ganze nur durch die Optimierung seiner Teile optimal werden kann. Der Faschismus erweist sich als eine Regression in die Zeiten des Absolutismus und Feudalismus oder als ein Verwesungsprodukt des absolutistischen Feudalismus. Beide, Faschismus und Kommunismus, gehen von der falschen Voraussetzung eines Totalwissens aus, wie sie Hegels Philosophie impliziert. Diese (sophistische) Annahme wurde aber bereits von Sokrates falsifiziert. Die enorme geistes- wie menschheitsgeschichtliche Bedeutung des Sokrates liegt weniger in seiner Moralphilosophie als in der Entdeckung, daß ein Totalwissen für endliche Intelligenzen nicht möglich ist. Sokrates lag damit auf der Linie der Evolution, denn Wissen ist kein Besitz, sondern Entwicklung, Erkenntnisfortschritt, mithin Evolution. Die Botschaft des Sokrates besteht nicht primär in irgendwelchen Morallehren, sondern in der Einsicht, daß alle Systeme, die ein Totalwissen voraussetzen, evolutionswidrig sind und daher letztlich scheitern müssen.

Mut zur Freiheit bedeutet, sich dieser Einsicht stellen und im privaten wie im öffentlichen Leben die Konsequenzen daraus ziehen. Mut zur Freiheit bedeutet letztlich ein Ja zur Evolution, während die Angst vor der Freiheit zu einem – vergeblichen – Eskapismus vor der Evolution führt. Was für die Freiheit gilt, gilt auch für die Wahrheit: »Wenn Wahrheit produktiv werden soll, ist sie in starkem Maße abhängig von der Bereitschaft einer Gesellschaft, sie anzunehmen, und ebenso stark von der seelischen und intellektuellen Verfassung der Menschen, die den Mut aufbringen, diese Wahrheit zu verbreiten.«[257]

Ohne Freiheit keine Wahrheit und ohne Wahrheit keine Freiheit. Wahrheit und Freiheit bedingen einander in komplementärer Weise und verweisen auf eine gemeinsame Wurzel, die nicht, wie beim Faschismus, in einem Nein zur Evolution, einem Nein zur Welt als Veränderung und daher im Haß auf das freie Individuum besteht, sondern in der Liebe, die Evolution, Leben, Freiheit, Wahrheit, individuelles Glück und sinnerfülltes Dasein ermöglicht.

Die Versklavung des Individuums in den totalitären Systemen – Bedingung für den Größenwahn narzißtischer Machteliten – führt für die Mehrzahl der Menschen zur Verarmung und Verödung ihres Daseins, zu jener Frustration, Verzweiflung und Wertblindheit, die Nicolai Hartmann in der Einleitung zu seiner »Ethik« treffend beschreibt: »In welchem schreienden Widerspruch steht die Verarmung zum Reichtum des wirklichen Lebens, zum Leben, das immer da ist und mit aller Fülle uns umgibt! Die Tragik des Menschen ist die des Verhungernden, der an der gedeckten Tafel sitzt und die Hand nicht ausstreckt, weil er nicht sieht, was vor ihm ist. Denn die wirkliche Welt ist unerschöpflich an Fülle, das wirkliche Leben ist wertgetränkt und überströmend, und wo wir es fassen, da ist es voller Wunder und Herrlichkeit.«[258]

Ein Leben, das diesen Namen verdient, gedeiht nur in Freiheit, setzt aber beim Individuum den Mut voraus, von seiner Freiheit Gebrauch zu machen, und hier mangelte es bisher bei vielen Deutschen. Wenn es ein Wertdefizit in der deutschen Geschichte gibt, dann ist es das Defizit persönlicher Freiheit. Der Nachholbedarf auf diesem Gebiet ist schier unendlich in dem klassischen Land der Machthaber, Machtstreber, Machteliten und der Machtbesessenheit.

Der Mut zur Freiheit setzt Liebe zur Freiheit voraus, aber schon hier hapert es, wie bereits Michail Bakunin (1814–76) bemerkte, bei den Deutschen: »Aber neben so vielen unbestreitbaren Vorteilen fehlt ihnen einer, die Liebe der Freiheit, der Geist der Empörung. Sie sind das resigniertestе und gehorsamste Volk der Erde.«[259]

Wer die deutsche Geschichte auch nur ein wenig studiert hat, weiß, wie es dazu kam: Luthers Auslieferung der demokratischen Freiheit an die Fürsten; auf dieser Basis die Knechtung des Individuums in Preußen und dem ihm hörigen Deutschland; Bismarcks Instrumentalisierung des Volkes für die Großmachtpolitik einer feudalistischen Machtelite; Hitlers dreifacher Verrat des Volkes an die Reaktion, der Reaktion an seine Gossenelite und dieser wiederum an die von seinem paranoiden Größenwahn infizierte Superelite. Kein Volk in der neueren Geschichte wurde immer wieder so brutal, zynisch und frivol um seine Freiheit und seine Menschenrechte betrogen wie das deutsche. Kann man nach so vielen Enttäuschungen etwas anderes erwarten? Jede Kritik, die diese Misere aufdeckt und die ehrliche Absicht zeigt, ihr abzuhelfen, sollte nicht bekämpft, sondern begrüßt werden, auch wenn sie hier und da über das Ziel hinausschießt: »Freiheit ist ein Gut, das ständig, tagtäglich verteidigt werden muß, das Wachsamkeit in Permanenz erfordert. Man hat in bezug auf die BRD viel von streitbarer Demokratie gesprochen. Was sich aber durchgesetzt hat, ist eine lauwarme, gefügige, lustlose und von elitären Apparaten gelenkte Pseudo-Demokratie . . . Es gibt in diesem Lande vernünftige Leute genug, um aus Deutschland ein vernünftiges Gemeinwesen zu machen, nur fehlt ihnen die Bereitschaft und der Wille zum politisch-gesellschaftlichen Engagement . . . Man kann auf jeden Fall ruhig behaupten, daß die Machthaber dieses Landes in der Regel den unnützlichsten, unbegabtesten und unqualifiziertesten Teil der Bevölkerung darstellen. Selten wurde ein Land, eine ›Kulturnation‹ so miserabel regiert, selten mußte ein Volk eine derartige und sich immer wieder reproduzierende Anhäufung von Mediokrität, Wichtigtuerei, Exhibitionismus, Machtbesessenheit, Engstirnigkeit und Scharlatanerie ertragen – und dies seit Jahrhunderten!«[260]

Das jüngste Beispiel aus der deutschen Geschichte, die Machtelite der DDR, paßt jedenfalls in dieses Bild. Die Bevölkerung der DDR hat mit ihrer Parole: »Wir sind das Volk« Mut zur Freiheit bewiesen. Ob dieser Mut auf Gesamtdeutschland übergreift, bleibt abzuwarten.

»Sag' niemals nie!«

Daß Gesamtdeutschland niemals eine echte Demokratie werden wird, weil seine Bürger von Natur aus nicht zur Demokratie taugen, dürfte ebenso falsch sein wie der Glaube, Deutschland könne das Geschenk der Demokratie nie wieder verspielen. Der Wert einer Demokratie zeigt sich in ihrer Krisenfestigkeit, die Liebe zur Freiheit in der Bereitschaft, sie notfalls zu verteidigen, und die Echtheit des Bekenntnisses zu den Menschenrechten in der Anwendung dieser Rechte nicht nur auf das eigene Volk, sondern auf alle Menschen. Im Falle Deutschlands kommt ganz besonders die Entschlossenheit seiner Bevölkerung hinzu, sich nicht wieder von einer größenwahnsinnigen Machtelite beherrschen, manipulieren und verführen zu lassen. In allen vier Fällen sind Zweifel an der Standfestigkeit der Demokratie im künftigen Deutschland nicht abwegig. Schon die in Kreisen der neuen deutschen Politprominenz verbreitete Abneigung gegenüber tiefschürfende Kritik, die wenn nicht als Nestbeschmutzung, Verleumdung und Verrat, so doch als überflüssig hingestellt wird, erinnert an die Zeit der Weimarer Republik.

»Die westdeutsche Bundesrepublik ist heute das einzige Land Europas, in dem es kein Makel und kaum ein Hindernis für die Karriere eines Menschen ist, daß er ein Nationalsozialist war.«[261] Allein die Hartnäckigkeit und Länge der Debatte über die Verjährung von NS-Verbrechen gibt zu der berechtigten Frage Anlaß: Sollte hinter den Kulissen alles beim alten geblieben sein?

»Auf der Linken, besonders unter jungen Menschen, begegnet man heute einer recht ernstlichen Furcht davor, daß sie in der Zukunft in einem sich mehr und mehr verhärtenden autoritären Staat leben werden. Manche nennen ihn Polizeistaat, manche faschistischen Staat – es kommt auf den Namen nicht an. Sie haben viele recht stichhaltige Gründe für diese Furcht. Es gibt führende Personen auf der Rechten, die zwar dem nationalsozialistischen Glaubenssystem fernstehen, deren menschliche Haltung aber in den Augen der anderen Seite eine ominöse Verwandtschaft mit der Haltung von Vertretern eines autoritären faschistischen Staates zeigt. Das bezieht sich auf Männer in hohen Regierungs- und Parteipositionen wie auf Richter, Großunternehmer und Polizisten. Der maßlose, haßerfüllte Feldzug gegen »Sympathisanten« hat die Furcht, daß Deutschland einer faktischen Parteidiktatur selbst im Rahmen eines nominell parlamentarischen Regimes zusteuert, begreiflicherweise erheblich verstärkt. Auf der Rechten andererseits wird immer von neuem darauf hingewiesen, daß ihre Gegner auf eine Revolution hinsteuern. Das ist auf dieser Seite der Zentralpunkt der Furcht, und auch hierfür gibt es stichhaltige Gründe.«[262]

Schon die Polarisierung in »Rechte« und »Linke« – als ob es keine Mitte, kein Zentrum, keine schweigende Mehrheit gäbe – erscheint verhängnisvoll, erinnert wieder an die Zeit der Weimarer Republik und darüber hinaus an das Zeitalter der Glaubenskriege. Hinzu kommen andere, nicht weniger bedenkliche Entwicklungen. Die gutgemeinte, aber völlig überflüssige und sterile Debatte darüber, ob man vor Deutschland künftig Angst haben müsse oder nicht,[263] wirkt eher kontraproduktiv und verrät außerdem die Unsicherheit im Selbstbewußtsein der deutschen Publizistik. Wer die deutsche Geschichte etwas gründlicher studiert hat und auch die Vorgeschichte kennt, der weiß, daß die Furcht ein Indikator der Ehre, Größe und Macht eines Stammes war und somit, auch heute wieder, wenn auch unbewußt oder vorbewußt, die entsprechenden Gefühle der für diese »Werte« Empfänglichen stimuliert.

Wenig ermutigend ist die Tatsache, daß die neue deutsche Machtelite nicht selbst auf Mißstände aufmerksam wird, sondern von ausländischer Seite darauf gestoßen werden muß, auf Rabda, das »Auschwitz in der Wüste« Libyens und sein Giftgas, auf das zwar nicht auf die Bundesrepublik beschränkte, aber doch von relativ vielen ihrer Firmen praktizierte Unterlaufen des von der UNO gegen den Irak verhängten Waffenembargos – und auf die daraus unter anderem resultierende Giftgasherstellung! Nach diesen peinlichen Enthüllungen folgen – erneute Vorwürfe. Wer hier ignoriert oder bagatellisiert, macht sich an neuen Verbrechen gegen die Menschheit mitschuldig, wer die Kontinuität der Art der Verbrechen in Abrede stellt, darf sich nicht wundern, wenn er eines Tages mit ähnlichen Vorwürfen konfrontiert wird. Und: »Während SED-Chef Honecker Juden aus der Diaspora lächelnd Orden verlieh und ihnen die Hand freundschaftlich drückte, ließ er Israelis und deren Freunden, auch US-Bürgern, den Dolch in den Rücken stoßen.«[264] Wer die feierlichen Versicherungen hört, von deutschem Boden werde nie wieder ein Krieg ausgehen, Holocaust und ähnliche Menschheitsverbrechen würden sich nie wiederholen, und dann Schießbefehl, »Menschenversuche«, Giftgasrezepte und Beihilfe zum Atombombenbau damit vergleicht, kann über den Widerspruch von Worten und Taten nur entsetzt sein. Nach der neoteutonischen – nicht nur Legalisierung, sondern sogar – Sanktionierung von Verbrechen gegen Menschen, Menschheit und Menschlichkeit unter den Nazis setzte, wie sich neuerdings herausstellt, das SED-Regime die Verhöhnung des Rechts mit einer neuen, »kapitalistischen« Variante fort: mit der Verurteilung Unschuldiger zwecks Freikauf durch die (ehemalige) BRD.

Die Beispiele ließen sich leicht vermehren: Von alldem war schnell nichts mehr zu hören. Ist wieder einmal alles mit Erfolg unter den Teppich gekehrt? *Business as usual?*

Wenn die deutschen Machteliten in mancher Beziehung Weltrekorde aufstellten, so wahrscheinlich auch im Erfinden fauler Ausreden: Die anderen machen es auch, sind nicht besser als wir – oder sogar viel schlimmer: Geteilte Schuld ist halbe Schuld, halbe Schuld ist halbe und am Ende ganze Unschuld. Dagegen kann man nur mit Bertolt Brecht sagen: »Mögen andere von ihrer Schande sprechen, ich spreche von der meinen.«[265]

Schändung jüdischer Friedhöfe, Brandanschläge auf Asylantenwohnheime, neofaschistische Umtriebe: Ist alles das nicht symptomatisch? Wenn eines symptomatisch ist, ist es die Arroganz, die inzwischen auch die teilen, die sich offiziell als Kämpfer gegen die Arroganz der Macht ausgeben.

»Viel Kummer bereiten mir zur Zeit die Fernsehbilder von den Zerstörungen und Opfern der jüngsten Bombenangriffe auf Bagdad. Der Text, den der Ansager spricht, hat einen deutlich erkennbaren Hintergrund: Das ist das Resultat der Resolution 678! Es ist schmerzlich, die Toten und Verwundeten zu sehen, doch sie wurden von den Herrschern Iraks getötet, denen die internationale Gemeinschaft viele Monate lang angeboten hatte, den Frieden zu wählen. Sie konnten wählen, und sie wählten den Krieg. Sie hatten sich lange vor dem 17. Januar 1991 dafür entschieden, als sie 12 000 Bürger Kuwaits töteten, doch dies ging in den Augen der ›Pazifisten‹ nicht auf das Konto des Krieges. Sie schrieben es Großmachtinteressen und pseudoklassenmäßigen Prioritäten zu und setzten sich über alle moralischen Bedenken hinweg.«[266]

Wieweit ist diese Art ideologischer Medieninfektion von Axel Eggebrechts (1899–1991) allzu berechtigten Forderungen journalistischer Wahrheitsliebe und unvoreingenommener Darstellung gegnerischer Standpunkte entfernt!

Hier liegen nicht zuletzt die Wurzeln des so oft beklagten Schwunds der Glaubwürdigkeit.

Ein anderer Grund für den Schwund der Glaubwürdigkeit liegt bei den Politikern in leichtfertigen Versprechungen sowohl im Inland gegenüber den Wählern, in bewußter, halbbewußter oder unbewußter Wählertäuschung, als auch gegenüber anderen Völkern in der Erzeugung unerfüllbarer Wünsche und Hoffnungen. Die Pflege des Mythos vom Wirtschaftswunder, teils Ausdruck von berechtigtem Stolz, teils die Folge eingefleischter Prahl- und Großmannssucht, kann eines Tages böse Früchte tragen, wenn nämlich die Überschätzung deutscher Leistungsfähigkeit in Enttäuschung, Bitterkeit und Haß umschlägt. Schon zweimal waren die Deutschen in diesem Jahrhundert von der Welle des Hasses überrascht, der ihnen dank der unseriösen Politik ihrer Machteliten entgegenschlug. Wird es so weitergehen? Die Neigung, moralische Schuld mit materiellen Mitteln, vor allem Geld, zu begleichen, steigert die Habgier ins Unbegrenzte, erzeugt bei den Empfängern Enttäuschung über das Zuwenig und daher Haß, bei den Gebern Unwillen, Wut und Empörung über das Zuviel – ein Teufelskreis bösen Blutes, der zwischenmenschliche Beziehungen eher vergiftet als gedeihen läßt.

Bereits vor dem Zustrom der Asylanten, einer unbeabsichtigten Folgeerscheinung auch unseriöser Politik und Mythenbildung, versagen die Politiker. Die perfide Taktik der Verheißung und Vertröstung, von Schamanen und Theologen Jahrhunderte hindurch praktiziert, hat offensichtlich auf die Politiker abgefärbt und zeitigt entsprechende Wirkungen, von Wirkungen auf die eigene Bevölkerung gar nicht zu reden.

Zum Schwund der Glaubwürdigkeit tragen auch andere Mythen bei, eine Art moderne Dolchstoßlegenden, so der neuerdings aufkommende Mythos vom Nichtbau der deutschen Atombombe aus moralischen Gründen.[267] Hier wird nachträglich aus faktischem Versagen moralisches Kapital auf Kosten unserer ehemaligen Kriegsgegner, nun unserer besten Freunde, geschlagen, was der Erhaltung dieser Freundschaft nicht gerade nützen dürfte. Je schneller das Versagen jener Experten vergessen oder sogar in höhere Qualifikation umgemünzt wird, desto höher und schneller steigt ihr Kurswert im neuen Deutschland.

Deutschland hat eine lange Tradition im Schamanismus: Je gröber und größer die Lüge, desto eher wird sie geglaubt. Zu Größe und Macht gelangt, wer an sich glaubt und glauben macht. Die Tatsachen werden der Heilswahrheit angepaßt; die Geschichte wird verschwiegen, umgeschrieben, nachgestellt oder uminterpretiert, die Umdeutung wird geleugnet; freche Behauptungen werden aufgestellt, ebenso frech widerrufen, totgeschwiegen oder wieder aufgestellt: So wurde die ewige Lüge zur ewigen Wahrheit. Politik wird zur Kunst dieser »ewigen Wahrheit«, des Immer-schon-recht-gehabt-Habens und des Immer-recht-behalten-Werdens, ewiger Rechthaberei und Besserwisserei – »Besserwessis« wurde nicht ohne Grund das Wort des Jahres –, zur Kunst der Schlangenmenschen, Gesinnungsakrobaten, Opportunisten, Wendehälse, Falschmünzer und Absahner. Der Glaube an die eigene Würdigkeit verbindet sich mit dem Glauben an die eigene Überlegenheit, Sophistik mit Selbstgerechtigkeit, Überheblichkeit mit Euphorie und Automessianismus. Scheinbare Vorkämpfer des Rechtsstaats werden auf der Ebene der Unglaubwürdigkeit die besten Alliierten des Terrorismus, den sie zu bekämpfen glauben oder vorgeben. Harmloser, aber vielleicht nicht ungefährlicher erscheint die moderne deutsche Politik dort, wo die Politiker für ihre eigenen – natürlich überragenden – Produkte werben. Ein Friedrich der Große, der für den Friederizianismus wirbt, ein Bismarck, der den Bismarckismus propagiert, ein Kissinger, der den Kissingerismus anpreist – unvorstellbar! Genscherismus ist dagegen eine Tatsache, wenn auch die Politologen sich über die Bedeutung des Begriffes erst noch klar werden müssen: ein politisches Allheilmittel, eine unbesiegbare diplomatische Wunderwaffe, der Glaube an die Unwiderlegbarkeit von Leerformeln – oder nur eine Alterserscheinung?

Verlust der Glaubwürdigkeit und Imagebesessenheit schließen einander nicht nur nicht aus, sondern ergänzen sich. Den schwersten

Schaden fügen sich die neuen deutschen Machteliten selbst zu: durch ihre zunehmende Immunität gegenüber der Kritik von außen und dem proportional dazu wachsenden Mangel an Selbstkritik. Schenkt man jüngsten Umfragen Glauben, sank das Image der Politiker in der Nachkriegszeit noch nie so tief wie in den letzten Jahren.

Und wie reagierten die Olympier darauf? Mit gesteigertem Selbstbewußtsein, das heißt meistens überhaupt nicht, also mit einer neuen Form einer uralten Verhaltensweise, der Hybris. Schon Platon erkannte, daß es mit einem Staat um so schlechter bestellt ist, je mehr Gesetze er produziert. Die Flut der Gesetze ist eine Art Eskapismus vor der Wirklichkeit, zugleich eine Art Abschirmung der Politiker vor den anstehenden Problemen, von denen immer mehr verschoben, immer weniger gelöst werden. Schon unter Bundeskanzler Schmidt nahm die Gesetzesflut überhand, und die versprochene Wende von der Legalität zur Moralität hat daran kaum etwas geändert. »Eine Vertrauenskrise«, so hört man die Verantwortlichen bei Gelegenheit reden, »keine Staatskrise«. Als ob eine Vertrauenskrise, und der Verlust der Glaubwürdigkeit ist nichts anderes, nicht viel schlimmer als jede Staatskrise wäre!

Wer am Image festhält, so trösten uns die Schamanen, braucht um die Wirklichkeit nicht zu bangen, denn Image ist Wirklichkeit, Image ist Macht. Aber der Satz: »Image ist alles« läßt sich zum Kummer der Schamanen auch umkehren: »Alles ist Image.« Und die Schlußbilanz? Fällt sie eindeutig positiv aus?

Positiv ja, eindeutig nein.

Als positiv läßt sich verbuchen, daß das vereinte Deutschland nicht eine Diktatur, sondern eine Demokratie geworden ist. Positiv ist auch, daß der Kalte Krieg zwischen Ost und West nicht, wie falsche Propheten, Schwarzseher und Panikmacher glauben machen wollten, höchstwahrscheinlich in einen heißen Krieg übergehen wird, sondern daß, wozu auch deutsche Politiker beigetragen haben, der Frieden erhalten blieb. Positiv ist ferner die Überwindung des Nazismus und Militarismus alten Stils und nicht zuletzt, durch Vermeidung überzogener Ansprüche von oben und unten, rechts und links, die Erhaltung des inneren Friedens. Positiv ist schließlich auch das (vorläufige) Scheitern eines Systems, das aus dem deutschen Volk fast wieder ein Volk von Spitzeln und Bespitzelten, von Intriganten und Denunzianten, Betrügern und Betrogenen, Herren und Sklaven gemacht hätte.

Gegenüber dieser im großen und ganzen positiven Bilanz erscheinen die negativen Faktoren zwar nicht gleichgewichtig, aber auch nicht als *quantité négligeable:* der Schwund der Glaubwürdigkeit, die Vertrauenskrise, das Imagegerangel, die Wechselbäder von Euphorie und Lethargie, die Hektik infolge schlechten Gewissens, der blinde Aktivismus, der die Probleme eher vergrößert als löst.

Wenn ein amerikanischer Präsident einen deutschen Bundeskanzler als äußerst irritierend und arrogant empfindet, wenn ein russischer Außenminister sich deutscherseits vor vollendete Tatsachen gestellt sieht, wenn ein britischer Außenminister sich nicht den Willen seiner deutschen Partner »aufzwingen« lassen will, wenn Israelis die Deutschen für eine neue Bedrohung durch Giftgas verantwortlich machen und infolge der Doppelzüngigkeit deutscher Politiker Deutschland mit einer Schlange vergleichen, wenn von deutschen Nachwuchspolitikern – und nicht nur von ihnen – nicht selten gegenüber ausländischen Regierungen ein mehr als taktloser Ton angeschlagen wird, wenn ein brunnenvergiftender Antiamerikanismus von sogenannten Vordenkern der Nation nicht mit harter Rüge beantwortet, sondern stillschweigend hingenommen wird, wenn nationale Tendenzen, je nach deutscher Interessenlage, bald angeprangert (Europa), bald favorisiert (Jugoslawien) werden, wenn Unterengagement gegenüber einem Unrechtregime (Irak) mit Überengagement für eine zweifelhafte Sache (kroatischer Separatismus) wechselt, ferner Übereifer im Hinblick auf Menschenrechtsverletzungen in anderen Ländern mit Zögerlichkeit hinsichtlich des »Balkens im eigenen Auge« – wenn das alles zu beobachten ist: kann man dann noch sagen, daß alles in bester Ordnung ist, und von einer Musterdemokratie sprechen, oder zeigt sich darin ein empfindlicher Mangel an Selbstkritik und ein peinliches Maß von Selbstgerechtigkeit? Verhaltensweisen, die aus der deutschen Geschichte, besonders der letzten 150 Jahre, nicht unbekannt sind.

Alle diese Verhaltensweisen, Phänomene und Faktoren mögen im einzelnen unbedeutend erscheinen, insgesamt, in veränderter Situation und mit zunehmendem Radikalismus können sie über Nacht, wie nicht zum ersten Mal in der deutschen Geschichte, einen gefährlichen Umschwung der Dinge bewirken, denn hinter scheinbar rational zu meisternden Ereignissen und Entwicklungen verbirgt sich eine gerade durch den Scheinrationalismus unheimlich wirkende und sich ständig verstärkende irrationale Gesamttendenz, die, gemäß der Dialektik und Dynamik der deutschen Psyche, schneller, als man denkt, von einem Extrem ins andere umschlagen kann.

So können die Pazifisten von gestern, wie die Wiederentdeckung von Nietzsches Maxime vom gefährlichen Leben bereits zeigt, die Kriegsschwärmer von morgen sein, so können sich Links- und Rechtsextremismus in kurzer Zeit gegenseitig so steigern, daß ein Kollaps des Rechtsstaates, wie einst in Weimar, nicht mehr aufzuhalten ist. Hektik, Tempo und Terrorismus sind gegenüber »Rechts« und »Links« indifferente Verbündete, folgen ihrem eigenen Gesetz der Gesetzlosigkeit und enden im gleichen – auch nicht neuen – *furor teutonicus.*

Wodurch unterscheidet sich denn die Wilhelminische Machtelite, eine die Germanen nachäffende brodelnde Masse zwischen Stumpfsinn, Trunk und Streit hin und her taumelnder Taugenichtse, von den Nihilisten des 20. Jahrhunderts, denen nichts heilig war und ist außer ihrem nichtigen Ego? Die Verfeindung von Bewußtem und Unbewußtem, Schizophrenie, Narzißmus, Dekadenz und paranoider Größenwahn sind in beiden Fällen gleich.

Das deutsche humanistische Gymnasium und die deutsche Universität, einst Vorbilder für die ganze zivilisierte Menschheit, erlagen den Heimsuchungen schwarzer Obskuranten, brauner Terroristen und roter Kulturrevolutionäre. Was die Nazis davon übriggelassen hatten, zerschlugen die Neoradikalen mit ihrer pauschalen Diffamierung alles »Bürgerlichen« und ihrem Amoklauf gegen das Bildungsbürgertum, gegen liberale Lehrer, objektive, freie Forschung und das Leistungsprinzip.

Was die Marxisten, Leninisten und Maoisten von gestern, die Nietzscheaner, Heideggerianer und Konfuzianer von morgen dagegensetzen?

Außer mit neuen Etiketten versehenen alten Phrasen, Flausen und Ladenhütern nichts, reichte es doch nicht einmal zu einer kritischen Auseinandersetzung mit ihren neuen Vaterfiguren. Angeblich wollten sie eine menschlichere Gesellschaft gründen, und das, indem sie mit Hilfe einer im Grunde nihilistischen Bildungspolitik der humanistischen Bildung und freier Wahrheitssuche endgültig den Garaus zu machen suchten, zugunsten einer perfektionierten Barbarei, neuer Pseudoevangelien, neuer Götzen und einer neuen Bonzokratie.

Wie verhielten sich die Hochschullehrer?

Ein Teil hielt mit heroischer Haltung die Stellung, und wenn überhaupt noch etwas von liberaler Gesinnung und freiem Geist übrig ist, so verdanken wir es diesen namenlosen Helden. Ein Teil schloß sich den Revoluzzern an, hoffte und erreichte wohl auch mit ihrer Hilfe Posten, die sie aus eigener Kraft nie erlangt hätten. Andere alarmierten die Polizei, wenn sie der Geister, die sie selbst evoziert hatten, nicht mehr Herr wurden. Die Mehrzahl resignierte und ließ mit sich machen, was den neuen (alten) Herren beliebte.

Was gibt es in diesem Land mit seiner großen humanistischen Tradition, mit seinen Musterschulen und Musteruniversitäten von einst eigentlich noch zu zerstören, zu zerschlagen und zu zersetzen?

Zuallererst die Familie, den Hort des Widerstandes gegen Ideologien, Indoktrination und Organisation, gegen Demagogie und Manipulation, sodann die Reste echter christlicher Lebensführung, die sich hartnäckig dem neuen Götzendienst widersetzen, ferner den Maßstab bürgerlicher Weltanschauung, das Leistungsdenken, dem wir es verdanken, wenn nach dem weltweiten Zusammenbruch sozialistischer Ideologien überhaupt noch etwas funktioniert, schließlich die wahre gewachsene und gediegene Kultur, die dem Ansturm pseudointellektueller, politisierender, diffamierender, im Dienste der Parteipropaganda stehender, marktschreierischer Subkultur zu erliegen droht.

Deutschlands Schicksal scheint sich wieder einmal nicht in der Pflege, sondern in der Zerstörung von Werten zu erfüllen. Politiker, um es in einem Satz zu sagen, die eine menschlichere Gesellschaft propagieren und gleichzeitig eine antihumanistische Bildungspolitik betreiben, sind unglaubwürdig.

»Werden wir ein Volk von Idioten?« heißt eine das Thema »Bildungskatastrophe« wiederaufnehmende, verschärfende Frage. Die Antwort lautet: Wenn sich der quer durch die Parteien laufende Trend zum Abbau liberaler, unparteiischer, humanistischer Geisteskultur fortsetzt, ja.

Wenn es in einer Zeit weltweiter Demilitarisierung wichtiger erscheint, ostentativ eine französisch-deutsche Brigade zu formieren, statt das Geld für ihre und die Unterhaltung völlig überflüssiger militärischer Einrichtungen in die Förderung echter Kultur und wahrer Bildung zu investieren, wenn statt dessen Riesenstandbilder größenwahnsinniger Potentaten renoviert werden, Gebeine von absolutistischen Herrschern feierlich umgebettet und nach zwei verlorenen Weltkriegen die Siegeszeichen gescheiterter feudalistischer Herrlichkeit replaziert werden und wenn allen Ernstes schon wieder von parlamentarischer *Monarchie* anstelle parlamentarischer Demokratie die Rede ist, wenn nicht nur die deutsche Reformation (seit 1524) und die deutsche Revolution (1918/19; 1933) in den Dienst der Reaktion traten, sondern nun auch die deutsche Reanimation in den Dienst der Reaktion tritt und damit die Reaktion in Deutschland ihren absoluten weltgeschichtlichen Triumph feiern kann, so ist das Ende einer solchen Entwicklung absehbar, wobei sich, wie in der Weimarer Republik, nicht einmal die erklärten Feinde der Demokratie als ihre schlimmsten Feinde erweisen dürften, sondern ihre falschen Freunde, die (heute) sogenannten Absahner, die unter jedem Regime alles, was sie erreichen können, mitnehmen, ohne sich dabei die saubere Weste zu beschmutzen. Das überlassen sie anderen, die für sie mit die Zeche zahlen müssen. Nur ein Alptraum? – »Sag' niemals nie!«

Anhang

Anhang I

Von den römischen Quellen ragt Caesars (100–44 v. Chr.) »Bellum Gallicum« hervor, da Caesar Germanen und Gallier aus eigener Anschauung kannte. Die »Germania« des Tacitus (ca. 55–120 n. Chr.), nach wie vor ein wichtiges Zeugnis, beruht nicht auf eigener Erfahrung und ist nicht frei von Tendenz. Wo Tacitus seine Ausführungen auf Augenzeugen oder Kenner der Szene, wie Plinius den Jüngeren (23/24–79 n. Chr., »Bellorum Germaniae Libri XX«) stützt, sind seine Angaben zuverlässig und wertvoll. Sofern er hingegen hellenistische ethnologische Klischees auf die Germanen anwendet oder als Moralist seinen verdorbenen Zeitgenossen romantisierend den Naturzustand der reinen Germanen gegenüberstellt, ist Vorsicht geboten.

Neben Caesar und Tacitus – außer der »Germania«, ursprünglich wohl einem Exkurs, sind die »Annales« und »Historiae« wertvolle Quellen – ist die »Historia Romana« (bis 30 n. Chr.) des römischen Offiziers und Historikers Velleius Paterculus besonders für die Zeit des Kaisers Tiberius (14–37 n. Chr.) zu nennen, ferner, für die Augusteische Zeit, das Geschichtswerk des griechischen Geographen und Historikers Strabon (ca. 64 v.-19 n. Chr.), daneben der griechische Historiker Cassius Dio (ca. 163–230 n. Chr.) aus Bithynien, der etwa 180 n. Chr. nach Rom kam und in 80 Büchern (36 bis 60 erhalten, Reste von 79 und 80) die Geschichte Roms bis zum Jahre 211 n. Chr. behandelte, und, mit Einschränkungen, die Kaiserbiographien des römischen Schriftstellers C. Suetonius (ca. 70–140 n. Chr.). Zu nennen ist auch der römische Geograph Pomponius Mela (1. Jh. n. Chr.), der das Werk »De chorographia« verfaßte, ferner der jüdische Historiker Josephus Flavius (1. Jh. n. Chr.) sowie Plutarchos v. Chaironeia (ca. 45–120 n. Chr.) und Claudius Ptolemäus, ein griechischer Mathematiker, Astronom und Geograph des 2. Jh. n. Chr. in Alexandria. Besonderen Quellenwert, vor allem für Kaiser Julian (361–363) und die Gotenkriege, haben erst wieder die »Res gestae« (31 Bücher, 14 bis 31 erhalten) des (romanisierten) Historikers Ammianus Marcellinus (ca. 330–400 n. Chr.), der das Werk des Tacitus fortsetzen und bis auf seine Zeit weiterführen wollte.

Der Universalgelehrte Poseidonios v. Apameia (ca. 135–51 v. Chr.) aus Syrien wollte das Geschichtswerk des griechischen Historikers Polybios v. Megalopolis (ca. 200–120 v. Chr.) fortsetzen und behandelte in 52 Büchern den Zeitraum von 144–85 v. Chr., u. a. die Kimbernkriege, in denen Germanen erstmals in den Gesichtskreis der zivilisierten Welt der Antike eintraten. Poseidonios führte zuerst (um 80 v. Chr.) die bis heute ungeklärte Bezeichnung »Germanen« ein, die Caesar dann aufgriff, um dadurch Kelten (Gallier) und Germanen abzugrenzen. Für die Griechen waren Kelten und Skythen oft Sammelnamen für Völkerschaften im Nordwesten und Nordosten insgesamt, also Nicht-Hellenen, Barbaren, Leute, deren Sprache man nicht versteht, ohne Kultur und »am Ende der Welt«. Aus Poseidonios schöpfte der römische Historiker Titus Livius (49 v.–17 n. Chr.), besonders in den (ebenfalls verlorengegangenen) Büchern 104 und 139 bis 142 seines monumentalen Geschichtswerkes, das spätere Autoren, z. B. die römischen Historiker Florus (2. Jh. n. Chr.) und Eutropius (4. Jh. n. Chr.) bis zu dem Römisch schreibenden und christlich orientierten Paulus Orosius (5. Jh. n. Chr. »Historiarum adversus paganos libri VII«) benutzten. Zu nennen wären schließlich die »Skythika« des griechischen Historikers und Politikers Paulus Herennius Dexippos (3. Jh. n. Chr.), worin er die Gotenkriege schildert, die er teilweise miterlebte. An Dexippos schließt sich Eunapios (ca. 345–420 n. Chr.) an, der die Zeit von 270 bis 404 behandelt. Nur stellenweise zuverlässig sind die »Scriptores Historiae Augustae« (SHA), Lebensbeschreibungen römischer Kaiser von 117 bis 284 n. Chr. Nicht tendenzfrei ist ferner das Werk »Nea historia«, sechs Bücher des griechischen Historikers Zosimos (5./6. Jh.), das bis zur Einnahme Roms durch Alarich (410 n. Chr.) reicht.

Neben den historischen und geographischen Quellenschriften

kommen gelegentlich literarische Zeugnisse in Betracht: Dichtungen, z. B. von Horaz (65–8 v. Chr.), Manilius (1. Jh. v. Chr.) und Lucanus (1. Jh. n. Chr.), sowie Briefe und Reden des Kaisers Julianus (331–363), der Rhetoren Libanios, Themistios und Symmachus (4. Jh. n. Chr.).

Weitere Hilfsmittel sind das »Corpus Inscriptionum Latinarum« (CIL), das »Corpus Scriptorum Ecclesiasticorum Latinorum« (CSEL), »Die Fragmente der griechischen Historiker«, ediert v. F. Jacoby (FGrHist), »Griechische christliche Schriftsteller der ersten Jahrhunderte« (GCS), »Geschichte in Wissenschaft und Unterricht« (GWU), »Historisches Jahrbuch« (HJB), »Jahrbuch des Deutschen Archäologischen Instituts«, Berlin (JdI), »Monumenta Germaniae historica« (MGH), »Auctores antiquissimi« (AA), »Patrologiae cursus completus«, ediert v. J. P. Migne, »Series graeca« bzw. »latina« (Migne PG bzw. PL), »Reallexikon für Antike und Christentum« (RAC), »Reallexikon der Germanischen Altertumskunde«, hg. v. J. Hoops, ^{2}1968 ff. (RGA), »Thesaurus Linguae Latinae« (ThLL), »Zeitschrift für deutsches Altertum und deutsche Literatur« (ZfdA).

Weiterführende allgemeine Literatur außer den in den Anmerkungen genannten Werken: E. Norden, »Alt-Germanien«, Darmstadt ^{2}1962; »Die Germanen. Geschichte und Kultur der germanischen Stämme in Mitteleuropa, ein Handbuch in 2 Bänden«, Berlin ^{4}1883; E. Nack, »Germanien. Länder und Völker der Germanen«, Wien, Heidelberg 1958; »Germanenprobleme in heutiger Sicht«, hg. v. H. Beck, Berlin, New York 1986; W. Holmquist, »Germanic Art during the first millenium A. D.«, Stockholm 1955; G. Neckel, »Kultur der alten Germanen«, in: »Handbuch der Kulturgeschichte«, 1934; »Die altgermanische Dichtung«, Repr. 1957; H. Paul, »Germanische Literaturgeschichte«, 2 Bände, Stuttgart o. J. (Magnus).

Anhang II

Eine echte Bewältigung der deutschen Vergangenheit, eine weiterführende Behandlung der deutschen Frage und eine Analyse der Zukunftsperspektiven Deutschlands kommen an der Persönlichkeit Martin Luthers, seines Einflusses auf die Deutschen und an seiner Bedeutung für die deutsche Geschichte nicht vorbei.

»Soviel mag gesagt sein, daß dieses überragende, aber exzentrische Genie, dieser wilde Antisemit und Rom-Hasser, in dessen ungestümem Wesen sich so viele der besten und schlimmsten deutschen Eigenschaften mischten – Grobheit, Heftigkeit, Fanatismus, Intoleranz, Gewaltsamkeit, aber auch Ehrlichkeit, Schlichtheit, Gewissenserforschung, Rechtschaffenheit vor Gott, Lernbegierde, Liebe zur Musik und Dichtung – das Leben der Deutschen im Guten wie im Schlechten unauslöschlicher und schicksalhafter prägte als irgendein einzelner Mensch vorher oder nachher. Durch seine Predigten und seine hervorragende Bibelübersetzung schuf Luther die moderne deutsche Sprache, erweckte im deutschen Volk nicht allein eine neue, protestantische Schau des Christentums, sondern auch einen glühenden deutschen Nationalismus und lehrte es, zumindest in der Religion, vor allem dem eigenen Gewissen zu gehorchen. Aber andererseits, und für das deutsche Volk tragisch, stärkten Luthers Parteinahme für die Fürsten während der Bauernkriege – die in hohem Maße auf ihn selbst zurückzuführen waren – und sein Hang nach politischer Autokratie einen bedenkenlosen, provinziellen politischen Absolutismus, der die große Mehrheit des deutschen Volkes zu Armut, schrecklichem Stumpfsinn und erniedrigender Unterwürfigkeit herabwürdigte. Vielleicht noch schlimmer war, daß dies zur Verewigung, ja zur Verschärfung der hoffnungslosen Spaltungen beitrug, die nicht nur zwischen einzelnen Ständen, sondern auch zwischen den verschiedenen dynastischen und politischen Gruppierungen in Deutschland bestanden. Hierdurch wurde für Jahrhunderte die Möglichkeit der deutschen Einigung vereitelt.

Der Dreißigjährige Krieg und der Westfälische Frieden von 1648 brachten Deutschland die endgültige Katastrophe, einen so vernichtenden Schlag, daß sich das Land davon niemals völlig erholte . . . In den wilden Kämpfen wurde Deutschland selbst zur Wüste, die Städte und das Land wurden verheert und ausgeraubt, die Bevölkerung wurde dezimiert. Man hat geschätzt, daß in diesem barbarischen Krieg ein Drittel der deutschen Bevölkerung zugrunde ging.

Der Westfälische Frieden war für Deutschlands Zukunft fast ebenso verhängnisvoll, wie es der Krieg gewesen war. Die deutschen Fürsten, die auf die Seite Frankreichs und Schwedens getreten waren, wurden als absolute Herrscher ihrer kleinen Gebiete bestätigt – es gab etwa 350 –, während der Kaiser außerhalb seines eigenen Herrschaftsbereiches lediglich eine repräsentative Gestalt blieb. Die Reform- und Aufklärungsströmung, die Deutschland am Ende des 15. und zu Beginn des 16. Jahrhunderts erfaßt hatte, wurde unterbunden. Während dieses Zeitraums hatten sich die großen Freien Städte wirklicher Unabhängigkeit erfreut: Aus ihnen war der Feudalismus verschwunden, es blühten Handwerk und Handel. Selbst die deutschen Bauern hatten weit größere Freiheiten genossen als die Bauern Englands und Frankreichs. Ja, Deutschland war am Anfang des 16. Jahrhunderts, wie sich wohl behaupten läßt, eine der Nährquellen der europäischen Kultur.

Durch den Westfälischen Frieden verfiel es in eine Art moskowitische Barbarei. Die Leibeigenschaft wurde wiederhergestellt und sogar in Gebieten, wo sie vorher unbekannt gewesen war, eingeführt. Die Städte büßten ihre Selbstverwaltung ein. Die Bauern, die Handwerker, selbst die Bürger wurden bis zum äußersten von Fürsten ausgebeutet, die sie in degradierender Knechtschaft hielten. Wissenschaftliche und künstlerische Betätigung erlosch fast völlig. Die habgierigen Herrscher hatten keinen Sinn für deutschen Nationalismus und Patriotismus, und wo diese sich bei ihren Untertanen regten, wurden sie unterdrückt . . . Von diesem Rückschlag erholte sich Deutschland nie wieder. Tief in der Mentalität der Deutschen faßten Autoritätsgläubigkeit und blinder Gehorsam gegenüber ihren launischen fürstlichen Tyrannen Wurzeln. Der Gedanke der Demokratie, des parlamentarischen Regierens, der in England im 17. und 18. Jahrhundert so rasche Fortschritte gemacht hatte und in Frankreich 1789 zündete, breitete sich in Deutschland nicht aus. Diese politische Rückständigkeit der in vielen kleinen Einzelstaaten voneinander abgeschnitten und isoliert von den neuen Strömungen europäischen Denkens und europäischer Entwicklung lebenden Deutschen führte dazu, daß Deutschland von den anderen Ländern Westeuropas getrennt wurde und hinter ihnen zurückblieb. Es kam nicht zu einer natürlichen Entfaltung der Nation. Dies muß man sich vor Augen halten, wenn man begreifen will, warum dieses Volk einen so verhängnisvollen Weg einschlug und warum sich bei ihm so verworrene Gedankengänge ausbreiteten. Schließlich wurde die deutsche Nation durch nackte Gewalt geschmiedet und durch nackte Aggression zusammengehalten.«[268]

An dieser Stelle kann zur Lösung der Frage nur ein bescheidener, mehr anregender als klärender Beitrag geliefert werden. Im Hinblick auf die Entwicklung der frühen neuhochdeutschen Sprache ist und bleibt die Bibelübersetzung Luthers eine große Leistung, aber war sie auch sinnvoll? Die Ausbildung von Nationalstaaten, Nationalsprachen und Nationalgefühlen lag im Trend der Zeit. Die Engländer waren den Deutschen darin schon vorangegangen. Heute ist der traditionelle Nationalstaat tot,[269] die Nationalsprachen leben noch und stellenweise auch die nationalen Gefühle. Bezogen auf das nationale Zeitalter war Luthers Tat gewiß sinnvoll. Im Vergleich mit der Antike, die mit Lateinisch als Kommunikationssprache und Griechisch als Bildungssprache ein hohes Maß an geistiger Einheit ihres Kulturkreises erreicht hatte, versagte das christliche Europa, ging eher den Weg der babylonischen Sprachverwirrung weiter und schuf mit seinen Nationalsprachen dort Sprachbarrieren, wo die Evolution Vereinheitlichung gebot. Mittelfristig verlor Luthers Großtat viel von ihrer Bedeutung, insofern Französisch zur Diplomaten-Sprache, Englisch zur Weltsprache wurde, Deutsch aber entweder so herunterkam, daß zum Beispiel Leibniz seine Schriften in Lateinisch oder Französisch schreiben mußte, oder so kompliziert wurde, daß die ungebildete Mehrzahl des Volkes sie kaum mehr verstand. Da der allgemeine Trend zu Weltzivilisation, Weltkultur und globaler Kommunikation unumkehrbar ist, wird die deutsche Sprache langfristig immer mehr an Bedeutung verlieren. Verfehlt erscheint eine nationalistische Bildungspolitik, die Deutsch dennoch zur Weltsprache machen und zu einer von vornherein aussichtslosen Konkurrenz mit der englischen Sprache zwingen möchte. Nur als lokale Variante einer multikulturellen europäischen Gesellschaft und globalen Zivilisation kann Deutsch seinen kulturellen Rang behaupten.

Luther war kein Philosoph, sondern ein Theologe. Ein fortschrittlicher oder ein rückschrittlicher?

Sein Kampf gegen die Werkgerechtigkeit, für die Stimme des Gewissens und für ein unmittelbares Verhältnis des Menschen zu Gott liegen auf der Linie der neuzeitlichen Emanzipation des Individuums und der Aufwertung der Persönlichkeit, die in der Renaissance bereits begonnen hatten. Während die Reformation in Westeuropa, Skandinavien und in der Schweiz zu mehr Freiheit und sozialem Fortschritt führte, endete sie in Deutschland mit einem Fiasko, mit mehr innerer wie äußerer Unfreiheit, mit Unterdrückung und einer Knechtschaft, wie sie Deutschland nie zuvor erlebt hatte.

Warum?

Unter Luthers Regie schlug die Reformation in Deutschland in Restauration, Reaktion und Regression um. Sie stärkte das feudale System und schwächte Bürger und Bauern. Luthers Bündnis mit dem aufkeimenden deutschen Nationalgefühl war eher taktisch, durch seinen Amoklauf gegen Rom bedingt, als im Interesse des Volkes, dem er zwar seine Wahrheit »vom Maul abschaute«, das er aber im übrigen als »Herr Omnes« verachtete. Diese für Emporkömmlinge typische Einstellung hat das Verhalten des deutschen Klerus und seiner konformistischen Intelligenzia bis auf den heutigen Tag geprägt. Infolgedessen blieben in Deutschland Freiheit, Demokratie und Menschenrechte auf der Strecke; Servilität, Autoritätsgläubigkeit und Machtstrebertum gediehen wie sonst nirgends in Europa.

Hat man einmal erkannt, daß Luthers Verhalten im Grunde in wenigen Verhaltensmustern wurzelt, vor allem in drei: Übertreibung, Umkehrung und Emotionalisierung, wird auch seine scheinbar labyrinthische, vielschichtige und komplizierte Theologie verständlicher. Askese und Meditation, maßvoll betrieben, führen zu Vernunft und Weisheit. Luthers maßlose Askese bewirkte das Gegenteil: Ächtung der Vernunft, Unbeherrschtheit und Radikalismus. Seine anfängliche Liebe zur Wahrheit schlug, wie bei seinem Vorbild Augustin, in blinden Gehorsam, Determinismus und Fatalismus um. Betrachtet man die Liebe zur Freiheit, wie sie sich bei Pelagius in der Antike, in England in der Neuzeit durchsetzte, als Merkmal ursprünglich auch deutscher und germanischer Eigenart, erscheint Luther in dieser Beziehung eher antideutsch, ungermanisch, eher mittelalterlich-patristisch-regressiv als reformatorisch-neuzeitlich-progressiv. Luther war nicht nur auf halbem Wege stehengeblieben, er war umgekehrt. Der Wechsel von einem Extrem ins andere, von Luther zwar nicht eingeführt, wohl aber verstärkt, erweist sich als eine weitere verhängnisvolle Erbschaft.

Wenn George Bernard Shaw sagt: »Die Deutschen haben eine Besessenheit, jede Sache so weit zu treiben, bis eine böse daraus geworden ist«, so entspricht dies der Tendenz Luthers zu Übertreibung.

Luthers Theologie überbietet mit ihrer rigorosen Forderung nach Unterwerfung unter den Willen Gottes scheinbar alles, was an christlicher Demut, Frömmigkeit und Gottesfurcht bis dahin bekannt war. In gewisser Weise erscheint Luther nicht nur päpstlicher als der Papst, sondern sogar christlicher als Christus. Aber der absolute Gehorsam hat auch eine Kehrseite: Kann Gott überhaupt einen Menschen verdammen, der ihm absolut ergeben ist? Er müßte dann wohl die ganze Menschheit, die Krone seiner Schöpfung, verdammen und würde damit eher als ein wahnsinniger Despot, ein Teufel denn als Gott erscheinen. So betrachtet, erscheint Luthers absoluter Gehorsam gegenüber Gott als der sicherste Weg zum eigenen Heil. Anstelle des bestechlichen Gottes der römischen Kirche tritt in Luthers Theologie der erpreßbare Gott, denn Luthers Gott hat gar keine andere Möglichkeit, als den absolut gehorsamen Gottesdiener zu akzeptieren. Tut er das nicht, verliert er sein Gesicht und wird zum Teufel. Luthers Theologie bekommt, so betrachtet, magische Züge, wirkt regressiv, archaisch. War Luther im Grunde nicht der gottesfürchtigste aller Gottesdiener, sondern ein Herausforderer Gottes, der seinem Gott, wie einem Fetisch, mit der Absetzung droht, wenn er nicht »Gnade vor Recht ergehen« läßt? Hinter extremer Demut, auf die Spitze getriebener Gottesfurcht lauert das

Gegenextrem, die Hybris. Nietzsche zog die Konsequenz aus dieser von Luther kaum wahrgenommenen, nicht nur für den christlichen Gott, sondern für alle Religion und Frömmigkeit tödlichen Kehre und erklärte Gott für tot, schaffte ihn ab.

Luther hat zwar die Scholastik mit Recht kritisiert, aber er hielt nicht nur an den scholastischen Methoden fest, sondern vergröberte sie. Am Ende stand nichts Neues, und das Erreichte, zu dessen hinreichendem Verständnis Luther die Voraussetzungen fehlten, wurde verspielt. Er blieb Dogmatiker, Fideist und Fundamentalist, und zwar radikaler als irgendein anderer spätmittelalterlicher Theologe.[270] Mit seiner ebenso unbegründeten wie leidenschaftlichen Ablehnung des Aristoteles zugunsten des späten Augustinus und dessen Prädestinationslehre, also mit seinem Augustinismus, endete er, wie bereits angedeutet, in einem Suizid der Theologie: Gleichsetzung von Gott und Teufel; Gotteshaß (Selbsthaß); Spuren von Verfolgungswahn: »Gott führt mich nicht, er reißt und jagt mich. Ich bin meiner selbst nicht mächtig.«[271] Ferner Zügellosigkeit, Irrationalismus, Fanatismus und Sadomasochismus: »Würde Gott mir befehlen, Mist zu essen, so würde ich es tun, in der klaren Erkenntnis, daß dies für mich heilsam ist.« Man braucht nur Gott durch Despot zu ersetzen, und man stößt auf des Pudels Kern, nicht auf den christlichen Gott der Liebe, sondern auf den Gott-Tyrannen, für den der Landesherr oder -fürst eintreten kann, der über willenlose und bedingungslos gehorsame Untertanen, Befehlsempfänger und Automaten verfügt.

Sowenig sich Luther ernsthaft mit der Frage der Willensfreiheit auseinandergesetzt hat – er umging sie –, sowenig hat die von ihm propagierte Freiheit in seinem theologischen »System« einen Platz. Luther verwarf Aristoteles unter anderem wegen dessen Lehre von der Sterblichkeit der Seele – ein Mißverständnis, das offensichtlich auf Luthers mangelhafter Kenntnis des Aristoteles beruht. Thomas von Aquin hatte das Problem schon lange im Einklang mit Aristoteles gelöst. Luthers Weg von Aristoteles über Augustinus zu Paulus, den er mit Christus verwechselte, ist nur scheinbar ein Weg zum wahren Christentum. Der Irrtum ist verständlich und verzeihlich. Bedenklich ist dagegen, daß Luther gerade die abergläubischen Bestandteile des Christentums für den Kern der Botschaft hielt und seinen Glauben, ganz im Sinne der alten allein seligmachenden Kirche, monopolisierte. So könnte man ihn als mittelalterlichsten aller Reformatoren bezeichnen.

Luther erscheint nicht selten, vor allem in der Literatur, als deutschester aller Deutschen. Das dürfte jedoch, wie bereits bemerkt, kaum zutreffen. Er entspricht weder im körperlichen Erscheinungsbild deutschen Modellvorstellungen (schon eher Thomas Müntzer) noch in seinem Temperament. Merkmale mittelalterlicher deutscher Tugend waren das Maß, die Zucht, die Milde. Luther war das genaue Gegenteil von alldem und ähnelt in seinem Absolutismus, Fundamentalismus und Radikalismus vielmehr seinem Seelenverwandten, dem Afrikaner Augustinus, orientalischen Despoten und griechischen Tyrannen.

Nach Nietzsches bekanntem Ausspruch: »Im Grunde gab es nur einen Christen, und der starb am Kreuz« (II, 1200) erscheint die Frage, ob Luther ein Christ war, nicht mehr abwegig. Sieht man im Gebot der Feindesliebe das Wesensmerkmal christlicher Religiosität, muß diese Frage verneint werden. Luther hat die Feindesliebe in Feindeshaß, stellenweise sogar in Nächstenhaß umfunktioniert, so wenn er dazu auffordert, die Hände im Blut seiner Gegner zu waschen,[272] die Bauern wie tolle Hunde zu erschlagen,[273] oder in demagogischer Weise zur Judenverfolgung aufruft und sie theologisch sanktioniert.[274] In der Reichskristallnacht sind die Nazis noch hinter Luther zurückgeblieben, denn dieser hatte die Juden nicht nur Schweine genannt,[275] vielmehr auch gefordert, Synagogen und Schulen der Juden zu verbrennen und, was nicht verbrennen will, mit Erde zuzuschütten.

Waren das nur gelegentliche Ausrutscher eines radikalen heiligen Kriegers? Schließlich hat Luther auch etliche Hymnen gedichtet, war ein rührender Familienvater und hat ergreifende Predigten gehalten!

Kein Lebewesen, auch ein intelligentes nicht, hält den totalen Haß durch. Wie die Liebe, so braucht auch der Haß Pausen, aber bei Luther dominierte der Haß, und dieser Haß, das ist vielleicht sein schlimmstes Erbe: »Wenn seine Taten auch milder waren als seine Worte, so impfte er nichtsdestoweniger Deutschland jene religiösen Haßgefühle ein, die die deutsche Erde noch hundert Jahre nach seinem Tod mit Blut durchtränken sollten.«[276]

Wie sich Luther gegenüber seinen Gegnern verhielt, war wohl kaum christlich. Wie verhielt er sich gegenüber Gleichgesinnten?

Die Antwort lautet: intransigent, impertinent, inkonziliant und inhuman. Durch diese Eigenschaften verscherzte er nicht nur die Vereinigung der deutschen und englischen Reformation zu einer Front, die Europa endgültig von dem ihm so verhaßten Papsttum hätte befreien können, sondern auch die Einheit auf dem Festland, mit Erasmus, Zwingli, Calvin und anderen. Es ist wahr: Europa könnte heute protestantisch sein, aber weder der Papst noch die katholische Kirche, sondern die Reformation der Fundamentalisten war der schlimmste Feind der Reformation der Humanisten.

Was taugt im Endeffekt eine Reformation, deren Oberhäupter sich gegenseitig verketzern und verteufeln?

Luther hielt Calvin und andere Reformatoren für Ketzer und vom Teufel besessene Lügenmäuler. Joachim Westphal, ein lutherischer Pfarrer aus Hamburg, brandmarkte die Abendmahlslehre Calvins und Zwinglis als »satanische Gotteslästerung« und wollte die Schweizer Theologen nicht mit der Feder widerlegt sehen, sondern mit Hanfschlingen der Obrigkeit.

Als Zwingli am 3. Oktober 1529 Luther die Bruderhand reichen wollte, wies dieser ihn zurück, bezichtigte ihn der Sünde und Gotteslästerung, nannte ihn einen Heiden und warnte 1532 Herzog Albrecht von Preußen davor, dort Zwinglianer zu dulden. Wenn es um die Realpräsenz Christi im Altarssakrament geht, erscheint Luther »fast Arm in Arm mit dem Papsttum gegen die Zwinglianer«[277].

Ein Wittenberger Papst oder ein Schamane, der den anderen die Kundschaft abspenstig macht? Auf jeden Fall ein Schritt in die falsche Richtung, zur Ideologisierung des Christentums. Kaiser Julian bemerkte bereits: Es gibt kein wilderes Tier als einen zornigen Theologen.

Lösung der Probleme oder Sturm im Wasserglas?

Die einzige Problemlösung dieser »Christen« war der Krieg. Am Ende stand, nicht anstelle, sondern neben der alten Nomenklatura eine neue, jedoch ebenso obskurant, obsolet und obstinat – und dafür mußten Millionen Menschen ihr Leben lassen!

Als Luther gegen die besseren Argumente des Erasmus nichts mehr einfiel, verglich er ihn mit Judas Ischariot: »Das hinterlasse ich als mein Testament und rufe euch als Zeugen in dieser Sache an: daß ich den Erasmus für den größten Feind Christi halte, wie es in tausend Jahren keinen gegeben hat.«[278]

Vielleicht käme man der Wahrheit näher, wenn man diese Kritik auf Luther selbst anwenden würde, aber soviel Selbstkritik war bei diesem Genie der Selbsttäuschung wohl nicht vorauszusetzen.

Luther und die Frauen?

Daß Luther in den patriarchalischen Vorurteilen seiner Zeit befangen war, kann man ihm nicht zum Vorwurf machen, aber er war rückständiger als sein Zeitalter und viele Päpste. Voller Abneigung gegen gebildete Frauen, sah er Frauen als eine Art von Gebärmaschinen an: einer der wenigen Punkte, in denen bei ihm Theorie und Praxis zusammenpaßten. Seine Sexualität war eher primitiv als phantasievoll, seine Heirat mit Katharina von Bora eher eine Verlegenheits- als eine Liebesheirat.

Luthers Einstellung zum Krieg?

Zu seinem Sadomasochismus und seiner Theologie paßt, daß er den Krieg als »Werk der Liebe« sanktionierte: »Also muß man auch dem Kriegs- und Schwertamt zusehen, mit männlichen Augen, warum es so würgt und greulich tut. So wird sich's selbst beweisen, daß es ein Amt ist, an ihm selbst göttlich und der Welt so nötig und nützlich. Die Hand, welche das Schwert führet und würget, ist nicht mehr Menschen Hand, und nicht der Mensch, sondern Gott hänget, rädert, enthauptet, würget, krieget.«[279]

Die Apotheose des Krieges, der als »Amtshandlung« verstanden wird, paßt wiederum zu Luthers Psychogramm: »Ich trage der ganzen Welt Haß und Feindschaft: wohlan.« Luther ging an seinem Haß, seiner Irrationalität und Zerrissenheit zugrunde, aber er sublimierte all dies zu sprachlichen Meisterwerken. So erscheint seine Tirade »Wider das Papsttum zu Rom vom Teufel gegründet« (1545) als ein »Meisterstück der Schmähsucht«, und er verfaßte »die krassesten Schmähreden, die die Weltgeschichte kennt«.[280]

Seine Aufforderung: »Pecca fortiter! war wohl in erster Linie an andere gerichtet, denn er selbst war und blieb ein braver, biederer, geduldiger, gefügiger und gehorsamer Untertan, der gewiß, wenn er erlebt hätte, wozu die Großen dieser Welt sein Werk mißbrauchten, der treueste Gefolgsmann des Papstes, wenn nicht selbst Papst geworden wäre.

Was wurde aus Luther als Kämpfer gegen die kirchliche Korruption?

Landgraf Philipp von Hessen[281] hatte von seiner Ehefrau, die er nicht liebte, zehn Kinder; daneben hatte er eine Reihe »standesgemäßer« Affären. Da die Mutter seiner adligen Mätresse auf Heirat drängte, Bigamie aber als Verbrechen galt, entdeckte der hohe Herr sein Gewissen und wandte sich um Rat an Luther und Melanchthon. Luther hatte natürlich Verständnis für die »Gewissensnöte« des hohen Herrn und erteilte ihm unter der Bedingung der Geheimhaltung Dispens. Die Ehe kam zustande (1540), die Geheimhaltung funktionierte nicht, und es gab einen Riesenskandal. Melanchthon erkrankte, Luther blieb fest und riet dem Landgrafen zu einer »guten, starken Lüge«.

Luthers Verhaltensschema: festbleiben, verdrängen, weiterlügen! hat in der späteren deutschen Politik mehr als eine Entsprechung gefunden, wenn auch die Ergebnisse sowenig im Sinne des Ratgebers ausfielen wie des Landgrafen Schwenk zum Kaiser.

Luther hatte mit dem Anspruch moralischer Sauberkeit seinen Feldzug gegen die päpstliche Korruption eröffnet und geführt. Spätestens hier wird deutlich, daß ihm nicht nur die intellektuellen Voraussetzungen zur Durchführung seines Unternehmens fehlten, sondern auch die charakterlichen und damit die moralische Legitimation. Als Anhänger einer Doppelmoral für Herrscher und Beherrschte machte er sich unglaubwürdig und verursachte mit seinem Bündnis von Magie und Macht eine Struktur- und Dauerkrise des Protestantismus. Anstelle des Ethos war das Pathos getreten, nicht nur die Freiheit, sondern auch die Moral blieb auf der Strecke, Ideologisierung, Instrumentalisierung und Säkularisierung der Religion schritten fort.

Luthers Verhalten erinnert auch hier wieder in frappierender Weise an Augustinus, der ebenfalls mit hohen moralischen Ansprüchen gegen sein Zeitalter auftrat und zunächst Partei für die Verfolgten ergriff, dann aber, nach dem Sieg des Christentums und seinem Aufstieg in die Prominenz, auf die Seite der Verfolger hinüberwechselte und die Obrigkeit bei ihren Verbrechen – gegen ehemalige Gesinnungsgenossen, jetzt Staatsfeinde – unterstützte, ermunterte und »legitimierte«. Was aber ist von einem Volkstribun zu halten, der zunächst die Menge aufgewiegelt, dann aber, wenn es für ihn gefährlich wird, zu den siegreichen Unterdrückern überläuft? Am Maßstab der Gracchen gemessen, erscheint Luthers Verhalten indiskutabel.

Wie ihr Gründer versagte später die neue Kirche auf sozialem Gebiet, nicht anders als im alten Römischen Reich die katholische Kirche. Luther hat, »trotz gelegentlichen Tadels der Fürsten, Hand in Hand mit ihnen gearbeitet und seine Kirche den Bauernmördern anvertraut . . . Die Reformation Luthers verdient keinen Vorzug vor der alten Kirche.«[282]

Anhang III

Alphabet des guten Deutschen,	des bösen Deutschen
A aufrichtig	A anmaßend
B besonnen	B brutal
C charakterfest	C charakterlos
D dankbar	D dünkelhaft
E ehrlich	E engstirnig
F freiheitsliebend	F frech
G gründlich	G größenwahnsinnig
H hilfsbereit	H herrschsüchtig
I intelligent	I intolerant
J jugendlich	J jovial
K kosmopolitisch	K kaltblütig
L lebensfroh	L launisch
M maßvoll	M maßlos
N natürlich	N neidisch
O ordentlich	O opportunistisch
P pflichtbewußt	P pedantisch
Q qualifiziert	Q querulantenhaft
R redlich	R rechthaberisch
S seriös	S streitsüchtig
T tüchtig	T tyrannisch
U unbestechlich	U unberechenbar
V versöhnlich	V verlogen
W wohlwollend	W wirklichkeitsfern
X xenophil (fremdenfreundlich)	X xenophob (fremdenfeindlich)
Y yanghaft (heiter)	Y yinhaft (finster)
Z zuverlässig	Z zügellos

(Bertrand Russells »Alphabet des guten Bürgers« (»The Good Citizen's Alphabet«, London 1953) veranlaßte den Verfasser zu dem Versuch, eine ähnliche Liste als Orientierungshilfe für Deutsche über sich selbst und für Nichtdeutsche über »die Deutschen« zusammenzustellen.)

Das ABC des guten und des bösen Deutschen erhebt nicht den Anspruch auf die endgültige, vollständige oder gar absolute Kanonisierung von Eigenschaften, nicht einmal im Hinblick auf Deutsche, denn maßvolle und maßlose Menschen gibt es auch sonst, aber Maßlosigkeit ist nun einmal ein weitverbreitetes Charakteristikum für Deutsche. Ebensowenig soll die Nennung einer bestimmten Eigenschaft andere, mit dem gleichen Buchstaben beginnende Eigenschaftswörter ausschließen. Die Auswahl ist und bleibt subjektiv. Ob Gründlichkeit typischer für Deutsche ist als Gutmütigkeit oder Gastfreundschaft, darüber kann man verschiedener Meinung sein. Um nicht den Eindruck der Voreingenommenheit aufkommen zu lassen, seien hier, soweit das möglich ist, zu den einzelnen Eigenschaften Alternativen aufgeführt. Zunächst zu den positiven Eigenschaften: anständig, aufgeschlossen; begabt, begeistert, behaglich, behende, beherrscht, beherzt, bescheiden; christlich, (zivil)couragiert; demütig, diszipliniert, duldsam; edel, einfach, einfühlsam, empfindsam, erfinderisch; fähig, faustisch, feinsinnig, fleißig, freigebig, freimütig, freundlich, friedlich; gastfreundlich, gelassen, geschickt, gleichmütig, großzügig, gutmütig; heimelig, hilfsbereit, hingebungsvoll, höflich; idealistisch, inbrünstig, indulgent, innig, integer; kooperativ, korrekt, kundig, künstlerisch; loyal; metaphysisch, musikalisch, musisch; nachdenklich, nachsichtig, nobel; offenherzig, opferbereit, organisatorisch; philanthropisch, philosophisch; rational, reuig, rücksichtsvoll; sanftmütig, schlicht, schonungslos, schüchtern, selbstlos, solide, sorgfältig, strebsam, systematisch; tiefsinnig, treu; umgänglich, umsichtig; vielseitig, vital, vornehm; willensstark, wohltätig; zahm.

Varianten negativer Eigenschaften: aggressiv, angeberisch; barbarisch, berechnend, borniert, boshaft; chaotisch, chauvinistisch; destruktiv, devot, dumm; eigenbrötlerisch, eingebildet, einfältig, elitär, engherzig; frevelhaft, friedlos, frivol; gefühlskalt, gehässig, gemein, grausam, grob; habgierig, hämisch, hartherzig, hinterhältig; impertinent, infantil, instinktlos, intrigant; jähzornig; kleinkariert, kleinmütig, kriegsliebend; larmoyant, leichtfertig, linkisch; machtgierig, mißmutig, muckerhaft; narzißtisch, neureich, neurotisch; obrigkeitlich, obstinat, obstruktiv; prahlerisch, primitiv, protzig; querköpfig; rachsüchtig, raffig, roh, rücksichtslos, rückständig, ruhmbegierig; scheinheilig, selbstgerecht, selbstherrlich, sentimental, servil, spießig, stur, subaltern; taktisch, taktlos, tückisch; unbeherrscht, unmenschlich; verklemmt, verräterisch, verschlagen; wankelmütig, wehleidig, widersprüchlich; zanksüchtig.

Mit den Einschränkungen, daß alle diese Eigenschaften nicht nur bei Deutschen vorkommen, andere Eigenschaften nicht ausschließen und teilweise ambivalent sind, soll diese Aufzählung mehr anregen als belehren, eher ansporn en als informieren, ist also primär als pädagogische Leitlinie, nicht als wissenschaftliches System zu verstehen.

Zum Vergleich seien hundert (positive oder negative) Aussagen von Deutschen oder Nichtdeutschen über »die Deutschen« aufgeführt:

Es ist der Deutschen Brauch, daß sie dem Feinde redlich unter die Augen ziehen, denselben männlich und nicht meuchlings überwinden. *(Kaiser Heinrich II.)*

*

Ein recht deutsch Herz trachtet nach Reichtum nicht, sondern nach Ehre und Glimpf [Ansehen]. *(Kaiser Friedrich I. Barbarossa)*

*

Deutsche Zucht geht vor in allen. *(Walther v. d. Vogelweide)*

*

Deutscher Handschlag, deutsches Wort, deutsche Treue starker Hort. *(Alter Spruch)*

*

Deutschland ist wie ein schöner, weidlicher Hengst, der Futter und alles genug hat, was er bedarf. Es fehlt ihm aber an einem Reiter. *(M. Luther)*

*

Der ist ein Deutscher ehrenwert,
Der wacker, herzhaft, unverzagt
Für die Freiheit mit seinem Schwert
In die größte Gefahr sich wagt. *(G. R. Wekherlin)*

*

Die alten Deutschen waren
Stets Löwen in Gefahren
Und Lämmer – bei Pokalen *(Inschrift)*

*

Ich bin ein deutsches Mädchen!
Mein Aug' ist blau und sanft mein Blick,
Ich hab' ein Herz,
Das edel ist und stolz und gut. *(F. G. Klopstock)*

*

Frankreich ist das Modenland, England das Land der Launen, Spanien das Ahnenland, Italien das Prachtland, Deutschland das – Titelland. *(I. Kant)*

*

Der Deutsche ist redlicher als jede (andere) Nation; nur er darf die Phrase: »deutsch handeln« für »gerade handeln« nehmen. *(J. Paul)*

*

Es liegt in der deutschen Natur, alles Ausländische in seiner Art zu würdigen und sich fremder Eigentümlichkeit zu bequemen.
(J. P. Eckermann, »Gespräche mit Goethe«)

*

Freunde, treibet nur alles mit Ernst und Liebe; die beiden stehen dem Deutschen so schön, den ach! so vieles entstellt.
(J. W. v. Goethe)

*

Große Monarchen erzeugtest du und bist ihrer würdig:
Den Gebietenden macht nur der Gehorchende groß.
Aber versuch' es, o Deutschland, und mach' es deinen Beherrschern
schwerer, als Könige groß, leichter, nur
Menschen zu sein! *(F. v. Schiller)*

*

Zur Nation euch zu bilden, ihr hoffet es, Deutsche, vergebens. Bildet, ihr könnt es, dafür freier zu Menschen euch aus! *(J. W. v. Goethe und F. v. Schiller)*

*

Scheltet mir nicht die Deutschen! Wenn sie auch Träumer sind, so haben doch manche unter ihnen so schöne Träume geträumt, daß ich sie kaum vertauschen möchte gegen die wachende Wirklichkeit unserer Nachbarn. *(H. Heine)*

*

Die deutsche Nation war stets in Erfindung nützlicher Künste und Gewerbe die erste, weil sie die geduldigste und arbeitsamste ist.
(K. J. Weber)

*

Seid stark im Lieben, werdet schwach im Hassen!
So wird Gott seine Deutschen nicht verlassen. *(E. M. Arndt)*

*

Und es mag am deutschen Wesen
einmal noch die Welt genesen. *(E. Geibel)*

*

Ein immer junges Herz ward nur den Deutschen gegeben. *(L. Börne)*

*

Unser deutscher Nationalcharakter, der immer das Beste will und darüber das Gute oft verliert. *(O. v. Bismarck)*

*

Der Deutsche hat an und für sich eine starke Neigung zur Unzufriedenheit. Ich weiß nicht, wer von uns einen zufriedenen Landsmann kennt. *(O. v. Bismarck)*

*

Wir Deutsche fürchten Gott, aber sonst nichts in der Welt. *(O. v. Bismarck)*

*

Gut deutsch sein heißt sich entdeutschen. *(F. Nietzsche)*

*

In keinem anderen Lande der Welt ist das Interesse an fremden Kulturen und Literaturen wohl so groß wie in Deutschland, was Stärke und Schwäche zugleich bedeutet. *(K. Tucholsky)*

*

Die größte moralische Wohltat, die man dem deutschen Volk erweisen kann, ist, daß man es zu den unterdrückten Völkern rechnet. *(Th. Mann)*

Kritische Aussagen deutscher Autoren:

Deutschland ist gewesen, und es wird niemals wieder sein, was es gewesen ist. *(M. Luther)*

*

Gebe Gott, daß deutsches Wesen sei, wie es vor alters war!
(F. v. Logau)

*

Verkennt denn euer Vaterland,
Undeutsche Deutsche! Steht und gafft
Mit blöder Bewunderung großem Auge
Das Ausland an! *(F. G. Klopstock)*

*

Wer könnte es denn wohl den lieben Deutschen recht machen, die noch immer in ihren anarchischen Wust verliebt sind.
(J. W. v. Goethe)

*

Der Deutsche ist gelehrt, wenn er sein Deutsch versteht.
(J. W. v. Goethe)

*

Im Deutschen lügt man, wenn man höflich ist. *(J. W. v. Goethe)*

*

Wo ich den deutschen Körper zu suchen habe, das weiß ich,
Aber den deutschen Geist, sagt mir, wo findet man den?
(J. W. v. Goethe)

*

Deutschland? Aber wo liegt es? Ich weiß das Land nicht zu finden,
Wo das gelehrte beginnt, hört das politische auf. *(F. v. Schiller)*

*

Ringe, Deutscher, nach römischer Kraft, nach griechischer Schönheit.
Beides gelang dir; doch nie glückte der gallische Sprung.
(F. v. Schiller)

*

Was deutsch und echt, wüßt' keiner mehr,
Lebt's nicht in deutscher Meister Ehr'. *(R. Wagner)*

*

Alle großen Kultur-Verbrechen von vier Jahrhunderten haben sie [die Deutschen] auf dem Gewissen! *(F. Nietzsche)*

*

Die Deutschen sind in die Geschichte der Erkenntnis mit lauter zweideutigen Namen eingeschrieben, sie haben immer nur »unbewußte« Falschmünzer hervorgebracht. *(F. Nietzsche)*

*

Man kommt beim Deutschen, beinahe wie beim Weibe, niemals auf den Grund, er hat keinen: das ist alles. *(F. Nietzsche)*

*

Herrlichen Zeiten führe ich euch entgegen! *(Kaiser Wilhelm II.)*

*

Der Ozean ist unentbehrlich für Deutschlands Größe. Aber der Ozean beweist auch, daß auf ihm in der Ferne, jenseits von ihm, ohne Deutschland und ohne den Deutschen Kaiser keine große Entscheidung mehr fallen darf. *(Wilhelm II.)*

*

Es ist mir vollständig gleichgültig, ob in dem Reichstagskäfig rote, schwarze oder gelbe Affen herumspringen. *(Wilhelm II.)*

*

Mehr denn je hebt der Unglaube und Mißmut sein Haupt im Vaterlande empor, und es kann vorkommen, daß ihr eure eigenen Verwandten und Brüder niederschießen oder -stechen müßt. Dann besiegelt die Treue mit Aufopferung eures Herzblutes. *(Wilhelm II.)*

*

Kommt ihr an den Feind, so wißt: Pardon wird nicht gegeben, Gefangene werden nicht gemacht. Führt eure Waffen so, daß auf tausend Jahre hinaus kein Chinese mehr es wagt, einen Deutschen auch nur scheel anzusehen. Der Segen Gottes sei mit euch. Öffnet der Kultur den Weg ein für allemal! *(Wilhelm II.)*

*

Wenn der Fahrplan durcheinander gerät, darf man sich nicht mehr daran halten, sonst stoßen die Züge zusammen. Die Deutschen glauben nicht an das, was sie sehen, sondern an den Fahrplan. Und sie gehorchen ihm noch, wenn sie nicht mehr an ihn glauben. Ihr Gehorsam ist schwachsinnig. Er ist verbrecherisch. *(E. Kästner)*

*

Die Republik hat Richard Wagner mit Haß und Hohn überschüttet. Adolf Hitler hat das Wunder seines Wiedererstehens vollbracht. *(Th. Mann)*

*

Deutsches Volk, wieviel mehr hast du den Sieg deiner Führer zu fürchten als die Niederlage. *(Th. Mann)*

*

Die Welt, die das Ergebnis wäre vom Siege des Hitler, wäre nicht nur eine Welt universeller Sklaverei, sondern auch eine Welt des absoluten Zynismus, eine Welt vollkommener Unmöglichkeit, noch an das Gute, das Höhere im Menschen zu glauben, eine durchaus dem Bösen gehörige, dem Bösen untertänige Welt. *(Th. Mann)*

*

Wir alle leiden am Siechtum des gemischten, verdorbenen Blutes. Wie könnten wir uns reinigen und siegen? Das ewige Leben, das der Gral verleiht, gilt nur den wirklich Reinen, Adeligen. *(A. Hitler)*

*

Die vielbesungene »akademische Freiheit« wird aus der deutschen Universität verstoßen; denn diese Freiheit war unecht, weil nur verneinend. *(M. Heidegger)*

*

Alle haben noch in Erinnerung, zu welchen geistlichen Perversitäten diese Thron-und-Altar-Gemeinschaft in den beiden Weltkriegen, und zwar zu Lasten der Konfessionen, in Deutschland geführt hat. Aber auch das bundesrepublikanische Regime ist aus dieser Gesinnung heraus verdorben worden. *(R. Augstein)*

Positive Aussagen Nichtdeutscher

Die Deutschen sind ehrliche Leute. *(W. Shakespeare)*

*

Nun stand die Natur der Regierung in Deutschland mit der philosophischen Aufklärung der Deutschen beinahe im Gegensatz; daher kommt es, daß sie die größte Kühnheit im Denken mit dem folgsamsten Charakter verbinden. *(Madame de Staël)*

*

In der Literatur wie in der Politik haben die Deutschen zuviel Achtung vor dem Auslande und nicht genug nationale Vorurteile. Selbstverleugnung und Achtung vor anderen sind bei den Individuen eine Tugend – der Patriotismus der Nationen aber muß egoistisch sein. *(Madame de Staël)*

*

Ist der Italiener zwischen Haß und Liebe in Bewegung, lebt der Franzose von Eitelkeit, so leben die guten und einfachen Nachkommen der alten Germanen von der Phantasie. Kaum haben sie die unmittelbarsten und für ihren Unterhalt notwendigsten sozialen Interessen befriedigt, so sieht man mit Staunen, wie sie sich in das stürzen, was sie ihre Philosophie nennen. Das ist eine Art Narrheit: sanft, liebenswürdig und vor allem ohne Bitterkeit. *(Stendhal)*

*

[Goethe] lebte in einer kleinen Stadt, in einem winzigen Staat, einem daniederliegenden Staat, und zu einer Zeit, da Deutschland keine so führende Rolle in der Welt spielte, daß den Busen seiner Söhne ein Stolz hätte schwellen können, wie er die Söhne mächtiger Metropolen, wie er ein englisches oder französisches oder dereinst ein römisches oder griechisches Genie hätte ermutigen können. Aber in seinen Werken, da verrät sich keine Spur von provinziellen Schranken. Er schuldet seiner Stellung nichts von dem, was er geworden, sondern ward mit einem freien und beherrschenden Geiste geboren. *(R. W. Emerson)*

*

Daß das edle, geduldige, fromme und gründliche Deutschland endlich zu einer Nation zusammengeschlossen und Königin des Kontinents werden soll anstelle des aufgeblasenen, ruhmredigen, gestikulierenden, streitsüchtigen, ruhelosen und überempfindlichen Frankreich – dies scheint mir das verheißungsvollste allgemeine Faktum zu sein, das sich zu meinen Lebzeiten ereignet hat. *(Th. Carlyle, am 11. 11. 1870 an die »Times«)*

*

Bei uns wird der deutsche Patriotismus schon seit langer Zeit vielfach verspottet, in Wirklichkeit aber müßte man diese begeisterte Vaterlandsliebe mit Neid betrachten, weil sie Deutschland die Kraft zu neuen Fortschritten . . . verleiht. Freilich verrät das heutige deutsche Geistesleben auch Züge eines wilden Teutonismus, die nicht so sehr die Selbstliebe des Volkes, als vielmehr seine »Nur-sich-selbst-Liebe« offenbaren, doch haben sie überall in allem wohl ihre positive Seite.

Die Deutschen sind augenblicklich glücklich ... Darüber hat man sich nur zu freuen. *(F. M. Dostojewski)*

*

[Ich hege ein] fast kindliches Gefühl für dieses edle und heilige Vaterland aller Denker. *(V. Hugo)*

*

Von 1780 bis 1830 hat Deutschland alle Gedanken unseres Zeitalters hervorgebracht, und für ein halbes, ja vielleicht für ein ganzes Jahrhundert wird es unsere große Aufgabe sein, sie zu überdenken ... Seit mehr als dreihundert Jahren hat sich kein Geist gezeigt, der eigenartiger, umfassender, fruchtbarer an Folgerungen und fähiger zur Geistesgestaltung und Verwandlung gewesen wäre. *(H. Taine)*

*

Es ist meine innige Überzeugung ... daß das moralische und geistige Heil der Menschheit von dem abhängt, was wir das *Deutsche* nennen können. *(H. St. Chamberlain an Wilhelm II. am 15. 11. 1901)*

*

Das Deutschland, das ich liebe und das meinen Geist befruchtet hat, ist das Deutschland der großen Weltbürger. *(R. Rolland, 1933)*

*

In jenen Tagen, in denen im Quartier Latin noch die Theorie von der »Primitivität des Negers« grassierte, gab uns ein Ethnologe – ein deutscher Gelehrter und obendrein ein Philosoph – unsere Wahrheit und damit unsere Würde zurück. *(L. S. Senghor, Senegal, über L. Frobenius)*

*

Der Ausdruck »deutsche Treue und welsche Tücke« datiert sehr weit zurück in der germanischen Überlieferung. Es ist eine Überlieferung, die ein seltsames Korrektiv findet in der uralten Sehnsucht des Deutschen nach dem Süden, nach der Sonne, nach jener wirklichen oder scheinbaren Lebensfreude, die Produkt eines milderen Klimas und einer gnädigeren Natur zu sein scheint. *(P. Quaroni, Italien)*

*

Die Deutschen haben großartige Eigenschaften: Ernst, Pünktlichkeit, eine gewisse Naturbegabung für Organisation und Disziplin, sie sind vortreffliche Arbeiter oder, vielleicht besser gesagt, gut ausgeführte Arbeit macht ihnen leidenschaftliche Freude. *(P. Quaroni)*

*

Sowohl die Schweden wie die Deutschen sind Naturromantiker reinsten Wassers. *(A. Hamrin, Schweden)*

*

Wenn wir im 17. Jahrhundert aus Deutschland eine riesengroße Kriegsbeute holten, so hat Deutschland uns danach freiwillig und freigebig eine nicht weniger große Menge geistiger Werte aus der reichen Schatzkammer seiner Kultur geschenkt. *(A. Hamrin)*

*

Wenn es überhaupt ein europäisches Volk gibt, das bei den Arabern ohne Einwand und Einschränkung Sympathien erweckt, dann sind es die Deutschen. *(M. Youssef, Ägypten)*

*

Auf einem Quadratkilometer lassen sich in Hellas mehr sympathische Deutsche finden als in Deutschland selber – die Hälfte aller deutschen Griechenlandreisenden sind Akademiker, eine Quote, die kein anderes Touristenland erreichen dürfte. *(J. Gaitanides, Griechenland)*

*

Ich kann mir nicht vorstellen, daß es einen Amerikaner gibt, der nicht beeindruckt ist von dem Charme, dem Geist und der Haltung der deutschen Frauen. *(G. McGhee, US-Botschafter in Bonn)*

*

Das amerikanische Volk will dem deutschen Volk helfen, seinen Weg zurückzufinden zu einem ehrenvollen Platz unter den freien und friedliebenden Nationen der Welt. *(J. F. Byrnes, US-Außenminister, 1946)*

*

Die Deutschen sind trotz ihres Gedankenreichtums, trotz ihrer großen Vorstellungskraft und ihres tiefen Gefühlslebens, ihrer logischen Weitsicht und allen hohen kulturellen Leistungen zum Trotz oft nicht in der Lage, die goldene Mitte zu finden. *(A. A. Popal, Afghanistan)*

*

Es gibt bereits ein ›neues Deutschland‹, für das man nur Zuneigung hegen kann. *(T. Prittie, England)*

*

Es gibt hoffnungsvolle Zeichen, die darauf hindeuten, daß die Deutschen bald nicht mehr fleißig und tüchtig, sondern so träge und unbekümmert sein werden wie wir Engländer. *(M. Muggeridge, England)*

Negative Aussagen Nichtdeutscher

... alle [Männer] tragen von Kindheit an Waffen; jede Stadt, jedes Dorf hat einen Schießplatz ... Überall fanden wir viele Räder und Galgen ... Man muß wissen, daß in ganz Deutschland, besonders in den freien Städten, reiche und angesehene Bürger die Herrschaft innehaben, da sich die Adligen ... auf ihren Burgen oder Besitztümern aufhalten und nur ein- oder zweimal im Monat die Städte aufsuchen. *(A. de Beatis, über eine Deutschlandreise, April 1517)*

✻

Die Grundlage für die Handlungsweise des Königs ... scheint darin zu bestehen, daß er die Menschheit im ganzen und seine eigenen Untertanen im besonderen als Wesen betrachtet, die bloß geschaffen sind, um seinem Willen dienstbar zu sein und zur Ausführung alles dessen beizutragen, was auf Vermehrung seiner Macht ... abzielt. *(J. Harris, englischer Gesandter in Berlin, Brief an Lord Suffolk über Friedrich II., 1776)*

✻

Die Öfen, das Bier und der Tabakrauch bilden in Deutschland um die Leute aus dem Volk eine schwere, heiße Atmosphäre, aus der sie ungern heraustreten. *(Madame de Staël)*

✻

Urteilen Sie doch selbst, was zu befürchten ist von einem so braven, so vernünftigen, so kalten, so geduldigen Volk, das von jeder Ausschreitung so weit entfernt ist, daß kein einziger Mann während des Krieges in Deutschland ermordet wurde. *(Napoleon)*

✻

Ich will das deutsche Volk mit keinem Worte herabsetzen, es ist ein großes Volk mit glänzenden Eigenschaften von Kopf, Herz und

Hand. Trotz aller Ereignisse der jüngsten Zeit bin ich überzeugt, daß in deutschen Bauern ebensoviel Güte wohnt wie in irgendeinem Bauern der Welt – aber es ist ihm ein falscher Zivilisationsbegriff beigebracht worden, der zwar wirksam und wichtig ist; aber die deutsche Zivilisation ist hart, selbstsüchtig und materiell. *(D. Lloyd George)*

*

Ach, ihr töricht fleißigen Deutschen, die ihr so hart arbeitet, so tief denkt, auf den Exerzierplätzen des Vaterlandes hin und wider marschiert, die ihr mühsam über langen Berechnungen grübelt und euch, unzufrieden inmitten des Glanzes aller weltlichen Erfolge, von eurem neuen Wohlstand verwirren laßt, wieviel Bollwerke eures Friedens und eurer Herrlichkeit habt ihr nicht eines nach dem anderen mit eigenen Händen niedergerissen! *(W. Churchill, 1924)*

*

Der Deutsche wird sich von der Humanität über die Nationalität zur Bestialität entwickeln. *(F. Grillparzer)*

*

Oh, wie wird sich die arme deutsche Nation irren, wenn sie daheim das Gewehr in den Winkel stellen und den Künsten und dem Glück des Friedens obliegen will! Da wird es heißen: vor allem weiterexerziert! und nach einiger Zeit wird niemand mehr sagen können, wozu eigentlich das Leben noch vorhanden ist . . . Wir werden uns geistig in mehr als einer Beziehung neu orientieren müssen. Ein Europa ohne amüsantes, dekorierendes Frankreich! Huh! *(J. Burckhardt)*

*

Bismarck erhebt sich über alle; er ist 1,90 m groß . . . und entsprechend stark; mit einer wohlklingenden und vornehmen Stimme und einer besonders gebildeten Ausdrucksweise, die in einem eigentümlichen Gegensatz steht zu den schrecklichen Dingen, die er sagt: schrecklich wegen ihrer Offenheit und Kühnheit. Er ist hier ein vollständiger Despot, und vom Höchsten bis zum Niedrigsten der Preußen und aller ständigen ausländischen Diplomaten beben alle vor seinem Stirnrunzeln. *(B. Disraeli)*

*

Die deutsche Nation hat für den Blick der anderen kein Gesicht; davon kommt viel Mißtrauen, Unruhe, Nichtverstehen, geringe Würdigung, ja sogar Haß und Verachtung. *(H. v. Hofmannsthal)*

*

Der Deutsche liebt den Krieg aus Selbstliebe und weil an dessen Ende das Blutbad wartet. Der Krieg ist ein Vertrag mit dem Tod. Der Deutsche begegnet ihm, wie wenn er seine liebste Freundin wäre. *(G. Clemenceau)*

*

Wenn wir unserem Glauben treu sein wollen, sind wir gezwungen, das in euch zu achten, was ihr bei den anderen nicht achtet. Lange Zeit war das ein gewaltiger Vorteil für euch, da euch das Töten leichter fällt als uns. *(A. Camus, 1944)*

*

Der Krieg ist die Frucht der Schwäche und der Dummheit der Völker; man kann sie deshalb nur beklagen, ihnen aber nicht zürnen. Ich werfe Ihnen auch nicht unsere Gefallenen vor; die Trauer ist bei Ihnen nicht geringer... Was aber zuviel ist, das ist die Wut, womit Ihr diese hochherzige Nation [Belgien] behandelt, deren einziges Verbrechen darin besteht, bis zur Verzweiflung ihre Unabhängigkeit zu verteidigen ... Ihr bekriegt auch die Toten und ihren jahrhundertealten Ruhm. Ihr bombardiert Mecheln, Ihr steckt Rubens in Brand!... Das heilige Löwen ist nur noch ein Aschenhaufen. Aber

Sie, Hauptmann, wer sind denn Sie ...? Sind Sie Nachkomme Goethes oder Attilas? *(R. Rolland, offener Brief an G. Hauptmann)*

*

Gott schuf den Menschen nach seinem Bilde, zu hohem Zwecke im Reiche des Geistes. Die deutsche »Zivilisation« würde ihn als Dieselmotor neu schaffen: genau, akkurat, voller Kraft, aber ohne Raum für die Seelentätigkeit. *(D. Lloyd George)*

*

[Der Deutsche] ist einfach ein Mensch ohne Groll. Daher kommt seine große Überlegenheit. Sie verlieren die Nerven nicht. Sie werden noch über uns herfallen, wenn der richtige Augenblick gekommen ist. *(G. Clemenceau)*

*

Nie hat der Deutsche eine Beziehung zu jener Wirklichkeit, die vor ihm steht. Immer gilt nur das, was nicht gegenwärtig ist – das Vergangene oder das Zukünftige. *(M. Picard, Schweiz)*

*

Die Deutschen haben eine Besessenheit, jede Sache so weit zu treiben, bis eine böse daraus geworden ist. *(G. B. Shaw)*

*

Die deutsche Geschichte ist von Streitbarkeit erfüllt. *(A. J. M. van Dal, Holland)*

*

Während in den anderen westlichen Ländern eine Tendenz zur Liberalisierung gesetzlicher Vorschriften deutlich wird, die man auf die neuen Erkenntnisse in Psychologie und Soziologie zurückführen kann, gewinnt man in Deutschland den Eindruck, daß eine Rückkehr zu den Gepflogenheiten des 19. Jahrhunderts stattgefunden hat. *(R. Dhunjibhoy, Pakistan)*

*

Ein Land, in dem in allen sozialen Schichten mehr autoritäre als liberale demokratische Kräfte anzutreffen sind. *(P. Aich, Indien)*

*

In der völligen Gleichgültigkeit gegenüber den Leiden von anderen zeigte sich die Lieblosigkeit der Deutschen gegenüber der Menschheit als Ganzem, jener Mangel an Humanität, den ich bei diesem Volk immer wieder betonen muß. *(E. M. Butler, England)*

*

Die deutsche Familie und die deutsche Schule sind autoritärer als die entsprechenden Institutionen in anderen Ländern; der deutsche Respekt für Macht, Titel und Ämter ist automatischer ... der deutsche Arbeiter ist unterwürfiger; die deutsche Philosophie unverständlicher ... die deutsche Liebe zur Freiheit ist weniger tief. *(Sondernummer der Zeitschrift »Life«)*

*

Dieser Name »Führer« geht dem größten Mißbrauch entgegen. Man wird nämlich gerade die völlig Unsachlichen, die Demagogen, die Massenpsychologen für Führer halten ... Man darf nicht daran denken, was aus einer ähnlichen Entwicklung (wie in Italien) würde, bei dem deutschen Hang zum Personenkult, dem Hang zu Übertreibung, der verzweifelten blinden Tüchtigkeit, die im Deutschen steckt und vor allem dem grausamen Unverständnis der westlichen Völker allen deutschen Reaktionen gegenüber. *(C. J. Burckhardt, Briefe an H. v. Hofmannsthal, 1923, 1927)*

*

Hitler hat die Deutschen nicht erfunden, er hat nur das angereizt, was sie als Erbmasse in sich trugen. Sie sind dazu geschaffen, Soldaten zu sein, sich einer Disziplin unterzuordnen und einem allmächtigen Chef zu folgen. *(M. Dietrich, 1966)*

*

Man hat [die Deutschen] entweder an der Gurgel oder zu Füßen. *(W. Churchill)*

*

Die Deutschen sind gründlich bis zur Rücksichtslosigkeit, gründlich bis zur Grausamkeit. *(K. Kani, Japan)*

*

Von Anfang an fällt einem in Deutschland die Roheit öffentlichen Lebens auf. *(John McCormick, USA)*

*

Eine vorläufige und vorsichtige Auswertung der Aussagen ergibt eine ebenso erstaunliche wie ermutigende Konvergenz nichtdeutscher und deutscher Urteile in vieler Hinsicht. In psychologischer Hinsicht erscheinen natürliche Begabungen und physische Qualitäten der Deutschen als positiv, ihr ethisches Verhalten dagegen als negativ. In soziologischer Hinsicht die Verhaltensmuster der bürgerlichen Gesellschaft (z. B. Redlichkeit) vorwiegend als positiv, die der Adelsgesellschaft (z. B. Herrschsucht, Streitsucht) vorwiegend als negativ. Auf ökonomischem Gebiet sind Leistung, Effizienz und Organisation positiv, Versachlichung, Entpersönlichung und Unmenschlichkeit (Bürokratie, Technokratie) negativ. Insgesamt fällt die Bilanz auf kulturellem Gebiet (retrospektiv) eher positiv aus, auf politischem Gebiet eher negativ. Der Deutsche erscheint als ein guter Gewinner und als ein schlechter Verlierer. In der Schuldfrage angesichts der Kriegsverbrechen und Verbrechen gegen die Menschlichkeit kommt im allgemeinen das (unbeteiligte) Volk zu schlecht, die (beteiligte) Machtelite zu gut weg.

Fußnoten

1 Th. Müntzer, Schriften und Briefe, hg. v. G. Wehr. Zürich 1989, 16.
2 Vgl. Tacitus, Annalen 72 ff.
3 Vgl. Tacitus, Historien III, 5.
4 H. Kinder, W. Hilgemann, dtv-Atlas zur Weltgeschichte I. München ^{20}1985, 115.
5 E. Wahle, in: B. Gebhardt, Handbuch der deutschen Geschichte I. Stuttgart ^{8}1954, 42.
6 H. Thomas, Geschichte der Welt, dt. v. U. Bracher, Stuttgart 1984, 136, der M. Bloch zitiert, French Rural History, London 1952, 37 f.
7 Cp = W. Capelle, Das alte Germanien. Jena 1937, 98.
8 E. Kornemann, Römische Geschichte I. Stuttgart 1977, 164.
9 11–12. Cp 34.
10 Florus (I, 38).
11 Cp 91 f.
12 Augustus, Meine Taten, dt. E. Weber. München/Zürich ^{4}1985, 35.
13 Cp 172.
14 »Man sprach von der Vernichtung der Heere, der Erstürmung der Winterlager der Legionen und dem Abfall der gallischen Provinzen, als ob das überhaupt kein Unglück wäre.« Tacitus, Hist. IV, 12.
15 Cp 172 f.
16 Cp 196 f.
17 Kornemann, op. cit. II, 221.
18 VIII, 2. Cp 202.
19 SHA (vgl. Anhang I, 417) IV, 17, 1–5. Cp 209 f.
20 Eutropius VIII, 12, 2–13, 1. Cp 205.
21 Vgl. Cp 237.
22 Fr. 22. Vgl. Cp 253 f.
23 SHA XXVIII, 15, 2. Cp 256.
24 SHA 18, 7.
25 XVI, 12. Cp 288.
26 Ebd. 293.
27 J. Haller, Der Eintritt der Germanen in die Geschichte. Berlin 1944, 35.
28 Orosius, Hist. VII, 43, 3. H. Löwe, in: Handbuch der deutschen Geschichte, op. cit. 85.
29 305 Abdankung Diokletians, 313 Mailänder Edikt, 324 Konstantin Alleinherrscher, 375 Beginn der großen Völkerwanderung, 395 Tod Kaiser Theodosius' I., 476 Absetzung des letzten weströmischen Kaisers, 482 Regierungsantritt Chlodwigs, 529 Schließung der platonischen Akademie, 568 Langobarden in Italien, 641 Eroberung des Perserreiches durch die Araber, 768 Regierungsantritt Karls des Großen, 774 Ende des Langobardenreiches. Hierzu: F. Stroheker, Germanentum und Spätantike, Stuttgart 1965, 283 ff.
30 Du = W. Durant, Kulturgeschichte der Menschheit, Bd. 5. Frankfurt a. M. 1981, 232.
31 E. Meyer, Ursprung und Anfänge des Christentums, Bd. 2. Stuttgart 1923, 633.
32 Cp 54 f.
33 Tacitus, Historien IV, 68 f., übers. H. Vretska. Stuttgart 1984, 561 f.

34 Vgl. H. Oppermann, Caesar, Wegbereiter Europas. Göttingen [2]1963.
35 Tacitus, Annalen I, 57 (Cp 117).
36 Tacitus, Annalen I–VI, übers. W. Sontheimer. Stuttgart 1983, 58 f.
37 II, 30, 31. Cp 110.
38 Sontheimer, op. cit. 108.
39 Francisco Pi y Margall, Las Nacionalidades, zitiert nach H. Saña, Das Vierte Reich. Hamburg 1990, 129.
40 Maurikios, Strategikon 10, 4, bei R. Much, Die Germania des Tacitus. Darmstadt [2]1959, 171.
41 Cp 432.
42 Cp 437.
43 Cp 439.
44 Cp 440.
45 Cp 401.
46 De ira I, 11, 2 f. Cp 454.
47 69, 127 ff. Cp 455.
48 XXXI, 2, 14. Cp 463.
49 VIII, 13, 4. Cp 466.
50 Vgl. hierzu L. Schmidt, Geschichte der deutschen Stämme, 2 Bde. München 1940/41, Repr. 1970.
51 P. Anderson, Von der Antike zum Feudalismus. Spuren der Übergangsgesellschaften, übers. A. Schweikhart. Frankfurt a. M. 1978, 128 f.
52 F. Heer, Mittelalter (= Kindlers Kulturgeschichte Europas, Bd. 9). München 1983, 62.
53 Du 6, 145.
54 Haller, op. cit. 112.
55 Bellum Judaicum II, 16, 4; VII, 4, 2. Cp 154 f., 197.
56 Du 6, 35.
57 Du 106.
58 Du 112. 115.
59 Du 171.
60 Du 173.
61 Du 177.
62 Haller, Die Epochen der deutschen Geschichte. München 1956, 17.
63 Zu Claudius Ptolemäus vgl. Anhang I. H. Löwe, Deutschland im fränkischen Reich, in: B. Gebhardt, op. cit. 108. Vgl. zum Folgenden 111.
64 Haller, Der Eintritt, op. cit. 89.
65 Haller, Die Epochen, op. cit. 20. Vgl. zum Folgenden 25.
66 Oppermann, op. cit. 7.
67 »Von 955–1075 war Deutschland das blühendste Land Europas.« Du 6, 189.
68 Du 213.
69 Du 188.
70 Haller, Die Epochen, op. cit. 41.
71 Du 344.
72 Vgl. Du 410.
73 Haller, Die Epochen, 72 f. 78.
74 Bei dieser Wahl ausnahmsweise Niederbayern.
75 Sie verlief östlich der Elbe und Saale teils mehr sprunghaft: Siebenbürgen, Ungarn, Polen, Preußen, teils mehr kontinuierlich: Ostholstein, Mecklenburg, Brandenburg, Pommern, Obersachsen, Schlesien, Böhmen, Mähren, Österreich, Steiermark, Kärnten, Krain.
76 Du 6, 235. Vgl. 188 ff.
77 Du 348.
78 K. Schlechta, Friedrich Nietzsche, Werke II. München 1955, 624.
79 Ebd. 711.
80 Du 280.
81 »Die Kreuzzüge hatten mit einem ackerbaulichen Lehnswesen begonnen, das von einer Kreuzung germanischer Barbarei mit religiösem Gefühl inspiriert wurde; sie endeten mit dem

Hochkommen der Industrie und der Ausweitung des Handels in einer wirtschaftlichen Umwälzung, welche die Renaissance verkündete und finanzierte.« Du 6, 292.

82 »Lieber möcht' ich fürwahr dem unbegüterten Bauern
Der nur kümmerlich lebt, als Tagelöhner das Feld bauen,
Als die ganze Schar vermoderter Toten beherrschen.« 11, 485 ff.

83 Was bleibt. Wesen, Wege und Werke des Deutschen. L. Stocker-Verlag, Graz/Stuttgart 1962, 420.

84 Zur Ehrenrettung des Adels sei angemerkt, daß eine Minderheit sich nicht an dem Unternehmen beteiligte und abzog.

85 A. Weber, Weltgeschichte. Stuttgart 1966, 611.

86 Vgl. hierzu H. Zahrnt, Martin Luther. Reformator wider Willen. München 1986.

87 Schlechta, op. cit. II, 1148.

88 Zahrnt, op. cit. 240.

89 Schlechta Ebd. 1046.

90 Du 9, 122. Die schwache Resonanz des Humanismus sowohl in bürgerlichen als auch in adligen Kreisen Englands hatte mehrere Gründe: ». . . da sich dessen Kaufleute weit mehr für Profite als für Gelehrsamkeit interessierten und der Adel sich seines analphabetischen Banausentums ebensowenig schämte . . . Die Humanisten entwickelten im Gegensatz zu vielen ihrer italienischen Gesinnungsgenossen keinerlei Feindseligkeit gegen die christliche Überlieferung; sie schätzten sie im Gegenteil höher als jeden intellektuellen Fortschritt.« Ebd. 135 f.

91 »Assertion of the Seven Sacraments against Martin Luther«, 1521.

92 Nach einer vorsichtigen Schätzung gehörte um 1500 ein Fünftel des gesamten englischen Grundbesitzes der Kirche. Hier wie in Deutschland neidete der Adel der Kirche ihren Reichtum und strebte danach, all das Land und die Einkünfte zurückzugewinnen, auf die gottesfürchtige oder furchtsame Vorfahren zugunsten Gottes verzichtet hatten. Vgl. auch More: »So hat nachgerade die skrupellose Gewinnsucht einiger weniger in Unheil verwandelt, was uns bisher ein besonderes Glück für diese eure Insel schien . . . Wenn ich alle diese heutigen Gemeinwesen vor meinem Geiste vorbeiziehen lasse, kann ich – so wahr mir Gott helfe – nichts anderes sehen als die reinste Verschwörung der Reichen, die unter dem Namen und Titel des Staates für ihren eigenen Vorteil tätig sind. Alle Mittel und Kniffe denken sie aus und ersinnen sie, mit welchen sie . . . die Mühe und die Arbeit der Armen um möglichst geringen Preis sich dienstbar machen und ausnutzen könnten . . . und flugs erhalten sie gesetzliche Kraft.« Du 9, 539. 565.

93 Du 9, 583.

94 Du 10, 23.

95 Vgl. Anhang II.

96 Weber, op. cit. 795, 830.

97 Der farbige Ploetz, Freiburg/Würzburg [10]1982, 316.

98 Haller, Die Epochen, op. cit. 159.

99 Weber, op. cit. 862.

100 Weber, op. cit. 879 f.

101 K. A. Prinz Rohan, in: Was bleibt, op. cit. 256.

102 Vgl. I. Kant im Anhang seiner Schrift »Zum ewigen Frieden«: »Ich kann mir zwar einen moralischen Politiker (der die Politik nach der Moral) aber auf keine Weise einen politischen Moralisten (der die Moral nach der Politik vorschreibt) denken und obgleich den Übertretungen welche bei [innerer Verehr der] im Allgemeinen auf das was Recht ist gegründeter Maxime doch der Neigung dann und wann obgleich ungern Ausnahmen erlauben allenfalls zur Gnade der Verzeihung vor dem höchsten Gericht Hoffnung gegeben werden könnte so ist doch diejenige, welche die Idee der Pflicht selbst vorsetzlich verfälscht oder als Pedanterei verachtlich macht eine so ungeheuere Verletzung (iniuria atrox) der obersten in uns gesetzgebenden Gewalt daß sie für die einzige gehalten werden muß die soweit wir urteilen können weder in dieser noch in einer künftigen Welt vergeben werden kann.«

103 Schlechta, op. cit. II, 1148.

104 W. Leppmann, Goethe und die Deutschen. Bern/München 1982, 20.

105 Leppmann, op. cit. 35.

106 Engels. Vgl. op. cit. 288.
107 Op. cit. 69.
108 Op. cit. 112.
109 Hyperion III, 153, in: Was bleibt, op. cit. 469.
110 Op. cit. 491.
111 Weber, op. cit. 1023.
112 F. Bley, Die Weltstellung des Deutschtums, 897, in: Weber, op. cit. 1036.
113 Vgl. H. Plessner, Die verspätete Nation, Frankfurt a. M. [3]1988, 43 ff.
114 Weber, op. cit. 1036.
115 Vgl. M. Scheler, Die Ursachen des Deutschenhasses. Leipzig 1917.
116 Schluß von Wilhelm von Merckels (1803–61) Gedicht »Die fünfte Zunft«, abgedruckt in seinen »Zwanzig Gedichten«. Berlin 1850.
117 Der militärische Entscheidungsprozeß in: Deutschland am Vorabend des Ersten Weltkriegs, in: J. C. G. Röhl, Kaiser, Hof und Staat. München 1987, 189.
118 Weber, op. cit. 1090 f.
119 Röhl, op. cit. 202.
120 Vgl. Kaiser Wilhelm II., New Interpretations, ed. J. C. G. Röhl. Cambridge 1982.
121 N. Sombart, The Kaiser in His Epoch, in: Röhl, op. cit. 298.
122 Isabel V. Hull, in: Röhl, op. cit. 216.
123 H. Pross, Die Zerstörung der deutschen Politik. Dokumente 1871–1933. Frankfurt a. M. 1959, 11 f.
124 H. Glaser, Spießer-Ideologie. Freiburg i. Br. 1964, Repr. Frankfurt a. M. 1985, 129.
125 H. Kinder u. W. Hilgemann, dtv-Atlas zur Weltgeschichte II. München 1966, 139.
126 Weber, op. cit. 1117 f.
127 Vgl. WB = J. W. Wheeler-Bennet, Die Nemesis der Macht. Düsseldorf 1954, 59.
128 H. Schulze, Weimar-Deutschland 1917–1933, Berlin 1982, 36, bei: Chr. v. Krockow, Die Deutschen in ihrem Jahrhundert 1890–1990. Reinbek 1990, 397.
129 »La Prusse n'est pas un pays qui a une armée, c'est une armée qui a un pays.« Vgl. WB 13
130 Zahlen bei WB u. E. Krippendorff, Staat und Krieg. Die historische Logik politischer Unvernunft. Frankfurt a. M. 1985, 237.
131 WB 62.
132 WB 110.
133 WB 48.
134 WB 138.
135 WB 321.
136 WB 482.
137 WB 52.
138 WB 88.
139 WB 60.
140 WB 73.
141 WB 89.
142 WB 147.
143 WB 117.
144 WB 142.
145 WB 306.
146 WB 168.
147 WB 207.
148 WB 361.
149 WB 26.
150 WB 29.
151 WB 29, 3 u. 107.
152 WB 374.
153 WB 373.
154 WB 285.
155 WB 259.

156 WB 83.
157 WB 228 f.
158 WB 227.
159 WB 257.
160 WB 267.
161 WB 265.
162 WB 270.
163 WB 47.
164 WB 112.
165 WB 177.
166 WB 296.
167 WB 315.
168 Winston Churchill in der Anekdote, Übers. v. K. Zentner. München 1968, 48.
169 R. Avenarius, Der Größenwahn. Berlin/Heidelberg/New York 1978, 1.
170 WB 431.
171 W. Lange-Eichbaum u. W. Kurth, Genie, Irrsinn und Ruhm. München/Basel 1967, 381 ff.
172 Vgl. Sandvoss, Hitler und Nietzsche. Göttingen 1969, 78 ff.
173 Lange-Eichbaum, op. cit. 492.
174 Schlechta, op. cit. II, 281.
175 Schlechta, op. cit. I, 730.
176 Lange-Eichbaum, op. cit. 385.
177 E. Canetti, Masse und Macht. Frankfurt a. M. 1981, 498, 504.
178 WB 224.
179 WB 234.
180 WB 536.
181 WB 416.
182 Schlechta, op. cit. II., 1169.
183 Ebd. 1185.
184 Ebd. 1170.
185 Ebd. 1208, 1235.
186 Vgl. William L. Shirer, Aufstieg und Fall des Dritten Reiches, 2 Bde. München/Zürich 1963.
187 Glaser, op. cit. 102 ff.
188 Glaser, op. cit. 108.
189 Vgl. J. K. Galbraith, Leben in entscheidender Zeit. München 1990, 208.
190 WB 719.
191 WB 630 f.
192 WB 408.
193 Galbraith, op. cit. 210, 208.
194 Ebd. 210.
195 H. Broszat u. K. Schwabe (Hrsg.), Die deutschen Eliten und der Weg in den Zweiten Weltkrieg. München 1989, 23.
196 Vgl. WB 447.
197 R. Giordano, Wenn Hitler den Krieg gewonnen hätte. Hamburg [2]1989, 362, 364.
198 WB 721.
199 Vgl. WB 724.
200 WB 722.
201 S. Delmer, Die Deutschen und ich, dt. v. G. v. Uslar. Hamburg 1963, 739.
202 Delmer, op. cit. 659.
203 Krippendorff, op. cit. 64.
204 E. Schewardnadse, Die Zukunft gehört der Freiheit. Hamburg 1991.
205 Delmer, op. cit. 685.
206 Giordano, op. cit. 169, 172.
207 Vgl. hierzu J. v. Scheidt, Innenwelt-Verschmutzung. München/Zürich 1973, 177 ff.
208 H. James, Deutsche Identität 1770–1990. Frankfurt/New York 1991, 221 f.
209 James, op. cit. 220.

210 A. Baring, Unser neuer Größenwahn. Stuttgart 1988, 64.
211 N. Elias, Studien über die Deutschen. Frankfurt a. M. 1989, 521 ff.
212 K. Jaspers, Wohin treibt die Bundesrepublik? München 1967. Vgl. auch: Antwort zur Kritik meiner Schrift . . . München 1967.
213 James, op. cit. 241.
214 James, op. cit. 241.
215 James, op. cit. 205.
216 James, op. cit. 208.
217 M. Wolffsohn, Keine Angst vor Deutschland, Erlangen/Bonn/Wien ^{2}1990, 213.
218 James, op. cit. 253.
219 Vgl. James, op. cit. 230.
220 James, op. cit. 270 f.
221 James, op. cit. 284.
222 James, op. cit. 284.
223 Schewardnadse, op. cit. 240.
224 Ebd. 240.
225 Ebd. 239 f.
226 Ebd. 239.
227 Vgl. hierzu das Stern-Interview mit Sebastian Haffner v. März 1990: »Ich bin auch nicht der Meinung, daß wir ein neues 1933 vor uns haben, sondern eher so eine Art 1890 – die Zeit, als Bismarck ging und die politische Großmannssucht ausbrach.« (S. 81).
228 Elias, op. cit. 465.
229 H. Kissinger, Memoiren, Bd. 2. München 1982, 1377.
230 Elias, op. cit. 468.
231 Ebd. 514 f.
232 Vgl. Elias, 552.
233 Fragment 43. H. Diels, Fragmente der Vorsokratiker II. Berlin 1952, 155.
234 Delmer, op. cit. 742.
235 Schlechta, op. cit. II, 1153 ff.
236 Schlechta, op. cit. I, 472.
237 Schlechta, op. cit. I, 131.
238 Schlechta, op. cit. III. 725.
239 G. Hellwig, Das große Buch der Zitate. München 1988, 444.
240 Wolffsohn, op. cit. 96, 98.
241 Ebd. 116.
242 Vgl. Historikerstreit. Dokumentation der Kontroverse um die Einzigartigkeit der nationalsozialistischen Judenvernichtung. München/Zürich 1987.
243 Wolffsohn, op. cit. 138.
244 Vgl. Ein ganz normaler Staat? Perspektiven nach 40 Jahren Bundesrepublik, hg. W. Bleek u. H. Maull. München/Zürich 1989, 86 ff.
245 James, op. cit. 260.
246 Zum Begriff des Narzißmus vgl. Chr. Lasch, Das Zeitalter des Narzißmus, dt. v. G. Burmundt. München 1986, 53 f.
247 Angst vor Deutschland, hg. v. U. Wickert. Hamburg 1990, 112.
248 Baring, op. cit. 247.
249 P. G. Zimbardo, Psychologie. Berlin/Heidelberg/New York ^{4}1983, 528 f.
250 Vgl. C. P. Janz, Friedrich Nietzsche, Biographie 2. München 1981, 310.
251 Schlechta op. cit. II, 1152 f.
252 Lasch, op. cit. 26.
253 Wolffsohn, op. cit. 199.
254 Lasch, op. cit. 58 f.
255 E. Fromm, Die Furcht vor der Freiheit. Stuttgart 1983, 231 f.
256 Ebd. 235.
257 Schewardnadse, op. cit. 320.
258 N. Hartmann, Ethik. Berlin ^{4}1962, 11.

259 Saña, op. cit. 274.
260 Ebd. 276 f.
261 Elias, op. cit. 548 f.
262 Elias, op. cit. 551 f.
263 Wickert (op. cit.): Angst vor Deutschland – Wolffsohn (op. cit): Keine Angst vor Deutschland.
264 Wolffsohn, op. cit. 213, 215.
265 Angst vor Deutschland, op. cit. 39.
266 Schewardnadse, op. cit. 318.
267 Vgl. hierzu das aufschlußreiche Buch von M. Walker, Die Uranmaschine. Mythos und Wirklichkeit der deutschen Atombombe. Berlin o. J. (Siedler), 187 ff.
268 W. L. Shirer, Aufstieg und Fall des Dritten Reiches, Bd. 1. München/Zürich 1963, 112 f.
269 Wolffsohn, op. cit. 230.
270 Vgl. hierzu K. Flasch, Das Philosophische Denken im Mittelalter. Stuttgart 1986, 585 ff.
271 Zahrnt, op. cit. 100 f. Vgl. 62, 69.
272 Ebd. 104.
273 Ebd. 167.
274 Ebd. 236.
275 Vgl. hierzu: K. H. Deschner u. H. Herrmann, Der Antikatechismus. Hamburg 1991, 181.
276 Du 9, 463.
277 Zahrnt, op. cit. 185.
278 Ebd. 178.
279 Vgl. Du 9, 459, 658. Deschner, op. cit. 153.
280 Du 9, 461, 463.
281 Vgl. hierzu Zahrnt, op. cit. 226 f.
282 Deschner, op. cit. 125 f.

Literaturverzeichnis

Abelshauser, W. und Petzina, D. (Hg.): *Deutsche Wirtschaftsgeschichte im Industriezeitalter.* Königstein/Ts. 1981.

Abelshauser, W.: *Wirtschaftsgeschichte der Bundesrepublik Deutschland* 1945–1980, Frankfurt a. M. [3]1983.

Allgemeine Deutsche Biographie, 46 Bde. (1875–1912).

Andreas, W.: *Deutschland vor der Reformation. Eine Zeitenwende.* Stuttgart [6]1959.

Arendt, H.: *Eichmann in Jerusalem. Ein Bericht von der Banalität des Bösen.* München 1986.

Dies.: *Wahrheit und Lüge in der Politik.* München, Zürich [2]1987.

Arnold, H. L. (Hg.): *Literaturbetrieb in der Bundesrepublik Deutschland. Ein kritisches Handbuch.* München [2]1981.

Aron, R.: *Plädoyer für das dekadente Europa.* Berlin 1978.

*

Backes, U. und Jesse, E.: *Politischer Extremismus in der Bundesrepublik Deutschland,* Bd. 1, Literatur. Köln 1988.

Baeck, L.: *Von Moses Mendelssohn zu Franz Rosenzweig.* Stuttgart 1958.

Barker, E.: *National Character and the Factors in its Formation.* London 1927.

Barnet, R. J. und Raskin, M. G.: *Nach dem kalten Krieg. Deutschland in der Entscheidung.* München 1966.

Barraclough, G.: *Die mittelalterlichen Grundlagen des modernen Deutschland.* Weimar [2]1955.

Barthélemy, F. und Winckler, L.: *Mein Deutschland findet sich in keinem Atlas.* Frankfurt a. M. 1990.

Baumgart, W.: *Deutschland im Zeitalter des Imperialismus 1890–1914.* Stuttgart [4]1982.
Ders.: *Bücherverzeichnis zur deutschen Geschichte. Hilfsmittel. Handbücher. Quellen.* München [9]1991.
Bauer, M.: *Der deutsche Durst.* Leipzig 1903.
Benz, W. (Hg.): *Die Geschichte der Bundesrepublik Deutschland. Politik, Wirtschaft, Gesellschaft, Kultur.* 4 Bde. Frankfurt a. M. 1989.
Berding, H.: *Moderner Antisemitismus in Deutschland.* Frankfurt a. M. 1988.
Berghahn, V. R. und Deist, W.: *Rüstung im Zeichen der Wilhelminischen Weltpolitik. Grundlegende Dokumente 1890–1914.* Düsseldorf 1988.
Bergsträsser, L.: *Geschichte der politischen Parteien in Deutschland.* München [11]1965.
Bernhardi, F. v.: *Deutschland und der nächste Krieg.* Stuttgart [5]1912.
Beyerchen, A. D.: *Wissenschaftler unter Hitler.* Köln 1980.
Beyme, K. v.: *Die politische Elite in der Bundesrepublik Deutschland.* München [2]1974.
Binion, R.: *»Daß ihr mich gefunden habt«. Hitler und die Deutschen. Eine Psychohistorie.* Stuttgart 1978.
Biographisches Lexikon zur Weimarer Republik, hg. v. Benz, W. und Graml, H. München 1988.
Björnson, B.: *Vom deutschen Wesen.* Berlin 1917.
Bleek, W. und Maull, H. (Hg.): *Ein ganz normaler Staat. Perspektive nach 40 Jahren Bundesrepublik Deutschland.* München 1989.
Bleuel, H. P.: *Das saubere Reich. Theorie und Praxis des sittlichen Lebens im Dritten Reich.* München 1972.
Boelcke, W. A.: *Die Kosten von Hitlers Krieg. Kriegsfinanzierung und finanzielles Kriegserbe in Deutschland 1933–48.* Paderborn 1985.
Ders.: *Wollt ihr den totalen Krieg? Die geheimen Goebbels-Konferenzen* 1939–43. München 1967.
Böhme, H. (Hg.): *Probleme der Reichsgründungszeit 1848–79.* Köln 1968.
Bonhoeffer, D.: *Widerstand und Ergebung. Briefe und Aufzeichnungen aus der Haft,* hg. v. Bethge, E. München 1977.
Boveri, M.: *Der Verrat im 20. Jahrhundert,* 4 Bde. Reinbek 1956–60.

Bracher, K. D.: *Zeit der Ideologien.* Stuttgart 1980.
Ders. (Hg.): *Nationalsozialistische Diktatur 1933–45, eine Bilanz.* Düsseldorf 1983.
Ders. (Hg.): *Die Weimarer Republik 1918–33.* Düsseldorf 1987.
Ders. (Hg.): *Geschichte der Bundesrepublik Deutschland,* 5 Bde. Stuttgart 1989.
Brandenburg, E.: *Von Bismarck zum Weltkrieg.* Leipzig [3]1939.
Brandi, K.: *Deutsche Geschichte im Zeitalter der Reformation und Gegenreformation.* Frankfurt a. M. 1979.
Bredow, W. und Brocke, R. H.: *Krise und Protest. Ursprünge und Elemente der Friedensbewegung in Westeuropa.* Opladen 1987.
Broszat, M.: *Der Staat Hitlers. Grundlegung und Entwicklung seiner inneren Verfassung.* München [10]1983.
Ders. (Hg.): *Das Dritte Reich. Ursachen, Ereignisse, Wirkungen.* Neuausg. München 1989.
Ders. (Hg.): *Deutsche Geschichte der neuesten Zeit. Vom 19. Jahrhundert bis zur Gegenwart.* München 1984.
Ders. (Hg.): *Die deutschen Eliten und der Weg in den Zweiten Weltkrieg.* München 1989.
Buchheim, H.: *Das Dritte Reich.* München [5]1961.
Buchwald, R.: *Die Wissenschaft vom deutschen Nationalcharakter.* Jena 1917.
Bühler, J.: *Die Kultur des Mittelalters.* Stuttgart [6]1954.
Bullock, A.: Hitler. *Eine Studie über Tyrannei.* Düsseldorf 1967.
Bumke, J.: *Höfische Kultur,* 2 Bde. München (dtv) [3]1986.
Burckhardt, J.: *Weltgeschichtliche Betrachtungen.* Stuttgart 1955.

*

The Cambridge Medieval History. Vol. 4 ff. Cambridge 1911–36.
Carlyle, A. J. und Carlyle, R. W.: *A History of Medieval Political Theory in the West.* Vol. 1–6. London 1930–50.
Chamier, J. W.: *Als Deutschland mächtig schien.* Berlin 1954.
Clapham, J. H.: *The Economic Development of France and Germany* 1815–1914. Cambridge 1936.
Clausewitz, C. v.: *Vom Kriege.* Bonn [18]1972.
Conrad, H.: *Deutsche Rechtsgeschichte,* 2 Bde. Karlsruhe 1962/66.

Conze, W.: *Die Zeit Wilhelms II. und die Weimarer Republik. Deutsche Geschichte 1890–1933.* Tübingen 1964.
Ders. u. Hentschel, V. (Hg.): *Deutsche Geschichte, Epochen und Daten.* Freiburg i. Br. [2]1980.
Craig, G. A.: *Die preußisch-deutsche Armee.* Düsseldorf 1960.
Ders.: *Deutsche Geschichte 1866–1945.* München 1980.
Ders.: *Über die Deutschen.* München 1982.
Cysarz, H.: *Das deutsche Nationalbewußtsein.* München 1961.

*

Dahlmann, F. C. und Waitz, G.: *Quellenkunde der deutschen Geschichte.* Leipzig [9]1931.
Dahrendorf, R.: *Gesellschaft und Demokratie in Deutschland.* München 1965.
Dallin, A.: *Deutsche Herrschaft in Rußland 1941–45. Eine Studie über Besatzungspolitik.* Düsseldorf 1958.
Dawson, Ch.: *Die Gestaltung des Abendlandes.* Köln [2]1950.
Dehio, L.: *Deutschland und die Weltpolitik im 20. Jahrhundert.* Frankfurt a. M. 1961.
Demandt, A. (Hg.): *Deutschlands Grenzen in der Geschichte.* München 1990.
Denzler, G. und Fabricius, V.: *Die Kirchen im Dritten Reich. Darstellung und Dokumente,* 2 Bde. Frankfurt a. M. 1984.
Deuerlein, E.: *Deutschland nach dem Zweiten Weltkrieg 1945–55.* Konstanz 1964.
Deutsche Politik 1803–1870. Dokumente und Materialien, hg. v. Proß, H. Frankfurt a. M. 1963 (Fischer Bücherei 415).
Das Deutsche Reich und der Zweite Weltkrieg, hg. v. Militärgeschichtlichem Forschungsamt, 10 Bde. Stuttgart 1979 ff.
Deutschland, Deutschland 40 Jahre. Gütersloh 1989.
Didon, P.: *Les Allemands.* Paris 1884.
Diesel, E.: *Die deutsche Wandlung.* Stuttgart 1929.
Döscher, H.-J.: *Das Auswärtige Amt im Dritten Reich. Diplomaten im Schatten der ›Endlösung‹.* Berlin 1987.
Dreier, R. und Sellert, W.: *Recht und Justiz im ›Dritten Reich‹.* Frankfurt a. M. 1989.

Dudek, P. und Jaschke, H.-G.: *Entstehung und Entwicklung des Rechtsextremismus in der Bundesrepublik Deutschland,* 2 Bde. Opladen 1984.

Dümmler, E.: *Geschichte des Ostfränkischen Reiches,* 3 Bde. Leipzig ²1887/88.

Durzak, M. (Hg.): *Die deutsche Exilliteratur 1933–45.* Stuttgart 1973.

*

Ebert, Th.: *Ziviler Ungehorsam. Von der APO zur Friedensbewegung.* Waldkirch 1984.

Eich, H.: *Die unheimlichen Deutschen.* Düsseldorf 1963.

Elfe, M. A. C.: *Die deutsch-amerikanischen Beziehungen. Die Entstehung des Antiamerikanismus durch Aufhebung der eigenen Probleme.* Diss. phil. Berlin 1987.

Ellwein, Th.: *Das Regierungssystem in der Bundesrepublik Deutschland. Leitfaden und Quellenbuch.* Opladen ⁵1983.

Ders.: *Die Bundesrepublik Deutschland. Daten, Fakten, Analysen.* Freiburg i. Br. 1984.

Erdmann, K. D. und Schulze, H. (Hg.): *Weimar – Selbstpreisgabe einer Demokratie. Eine Bilanz heute.* Düsseldorf 1984.

Erdmannsdörffer, B.: *Deutsche Geschichte vom Westfälischen Frieden bis zum Regierungsantritt Friedrichs des Großen,* 2 Bde. Nd. Grote 1962.

Erhard, L.: *Deutsche Wirtschaftspolitik. Der Weg der Sozialen Marktwirtschaft.* Düsseldorf 1962.

Eyck, E.: *Die Republik von Weimar.* München 1984.

*

Faust, F.: *Das Potsdamer Abkommen und seine völkerrechtliche Bedeutung.* Frankfurt ⁴1969.

Fehrenbach, E.: *Wandlungen des deutschen Kaisergedankens 1871–1918.* München 1969.

Feis, H.: Churchill, Roosevelt, Stalin: *The War They Waged and the Peace They Sought.* Princeton 1957.

Feldman, G. D.: *Army, Industry and Labor in Germany* 1914–18. Princeton 1966.

Fest, J. C.: *Das Gesicht des Dritten Reiches. Profile einer totalitären Herrschaft.* München [7]1980.

Fetscher, I.: *Terrorismus und Reaktion.* Köln 1977.

Fichte, J. G.: *Reden an die deutsche Nation.* Darmstadt 1955.

Fischer, F.: *Griff nach der Weltmacht. Die Kriegszielpolitik des kaiserlichen Deutschland 1914/18.* Düsseldorf 1961.

Ders.: *Deutsche Wirtschaftspolitik 1918–45.* Opladen [3]1968.

Ders.: *Krieg der Illusionen. Die deutsche Politik von 1911–1914.* Düsseldorf 1969.

Ders.: *Bündnis der Eliten zu Kontinuität der Machtstrukturen in Deutschland 1871–1945.* Düsseldorf 1979.

Flake, O.: *Die Deutschen.* Hamburg 1963.

Flechtheim, O. K. (Hg.): *Dokumente zur parteipolitischen Entwicklung in Deutschland seit 1945,* 9 Bde. Berlin 1962–71.

Fleischhack, E.: *Die Widerstandsbewegung ›Weiße Rose‹. Literaturbericht und Bibliographie.* Frankfurt a. M. 1971.

Fletcher, R.: *Revisionism and Empire: Socialist Imperialism in Germany 1897–1914.* London 1984.

Floerke, H.: *Deutsches Wesen.* Berlin 1916.

Fontane, T.: *Politik und Geschichte.* München 1969.

Forsthoff, E.: *Deutsche Verfassungsgeschichte der Neuzeit.* Stuttgart [4]1975.

Fouillée, A.: *Esquisse psychologique des peuples européens.* Paris 1903.

Fraenkel, E.: *Der Doppelstaat. Recht und Justiz im »Dritten Reich«.* Frankfurt a. M. 1984.

Fraenkel, H. und Manvell, R.: *Gestapo.* London 1972.

Franz, G.: *Bücherkunde zur deutschen Geschichte.* München 1951.

Frei, N. und Schmitz, J.: *Journalismus im Dritten Reich.* München 1989.

Freiherr-vom-Stein-Gedächtnisausgabe. Darmstadt 1955 ff.

Freyer, H.: *Revolution von rechts.* Jena 1931.

Freytag, G.: *Bilder aus der deutschen Vergangenheit,* 3 Bde. München 1987.

Friedjung, H.: *Der Kampf um die Vorherrschaft in Deutschland 1859–66,* 2 Bde. Stuttgart ⁹1912 u. 1913.
Fürstenberg, F.: *Die Sozialstruktur der Bundesrepublik Deutschland. Ein soziologischer Überblick.* Opladen ⁶1978.

*

Gauly, Th. M.: *Die Last der Geschichte. Kontroversen zur deutschen Identität.* Köln 1988.
Gebhardt, B.: *Handbuch der deutschen Geschichte,* hg. v. H. Grundmann, 4 Bde. Stuttgart ⁹1970/76.
Geyer, M.: *Deutsche Rüstungspolitik 1860–1980.* Frankfurt a. M. 1984.
Gilbert, M.: *Endlösung. Die Vertreibung und Vernichtung der Juden. Ein Atlas.* Reinbek 1982.
Ginzel, G. B.: *Hitlers (Ur)Enkel. Neonazis: Ihre Ideologie und Aktionen.* Düsseldorf 1989.
Glaser, H.: *Spießer-Ideologie. Von der Zerstörung des deutschen Geistes im 19. und 20. Jahrhundert.* Köln 1974.
Ders. (Hg.): *Bundesrepublikanisches Lesebuch. Drei Jahrzehnte geistiger Auseinandersetzung.* München 1978.
Ders.: *Die Kultur der Wilhelminischen Zeit. Topographie einer Epoche.* Frankfurt a. M. 1984.
Ders.: *Kulturgeschichte der Bundesrepublik Deutschland,* 2 Bde. München 1986 u. 1989.
Goetz, W.: *Das Zeitalter des Absolutismus 1660–1789,* in: Propyläen Weltgeschichte, Bd. 4. Berlin 1931.
Goldschmidt, H. und Kaiser F. (Hg.): *Ein Jahrhundert deutsche Geschichte, Reichsgedanke und Reich* 1815–1919. Berlin 1928.
Goltz, B.: *Die Deutschen. Ethnographische Studie.* Berlin 1860.
Gordon, H. J.: *Die Reichswehr und die Weimarer Republik.* 1919–26. Frankfurt a. M. 1959.
Görres, J.: *Deutschland und die Revolution.* Koblenz 1819.
Graml, H. (Hg.): *Widerstand im Dritten Reich. Probleme, Ereignisse, Gestalten.* Frankfurt a. M. 1984.
Ders.: *Reichskristallnacht. Antisemitismus und Judenverfolgung im Dritten Reich.* München 1988.

Grosser, A.: *Geschichte Deutschlands seit 1945. Eine Bilanz.* München [7]1979.
Gruchmann, L.: *Justiz im Dritten Reich 1933–40.* München 1988.
Grundmann, H.: *Religiöse Bewegungen im Mittelalter.* Darmstadt [2]1961.
Gruner, W. D.: *Die deutsche Frage. Ein Problem der europäischen Geschichte seit 1800.* München 1985.
Guggenberger, B. und Kempf, U. (Hg.): *Bürgerinitiativen und repräsentatives System.* Opladen [2]1984.
Gumbel, E. J.: *Vom Fememord zur Reichskanzlei. Geheime Rüstung und politische Morde in der Weimarer Republik.* Heidelberg 1962.

*

Hach, J.: *Gesellschaft und Religion in der Bundesrepublik Deutschland.* Heidelberg 1980.
Haffner, S.: *Die sieben Todsünden des Deutschen Reiches.* Repr. Bergisch Gladbach 1981.
Ders.: *Die verratene Revolution.* Deutschland 1918–19. München 1969.
Ders.: *Von Bismarck zu Hitler.* München 1987.
Hallgarten, G. W.: *Der deutsche Imperialismus vor 1914,* 2 Bde. München 1951.
Hamerow, T. S.: *The Social Foundation of German Unification 1858–71, Ideas and Institutions.* Princeton 1969.
Hampe, K.: *Das Hochmittelalter. Geschichte des Abendlandes von 900–1250.* Münster [5]1963.
Hanolka, H.: Schwarzrotgrün. *Die Bundesrepublik Deutschland auf der Suche nach ihrer Identität.* München 1987.
Hansen, R.: *Das Ende des Dritten Reiches. Die deutsche Kapitulation 1945.* Stuttgart 1916.
Harms Geschichts- und Kulturatlas. München [54]1961.
Hartfield, G. (Hg.): *Emanzipation. Ideologischer Fetisch oder reale Chance.* Opladen 1975.
Hartung, F.: *Deutsche Geschichte im Zeitalter der Reformation, der Gegenreformation und des Dreißigjährigen Krieges.* Berlin [2]1963 (Slg. Göschen 1105).

Ders.: *Deutsche Verfassungsgeschichte vom 15. Jahrhundert bis zur Gegenwart.* Stuttgart [8]1964.

Ders.: *Deutsche Geschichte 1871–1919.* Stuttgart [6]1952.

Haungs, P.: *Parteiendemokratie in der Bundesrepublik Deutschland.* Berlin 1980.

Heigert, H.: *Deutschlands falsche Träume.* Hamburg [2]1968.

Heine, H.: *Religion und Philosophie in Deutschland,* in: »Salon«, Bd. 2. Hamburg 1835.

Helbing, H.: *Goten und Wandalen.* Zürich 1954.

Hellpach, W.: *Der deutsche Charakter.* Bonn 1954.

Hennis, W.: *Die deutsche Unruhe.* Hamburg 1969.

Herberts, K.: *Die Selbstentfremdung des Abendlandes.* Würzburg [2]1978.

Herbst, L.: *Option für den Westen. Vom Marshallplan bis zum deutsch-französischen Vertrag.* München 1989.

Ders. und Goschler, C.: *Wiedergutmachung in der Bundesrepublik Deutschland.* München 1989.

Herzfeld, H.: *Die moderne Welt 1789–1945, Teil I, Die Epoche der bürgerlichen Nationalstaaten 1789–1890, Teil II, Weltmächte und Weltkriege, die Geschichte unserer Epoche 1890–1945.* Braunschweig [3]1960.

Ders.: *Die Weimarer Republik.* Frankfurt a. M. 1966.

Ders.: *Der Erste Weltkrieg.* München 1968.

Hesse, K.: *Grundzüge des Verfassungsrechts in der Bundesrepublik Deutschland.* Karlsruhe [15]1985.

Hill, W. (Hg.): *Befreiung durch Niederlage. Die deutsche Frage, Ursprung und Perspektiven.* Frankfurt a. M. 1986.

Hillgruber, A.: *Die gescheiterte Großmacht. Eine Skizze des deutschen Reiches 1871–1945.* Düsseldorf 1980.

Ders.: *Deutschlands Rolle in der Vorgeschichte der beiden Weltkriege.* Göttingen [3]1986.

Ders.: *Deutsche Geschichte 1945–82. Die ›Deutsche Frage‹ in der Weltpolitik.* Stuttgart [6]1987.

Historische Zeitschrift, seit 1859.

Hitler, A.: *Mein Kampf.* München 1942.

Ders.: *Sämtliche Aufzeichnungen 1905–1924,* hg. v. Jäckel, E. und Kuhn, A. Stuttgart 1980.

Ders.: *Politisches Testament,* hg. v. Baumgarten, E. Hamburg 1981.
Hitlers zweites Buch, eingel. u. komm. v. Weinberg, G. L. Stuttgart 1962.
Hohlfeld, J.: *Deutsche Reichsgeschichte in Dokumenten 1549–1926,* 2 Bde. Berlin 1927.
Holborn, H.: *Deutsche Geschichte in der Neuzeit,* 3 Bde. München 1970/71.
Hollstein, W.: *Die Gegengesellschaft. Alternative Lebensformen.* Bonn 1979.
How Nations See Each Other. Univ. of Illinois Press. Urbana 1953.
Hubatsch, W. (Hg.): *Die deutsche Frage.* Würzburg [2]1964.
Ders.: *Das Zeitalter des Absolutismus.* Braunschweig [2]1965.
Hügel, F. v.: *The German Soul in its Attitude towards Ethics and Christianity, the State and War.* London 1916.
Huizinga, J.: *Herbst des Mittelalters.* Stuttgart [8]1961.
Humboldt, W. v.: *Über die Grenzen der Wirksamkeit des Staates.* 1792.
Hüttenberger, P. (Hg.): *Bibliographie zum Nationalsozialismus.* Göttingen 1980.

*

Ihring, R.: *Der Kampf ums Recht.* 1872 u. [20]1921.
Irving, W.: *Hitler und seine Feldherrn.* Frankfurt a. M. 1975.

*

Jäckel, E.: *Hitlers Weltanschauung.* Stuttgart [3]1986.
Ders.: *Hitlers Herrschaft – Vollzug einer Weltanschauung.* Stuttgart [2]1988.
Jacobsen, H. A. (Hg.): *20. Juli 1944. Die deutsche Opposition gegen Hitler im Urteil der ausländischen Geschichtsschreibung. Eine Anthologie.* Bonn 1969.
Joachimsen, P.: *Geschichtsauffassung und Geschichtsschreibung in Deutschland unter dem Einfluß des Humanismus.* Leipzig 1910.
Juden in Deutschland vom 17.–20. Jahrhundert, 10 Bde. Frankfurt a. M. 1988.

Jünger, E.: *Totale Mobilmachung*. Berlin 1931.
Ders.: *Der Arbeiter*. Hamburg 1932.

*

Kaack, H.: *Geschichte und Struktur des deutschen Parteiensystems*. Opladen 1971.
Kahler, E. v.: *Der deutsche Charakter in der Geschichte Europas*. Zürich 1937.
Kampmann, W.: *Deutsche und Juden. Die Geschichte der Juden in Deutschland vom Mittelalter bis zum Beginn des Ersten Weltkrieges*. Frankfurt a. M. 1979.
Kappel-Hardenberg, S.: *Wohin treibt Deutschland?* Velbert 1973.
Katz, J.: *Vom Vorurteil bis zur Vernichtung. Der Antisemitismus 1700–1933*. München 1989.
Kennedy, P.: *The Rise of the Anglo-German Antagonism 1860–1914*. London 1980.
Kistler, H.: *Bundesdeutsche Geschichte. Die Entwicklung der Bundesrepublik Deutschland seit 1945*. Stuttgart 1986.
Klee, E. und Dreßen W. (Hg.): *»Gott mit uns«. Der deutsche Vernichtungskrieg im Osten 1939–45*. Frankfurt a. M. 1989.
Knickerbocker, H. R.: *Deutschland so oder so?* Berlin 1932.
Knipping, F. und Müller, K.-J. (Hg.): *Machtbewußtsein in Deutschland am Vorabend des Zweiten Weltkrieges*. Paderborn 1984.
Kogon, E.: *Der SS-Staat*. München 1977.
Ders.: *Rückblick auf den Nationalsozialismus. Lehren aus der Vergangenheit*. Köln 1979.
Ders.: *Nationalsozialistische Massentötungen durch Giftgas. Eine Dokumentation*. Frankfurt a. M. 1983.
Krockow, Chr. v.: *Die Deutschen in ihrem Jahrhundert*. Reinbek 1990.
Kroh, F.: *David kämpft. Vom jüdischen Widerstand gegen Hitler*. Reinbek 1988.
Krüger, P.: *Die Außenpolitik der Republik von Weimar*. Darmstadt 1985.
Kuhn, A.: *Hitlers außenpolitisches Programm. Entstehung und Entwicklung 1919–1939*. Stuttgart 1970.

Lagarde, P. de: *Deutscher Glaube, deutsches Vaterland, deutsche Bildung*. Jena 1925.
Langbehn, A. J.: *Rembrandt als Erzieher.* Leipzig 1922.
Langewiesche, D. (Hg.): *Das deutsche Kaiserreich 1870/71–1918. Bilanz einer Epoche.* Freiburg i. Br. 1984.
Ders.: *Liberalismus in Deutschland.* Frankfurt a. M. 1988.
Langguth, G.: *Protestbewegung. Entwicklung-Niedergang-Renaissance. Die Neue Linke seit 1968.* Köln 1983.
Laqueur, W.: *Was ist los mit den Deutschen?* Frankfurt a. M. 1985.
Lauber, H.: *Judenpogrom. »Reichskristallnacht« November 1938 in Großdeutschland. Daten, Fakten, Dokumente, Quellentexte, Thesen und Bewertungen.* Gerlingen 1981.
Lauret, R.: *Die Deutschen als Nachbarn.* Stuttgart 1962.
Lehmann, H. G.: *Chronik der Bundesrepublik Deutschland 1945/49–83.* München [3]1989.
Leibholz, G.: *Die Auflösung der liberalen Demokratie in Deutschland und das autoritäre Staatsbild.* München 1933.
Liebeschütz, H.: *Das Judentum im deutschen Geschichtsbild von Hegel bis Max Weber.* Tübingen 1967.
Liedtke, R.: *Widerstand ist Bürgerpflicht. Macht und Ohnmacht des Staatsbürgers.* München 1984.
Lindner, Th.: *Deutsche Geschichte unter den Habsburgern und Luxemburgern*, 2 Bde. Stuttgart 1890–93.
Longerich, P. (Hg.): *»Was ist des Deutschen Vaterland?« Dokumente zur Frage der deutschen Einheit 1800–1990.* München 1990.
Lorenz, O.: *Deutschlands Geschichtsquellen im Mittelalter seit der Mitte des 13. Jahrhunderts*, 2 Bde. Berlin [2]1886.
Lortz, J.: *Die Reformation in Deutschland*, 2 Bde. Freiburg i. Br. [4]1962.
Loth, W.: *Die Teilung der Welt. Geschichte des Kalten Krieges 1941–55.* München [5]1985.
Löwenthal, R.: *Der romantische Rückfall. Wege und Irrwege einer rückwärtsgewendeten Revolution.* Stuttgart 1970.
Ludwig, K.-H.: *Technik und Ingenieure im Dritten Reich.* Düsseldorf 1974.
Lütkens, Ch. und Karbe, W.: *Das Bild vom Ausland.* München 1959.

Maier, H.: *Die Deutschen und die Freiheit. Perspektiven der Nachkriegszeit.* Stuttgart 1985.
Mann, G.: *Deutsche Geschichte 1919–45.* Frankfurt a. M. 1964.
Ders.: *Deutsche Geschichte im 19. und 20. Jahrhundert.* Frankfurt a. M. ³1964.
Mann, H.: *Der Untertan.* Roman. Leipzig 1918.
Mann, Th.: *Betrachtungen eines Unpolitischen.* Berlin ²⁴1922.
Marienfeld, W.: *Konferenzen über Deutschland. Die alliierte Deutschlandplanung und -politik 1941–49.* Hannover 1963.
Maser, W.: *Adolf Hitler. Legende – Mythos – Wirklichkeit.* München 1971.
Mayer-Tasch, P. C.: *Die Bürgerinitiativbewegung.* Reinbek ⁵1985.
McRae, V.: *Die Gastarbeiter. Daten, Fakten, Probleme.* München 1980.
Meinecke, F.: *Weltbürgertum und Nationalstaat.* Berlin ²1969.
Messerschmidt, M. und Wüllner, F.: *Die Wehrmachtjustiz im Dienste des Nationalsozialismus. Zerstörung einer Legende.* Baden-Baden 1987.
Ders.: *Militärgeschichtliche Aspekte der Entwicklung des deutschen Nationalstaates.* Düsseldorf 1988.
Meyer, A. O. (Hg.): *Handbuch der Deutschen Geschichte,* neubearb. seit 1951.
Meyer, G. P.: *Bibliographie zur deutschen Revolution 1918/19.* Göttingen 1977.
Meyn, H.: *Die neuen Medien. Chancen und Risiken.* Berlin 1984.
Michaelis, H. und Schräpler, E. (Hg.): *Ursachen und Folgen. Vom deutschen Zusammenbruch 1918–1945 bis zur staatlichen Neuordnung Deutschlands in der Gegenwart,* Bd. 1–26. Berlin 1958–79.
Michalka, W. (Hg.): *Das Dritte Reich. Dokumente zur Innen- und Außenpolitik,* 2 Bde. München 1985.
Ders. (Hg.): *Die deutsche Frage in der Weltpolitik.* Stuttgart 1986.
Michels, R.: *Der Patriotismus.* München 1929.
Minder, R.: *Allemagnes et Allemands.* Paris 1948.
Mitscherlich, A. und Mielke, F. (Hg.): *Medizin ohne Menschlichkeit. Dokumente des Nürnberger Ärzteprozesses.* Frankfurt a. M. 1960.
Mitteis, H.: *Der Staat des hohen Mittelalters.* Weimar ⁷1962.
Molisch, P.: *Geschichte der deutschnationalen Bewegung.* Jena 1926.

Möller, H.: *Exodus der Kultur. Schriftsteller, Künstler und Wissenschaftler in der Emigration nach 1933.* München 1984.
Mommsen, H.: *Die verspielte Freiheit. Der Weg der Republik von Weimar in den Untergang 1918–1933.* Frankfurt a. M. 1989.
Mommsen, W.: *Geschichte des Abendlandes von der Französischen Revolution bis zur Gegenwart 1789–1945.* München 1951.
Monod, G.: *Allemands et Français.* Paris 1872.
Monumenta Germaniae hostorica. 1826 ff. ²1884 ff.
Möser, J.: *Patriotische Phantasien. 1774–86.*
Mosse, W. E. (Hg.): Juden im Wilhelminischen Deutschland 1890–1914. Tübingen 1976.
Muhlen, N.: *Das Deutschlandbild der Amerikaner.* Hamburg 1960.
Müller-Freienfels, R.: *Psychologie des deutschen Menschen und seiner Kultur.* München 1922.

*

Naumann, F.: *Mitteleuropa.* Berlin 1915.
Neebe, R.: *Großindustrie, Staat und NSDAP 1930–33.* Göttingen 1981.
Neue Deutsche Biographie. 1953 ff.
Neumann, S.: *Die Parteien in der Weimarer Republik.* Stuttgart ⁴1977.
Niekisch, E.: *Gedanken über die deutsche Politik.* Dresden 1929.
Ders.: *Entscheidung.* Berlin 1930.
Ders.: *Die Dritte imperiale Figur.* Berlin 1935.
Nipperdey, Th.: *Nachdenken über die deutsche Geschichte.* München 1986.
Ders.: *Deutsche Geschichte 1866–1918.* München 1990.
Noack, P.: *Die deutsche Nachkriegszeit.* München 1966.
Nowak, K.: *Evangelische Kirche und Weimarer Republik. Zum politischen Weg des deutschen Protestantismus zwischen 1918 und 1932.* Göttingen 1981.

*

Ortega y Gasset, J.: *Der Aufstand der Massen.* Stuttgart 1947.

Palmer, R. R.: *Das Zeitalter der demokratischen Revolutionen.* Frankfurt a. M. 1970.

Passant, E. J. und Henderson, W. O.: *A Short History of Germany 1815–1945.* Cambridge 1959; dt. Berlin 1962.

Peukert, D.: *Der deutsche Arbeiterwiderstand gegen das Dritte Reich.* Berlin 1980.

Picard, M.: *Hitler in uns selbst.* Erlenbach-Zürich 1946.

Plessner, H.: *Grenzen der Gemeinschaft. Eine Kritik des sozialen Radikalismus.* Repr. Bonn 1972.

Poliakov, L. und Wulf, J.: *Das Dritte Reich und seine Denker. Dokumente.* Berlin-Grunewald 1959.

Pollmann, B. (Hg.): *Lesebuch zur Deutschen Geschichte.* Dortmund 1989.

Potsdam 1945, Quellen zur Konferenz der großen Drei, hg. v. Deuerlein, E. München 1963.

Pross, H. (Hg.): *Politik und Publizistik in Deutschland seit 1945.* München 1980.

Der Prozeß gegen die Hauptkriegsverbrecher vor dem Internationalen Militärgerichtshof, 42 Bde. 1947–49.

Pulzer, P.: *Die Entstehung des politischen Antisemitismus in Deutschland und Österreich 1867–1944.* Gütersloh 1966.

*

Quidde, L.: *Caligula. Studie über den römischen Caesarenwahnsinn* [gemeint Wilhelm II.]. Leipzig 1894; [34]1928.

*

Ranke, L. v.: *Deutsche Geschichte im Zeitalter der Reformation,* 5 Bde. (Ak. Ausg.) Leipzig 1925.

Rapp, A.: *Glanz und Elend eines Jahrtausends. Die Geschichte der Deutschen.* Stuttgart 1958.

Rassow, P. (Hg.): *Deutsche Geschichte im Überblick.* Stuttgart [2]1962.

Ders.: *Karl V., der letzte Kaiser des Mittelalters.* Göttingen [2]1963.

Rauh, N.: *Die Parlamentarisierung des Deutschen Reiches.* Düsseldorf 1977.

Redlich, O.: *Österreichs Großmachtbildung in der Zeit Kaiser Leopolds I. 1648–99*. Wien 1921.
Reichmann, E. G.: *Die Flucht in den Haß. Die Ursachen der deutschen Judenkatastrophe*. Frankfurt a. M. 1956.
Reitlinger, G.: *Die Endlösung*. Berlin [4]1961.
Richter, H. W. (Hg.): *Bestandsaufnahme. Eine deutsche Bilanz 1962*. München 1962.
Ritter, G.: *Die Neugestaltung Europas im 16. Jahrhundert*. Berlin 1950.
Ders.: *Stein*. Stuttgart [3]1958.
Ders.: *Der Schlieffenplan. Kritik eines Mythos*. München 1956.
Ders.: *Luther. Gestalt und Tat*. München [6]1959.
Ders.: *Staatskunst und Kriegshandwerk*, 4 Bde. München 1954–68.
Ders.: *Das deutsche Problem. Grundfragen deutschen Staatslebens gestern und heute*. München [2]1966.
Ders. und Miller, S.: *Die deutsche Revolution 1918–19*. Dokumente. Frankfurt a. M. 1968.
Ders.: *Carl Goerdeler und die deutsche Widerstandsbewegung*. Stuttgart [4]1984.
Röder, W. und Herbst, A. (Hg.): *Biographisches Handbuch der deutschsprachigen Emigration nach 1933*, 3 Bde. München 1980–83.
Rößler, H.: *Europa im Zeitalter von Renaissance, Reformation und Gegenreformation 1450–1650*. München 1956.
Rückerl, A.: *NS-Verbrechen vor Gericht. Versuch einer Vergangenheitsbewältigung*. Heidelberg 1982.
Rudolph, H.: *Die Herausforderung der Politik. Innenansichten der Bundesrepublik Deutschland*. Stuttgart 1985.
Runciman, St.: *Geschichte der Kreuzzüge*, 3 Bde. München 1957–60.
Ruppert, W. (Hg.): *Erinnerungsarbeit. Geschichte und demokratische Identität in Deutschland*. Opladen 1982.
Rüthers, B.: *Entartetes Recht. Rechtslehren und Kronjuristen im Dritten Reich*. München 1988.

*

Salis, J. R. v.: *Weltgeschichte der neuesten Zeit*, Zürich 1960–62.
Sänger, F.: *Politik der Täuschungen. Mißbrauch der Presse im Dritten Reich. Weisungen, Informationen, Notizen 1933–39*. Wien 1975.
Schäfer, H. D.: *Das gespaltene Bewußtsein. Deutsche Kultur und Lebenswirklichkeit 1933–45*. München ²1982.
Scheler, M.: *Die Ursachen des Deutschenhasses*. Leipzig 1917.
Ders.: *Der Genius des Krieges und der Deutsche Krieg*. Leipzig ³1917.
Schelsky, H.: *Systemüberwindung, Demokratisierung und Gewaltenteilung*. München 1973.
Ders.: *Die Arbeit tun die anderen. Klassenkampf und Priesterherrschaft der Intellektuellen*. Opladen 1975.
Schenk, H.: *Die feministische Herausforderung. 150 Jahre Frauenbewegung in Deutschland*. München ³1983.
Schieder, W. (Hg.): *Erster Weltkrieg. Ursachen, Entstehung und Kriegsziele*. Köln 1969.
Schiff, M.: *Typisch deutsch*. München 1966.
Schilfert, G.: *Deutschland von 1648–1789*. Berlin ²1962.
Schnabel, F.: *Deutschlands geschichtliche Quellen und Darstellungen der Neuzeit, Teil 1, Das Zeitalter der Reformation 1500–1550*. Leipzig 1931.
Ders.: *Deutsche Geschichte im 19. Jahrhunderts*, 4 Bde. Freiburg i. Br. 1949–59.
Schoeffler, H.: *Kleine Geographie des deutschen Witzes*. Göttingen 1960.
Scholder, K.: *Die Kirchen und das Dritte Reich, Bd. I*. Frankfurt a. M. 1977; Bd. II. Berlin 1985.
Schramm, P. E.: *Die Niederlage 1945*. München 1962.
Schulte, A.: *Der deutsche Staat 919–1914*. Stuttgart, Berlin 1933.
Schreiber, G.: *Hitler-Interpretationen 1923–83. Ergebnisse, Methoden und Probleme der Forschung*. Darmstadt 1984.
Schulze, W.: *Deutsche Geschichtswissenschaft nach 1945*. München 1989.
Schulze-Maizier, F.: *Deutsche Selbstkritik*. Berlin 1932.
Schwabe, K.: *Wissenschaft und Kriegsmoral. Die deutschen Hochschullehrer und die politischen Grundfragen des Ersten Weltkrieges*. Göttingen 1969.
Schwarz, A.: *Die Weimarer Republik*. Konstanz 1958.

Schwarz, H.-P.: *Vom Reich zur Bundesrepublik. Deutschland im Widerstreit der außenpolitischen Konzeptionen in den Jahren der Besatzungsherrschaft 1945–49.* Stuttgart ²1980.

Ders.: *Die Ära Adenauer,* 2 Bde. Stuttgart 1981 u. 1983.

Ders.: *Die gezähmten Deutschen. Von der Machtbesessenheit zur Machtvergessenheit.* Stuttgart ²1985.

Schwind, M.: *Das Ende des europäischen Zeitalters in Asien.* Bielefeld 1950.

Seabury, P.: *Die Wilhelmstraße.* Frankfurt a. M. 1956.

Sell, F. C.: *Die Tragödie des deutschen Liberalismus.* Stuttgart 1953.

Sethe, P.: *Geschichte der Deutschen.* Frankfurt a. M. 1962.

Sieburg, F.: *Die Lust am Untergang.* Hamburg 1954.

Snell, J. L.: *Illusionen und Realpolitik. Die diplomatische Geschichte des Zweiten Weltkrieges.* München 1966.

Sonnemann, U.: *Das Land der unbegrenzten Zumutbarkeiten.* Reinbek 1963.

Ders.: *Die verunsicherte Republik. Die Bundesrepublik Deutschland nach 30 Jahren.* München 1979.

Sontheimer, K.: *Thomas Mann und die Deutschen.* München 1961.

Ders.: *Antidemokratisches Denken in der Weimarer Republik.* München 1962.

Ders.: *Das Elend unserer Intellektuellen. Linke Theorie in der Bundesrepublik Deutschland.* Hamburg 1976.

Ders.: *Grundzüge des politischen Systems der Bundesrepublik Deutschland.* München ¹²1989.

Staël, Frau v.: *Über Deutschland.* Leipzig 1815.

Stegmann, D.: *Die Erben Bismarcks.* Köln 1970.

Steinert, M. G.: *Hitlers Krieg und die Deutschen. Stimmung und Haltung der deutschen Bevölkerung im Zweiten Weltkrieg.* Düsseldorf 1970.

Steinhausen, G.: *Geschichte der deutschen Kultur,* 2 Bde. ³1929–36.

Steininger, R. (Hg.): *Deutsche Geschichte 1945–61,* Darstellung und Dokumente, 2 Bde. Frankfurt a. M. 1983.

Sterling, E.: *Judenhaß, die Anfänge des politischen Antisemitismus in Deutschland 1815–50.* Frankfurt a. M. 1969.

Stern, S.: *Der preußische Staat und die Juden,* 4 Teile. Tübingen 1962–75.

Sternberger, D. u. a.: *Aus dem Wörterbuch des Unmenschen.* Düsseldorf [3]1968.

Stöß, R. (Hg.): *Parteien-Handbuch,* 4 Bde. Opladen 1983.

Strothmann, D.: *Nationalsozialistische Literaturpolitik. Ein Beitrag zur Publizistik im Dritten Reich.* Bonn [2]1963.

Stürmer, M.: *Das ruhelose Reich. Deutschland 1866–1918.* Berlin [2]1983.

*

Tansill, C. C.: *Die Hintertür zum Kriege.* Düsseldorf 1956.

Tatsachen über Deutschland. Bonn 1974.

Tellenbach, G.: *Die Entstehung des Deutschen Reiches.* München [3]1946.

Thamer, H.-U.: *Verführung und Gewalt, Deutschland 1933–45.* Berlin 1986.

Thayer, Ch. W.: *Die unruhigen Deutschen.* Bern 1958.

Thimme, A.: *Flucht in den Mythos. Die deutschnationale Volkspartei und die Niederlage von 1918.* Göttingen 1969.

Thomas, M. W. (Hg.): *Die Verteidigung der Rundfunkfreiheit.* Reinbek 1979.

Tocqueville, A. de: *Werke und Briefe, Bd. 3, Das Ancien Régime und die Revolution.* Stuttgart 1959.

Töpner, U.: *Gelehrte Politiker und politisierende Gelehrte. Die Revolution von 1918 im Urteil deutscher Hochschullehrer.* Göttingen 1970.

Toury, J.: *Die politischen Orientierungen der Juden in Deutschland von Jena bis Weimar.* Tübingen 1966.

Toynbee, A.: *Hitler's Europe.* Oxford 1954.

Treue, W.: *Wirtschaftsgeschichte der Neuzeit,* 2 Bde. Stuttgart [3]1973.

Trevor-Roper, H.: *Hitlers letzte Tage.* Frankfurt a. M. 1976.

Tröger, J. (Hg.): *Hochschule und Wissenschaft im Dritten Reich.* Frankfurt a. M. 1984.

Turner, H. A. Jr.: *Faschismus und Kapitalismus in Deutschland. Studien zum Verhältnis zwischen Nationalsozialismus und Wirtschaft.* Göttingen [2]1980.

Ders.: *Die Großunternehmer und der Aufstieg Hitlers.* Berlin 1985.

Ders.: *Geißel des Jahrhunderts. Hitler und seine Hinterlassenschaft.* Berlin 1989.

*

Ullmann, H.-P.: *Bibliographie zur Geschichte der deutschen Parteien und Interessenverbände.* Göttingen 1978.

*

Valentin, V.: *Geschichte der deutschen Revolution vor 1848/49,* 2 Bde. Berlin 1930–31.

Ders.: *Geschichte der Deutschen,* 2 Bde. Berlin ²1949.

Vermeil, E.: *L'Allemagne.* Paris 1945.

Vierteljahresschrift für Zeitgeschichte, 1953 ff.

Volkov, S.: *The Rise of Popular Antimodernism in Germany. The Urban Master Artisans 1873–96.* Princeton 1978.

Voltaire: *Essai sur les mœurs et l'esprit des nations.* 1765.

Vondong, K.: *Magie und Manipulation. Ideologischer Kult und politische Religion des Nationalsozialismus.* Göttingen 1971.

Voss, H.: *Deutsche Selbstkritik.* Starnberg 1947.

Vries, J. de: *Die geistige Welt der Germanen.* Darmstadt 1964.

*

Wagenführ, R.: *Die deutsche Industrie im Kriege 1939–45.* Berlin ²1963.

Wagner, F.: *Europa im Zeitalter des Absolutismus 1648–1789.* München ²1959.

Wähler, M.: *Der deutsche Volkscharakter.* Jena 1937.

Waitz, G.: *Deutsche Verfassungsgeschichte,* 8 Bde. Kiel ¹⁻³1876–96.

Walter, H.-A.: *Deutsche Exilliteratur 1933–50,* 7 Bde. Darmstadt 1972–88.

Wasser, H.: *Parlamentarismuskritik vom Kaiserreich zur Bundesrepublik Deutschland. Analyse und Dokumentation.* Stuttgart-Bad Cannstatt 1974.

Wattenbach, W.: *Deutschlands Geschichtsquellen im Mittelalter bis*

Mitte des 13. Jahrhunderts, neubearb. v. Levison, W. 1 (1950) u. Löwe, H. 2–4 Berlin 1953 ff.
Weber, A.: *Abschied von der bisherigen Geschichte. Überwindung des Nihilismus.* Bern 1946.
Weber, M.: *Gesammelte politische Schriften,* hg. v. Winckelmann, J. Tübingen [2]1958.
Wegner, B.: *Hitlers politische Soldaten. Die Waffen-SS 1933–45. Leitbild, Strukturen und Funktionen einer nationalsozialistischen Elite.* Paderborn [3]1989.
Wehler, H.-U.: *Das deutsche Kaiserreich 1871–1918.* Göttingen [4]1980.
Ders.: *Preußen ist wieder chic.* Frankfurt a. M. 1983.
Ders.: *Deutsche Gesellschaftsgeschichte,* 4 Bde. München 1987 ff.
Weidenfeld, W. (Hg.): *Die Identität der Deutschen.* München 1983.
Ders.: *Deutschland-Handbuch. Eine doppelte Bilanz 1949–89.* Bonn 1989.
Weisenborn, G.: *Der lautlose Aufstand. Bericht über die Widerstandsbewegung des deutschen Volkes 1933–45.* Frankfurt a. M. [4]1974.
Werner, K. F.: *Das NS-Geschichtsbild und die deutsche Geisteswissenschaft.* Stuttgart 1967.
Werth, A.: *Rußland im Krieg 1941–45.* München 1965.
Westermanns großer Atlas zur Weltgeschichte. Braunschweig 1965.
Wilms, E.: *Die deutsche Frage seit 1945.* Frankfurt a. M. [2]1988.
Wilson, Ch.: *Die Früchte der Freiheit. Holland und die europäische Kultur des 17. Jahrhunderts.* München 1968.
Winkler, H. A. (Hg.): *Politische Weichenstellungen im Nachkriegsdeutschland 1945–53.* Göttingen 1979.
Wollenberg, J. (Hg.): *›Niemand war dabei und keiner hat's gewußt‹: Die deutsche Öffentlichkeit und die Judenverfolgung 1933–45.* München 1989.
Wucher, A.: *Eichmanns gab es viele.* München 1961.
Wulf, J.: *Die bildenden Künste im Dritten Reich. Eine Dokumentation.* Gütersloh 1963.
Ders.: *Literatur und Dichtung im Dritten Reich. Eine Dokumentation.* Gütersloh 1963.

Ders.: *Musik im Dritten Reich. Eine Dokumentation.* Gütersloh 1963.

*

Zapf, W.: *Wandlungen der deutschen Elite. Ein Zirkulationsmodell deutscher Führungsgruppen 1919–61.* München 1965.

Zechlin, E.: *Die deutsche Politik und die Juden im Ersten Weltkrieg.* Göttingen 1969.

Zeller, E.: *Geist der Freiheit. Der 20. Juli.* München [5]1965.

Ziekursch, J.: *Politische Geschichte des neuen Deutschen Kaiserreichs,* 3 Bde. Frankfurt a. M. 1925–30.

Zimmermann, L.: *Deutsche Außenpolitik in der Ära der Weimarer Republik.* Göttingen 1958.

Zweig, St.: *Die Welt von gestern. Erinnerungen eines Europäers.* Frankfurt a. M. 1970.

Der Zweite Weltkrieg. Grundzüge, Analysen, Forschungsbilanz, hg. v. Militärgeschichtlichen Forschungsamt d. Michalka, W. München 1989.

Register